C000212109

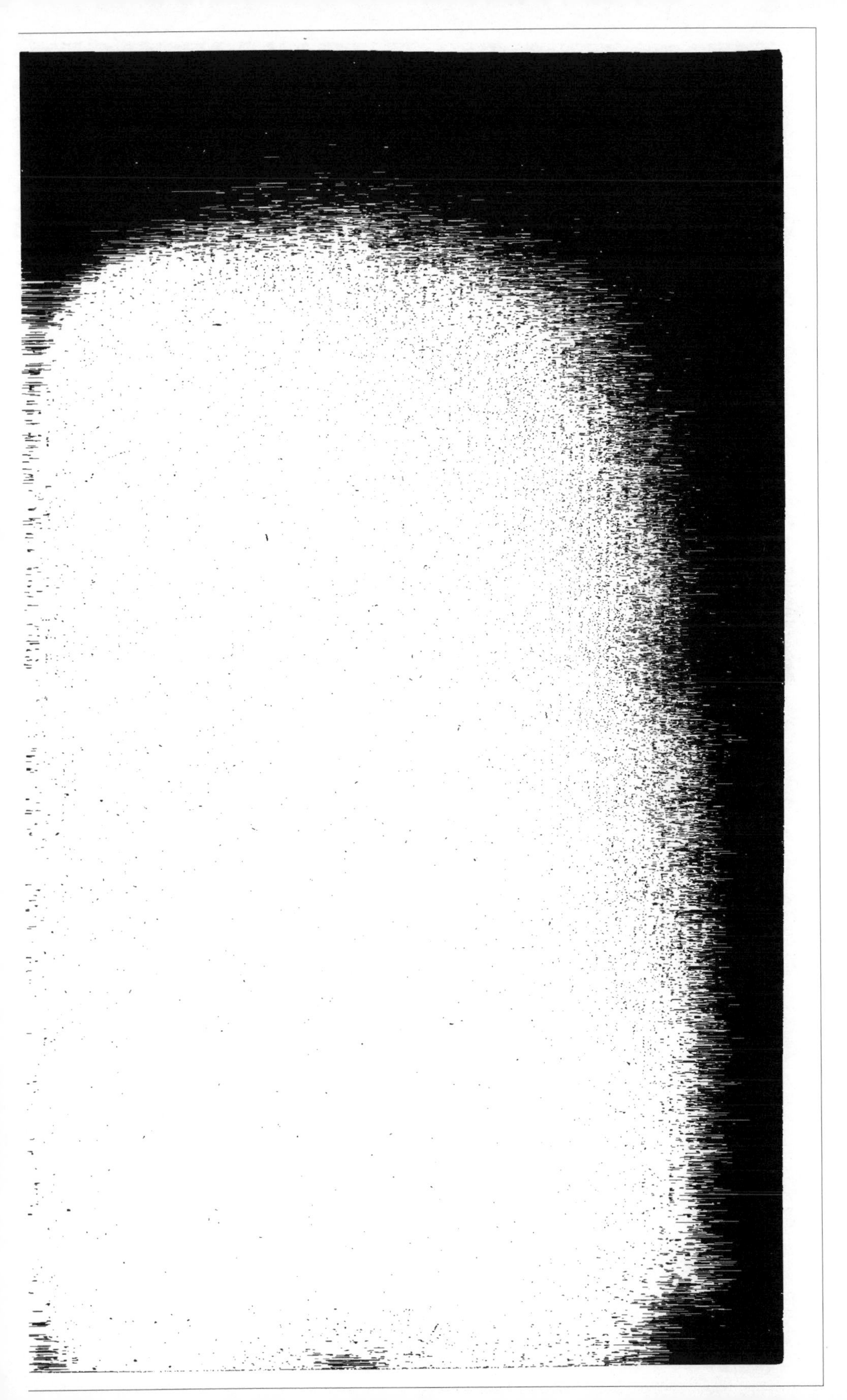

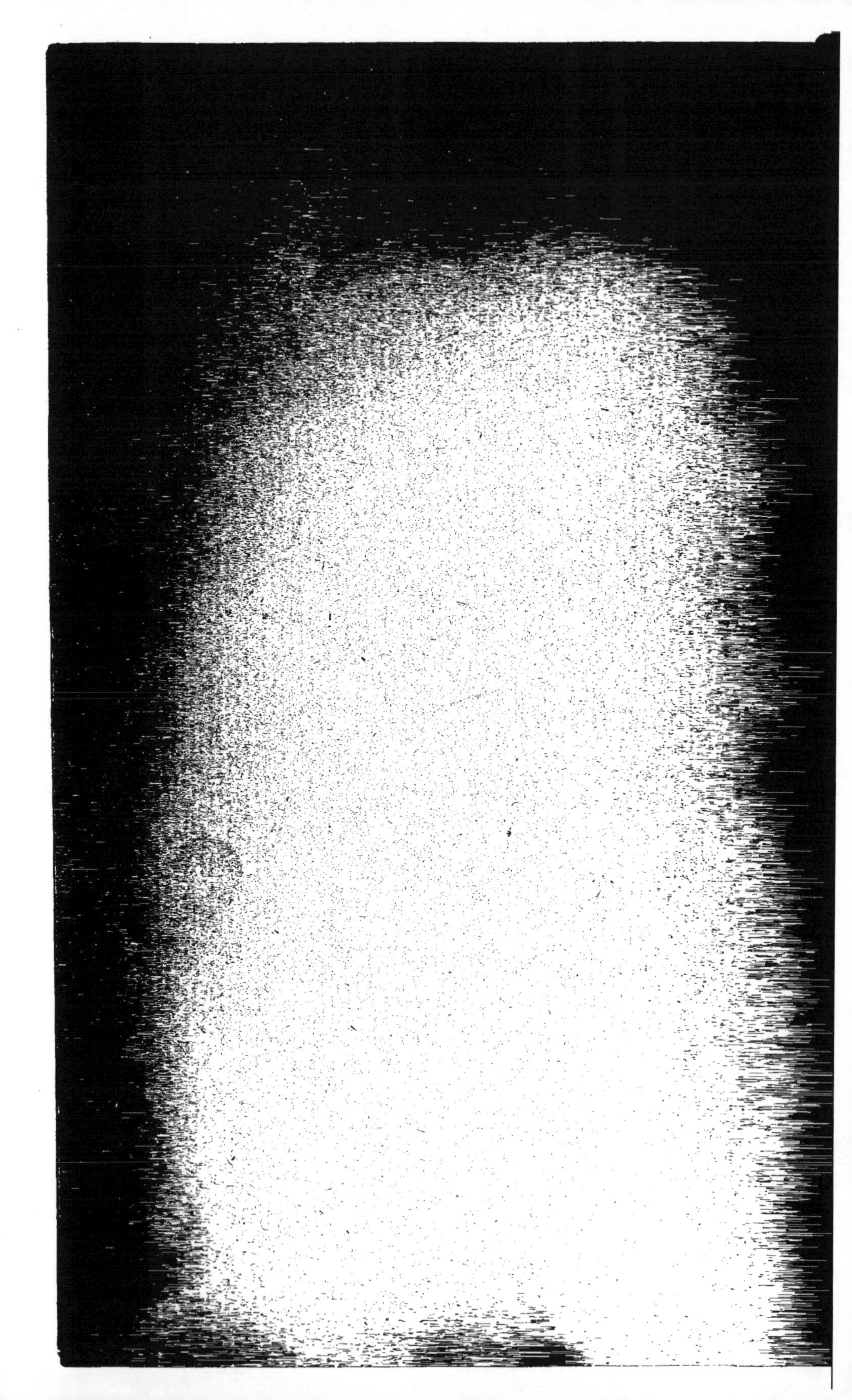

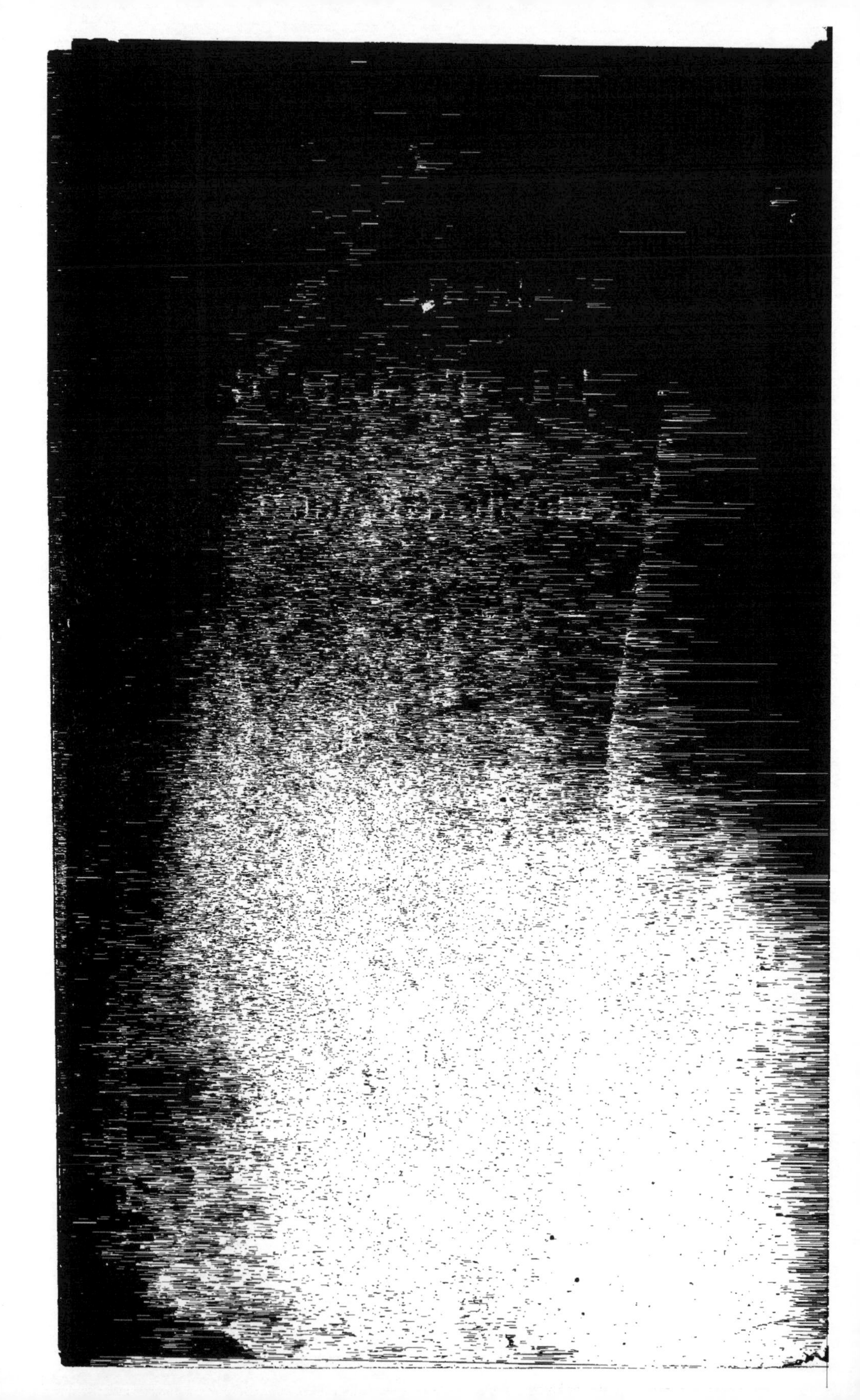

VOCABULAIRE

FRANÇAIS-CAMBODGIEN

ET

CAMBODGIEN-FRANÇAIS

PARIS. — IMP. DE VICTOR GOUPY, RUE DE RENNES, 71.

VOCABULAIRE

FRANÇAIS-CAMBODGIEN

ET

CAMBODGIEN-FRANÇAIS

CONTENANT

UNE RÈGLE A SUIVRE POUR LA PRONONCIATION
LES LOCUTIONS EN USAGE POUR PARLER AU ROI, AUX BONZES, AUX MANDARINS
LA NUMÉRATION, LA DIVISION DU TEMPS, LES POIDS
LES MESURES, LES MONNAIES ET QUELQUES EXERCICES DE TRADUCTION.

PAR M. MOURA,

LIEUTENANT DE VAISSEAU (O. ✻)

REPRÉSENTANT DU PROTECTORAT FRANÇAIS AU CAMBODGE.

PARIS

CHALLAMEL AINÉ, LIBRAIRE-ÉDITEUR

COMMISSIONNAIRE POUR LA MARINE, LES COLONIES ET L'ORIENT

5, rue Jacob,

—

1878

LOCUTIONS EN USAGE POUR PARLER AU ROI

OU PARLER DU ROI

(Ces locutions s'appliquent aux membres de la famille royale.)

Tête (du roi).	*Preă sèc.*
Cervelle id.	*Preă matthăc longkeăng.*
Crâne.	*Preă mattha kê.*
Cheveux.	*Preă kêssa.*
Cheveux blancs.	*Preă pâlĭtâ kêssa.*
Racine des cheveux.	*Preă bănhissa.*
Couper les cheveux.	*Chŏmrón preă kêssa, trŏ̃ng crúóng.*
Raser les cheveux.	*Dăc preă kêssa.*
Arracher les cheveux.	*Preă kêssa mŏntéa.*
Laver la tête.	*Preă thôvéănnăc kêssa.*
Se peigner.	*Preă vicheda kêssa.*
Nouer les cheveux.	*Preă kêssa moli.*
Dénouer les cheveux.	*Preă păchalacăng.*
Oreille.	*Preă srot.*
Percer l'oreille.	*Preă cachhet teăc.*
Trou du lobe de l'oreille.	*Preă sotta cănno.*
Front.	*Preă néăcléat, léăcléa.*
Sourcils.	*Preă phéăc mô.*
Tempes.	*Preă căn năc sonăc.*
Yeux.	*Preă nét.*
Mauvaise vue.	*Preă chăckhùc hagi.*
Paupières.	*Preă nétta păttăc.*
Cils.	*Preă lûmma nét.*
Larmes.	*Preă asŏ̃c.*
Nez.	*Preă néasŏ̃c, néasèt.*
Narines.	*Preă néasŏ̃c canno.*
Joues.	*Preă cẵnthăc.*
Bouche.	*Preă os.*
Lèvres.	*Preă parĕc ot.*
Moustaches.	*Preă măcsŏ̃c.*

RÈGLE POUR LA PRONONCIATION.

---

a, comme en français.
ă, comme en français, mais bref.
â, entre *a* long et *o*.
ǎ, un peu ouvert et bref.
é, comme en français.
ĕ, comme en français, mais bref.
ě, ouvert et bref.
i, comme en français.
ĭ, comme en français, mais bref.
ī, entre *é* et *i* français.
ǐ, entre *é* et *i*, mais bref.
o, comme en français.
ŏ, comme en français, mais bref.
ô, entre *o* long et *u*.
ǒ, entre *o* long et *u*, mais bref.
ó, entre *a* et *é* français.
ǒ, comme *œ* français ouvert et bref.
ū, ou.
ŭ, ou, mais bref.
ú, comme l'*u* français.
ǔ, entre l'*u* français et l'*i*, bref et du fond du gosier.
û, *e* muet français.

Nota. — Toutes les lettres se prononcent. Lorsqu'il n'y a pas d'accent, appuyer sur les voyelles.

Barbe.	*Preă hăcnŭc măcsŏc.*
Favoris.	*Preă téa thĭccăc.*
Raser (la barbe).	*Preă vichŏt tăc măcsŏc.*
Couper les ongles.	*Preă neăc khăc chhêtteăc.*
Palais (de la bouche).	*Preă phidan.*
Langue.	*Preă chiéuha.*
Gencives.	*Preă meăc sănh chăneăc.*
Dents.	*Preă tŏnta.*
Mâchoire.	*Preă ăckhăc na.*
Menton.	*Preă hăc nŭcca.*
Visage.	*Preă phéăc.*
Cou.	*Preă sôrâng, preă sâ.*
Gorge.	*Preă căntheăc pŭnthéa.*
Articulations.	*Preă sănthica.*
Epaules.	*Preă ăngsa.*
Gras du bras.	*Preă péaha.*
Coude.	*Preă căppôreăc.*
Poignet.	*Preă monipŏn.*
Dessus de la main.	*Preă hătthăc pecthey.*
Paume de la main.	*Preă hătthăc thăcla.*
Doigts (en général).	*Preă ăngculi.*
Pouce.	*Preă măttheăng culi.*
Doigt indicateur.	*Preă techeăc neăng culi.*
Doigt majeur.	*Preă machhi meăng culi.*
Doigt annulaire.	*Preă kăcnĭt theăng culi.*
Doigt auriculaire.	*Preă anŏch cheăng culi.*
Phalanges.	*Preă băppeăng culi.*
Ongles.	*Preă neăc kha.*
Bras, main.	*Preă hŏs.*
Aisselles.	*Preă cachhe.*
Corps.	*Preă cai, preă ăng.*
Dos.	*Preă pressdang, preă petthey.*
Côte.	*Preă papres.*
Poitrine.	*Preă ora.*
Seins.	*Preă thănnàc.*
Lait.	*Preă khse.*
Cœur.	*Preă hăttéy.*
Foie.	*Preă jeăcca nàng.*
Poumon.	*Preă băppha săng.*
Sueur.	*Preă sôttô.*
Estomac.	*Preă pec hăccăng.*
Ventre	*Preă utô.*
Urine.	*Preă mut.*

Reins.	*Preă ăngkê.*
Hanche.	*Preă sŏcsoney.*
Aine.	*Preă anŏch cheăngcô.*
Cuisse.	*Preă ŏurŏu.*
Genou.	*Preă cheăng khăc neăc.*
Jarret.	*Preă chhâpăn.*
Mollet.	*Preă cûcheăng.*
Cheville du pied.	*Preă cŭpăc cabat.*
Orteils.	*Preă ăngcutthăc bat.*
Talon.	*Preă bănhĕcjéa.*
Pied, jambe.	*Preă bat.*
Chair.	*Preă méăngsăc.*
Sang.	*Preă lohĕt.*
Nerf.	*Preă neăc haru.*
Os.	*Preă athĕc.*
Peau.	*Preă chămmeăng.*
Teint.	*Preă chhavi.*
Poil.	*Preă lûmméa.*
Force.	*Preă caijăc pŏl.*
Salive.	*Preă khelleăc.*
Crachat.	*Preă khêlla sochec.*
Cracher.	*Preă nŭtthaha.*
Rincer la bouche.	*Preă vĭckhal leac neăc.*
Gronder.	*Preă ăppasatéa.*
Droit, te.	*Preă teăc khĕn.*
Gauche.	*Preă véam.*
Actif.	*Preă ŭcsahăc.*
Paresseux.	*Preă thĕnnăc.*
Sommeil.	*Preă mĕtthéăc.*
Dormir.	*Phtŏm.*
Dormir profondément.	*Phtŏm scăl.*
Rêver.	*Trŏng preă subĕn.*
S'éveiller, être éveillé.	*Preă sămpăchéan, tón.*
Debout.	*Preă sănthĕt.*
S'asseoir.	*Cŏng, preă nisên.*
Brosse à dents (du roi).	*Snăp preă tŏn.*
Cure-dents (id.)	*Chhnăc preă tŏn.*
Se laver la figure.	*Preă pheăc keăc thôvan, săp preă pheăc.*
Parler (familièrement).	*Preă bŏntul, preă dămras.*
Parler (autoritairement).	*Preă bŏntul bârŏmmonéat.*
Edit du roi.	*Preă réach chéa ăngca.*
Ordonner.	*Preă bănh chéa.*

Savoir.	*Chréap.*
Douter.	*Preă vichĕc căchha.*
Pensée.	*Trŏng preă chĕnda.*
Penser.	*Trŏng preă vitŏc.*
Méditer.	*Trŏng preă vichareăc.*
Ecrire.	*Trŏng preă likhĕt.*
Dessiner.	*Trŏng preă lêkha*
Le roi a écrit une lettre.	*Trŏng preă bănnăng.*
Plume.	*Preă tăc rŭccăng.*
Encre.	*Preă micsĕc.*
Crayon.	*Preă calăcmăt tĕccăng.*
Craie.	*Preă passac mattĕccăng.*
Cœur (sentiment).	*Preă réach chéa hartey.*
Bonté.	*Trŏng preă mita.*
Pitié (avoir).	*Trŏng preă côrna.*
Aimer.	*Săp preă réach chéa hartey.*
Détester.	*Preă ăppĕcja.*
Sourire.	*Preă sĕttoca.*
Rire.	*Trŏng preă sruŏl.*
S'amuser.	*Trŏng preă crâsal.*
Gai.	*Trŏng preă crâsêm.*
Insulter.	*Trŏng nintéa.*
Insulter gravement.	*Trŏng acosĕc.*
Se flatter.	*Trŏng preă păcsăngso.*
Deviner.	*Trŏng preă phjéacâ.*
Mauvais cœur.	*Trŏng tŭcherĕt.*
Bon cœur.	*Trŏng sŏch cherĕt.*
Soupçonner.	*Trŏng preă piphăl.*
Audace.	*Preă soro.*
Peur.	*Preă phi rŭcca.*
Silence.	*Preă tossani.*
Ne pas parler (le roi ou un membre de la famille royale).	*Preă sĕnnithan.*
Regarder.	*Trŏng tôt.*
Vu (avoir —).	*Preă tŏssena.*
Fermer les mains.	*Preă hătthăc mŏtthĕc.*
Etendre les mains.	*Preă hătthăc pasareăc.*
Marcher.	*Preă réach chéa dŏmnór.*
Rester debout.	*Trŏng preă sănthĕc.*
Aller à la selle.	*Chôl preă băngcŏn thŏm.*
Uriner.	*Chôl preă băngcŏn tôch.*
Aller se promener.	*Sdăch preă péat.*
S'arrêter.	*Preă thĕt.*

Courir.	*Preă palajic.*
Se baigner.	*Srăng, srăng preă ottacac thearéa.*
Se laver les mains.	*Săp preă hŏs.*
Se laver les pieds.	*Săp preă bat.*
Verre à boire.	*Preă cachac macni tha lacăng.*
Fleurs.	*Preă bop phăng.*
Bougies.	*Preă setthi păng.*
Chandelier.	*Preă setthi pac théa renăng.*
Plateau en or monté sur un pied.	*Preă péan.*
Cigares, cigarettes.	*Preă thŭm vodey, preă srey suông.*
Pipe.	*Preă tŏmrŏng thŭmmonét.*
Mèche.	*Preă rĕch chŭppi, preă chhŭt,*
Bétel et arèque (préparés).	*Preă srey.*
Canif.	*Preă dŏmrŏng, preă phéalĭp.*
Rasoir.	*Preă dŏmrŏng khoreăng.*
Ciseau.	*Preă dŏmrŏng sŏccan.*
Lunettes.	*Snâng preă nét.*
Crachoir à main.	*Preă sŏcphăn, preă srey.*
Pagne.	*Preă pŏs.*
Caleçon.	*Snăp preă ŏurŏu.*
Pantalon.	*Snăp preă chŏng.*
Ceinture.	*Khĕm khăt.*
Habit.	*Preă phusa, chhlâng preă-ăng.*
Couverture.	*Preă unnohăc sopheăc.*
Mouchoir.	*Preă canichha.*
Couronne.	*Preă măngcŏt, preă mŏçŏt.*
Epingle à cheveux.	*Preă chola meni.*
Boucle d'oreille.	*Preă căntŏl.*
Col de chemise.	*Kêm preă sôrâng.*
Chapeau.	*Preă meléa.*
Anneau au pied ou bracelet.	*Preă cavolay.*
Bague.	*Preă dŏmrŏng monirŏt.*
Souliers.	*Preă sopŏr battŏc, chhlâng preă bat.*
Chaussettes, bas.	*Preă sopŏr cosai jabăt, srom preă bat.*
Gants.	*Preă sopŏr cosai jabăt, srom preă hŏs.*
Eventail.	*Preă vichăcni.*
Huile parfumée.	*Preă viléa cŏnthôr.*
Peigne.	*Preă sam ăng kêssa.*
Miroir.	*Preă chhai.*
Armoire.	*Preă mănh chŭcsa.*
Clef.	*Preă cănh cheăc căng.*
Service de table.	*Preă sopŏr phéach.*
Riz.	*Crâja sngoi.*

Manger, boire.	*Soi.*
Mets.	*Preă réach ochéa.*
Dessert.	*Preă ochéa rŏs.*
Eau.	*Preă sŏthorŏs.*
Thé.	*Preă ponorŏs.*
Service à thé.	*Preă panophéach.*
Tasse à thé.	*Preă panăc thalacăng.*
Gargoulette.	*Preă tău.*
Cuillère.	*Snâng preă ăngculi.*
Fourchette.	*Snâng preă tola.*
Lit.	*Tén tŭp băntŏm.*
Lit de repos.	*Preă thên.*
Chaise.	*Preă soveănnăc cocchhăng.*
Table.	*Preă pethăng.*
Parasol.	*Preă crŏt, preă khlăs.*
Natte.	*Preă cral.*
Matelas.	*Preă soccaseijas.*
Oreiller.	*Preă sŏccăl preă ser, rông preă ser.*
Moustiquaire.	*Preă visôt, preă chŭmmăc pĕtthey.*
Rideaux.	*Preă sĕnthijéa.*
Sentir.	*Preă khéaji.*
Se gratter.	*Preă năckhăc vilé khanăng.*
Frapper.	*Preă réach chéa tŏn.*
Tuer (avec un instrument tranchant).	*Preă pi khéat.*
Frais, fraîche.	*Preă sĕttăc.*
Chaud.	*Preă ŭnohăc.*
Avoir soif.	*Preă pec pasa.*
Avoir faim.	*Preă chicca chha.*
Malade.	*Trŏng preă ăpphsŏc.*
Malade (gravement).	*Trŏng preă apéat, trŏng preă chhuôn.*
Gras.	*Preă atholo, méan preă ăng.*
Maigre.	*Preă késo.*
Remède, médicament.	*Preă osöt.*
Vin, et tous les alcools.	*Preă sora.*
Diarrhée.	*Preă păccŏc nicjô.*
Douleur.	*Preă solarûc.*
Mal à la poitrine.	*Preă oreăc rûc.*
Tousser.	*Preă caso.*
Vomir.	*Preă vamaca, trŏng preă achiém.*
Dyssenterie.	*Preă pac khăn tirûc.*
Hoquet.	*Preă peăc hŭctaneăc.*
Abcès.	*Preă căndăng.*

Plaie.	*Preă vanno.*
Gale.	*Preă reăc cacsa.*
Pus.	*Preă bôpû.*
Petite vérole.	*Preă cănthirûc.*
Bourbouilles.	*Preă khŏttacăc pellaca.*
Cassé.	*Preă phănh chĭc.*
Arracher.	*Preă lŭnh cheăc neăc.*
Etourdissement.	*Preă muchha.*
Enfler, enflé.	*Preă ŭcsŏttarŭc.*
Foulure.	*Preă phĭcchĭc.*
Sourd.	*Preă peăc thi.*
Estropié.	*Preă etthacco.*
Bossu.	*Preă khŏch chéa.*
Lèpre.	*Preă cŏtthăng.*
Dartre.	*Preă kelasac.*
Fièvre.	*Preă visserûc.*
Mal à la tête.	*Preă sereăcrûc.*
Mal aux yeux.	*Preă chăc khŭc rûc.*
Aveugle.	*Preă néttăc ănthăng.*
Mal aux oreilles.	*Preă sottăc rûc.*
Douleurs partout.	*Preă sarereăc rûc.*
Tristesse.	*Soi preă tŭc.*
Être enrhumé	*Preă veăc sarûc.*
Avoir du tracas.	*Preă ănikhac.*
Sangloter.	*Trŏng preă soc.*
Pleurer.	*Trŏng preă cŏnsêng.*
S'évanouir.	*Preă visanhi.*
Perdu connaissance.	*Preă satec samo.*
Mort du premier roi.	*Soi preă tŭppa chăngcŏt, soi savannacŏt.*
Mort d'une reine.	*Soi preă viléaléy.*
Mort du 2e roi et des princes.	*Preă sôcŏt.*
Titre d'un roi ayant abdiqué.	*Sŏmdăch preă oppheăc joréach.*
Mort d'une princesse.	*Khsay preă chŏn.*
Père du roi.	*Preă vôr bey da.*
Mère du roi.	*Preă vôr meada, sŏmdach, preă vor réach chini.*
Oncle, plus âgé que le père du roi.	*Preă pettŏcla.*
Oncle, plus jeune que le père du roi.	*Preă pettochha.*
Oncle, plus âgé que la mère du roi.	*Preă méattocla.*
Oncle, plus jeune que la mère du roi.	*Preă meattochha.*
Tante, plus âgée que le père du roi.	*Preă pettoclani.*
Tante, plus jeune que le père du roi.	*Preă pettochhani.*

Tante, plus âgée que la mère du roi.	*Preă méattoclani.*
Tante, plus jeune que la mère du roi.	*Preă meattochhani.*
Frères ou sœurs, aînés du roi ou princes.	*Preă riém.*
Frères ou sœurs, cadets du roi ou princes.	*Preă anŏch.*
Famille royale.	*Preă nhéat, preă vŏng.*
Reine.	*Preă mohésey.*
Les deux premières femmes du roi.	*Preă mea néang.*
Femmes du roi.	*Mea néang.*
Fils du roi.	*Preă reach chéa bŏt khsăt tra.*
Fille du roi.	*Preă reach chéa bŏt khsăt trey.*
Enfants du roi (en genéral).	*Preă reach chéa bŏt.*
Grand-père du roi.	*Preă ajeăcco.*
Grand'mère du roi.	*Preă ajeăcca.*
Vie du roi.	*Preă chŏn.*
Cadavre du roi.	*Preă săp.*
Palais du roi.	*Preă reach chéa véăng, véăng.*
Salle du trône.	*Preă nineăng tévéa vini chhay.*
Salle de danse.	*Preă pŏnléa.*
Roi.	*Luông, sdăch.*
Souverain.	*Moha khsăt.*
Aller voir le roi.	*Cŏl luông.*
Sabre du roi.	*Preă aséc.*
Sabre du roi à deux tranchants, épée.	*Preă khăn.*
Palanquin du roi.	*Preă seliéng.*
Objets appartenant à l'Etat.	*Preă réach chéa trŏp.*
Pages du roi.	*Mohatlŏc.*
Cuisinier du roi.	*Puoc pisês.*
Servante du roi.	*Săulŏc.*
Maison ordinaire du roi.	*Preă réach chéa dŏmnăc, mŏnti.*
Barque du roi.	*Preă tineăng néavéa.*
Boite à bétel.	*Preă péan preă srey.*
Oui (en parlant au roi).	*Preă côrna pisês.*
Oui (en recevant ses ordres).	*Totuôl preă réach chéa ăngca dŏmcăt lŭ thbông.*
Je, moi (en parlant au roi).	*Tul preă băngcŏn.*
Saluer (le roi).	*Thvai băngcŏm.*
Dire adieu au roi.	*Thvai băngcŏm léa.*
Merci (au roi).	*Totuôl preă ămnâr.*
Le roi est content.	*Trŏng ămnâr.*
Le roi n'est pas content.	*Trŏng ăn preă réach chéa hartéy.*
Se fâcher (en parlant du roi).	*Trŏng khnhăl.*

Vouloir (le roi).	*Trŏng săp preă réach chéa hartéy.*
Le roi s'habille.	*Trŏng crúŏng.*
Le roi écoute.	*Trŏng preă săndăp.*
Le roi défend.	*Trŏng khŏt.*
Le roi commande, ordonne.	*Trŏng băngcŏp.*
Le roi est-il sorti?	*Trŏng chĕnh hói nŏu.*
Il est sorti.	*Trŏng chĕnh hói.*
Le roi n'est pas sorti.	*Trŏng pŭm tŏn chĕnh.*
Le roi se promène.	*Sdăch jéang crâsal.*
Aller, venir (parlant du roi).	*Jéang, jéang tŏu.*
Dire au roi.	*Crap tul.*
Le commandant dit au roi. . .	*Commandant tul tha.*
Votre Majesté.	*Trŏng preă cŏrna pisês, trŏng preă bârmey thlay pisês.*
Lui (parlant du roi).	*Luông.*
Souhaiter (au roi).	*Thvai preă réach chéa cusăl.*
Accompagner (le roi).	*Hê.*
S'amuser (parlant du roi).	*Trŏng crâsal.*
Donner (le roi).	*Trŏng preă réach chéa téan.*
Le roi donne l'aumône.	*Trŏng preă sathéa.*

LOCUTIONS EN USAGE POUR PARLER AUX BONZES

OU PARLER DES BONZES

N. B. Les parties du corps d'un bonze se désignent par les mêmes mots que les parties correspondantes du corps d'un roi.

Moi (en parlant à un bonze).	*Chhăn.*
Annoncer à un bonze.	*Tul preă put dica, pĭt.*
Le bonze mange.	*Lûc chhăn.*
Le bonze boit.	*Lûc chhăn tŭc.*
La nourriture d'un bonze.	*Chăng hăn.*
Déjeuner.	*Chhăn prŭc.*
Le bonze dort.	*Lûc sŏng.*
Le bonze se baigne.	*Lûc srăng.*
Le bonze regarde.	*Lûc tôt.*
Le bonze sait, savoir.	*Lûc chréap.*
Le bonze a dit.	*Lûc ban méan preă put deica.*
Le bonze n'est pas content.	*Lûc ăn preă tég.*
Le bonze se fâche.	*Lûc khnhăl.*
Le bonze se met en colère.	*Lûc khnhăl.*
Lui.	*Lûc.*
Dire adieu à un bonze.	*Thvai băng cŏm léa.*
Saluer un bonze.	*Thvai băng cŏm.*
Maison d'un bonze.	*Cŏt lûc,*
Habit d'un bonze.	*Sbăng chipôr.*
La ceinture d'un bonze.	*Vŏt thpŏn.*
Inviter un bonze.	*Nirmŏn.*
Oui (en parlant à un bonze).	*Corna.*
Merci (à un bonze).	*Ar preă dêc preă cŭn.*
Parasol d'un bonze.	*Chhăt.*
Oui (un bonze parlant à un laïque, ou à un autre bonze).	*Chŏmrón pôr.*
Moi (un bonze parlant à un laïque, ou à un autre bonze).	*Atema phéap.*
Moi (un bonze parlant à un novice ou à ses enfants).	*Ekhdey.*
Père d'un bonze.	*Nhûm prŏs.*
Mère d'un bonze.	*Nhûm srey.*
Mort (d'un bonze).	*Preă anich cheăccăm.*

LOCUTIONS EN USAGE POUR PARLER AUX MANDARINS

OU POUR PARLER DES MANDARINS.

Dormir.	*Sămran.*
Manger ou boire.	*Pisa.*
Manger du riz.	*Pisa creja.*
Boire.	*Pisa tŭc.*
Le manger.	*Creja.*
Fumer.	*Pisa barey.*
Aller.	*ănchúnh tŏu.*
Lui.	*Lŭc.*
Vous (poli).	*Lŭc, preă dĕc preă cŭn.*
Annoncer.	*Chŏmréap.*
Savoir, sait.	*Chréap.*
Parasol du mandarin.	*Săpâthŏn.*
Palanquin.	*Cré snĕng.*
Titre qu'on donne aux premières femmes des grands mandarins.	*Chŏmtéau.*
Première femme des petits mandarins.	*Prâpŏn thŏm, crua.*
Les autres femmes.	*Prapŏn tôch.*
Les femmes rachetées.	*Mikha.*

NOMBRES.

1, *muéy.*
2, *pir.*
3, *bey.*
4, *buôn.*
5, *prăm.*
6, *prăm muéy.*
7, *prăm pĭl.*
8, *prăm bey.*
9, *prăm buôn.*
10, *dăp.*
11, *dăp muéy.*
12, *pir tŏndăp.*
13, *bey tŏndăp.*
14, *buôn tŏndăp.*
15, *prăm tŏndăp.*
16, *prăm muéy tŏndăp.*
17, *prăm pĭl tŏndăp.*
18, *prăm bey tŏndăp.*
19, *prăm buôn tŏndăp.*
20, *mă phéy.*
21, *măphéy muéy.*
22, *măphéy pir.*
23, *măphéy bey.*
24, *măphéy buôn.*
25, *măphéy prăm.*
26, *măphéy prăm muéy.*
27, *măphéy prăm pĭl.*
28, *măphéy prăm bey.*
29, *măphéy prăm buôn.*
30, *sam sŏp.*
31, *sam sŏp muéy.*
32, *sam sŏp pir.*
33, *sam sŏp bey.*
34, *sam sŏp buôn.*
35, *sam sŏp prăm.*
36, *sam sŏp prăm muéy.*
37, *sam sŏp prăm pĭl.*
38, *sam sŏp prăm bey.*
39, *sam sŏp prăm buôn.*
40, *sê sŏp.*
41, *sê sŏp muéy.*
42, *sê sŏp pir.*
43, *sê sŏp bey.*
44, *sê sŏp buôn.*
45, *sê sŏp prăm.*
46, *sê sŏp prăm muéy.*
47, *sê sŏp prăm pĭl.*
48, *sê sŏp prăm bey.*
49, *sê sŏp prăm buôn.*
50, *ha sŏp.*
51, *ha sŏp muéy.*
52, *ha sŏp pir.*
53, *ha sŏp bey.*
54, *ha sŏp buôn.*
55, *ha sŏp prăm.*
56, *ha sŏp prăm muéy.*
57, *ha sŏp prăm pĭl.*
58, *ha sŏp prăm bey.*
59, *ha sŏp prăm buôn.*
60, *hŏc sŏp.*
61, *hŏc sŏp muéy.*
62, *hŏc sŏp pir.*
63, *hŏc sŏp bey.*
64, *hŏc sŏp buôn.*
65, *hŏc sŏp prăm.*
66, *hŏc sŏp prăm muéy.*
67, *hŏc sŏp prăm pĭl.*
68, *hŏc sŏp prăm bey.*
69, *hŏc sŏp prăm buôn.*
70, *chĕt sŏp.*
71, *chĕt sŏp muéy.*
72, *chĕt sŏp pir.*

73, *chĕt sŏp bey.*
74, *chĕt sŏp buôn.*
75, *chĕt sŏp prăm.*
76, *chĕt sŏp prăm mueý.*
77, *chĕt sŏp prăm pĭl.*
78, *chĕt sŏp prăm bey.*
79, *chĕt sŏp prăm buôn.*
80, *pêt sŏp.*
81, *pêt sŏp mueý.*
82, *pêt sŏp pir.*
83, *pêt sŏp bey.*
84, *pêt sŏp buôn.*
85, *pêt sŏp prăm.*
86, *pêt sŏp prăm mueý.*
87, *pêt sŏp prăm pĭl.*
88, *pêt sŏp prăm bey.*
89, *pêt sŏp prăm buôn.*
90, *cău sŏp.*
91, *cău sŏp mueý.*
92, *cău sŏp pir.*
93, *cău sŏp bey.*
94, *cău sŏp buôn.*
65, *cău sŏp prăm.*
96, *cău sŏp prăm mueý.*
97, *cău sŏp prăm pĭl.*
98, *cău sŏp prăm bey.*
99, *cău sŏp prăm buôn.*
100, *mŏ roi.*
101, *mŏ roi mueý.*
110, *mŏ roi dăp.*
190, *mŏ roi cău sŏp.*
200, *pir roi.*
1,000, *mŏ pŏn.*
2,000, *pir pŏn.*
5,000, *prăm pŏn.*
10,000, *mŏ món.*
20,000, *pir món.*
30,000, *bey món.*
40,000, *buôn món.*
50,000, *prăm món*
80,000, *prăm bey món.*
100,000, *sên.*
150,000, *mŏ sên prăm món.*
200,000, *pir sên.*
500,000, *prăm sên.*
800,000, *prăm bey sên.*
1,000,000, *mŏ léan.*
1,100,000, *mŏ léan mŏ sên.*
1,300,000, *mŏ léan bey sên.*
1,500,000, *mŏ léan prăm sên.*
10,000,000, *mŏ cot.*
12,000,000, *mŏ cot pir léan.*
14,000,000, *mŏ cot buôn léan.*
15,000,000, *mŏ cot prăm léan.*
100,000,000, *dăp cot.*

Pour former les nombres supérieurs à 100,000,000 on ajoute à celui-ci (*dăp cot*), les premiers nombres.

Ainsi pour représenter :

100,000,001, on écrirait *dăp cot mueý.*
100,000,010, — *dăp cot dăp.*
100,000,100, — *dăp cot mŏ roi.*
100,001,000. — *dăp cot mŏ pŏn.*
100,010,000, — *dăp cot mŏ món.*
100,100,000, — *dăp cot mŏ sên.*
101,000,000, — *dăp cot mŏ léan.*
110,000,000, — *mueý tŏndăp cot,*
etc., etc., etc.

DIVISION DU TEMPS.

DES ÈRES.

Trois ères sont en usage en Cambodge :

1° L'ère de *Preă păt sacrach*, commençant en l'an 543 avant Jésus-Christ, date de la mort du *Bouddha Preă sumăn cudăm*, appelé aussi, plus simplement, *Preă păt.*

2° L'ère de *Moha sacrach*, commençant en l'an 78 après Jésus-Christ, date du jour où *Moha sacrach*, roi cambodgien, monta sur le trône.

3° L'ère *Chollasacrach*, commençant en l'an 638 après Jésus-Christ, date d'un règne glorieux.

La première ère est employée dans les livres religieux. Les deux autres sont usitées pour fixer les époques des règnes des rois, mais c'est la troisième surtout qui est employée dans les contrats d'affaires, la correspondance, etc.

DU CYCLE.

Le cycle adopté au Cambodge est le cycle lunaire de 60 ans et que l'on emploie presque toujours, concurremment avec l'ère *Chollasacrach*, pour exprimer les millésimes.

On se sert, à cet effet, d'une série de 12 mots auxquels on attribue des significations de noms d'animaux. Cette série répétée cinq fois de suite, dans le même ordre, donne une période de 60 années qu'on divise en 6 décades.

Dans chaque décade, les années sont numérotées de la première à la dixième par des mots composés des noms de nombre *bali*.

Le tableau suivant fera comprendre la composition du cycle cambodgien.

NOMS DES ANNÉES.			TRADUCTION EN FRANÇAIS.		
Chhlŏu	*Èckăc*	*săc*	Année du	Buffle	1
Khal	*Tô*	*săc*	—	Tigre	2
Thă	*Trey*	*săc*	—	Lièvre	3
Rŏng	*Chatava*	*sac*	—	Dragon	4
Mosănh	*Pănh chăc*	*săc*	—	Serpent	5
Momi	*Chhâ*	*săc*	—	Cheval	6
Momé	*Săppéăc*	*săc*	—	Chèvre	7

NOMS DES ANNÉES.			TRADUCTION EN FRANÇAIS.		
Vôc	*Athăc*	*săc*	Année du	Singe	8
Roca	*Nŏppéăc*	*săc*	—	Poule	9
Châ	*Sŏmrĕthi*	*săc*	—	Chien	10
Cor	*Êckăc*	*săc*	—	Cochon	1
Chut	*Tô*	*săc*	—	Rat	2
Chhlŏu	*Trey*	*săc*	Année du	Buffle	3
Khal	*Chatava*	*săc*	—	Tigre	4
Thă	*Pănh chăc*	*săc*	—	Lièvre	5
Rŭng	*Chhâ*	*săc*	—	Dragon	6
Mosănh	*Săppéăc*	*săc*	—	Serpent	7
Momi	*Athăc*	*săc*	—	Cheval	8
Momé	*Nŏppéăc*	*săc*	—	Chèvre	9
Vôc	*Sŏmrĕthi*	*săc*	—	Singe	10
Roca	*Êckăc*	*săc*	—	Poule	1
Châ	*Tô*	*săc*	—	Chien	2
Cor	*Trey*	*săc*	—	Cochon	3
Chut	*Chavata*	*săc*	—	Rat	4
Chhlŏu	*Pănh chăc*	*săc*	Année du	Buffle	5
Khal	*Chhâ*	*săc*	—	Tigre	6
Thă	*Săppéăc*	*săc*	—	Lièvre	7
Rŭng	*Athăc*	*săc*	—	Dragon	8
Mosănh	*Nŏppéăc*	*săc*	—	Serpent	9
Momi	*Sŏmrĕthi*	*săc*	—	Cheval	10
Momé	*Êckăc*	*săc*	—	Chèvre	1
Vôc	*Tô*	*săc*	—	Singe	2
Roca	*Trey*	*săc*	—	Poule	3
Châ	*Chavata*	*săc*	—	Chien	4
Cor	*Pănh chăc*	*săc*	—	Cochon	5
Chut	*Chhâ*	*săc*	—	Rat	6
Chhlŏu	*Săppéăc*	*săc*	Année du	Buffle	7
Khal	*Athăc*	*săc*	—	Tigre	8
Thă	*Nŏppéăc*	*săc*	—	Lièvre	9
Rŭng	*Sŏmrĕthi*	*săc*	—	Dragon	10
Masănh	*Êckăc*	*săc*	—	Serpent	1
Momi	*Tô*	*săc*	—	Cheval	2
Momé	*Trey*	*săc*	—	Chèvre	3
Vôc	*Chavata*	*săc*	—	Singe	4
Roca	*Pănh chăc*	*săc*	—	Poule	5

NOMS DES ANNÉES.			TRADUCTION EN FRANÇAIS.		
Châ	*Chhâ*	*săc*	—	Chien	6
Cor	*Săppéăc*	*săc*	—	Cochon	7
Chut	*Athăc*	*săc*	—	Rat	8
Chhlŏu	*Nŏppéăc*	*săc*	Année du	Buffle	9
Khal	*Sŏmrĕthi*	*săc*	—	Tigre	10
Thă	*Éckăc*	*săc*	—	Lièvre	1
Rûng	*Tô*	*săc*	—	Dragon	2
Mosănh	*Trey*	*săc*	—	Serpent.	3
Momi	*Chavata*	*săc*	—	Cheval	4
Momé	*Pănh chăc*	*săc*	—	Chèvre	5
Vôc	*Chhâ*	*săc*	—	Singe	6
Roca	*Săppéăc*	*săc*	—	Poule	7
Châ	*Athăc*	*săc*	—	Chien	8
Cor	*Nŏppéăc*	*săc*	—	Cochon	9
Chut	*Sŏmrĕthi*	*săc*	—	Rat	10

Pour désigner une année quelconque du cycle, il faut d'abord énoncer le *Chollasacrach*, et le nom de l'année ensuite.

Ainsi, par exemple, pour l'année 1874, on écrirait :

Chollasacrach, 1236, *chhnăm châ chhâ săc*, c'est-à-dire ère de *Chollasacrach*, 1236, année du chien, la 6e.

DE L'ANNÉE.

L'année cambodgienne se compose de 12 mois lunaires, composés alternativement de 29 et 30 jours, donnant ainsi un total de 354 jours.

Le premier mois de l'année est toujours le mois *chêt* et est composé de 29 jours.

On ajoute à des époques que les *hora* (astronomes) déterminent par le calcul, et qui varient entre trois et quatre ans, un mois intercalaire de 30 jours, que l'on nomme *tŭtthijéasat* et que l'on place après le mois *păcthămmasat*.

Les *hora* corrigent l'erreur résultant de l'application de cette règle en ajoutant un ou deux jours, suivant le cas, à l'un des mois d'une année de la période lunaire de 19 ans.

DU MOIS.

L'année cambodgienne est composée de 12 mois lunaires, qui portent les noms suivants :

Khê Chêt (mois *chêt*).
Khê Pisac.
Khê Chés.
Khê Asat, ou *Păcthămmasat* dans les années intercalaires.
Khê Srap.
Khê Phottrobŏt.
Khê Asŏch.
Khê Cadŏc.
Khê Méac ase,
Khê Bŏs.
Khê Méac.
Khê Phălcŭn.

DU QUANTIÈME.

Le mois est divisé en deux parties :

La première moitié, celle de la lune croissante (*khnót*), comprend invariablement 15 jours, qu'on désigne en faisant du mot *cót* (maître), le nombre qui exprime leur rang.

Thngay muéy cót (1er jour de la lune).
Thngay pir cót (2e —).
Thngay bey cót (3e —).
Thngay buôn cót (4e —).
Thngay prăm cót (5e —).
Thngay prăm muéy cót (6e —).
Thngay prăm pĭl cót (7e —).
(1) *Thngay prăm bey cót*, ou *thngay sĕl* (8e —).
Thngay prăm buôn cót (9e —).
Thngay dăp cót (10e —).
Thngay mŏ tŏndăp cót (11e —).
Thngay pir tŏndăp cót (12e —).
Thngay bey tŏndăp cót (13e —).
(2) *Thngay buôn tŏndăp cót*, ou *thngay cor* (14e —).
(3) *Thngay prăm tŏndăp cót*, ou *thngay pĕnh bord* (15e —).

---

(1) *Thngay sĕl*, jour de fête.
(2) *Thngay cor*, jour où les bonzes se font raser la tête.
(3) *Thngay pĕnh bord*, jour où la lune est pleine.

La seconde moitié du mois cambodgien (*renûch*), celle de la lune décroissante, comprend alternativement 14 et 15 jours, suivant que le mois en a 29 ou 30.

On désigne ces jours en substituant le mot *rûch* au mot *cót* et on compte 1 à partir du 16, le lendemain de la pleine lune.

Thngay muéy rûch	(1er jour de la lune décroissante).
Thngay pir rûch	(2e — —).
Thngay bey rûch	(3e — —).
Thngay buôn rûch	(4e — —).
Thngay prăm rûch	(5e — —).
Thngay prăm muéy rûch	(6e — —).
Thngay prăm pĭl rûch	(7e — —).
Thngay prăm bey rûch, ou *thngay sĕl*	(8e — —).
Thngay prăm buôn rûch	(9e — —).
Thngay dăp rûch	(10e — —).
Thngay mô tŏndăp rûch	(11e — —).
Thngay pir tŏndăp rûch	(12e — —).
(1) *Thngay bey tŏndăp rûch* ou *thngay cor*	(13e — —).
Thngay buôn tŏndăp rûch	(14e — —).
(2) *Thngay prăm tŏndăp rûch*, ou *khê dăch*	(15e — —).

DE LA SEMAINE.

Les Cambodgiens ont une période de sept jours correspondant à ceux de notre semaine; seulement, au lieu de fêter le septième jour, ils fêtent le huitième jour de la lune, le 15, c'est-à-dire la pleine lune, le huitième jour de la lune décroissante, et enfin le dernier jour du mois.

Dimanche.	*thngay atŭt.*
Lundi	*thngay chăn.*
Mardi	*thngay ăng kéar.*
Mercredi	*thngay pŭt.*
Jeudi.	*thngay preăhŏs;*
Vendredi	*thngay sŏc.*
Samedi.	*thngay său.*

DES HEURES.

Les Cambodgiens divisent les jours en 12 heures. Du matin à 6 heures au soir à 6 heures; et du soir à 6 heures au matin à 6 heures.

---

(4) Le jour du rasage est le 14 lorsque le mois est de 30 jours.

(5) *Khé dăch*, jour où la lune est cassée, finie.

à	7 heures du matin, ils comptent :			*prûc mong muéy*	(1 heure)
»	8	—	—	*prûc mong pir*	(2 heures)
»	9	—	—	*prûc mong bey*	(3 heures)
»	10	—	—	*prûc mong buôn*	(4 heures)
»	11	—	—	*prûc mong prăm*	(5 heures)
»	12	—	—	*prûc mong prăm muéy*	(6 heures)
				ou *thngay trăng* (soleil au méridien).	
»	1 heure du soir, ils comptent :			*rosiél mong muéy*	(1 heure)
»	2	—	—	*rosiél mong pir*	(2 heures)
»	3	—	—	*rosiél mong bey*	(3 heures)
»	4	—	—	*rosiél mong buôn*	(4 heures)
»	5	—	—	*rosiél mong prăm*	(5 heures)
»	6	—	—	*rosiél mong prăm muéy*	(6 heures)

La nuit, on compte en suivant jusqu'à 12.

à	7 heures du soir, ils comptent :			*jŏp mong muéy*	(1 heure de la nuit)	
»	8	—	—	— *pir*	(2 heures	—)
»	9	—	—	— *bey*	(3 heures	—)
»	10	—	—	— *buôn*	(4 heures	—)
»	11	—	—	— *prăm*	(5 heures	—)
»	12	—	—	— *prăm muéy*	(6 heures	—)
»	1 heure du matin	—	—	*prăm pĭl*	(7 heures	—)
»	2	—	—	— *prăm bey*	(8 heures	—)
»	3	—	—	— *prăm buôn*	(9 heures	—)
»	4	—	—	— *dăp*	(10 heures	—)
»	5	—	—	— *mŏ tŏndăp*	(11 heures	—)
»	6	—	—	— *pir tŏndăp*	(12 heures	—)

Quelquefois, ils divisent la nuit en quatre veilles (*jéam*).

La 1re, *jéam muéy*, du coucher du soleil à 9 heures.
La 2e, *jéam pir*, de 9 heures à 12 heures (minuit).
La 3e, *jéam bey*, de minuit à 3 heures.
La 4e, *jéam buôn*, de 3 heures au jour.

LES POIDS.

L'unité de poids au Cambodge est la livre (*néal*) de 600 grammes. La livre se subdivise en 16 *taëls* (*tŏmlŏng*), le *tŏmlŏng* étant conséquemment de 37 grammes 50 centigr.

Le *taël* se subdivise en 10 *chi*, le *chi* étant de 3 grammes 75 centigr.

Le *chi* se subdivise en 10 *hŭn*, le *hŭn* est de 0 gramme 375 milligr.

Ces poids qui sont employés dans le commerce de détail sont empruntés aux Chinois et sont très en usage au Cambodge, mais surtout à *Phnŏm-Pĕnh*, où les commerçants chinois sont en majorité.

Les poids purement cambodgiens sont les suivants :

Unité de poids, le *taël* (*tŏmlŏng*), qui est de 37 grammes 50 centigr., comme le *taël* chinois.

Le *taël* se subdivise en 4 *bat*, le *bat* vaut par conséquent 9 gram. 375 millig.

Le *bat* se subdivise en 4 *slŏng*, le *slŏng* étant de 2 grammes 344 milligr.

Le *slŏng* se subdivise en 2 *fuông*, le *fuông* étant de 1 gramme 172 milligr.

Le *fuông* se subdivise en 4 *péy*, le *péy* étant de 0 gr. 293 milligr.

Ces poids servent également, et concurremment avec les précédents, dans le commerce de détail.

Pour le gros commerce, les marchandises lourdes, on se sert du *picul* (*hap*).

On fait usage de trois sortes de *piculs* :

1° Le *picul* dont le poids est équivalent au poids de 40 ligatures, ou 100 livres cambodgiennes de 600 grammes est celui qui est le plus employé au Cambodge.

2° Le *picul* de 42 ligatures, dont on ne se sert presque jamais.

3° Le *picul* de 45 ligatures, qui n'est employé que dans les rapports avec les Annamites de la Cochinchine.

Le *picul* de 40 ligatures se subdivise en *demi-picul* (nommé *mŏ chŏng*, de 20 ligatures).

LES MESURES.

MESURES DE CAPACITÉ.

L'unité pour les mesures de capacité est le *thăng*, d'environ 40 litres.

Le *thăng* se subdivise en 2 *tău*, de 20 litres chacun.

Le *tău* se subdivise en 2 *cŏntăng*, de 10 litres chacun.

On ne se sert guère de ces mesures que dans le commerce du riz.

MESURES DE LONGUEUR.

Le gouvernement cambodgien vient de réviser les mesures de longueur. On ne se sert plus à l'heure qu'il est que de la coudée, nommée *hăt khnat luông*, dont la longueur est de 0m50 centimètres.

Les multiples de la coudée sont :

1° Le *phjéam*, qui vaut 4 coudées.

2° Le *sŏn*, qui vaut 20 *phjéam* ou 80 coudées.

Les sous-multiples de la coudée sont :

1° Le *chăm am*, l'empan français, qui est la moitié de la coudée.

2° Le *thnŏp*, qui est le douzième du *chăm am*.

DES MONNAIES.

MONNAIE DE ZINC.

C'est la plus employée et celle qui ne varie jamais.

Le *sapèque* (*cas*). Il en faut 60 pour faire un *tién* dont la valeur est de 0f,09 centimes.

Il faut 10 *tién* pour faire une ligature ou 0f,90 centimes.

La réunion de 10 ligatures, réunies en gueuse, se nomme *băch cas.*

MONNAIE D'ARGENT.

La barre d'argent (*nên*), lingot parallélipipédique, valant 100 ligatures invariablement. La valeur en piastres mexicaines est variable, mais la moyenne est de 16 piastres.

La barre a des subdivisions qui ne sont employées que dans les calculs, mais qui n'existent pas comme monnaie courante :

1° Le *dĕnh* qui est le dixième d'une barre.
2° Le *chi* qui est le dixième du *dĕnh.*
3° Le *hŭn* qui est le dixième du *chi.*
4° Le *li* qui est le dixième du *hŭn.*

La piastre cambodgienne (*prăc bat* ou *prâsat*), dont la valeur est de 4 ligatures ou 4 *chi.*

La piastre mexicaine, dont la valeur officielle en Cochinchine est de 5f,55, varie de valeur au Cambodge. Elle vaut moyennement 6 ligatures.

MONNAIE D'OR.

La grande barre d'or (*chdor méas*), qui pèse 10 *tŏmlŏng* ou 375 grammes, elle vaut 16 *nên* d'argent.

La petite barre d'or, dont la valeur est la moitié de la précédente.

EXERCICES DE TRADUCTION.

Il a un abcès sur le nez, un autre sur la joue, un autre sur le ventre.	*Véa cót bôs muéy nŏu lủ chremŏs, muéy tiét nŏu thpŏl, muéy tiét nŏu pŏ.*
Mets-toi à l'abri de la pluie, du soleil.	*Êng méan tê rôc ti chrôc phliéng, chrôc melŏp.*
Le roi s'absente pour huit jours.	*Luông sdăch jéang tŏu prăm bey thngay sdăch môcvĭnh.*
Une femme du marché a accouché de trois enfants.	*Srey mŏ neăc nŏu phsar sŏmral mŏ dâng côn bey.*
Il faut acheter du cochon, des œufs, une poule, un coq, un canard, des bananes, des cocos.	*Méan tê tĭnh chruc, pông mŏu, mŏn nhi muéy, mŏn chhmŭl muéy, téa muéy chec, nŭng dông.*
Dis au Crâlahom que je viens lui dire adieu.	*Chŏmréap Lŭc Crâlahom tha Khnhŏm môc léa Lŭc.*
De quoi s'agit-il?	*Véa trŏu chéa óy?*
Qu'est-ce qu'il y a?	*Méan bó óy?*
Que dites-vous?	*Neăc nyéay tha óy?*
Sire, je viens vous faire mes adieux.	*Tul preă băngcŏn môc crap thvai băng cŏm léa.*
Cet enfant est adroit.	*Khmeng nĭs pŏn năs.*
Quel âge a cet enfant?	*Khmeng nĭs ajôs poman chhnăm?*
Mets de l'alun dans l'eau.	*Dăc sachu khnŏng tŭc.*
Amarrez le canot, la pirogue, la barque.	*Châng lŏmbŏt, tuc côm rol, tuc thôm.*
Le roi de Siam n'envoie plus d'ambassadeurs ici.	*(Preă chău) sdăch srŏc siém âs pró kha luông môc nĭs tiét.*
Que faites-vous?	*Neăc thú óy?*
Qu'avez-vous fait?	*Neăc thú ban óy khlă?*
Que voulez-vous?	*Neăc chăng óy?*
L'ancre de la canonnière est trop lourde.	*Jĭt thea capăl canonnière nĭs thŭgŏn năs.*
Cet animal est méchant.	*Săt nĭs véa sa hau, săt nĭs véa cach.*
Il faut apprendre à lire, à écrire, à compter.	*Méan tê rién mŭl sŏmbŏt, rién sacer, rién rŏp.*
Monte sur l'arbre.	*Lóng lủ dóm chhŭ.*

Que voulez-vous faire?	*Neăc chăng thú óy?*
Fais asseoir ce vieillard, il est resté assez longtemps debout.	*Oi Tachas nĭs cŏt ăngeŭi, debăt cŏt chhô jur lemôm hói.*
Apporte l'assiette, le verre et la bouteille qui sont sur la table.	*Jôc chan tiĕp, péng kêu hói núng dâp kêu dêl nŏu lŭ tŏc nŭ môc.*
Les astronomes annoncent une éclipse de soleil.	*As hora téai tha méan sôcréas.*
Que demandez-vous?	*Neăc sŏm óy? neăc suôr óy;*
Il faut regarder partout : au delà, au-dessus, au-dedans, au-dehors.	*Méan té mŭl oi săp, nŏu élú, nŏu êkh-nŏng, nŏu écrau.*
Autrefois la capitale était à Houdon.	*Pidóm Capital nŏu oudŏng.*
Que désirez-vous?	*Neăc chăng ban óy ?*
Partez avant nous; vous annoncerez notre arrivée à la reine-mère.	*Tŏu mŭn júng chŏ, tŏu tul sŏmdăch preă vôréach chini júng dăl eylŏu hói.*
Avant-hier et hier il a fait froid.	*Ngay mosŏl mŏ ngay nŭng ngay mosŏl longéar.*
Comprenez-vous?	*Neăc jŏl té? Neăc sdăp ban té?*
Cette vieille femme est avare.	*Jéai chas nĭs cŏmnănch.*
Tu m'avertiras quand l'homme aveugle viendra.	*Călna neăc khvăc nŭs môc êng prap ănh.*
L'eau baisse beaucoup.	*Tŭc srâc khlăng năs, tŭc srâc chrŏn năs.*
Baissez-vous; vous êtes trop grand pour vous tenir debout dans l'intérieur du navire.	*Neăc on; neăc êng khpŏs năs năng chhô khnŏng capăl nĭs mŭn ban té.*
Que cherchez-vous?	*Neăc rôc óy?*
Qu'avez-vous perdu?	*Neăc băt óy?*
Les Annamites ne balayent ni leurs maisons, ni les rues.	*As téang juôn, khnŏng phleă véa cô mŭn bos sŏmram nŏu phlŏu cô dêl.*
On voit peu de Cambodgiens avec de la barbe.	*Khmêr hăc cô mŭn sŏu khúnh méan pŭc chŏngea.*
Cette biche est une belle bête.	*Kdăn nĭs chéa săt lăâ năs.*
Avez-vous fini?	*Neăc thú ruôch hói nŏu?*
J'ai blessé un éléphant à la chasse; sa blessure est grave.	*Khnhŏm tŏu bănh, bănh trŏu dŏmrey muéy, robuôs nŭs chéa thngŏn.*
Le bois de charpente est cher; le bois à brûler est bon marché.	*Chhŭ kĭ lŏc thlay, ŏs kĭ lŏc thoc.*
On fait des boîtes en or au palais; près des forêts on fait des boîtes en feuilles.	*Khnŏng véăng kĭ thú prâăp pi méas, nŏu srŏc srê kĭ thú smŏc.*
C'est vrai?	*Mén ichŏng?*
Le matelot a vidé la bouteille.	*Puôc capăl véa chăc sra âs pidâp.*
Cet habit n'a pas assez de boutons.	*Au nis dăc leu mŭn lemôm.*
Il a le corps rempli de boutons.	*Khluôn véa pĕnh sot tê leu.*

Vous avez raison.	*Neăc nyéay trŏu.*
Tu as tort.	*Êng khŏs.*
Tu te trompes.	*Êng phŏn hói.*
Sans la boussole, on ne peut aller à Angkor qu'en suivant les bords du lac.	*At pi tray visay, tŏu Ang-Kôr vŏt méan tê dór kbêr môt tŏnlŷ sap.*
La brise est faible; mais tout à l'heure le vent sera fort.	*Chŏmnû tĕch, pŏntê moŭtĕch tiét khyăl khlăng.*
Il y a au Cambodge du café, du tabac, du cardamone, du coton, des cannes à sucre, du charbon, de la chaux, des choux, des cigares, de la cire, des cocos, des cornes d'animaux, du cuir.	*Nŏu srŏc hhmêr méan cafê, thnăm, crâvanh, crâbas, ămpoŭ, hhjung, cŏmbor, spéy pareăng, barey pareăng, crâmuôn, dông, snêng, săt, sbêc.*
Ils jouent aux cartes.	*Véa lîng biér.*
On te trompe; on t'a trompé.	*Kî bŏn chhot êng; kî bŏu chhôt êng hói.*
Ne crains rien.	*Cŏm khlach óy sŏs.*
Ne faites pas cela.	*Cŏm thú săt nĭs.*
La carte de ce pays est mal faite.	*Phênthi srŏc ai nĭs thú mŭn lăâ.*
Cela ne fait rien.	*Nĭs mŭn óy té.*
Allez tout droit.	*Cŏu trăng tŏu.*
Vous allez trop vite.	*Neăc dór chhăp pîc.*
Je suis pressé.	*Khnhŏm prânhăp.*
On a bien fait de le remettre à la chaîne; il est entré dans la chambre de mon domestique et il a volé une chaise, un chapeau, un chat, une clef, des ciseaux, une cloche, des clous, un coffre, une bouteille de cognac, un collier, une corde, un couteau, une ceinture.	*Ki dăc chrevăc véa trŏu hói, debăt véa chôl tŏu khnŏng bŏutŏp neăc bŏmró khnhŏm, ruôch véa luôch cău ey muéy, muôr muéy, chhmar muéy, cônso muéy, cŏntray ehrón, cŏnvŏng muéy, dêc cûl chrón, hĕp muéy, sra cognac muéy dâp, câng câ muéy, khsê muéy, cŏmbêt muéy, hhsê crâvăt muéy.*
La chair du faisan est plus recherchée que celle du canard, du cochon.	*Sàch mŏn tô pibac rôc chéang sàch téa, săch chruc.*
Allez changer de vêtements.	*Cŏu phlăs sŏmbiéc.*
Changez-moi cette piastre pour des sapéques.	*Dôr prăc riél nĕ chéa cas oi àuh.*
Asseyez-vous.	*Angcŭi neăc.*
Comment se portent votre épouse et vos enfants?	*Méch prôpŏn côn neăc chéa săcsabai té?*
J'irais bien entendre chanter au palais, mais il fait trop chaud.	*Khnhŏm chŏt chăng toŭ sdăp kî chriéng nŏu véăng, pŏntê véa ksàu nàs.*

Le cheval est trop cher.	*Sĕ nĭs thlay năs.*
Choisissez-moi une orange mûre.	*Rŭs crôch tŭm muéy oi khnhŏm.*
En Chine, les Chinois sont très-forts; ici ils sont affaiblis par l'usage de l'opium.	*Nŏu srŏc Chĕn, Chĕn sŏt tê mŏmhŏi khlăng téang âs nŏu nĭs aphién véa thú oi khsoi âs.*
Cette eau est bien claire.	*Tŭc nĭs tha năs.*
Son raisonnement n'est pas clair.	*Péac dêl véa dăsa mŭn tŏn ban chbas.*
Y a-t-il du gibier?	*Méan săt té?*
Il y a des cerfs, des sangliers et beaucoup d'oiseaux.	*Méan kdăn, méan chruc préy, hói méan săt hói chrón.*
Pour faire du commerce, il faut commencer par apprendre plusieurs langues; lorsqu'on les comprend et qu'on les parle, on a un grand avantage sur les ignorants.	*Bó ming chuônh méan tê rién passa oi chrón sŏu; căl na chĕ sdăp ban nijéay ban hói, nŭ véa chéa chéang âs menŭs dêl khlău nŭ.*
Savez-vous compter?	*Neăc chĕ rŏp té?*
Il y a eu un grand combat entre les Annamites et les Cambodgiens.	*Juôn ming khmêr ban chbăng khnéa muéy chúng khlăng năs.*
Ce sont les Cambodgiens qui ont gagné la bataille.	*Khmêr mĕan chéy khnŏng chúng nŏ êng.*
Le docteur est complaisant; il a coupé la cuisse à un Chinois.	*Cru pét chéa năs; cŏt ban căt phloŭ chĕn muéy neăc.*
Mettez cette table contre la porte.	*Dăc tŏc nĭs phtŏp mĭng thvéa.*
Cet enfant se bat contre un homme fort.	*Khmeng nĭs vay nŭng neăc chăs muéy khlăng phăng.*
Ils vont se battre contre les Siamois.	*Véa nŭng tŏu vay nŭng Siĕm.*
De l'autre côté de la palissade.	*Khang néay khúón.*
De l'autre côté du fleuve.	*Tonlŷ trói khang néay.*
Votre cousin a été entraîné par le courant.	*Bâng rú păôn chidôu muéy neăc tŭc hôr năm toŭ.*
Il y a dix coudées d'eau.	*Tŭc chŏmroŭ dăp hăt.*
Je vous crois, ce chef est cruel.	*Khnhŏm chúa neăc, néay nĭs cach năs.*
Je crois que c'est lui qui a volé la montre.	*Khnhŏm crêng véa nĭs luôch norica nŭ.*
Je crois que tu gagneras beaucoup d'argent.	*Anh sman chéa êng chŏmnĕnh prăc chrón.*
Dehors, dedans tout est sale.	*Nŏu crau, Nŏu khnŏng prâlăc téang âs.*
Demain ou après-demain, j'irai déjeuner avec le chef des rebelles et je lui demanderai de délivrer les prisonniers.	*Săĕc, rú khan săĕc, khnhŏm Nŭng tŏu sibai prŭc nŭng nú khmăng, ruôch khnhŏm nŭng sŏm dă âs neăc tŭs.*
Demeurez ici, restez ici.	*Nŏu nŏu nĭs hŏĭ.*
Descends de sur cet arbre.	*Chŏ pi lă dóm chhŭ nĭs.*

Les eaux ont descendu d'une coudée.
Tŭc srâc mŏ hăt hói.

Dessus, dessous, c'est joli partout.
Lŭ, crom, lăâ téang âs.

Les gens qui écoutent les devins sont des esprits faibles.
As menŭs dêl sdăp hor téai nŭ sŏt tê prach nha téch.

Ils se disputent toujours.
Véa prâ chhlŏ khnéa darap.

Voilà des éclairs; la foudre éclatera bientôt.
Nŏ phnéc chŏntúl; Rŏnteă nŭng bănh chhăp hói.

Lorsque tu iras à l'école il faudra écouter le professeur.
Căl na êng toŭ sala rién méan tê sdăp cru predăn.

Voici une église catholique; non, c'est une pagode.
Nĕ Préă vihéar pareăng; Té; văt té.

Il s'est empoisonné avec de l'opium.
Véa pŏmpŭl khluôn véa nŭng aphién.

Il vient encore m'emprunter de l'argent.
Véa môc khchey prăc khnhŏm tiét.

Le chien est enragé; entourez-le et tuez-le.
Chhkê nŭs chhcuôt; chom vay oi slăp tŏu.

Eveillez le roi bien que ce ne soit pas l'usage.
Tón Luông lóug bó tŏs chbăp cô doi.

Ton frère aîné est fainéant; ton plus jeune frère est très-fort, il n'est jamais fatigué et a toujours faim.
Bâng êng khchĭl năs; păôn êng véa khlăng năs, véa mŭn chĕ âs cŏmlăng, pŏntê véa khléan bai darap.

Acoq porte les fardeaux sur la tête.
Acoq tul căâm tŭc lû căbaal.

Apau porte les fardeaux sur les épaules.
A Pŏu li căâm lŭ sma.

C'est une femelle très-douce aujourd'hui, mais qui est féroce lorsqu'elle a des petits.
Mî nhi nŭs chéa năs eylŏu nĕ pŏntê căl na méan côn véa sahau.

Lorsque les Cambodgiens se mettent en fête, c'est toujours pour trois jours.
Căl na khmêr lôi thú bŏu lóng, thú bey thngay darap.

Apportez-moi du feu pour allumer mon cigare.
Jôc phlúng môc oi ânh ŏch barey.

Si vous me donnez une feuille de cet arbre, je vous fais cadeau d'une feuille de papier.
Bó neăc oi slŏc chhú nŭs khnhŏm mŏ sŏnlŏc khnhŏm chun credas neăc mŏ sŏnlŏc.

Le grand fleuve est bien large; il y a beaucoup de fond; le courant y est si fort que les plus forts nageurs ne peuvent le remonter.
Tônly thŏm totŭng thŏm năs; tŭc cô chrŏn phăng tŭc hói cô khlăng năs neăc na dĕl pĕn hĕl năs nŭ cô hĕl mŭn lóng.

Ce général est bien heureux; il gagne des batailles, il gagne le prix aux courses et il gagne beaucoup d'argent au jeu.
Général nŭs âr sabai năs; bau chbăng chhneă, ban phnòl prânăng cô chhneă hói lĭng biér cô chhneă prăc phâng.

Tu gagneras ici d'assez bons appointements; si tu fais du commerce tu gagneras peut-être moins.	*Êng si biér vŏt chrón lemôm hói; Bó êng chuônh prâhêl êng chŏmnĕnh tĕch chéang nĭs.*
Il est gai, cependant il a la gale et se gratte beaucoup.	*Véa âr véa, pŏntê véa cót romŏs hói chê tê ĕs.*
Cette femme a accouché de deux enfants, un garçon et une fille.	*Srey nĭs sôrural côn phlŏ; côn prăs muéy srey muéy.*
Vous êtes responsables des hommes et des chevaux que l'on vous a donné à garder.	*Neăc êng reăcsa menŭs, reăcsa sĕ tê băt troŭ neăc éng sâng.*
Garde-moi ces objets.	*Tŭc robăs nĭs oi ănh.*
Le gouverneur n'a pas voulu prêter sa barque, il a prétendu qu'elle n'avait pas de gouvernail.	*Chăufai srŏc mŭn chăng oi tuc khchey; cŏt dăsa tha véa khméan chŏng côt.*
On lui a coupé la langue.	*Kî căt ănvat véa tŏu hói.*
La langue française est plus difficile à apprendre que la langue cambodgienne.	*Passa pareăng sês pibac rién chéang passa khmêr.*
Je fais frapper toutes les mères qui viennent de Cochinchine vendre leurs enfants ici.	*Khnhŏm chăp âs srey na dêl năm côn pi srŏc juôn jôc môc lŏc nŭ, khnhŏm oi kî vay.*
Pendant que le mandarin va manger, les nageurs mangeront aussi.	*Bó nomón nŭ hî si bai, âs neăc chêu tuc si oi hói toŭ.*
Le roi mange la cuisine à la française.	*Luông soi crâ sngoi pareăng sês.*
Quan veut se marier.	*Călna véa chăng jôc prâpôn.*
La fille de cralahom est mariée.	*Côn cremôm Lûc Crâlahom méan phdey hói.*
Mets le cachet sur la lettre.	*Bă tra sŏmbŏt nĕ.*
Thomas va mieux aujourd'hui.	*Thomas thugay nĕ ban crŏmbó.*
Ce vase est à moitié plein.	*Phóng nĭs tŭp mŭng ban cŏnlă.*
Diane a fait des chiens à deux nez.	*Diane sŏmral côn chhkê chremŏs prêc.*
Si les Cambodgiens se mettent à fumer l'opium, ils ne seront plus aussi robustes.	*Bó âs téang khmêr tŏmlŏp chŏc aphién nŭ mŭn ban mŏm dôch pímŭm.*
La petite princesse qui est chez le cralahom m'aime beaucoup parce je lui donne du pain.	*Mechas khsăt trey tôch dêl nŏu phteă Lûc Crâlahom nŭ srelăng khnhŏm năs debăt khnhŏm thvai nŏm păng.*
Apporte-moi du feu.	*Jôc phúng môc oi ânh.*
Elle porte son enfant sur l'épaule.	*Véa li côn véa nŏu lŭ sma.*
Il porte une cruche d'eau sur la tête.	*Véa tul căâm tŭc nŏu lŭ căbal.*
Vian porte l'eau pour arroser le jardin dans deux arrosoirs suspendus	*Viăn rêc tŭc môc sroch chbar, dac tŭc khnŏng chŏmpnôi sŏmroch pir ruôch*

au bout d'un bâton qu'il met sur l'épaule.
phjuôr nŏu chŏng dâng réc, ruŏch dăc lŭ sma réc.

C'est un bonze et pas un prêtre catholique.
Nĭs lŭc săng mŭn mén chéa săng créach paréăng té.

J'ai puni le matelot qui était ivre.
Khnhŏm ban jôc tŭs puôc capăl dêl srevŏng sra.

Quand viendrez-vous?
Căl na neăc môc?

Ramenez rapidement le cheval à la maison.
Dŏc sĕ nĭs tŏu phteă vĭnh oi chhăp.

Le Chinois qui m'a rasé est riche.
Chĕn dêl cor oi khnhŏm véa méan.

Es-tu rassasié?
Êng chăĕt hói nŏu.

J'ai beaucoup de chats et beaucoup de rats.
Khnhŏm méan chhmar chrón hói cŏndor cô chrón.

Il y aura une bonne récolte de coton cette année.
Chhnăm nĕ dăm crebas ban hói.

Va remercier Prisat-Savon de nous avoir envoyé des éléphants.
Tŏu oi âr Lŭc Prâsór-Sôrivŏng debăt ban oi dŏmrey môc júng.

J'ai rencontré un tigre et je me suis empressé de retourner à bord.
Khnhŏm ban prâteă khla muéy ruôch khnhŏm prenhăp hăc môc crepăl vĭnh.

C'est le moment de repiquer le riz.
Nĭs dăl khê nŭng stung srŏu hói.

Saluez le roi; saluez le mandarin, saluez le bonze, saluez cet homme.
Thvay băng cŏm Luông, sŏmpéă namón, Thvai băng cŏm Lŭc săng, sŏmpéă neăc nĭs.

Les soldats ont souvent soif.
Puôc téahéan chrón sréc tŭc.

Le soleil est chaud aujourd'hui.
Thngay nĕ thngay kdău.

Ce malade souffre beaucoup.
Neăc chŏmngú nĭs véa chhú véa nas.

Il est soûl et méchant.
Véa srevŏng sra hói cach phâng.

Le tabac du Cambodge est fort, il coûte cinq taillants la livre.
Thnăm srŏc khmêr khlăng, thlay véa muéy néal prăm tién.

Cette terre est fertile.
Dey nĭs dăm lăâ.

Le thé est commun en Chine.
Tê nŏu srŏc chĕn méan lômpéas.

Ton frère vient de tomber en galoppant.
Bâng rú păŏn êng véa rŏt hói duŏl ămbănh mĕnh.

L'autre jour il est tombé de sur cet arbre.
Mŏ ngay nŏ véa thleăc pi lŭ dóm chhŭ nĭs.

Tout à l'heure il a laissé tomber son livre.
Véa tŭp nŭng thú thléăc sŏmbŏt véa ămbăng mĕnh.

C'est tout ce qu'il a à me dire.
Véa méan car nijéay nŭng ănh té pŏnnŏng té?

Un homme qui ne travaille pas est inutile sur la terre.
Menŭs na dêl nŏu lukey nĭs mŭn thú car nŭ nŏu ăt prejoch.

Elle est venue depuis longtemps.
Véa môc pi jur hói.

Quel âge avez-vous?	*Neăc ajôs poman chhnăm?*
De quel pays êtes-vous?	*Neăc nŏu srŏc na?*
Le pays est-il tranquille?	*Srŏc sŏcsabai té rú óy?*
Que cultivez-vous?	*Neăc dăm óy?*
Êtes-vous heureux?	*Neăc sabai ămnăr dêl rú té?*
Votre gouverneur est-il méchant?	*Chăufai srŏc néăc cach rú té?*
Vous prend-il beaucoup d'argent.	*Ban jôc prăc neăc êng chrón rú tĕch?*
Travaillez, cultivez, vous serez heureux.	*Thú car lóng, thú srê chŏmear lóng, nŭ neăc ban sabay hói.*
Il faut que les chefs soient justes et probes.	*As néay âs chaufai méan tê nŏu doipĭt trâng hói, oi méan cŏmnŭt mejéat phâng.*
Le sommeil n'est bon que la nuit.	*Angŭi déc nĭs sruôl tê jŏp.*
Le temps est magnifique.	*Mĭc lăâ năs.*
Nous partirons demain pour Chaudoc.	*Júng tŏu mŏt chruc ngay săêc.*
Nous reviendrons dans trois jours.	*Bey ngay júng trelăp môc vĭnh.*
Comment se nomme le chef de la douane?	*Mî côi nĭs chhmô óy?*
Cette douane donne-t-elle beaucoup d'argent au roi?	*Côi nĭs ban chéa preă réach chéa trŏp chrón rú tĕch?*
Combien de poisson, de coton, de riz, de soie?	*Ban trey, ban crebas, ban ăngeâr, ban sôt poman?*
Apou est un paresseux; il parlerait français aujourd'hui, s'il avait travaillé.	*Pŏu nĭs khchĭl muéy; bó khàm rién passa pareăng sês eylŏu nĕ chĕ hói.*
Tous les Cambodgiens parleront français plus tard.	*Jur tŏu âs téang khmĕr cŏng tê chĕ passa pareăng sês.*
C'est une langue nécessaire aux gens qui font du commerce.	*Nĭs chéa passa dêl âs neăc chŏmnuônh chrón pró.*
La France est un beau pays.	*Rocôr Pareăng sês chéa srŏc lăâ muéy.*
Cette île est grande; l'autre est petite.	*Că nĭs thŏm, muéy nŭ tôch.*
Cette femme est jolie, mais elle a bien peur de nous.	*Srey nĭs lăâ, pôntê véa khlach júng năs.*
Acoq s'est marié un peu trop tôt.	*A Coq jôc prâpŏn pi khmeng mŏntĕch.*
Le roi est-il sorti?	*Luông chĕnh hói nŏu?*
Le roi vient de rentrer.	*Luông tŭp sdăch jéang chôl.*
La reine-mère demeure à Houdon, elle est vieille, mais elle a une bonne santé et vivra longtemps encore.	*Sŏmdăch preă vôréach chini sdăch cŏng nŏu Oŭdŏng; Luông chas hói, pôntê nŏu cŏmlăng, nŭng nŏu rŏs tiét ban jur.*
Combien voulez-vous vendre ce poisson?	*Neăc chăng lŏc trey nĭs tó thlay poman.*
L ecoivrant est fort.	*Tŭc hôr khlâng năs.*

La brise est favorable.	*Khsăl chŏmnŭ chun.*
La barque de Pibol a gagné le prix.	*Tuc Lŭc Pibŏl phnŏl chhneă ki.*
Pibol était bien content d'être vainqueur.	*Lŭc Pibŏt sabai năs debŏt ban chhneă.*
Qu'est-ce qu'il est allé faire à Houdon?	*Véa tŏu Oudŏng thú óy.*
Où vas-tu?	*Êng tôu na?*
Quoi faire?	*Thú óy?*
Longtemps déjà?	*Jur hói?*
Où apportez-vous cela.	*Neăc jôc săt nĭs tŏu na.*
Je vais mieux.	*Khnhŏm ban crŏnbó.*
Je vais télégraphier à l'amiral.	*Khnhŏm tŏu vay khsê luŏs tŏu Lŭc Amiral.*
J'ai télégraphié hier à l'amiral.	*Khnhŏm ban vay khsê luôs tŏu Lŭc Amiral maṡŏl.*
Comment appelez-vous cela en cambodgien?	*Neăc hău săt nĭs chéa khmêr, hău mĕch.*
Qu'a dit le crâlahom.	*Lŭc Crâlahom tha óy?*
Fermez la porte.	*Bĕăng thvéa.*
Ouvrez la porte.	*Bóc thvéa.*
Dites la vérité.	*Nijéay oi trăng.*

VOCABULAIRE

CAMBODGIEN-FRANÇAIS

A

a, devant un nom propre d'homme indique la familiarité, s'il s'agit d'un enfant; il marque le mépris, s'il s'agit d'une personne âgée.
â kné, Sud-Est.
a-pomŏc, ivrogne.
ăbbâma, hypothèse, supposition, supposer.
ăbbârach, titre du 2e roi du Cambodge.
âc, aigle pêcheur de grosse espèce, à plastron blanc.
ăc, dévidoir.
ăc ăn, vexation.
aça, diligent, assidu.
acâr, revenu, rente.
acas, air, espace infini.
ăccusăl, ingrat.
ăch, ordures, excréments, fiente.
ăch trechiéc, ordures des oreilles.
ăch săt, bouse d'animal.
ăch anar, sciure de bois.
ăch déc, mâchefer.
achar, devin, prophète, diseur de bonne aventure.
achentray, continuellement.
ăckhareă, en public.
acŏm arăc, *lieng arăc*, cérémonie diabolique.
açor anŏt, plaindre, avoir compassion.
acrăc, laid, vilain, mauvais.
acrat, dépouillé, nu.
ăcsăr, lettre, caractère, écriture.
ăcsâr chhlăc, inscription.
acŭng, taret, ver rongeur.
ahar chămney, aliment, nourriture, denrée.
ai (*ê*) en deçà, plus par ici.
aia! aya! ah! aïe! hélas!
aiôs, *ayôs*, âge.
aiôs pénh péal, âge viril.
aiôs dŏmnal, de même âge.
akhôch, corrupteur, débauché.
al, brûler, chauffer (comme en repassant).
alay, aimer (vulgaire).
alay tê lĭng, aimer à jouer.
alay srey, aimer les femmes.
alay khnéa, s'aimer.
ămbăl, de même que, semblable.
ămbănh mĕnh, de suite, à l'instant même.
ămbâs, coton filé.
ămbĕl, sel.
ămbĕng, débris (se dit des porcelai-

nes, faïences, tuiles, poteries en général).

ămbô, lignée, descendance.

ămkéang, favoris (barbe).

ămmechas, *mechas*, maître de maison, d'une exploitation, d'un esclave, prince, propriétaire.

ămmechas suôr, Dieu, maître du paradis.

ămnach, autorité, pouvoir, puissance.

ămnach sdăch, pouvoir souverain.

ămnach mŭc ngéar, droit (en justice).

ămnâr, contentement, se réjouir, plaisir.

ămnâr sabai, se récréer.

ămnâr sabai (*săngsa*), volupté.

ămnăt, *ăt bai*, famine.

ămnăt (*chhnăm*), année de famine.

ămpĕch, sur le champ, aussitôt que.

ămpi, *pi*, depuis.

ămpi na, *pi na*, d'où.

ămpi nĕ, *pi nĕ*, d'ici.

ămpi nŏ, *pi nŏ*, de là.

ămpi nĕ tŏu, *pi nĕ tou*, à partir de, dorénavant.

ămpi lŭ tŏl crom, fruit du tamarinier.

ămpĭl ămpéc, luciole.

ămpŏl, tracas.

ămpŏng, tuyau, tube.

ămpŏng pruénh, carquois.

ămpŏng câ, larynx.

ămpŏu, canne à sucre.

ămpú, acte, action.

ămpú asrŏu, crime, action horrible.

ămpú (*thú*), sortilége.

an sĕ, selle annamite et français.

ăn, *crenbó*, *sbói*, mieux, soulagé, soulagement.

ana, qui? (en mauvaise part).

anar, scie.

ănchâng, filet que l'on manœuvre comme une seine.

ănchâng (*dŏc*), manœuvrer le filet précédent.

ăncheăng, muraille, mur, cloison.

ăncheăng leap dey, torchis.

ăncheăng phói, cloison mobile.

ănchien, anneau, bague.

ănchien thbông, bague avec pierre précieuse.

ănching, balance, romaine.

ănchóm, sourcil.

ănchŏt, se brouiller.

ănchuéy, mu, ébranlé (par le vent ou une force quelconque).

ănchun môc, apporter (même cas que le précédent).

ănchun tŏu, emporter (même cas que le précédent).

ănchúnh, convier, inviter.

ănchúnh toŭ, inviter à sortir, congédier.

ăndăp nŏ, en ce temps.

ăndârai tŏu chŏ, tant pis.

ăndat, langue.

ăndat pey, languette de flûte.

ăndat phlúng, flamme.

ăndêt, flotter, surnager.

ăndóc, tortue.

ăndông, puits, citerne, fossé.

ăndông prâstrey, vivier.

ăndót ăndâc, sanglot, sangloter.

ang (*tăc*), faire.

ang, faire le mal sans crainte d'être puni.

ăng, rôtir, griller au feu directement.

ăng, *phlúng*, se chauffer.

ang ngut tăc, baignoire.

ăngcă, riz décortiqué.

ăngcă dóm, grain de riz non cassé.

ăngcăl, quand, lorsque.

ăngcăl na, *cal na*, *cal*, tandis que.

ăngcam, écorce du paddy.

ăngcăm, petites sphères en ambre,

verre.... percier dont on fait des colliers.
ăngcăt ŏs, tison.
ăngcŏl, charrue.
ăngcŏp cŏndor, piége pour les rats.
ăngcôrban, exécuteur, bourreau.
ăngôr (*nocôr*), royaume d'Angcor.
ăngcôr thŏm, Angcor la grande.
ăngcôr văt, pagode d'Angcor (monument célèbre et bien conservé).
ăngcrăng, fourmi rouge.
ăngcris, Anglais.
ăngcuchéat, sexe.
ăngcŭi, s'asseoir.
ăngcŭi (*oi*), faire asseoir quelqu'un.
ăngkêp, grenouille.
ăngrê, pilon.
ăngrŭng, hamac.
ăngrŭng snêng, hamac servant de chaise à porteur.
ăngruôn, agiter, ébranler (à la main ou par une force mécanique).
ăngrŭt, petite nasse en osier que l'on manœuvre à la main.
anguy dec, sommeil.
ăngvăr, prier, invoquer, supplier.
ăngvăr sŏm, implorer.
ăngvêng, très-longtemps.
ănh, moi, je (à un enfant ou en mauvaise part).
ănhchúnh, inviter.
anĭ, *anĕ*, celui-ci (en mauvaise part).
anisăng, sacré.
ănlŏc, tous les légumes qui se mangent sans être cuits.
ănlŏng, abîme, gouffre (dans l'eau).
ănlŭ, *lŏmnŏu*, *cŏnlêng*, *ti*, lieu, endroit.
ănlŭm, *sămlĕm*, éloigné, à perte de vue.
ănlung, maillet en bois, bâton pour tam-tam.
ănlung scôr, baguette de tambour.
anŏ, celui-là (à un enfant ou en mauvaise part).
anŏt, *mita cŏrna*, avoir pitié, compatir.
ănsai, lièvre, lapin.
ănsai tés, lapin blanc d'Europe.
ănsóm, rosée.
ănsóm phsêng, brume.
ănteă sa, malaise général.
ănteăc, lacet, piége.
antenu, arc-en-ciel.
ăntông pŏl, rassembler des soldats.
ăntŏng, anguille.
ăp, nuageux, opaque.
aphién, opium.
aphŏp, pas de chance.
ăpphtéanh, *ăpphtŏng*, maladie vénérienne.
ăppisêc, couronner.
ăpsŏc, *ăpphsoc*, ennui, être ennuyé, s'affliger, désolation.
ăpsŏc (*menŭs*), individu ennuyeux.
apŭc, père.
apŭc ănchĕm, père adoptif.
apŭc thór, parent.
apŭc thŏm, oncle plus âgé que le père ou la mère du neveu.
apŭc meday, parent (parlant des pères et mères).
apŭc khmec, beau-père.
ar, scier.
ar cŏmbăng, *péac cŏmbăng*, secrètement.
ăr, *sabai*, *ămnăr*, content, gai, joyeux, merci, satisfait, joie, jouir.
ăr năs, très-content, grand merci.
ăr năs hói (*chuŏi ăr*), tant mieux.
ăr prâ dêc prâ cŭn, merci (poli).
arăc, diable, démon.
arahăn, saint.
arăm, crainte, craindre.
ăs, fini, achevé, tout.
ăs cŏmlăng, épuisé, fatigue (par excès de travail).

âs sbiéng, disette.
âs téang, les, les autres, aux autres.
âs neăc êng, vous autres.
âs tŏm hŭng, toute vitesse.
âs mŭc mŏntrey, tous les mandarins.
âs pi chŏt, volontairement, de bon gré, de tout cœur.
âs pi cŏmlăng, de toutes ses forces.
as preă, autel.
asa, diligent, actif, assidu.
asôr, être affecté de..., déplorable, doléance, plaindre quelqu'un.
at véat, cupide, très-exigeant.
ăt, *ĕt*, *mŭn*, sans, nul.
ăt, être privé, tolérer, patienter, endurer.
ăt tûs, gracier, pardonner.
ăt khmas, effronté, sans honte.
ăt puch, impoli, inconvenant.
ăt bó chhngăl, rien d'étonnant.
ăt nana, personne.
ăt smar dey, être découragé, manquer de courage.
ăt tûs teăng âs, amnistie.
ăt réas, dépeuplé.
ăt cuŏr, déshonneur, inconvenant.
ăt mŏntĭl, sans doute.
ăt chbăp, mal élevé, mal éduqué.
ăt tasray, épargner, avoir égard.
ăt tûs (*khméan tûs*), sans faute, sans erreur, innocent.
ăt pŭc mŏt, imberbe.
ăt thór (*khméan chŏt anŏt*), impitoyable.
ăt cŏmnŭt, imprudent.
ăt bó cŭt, *cŭt mŭn lĕch*, indécis, indécision.
ăt prach nha, inintelligent.
ăt bó cŭt, *mŭn chĕ cĕt*, insensible.
ăt mŭn ban, insupportable.
ăt prâyoch, inutile, en vain.
ăt car chéa thmey, rien de nouveau.
ăt chŏmngú, pâtir.
ăt chŏmney, *tâm chŏmney*, se priver, s'abstenir.
ăt, batracien anoure (oiseau aquatique).
atama, moi (un bonze parlant de lui).
atréat, vers minuit.
ătticăt, *prâman*, présager.
atŭt, semaine.
atŭt mŭc, semaine prochaine.
atŭt croi, semaine passée.
au, habit, vêtement.
au căc, gilet, habit sans manches.
au phai, robe longue de cérémonie des mandarins.
au khnŏng, *chemis*, chemise.
au phliéng, manteau pour la pluie.

B

ba, père (pour les animaux).
bă, révolution, se révolter, révolte.
bă bo, sédition.
bă, enfoncer, planter.
bă khnă, ceps aux pieds.
bă tra, mettre le cachet, apposer le cachet.
bă pŭm, imprimer.
bă pŭm sŏmbŏt, imprimer un livre.
bă prŏm, indiquer une limite avec des pieux.
bă tŏp, camper.
bă jŭt thca, jeter l'ancre.
bă prăc, frapper monnaie.
bă băngcŭl, planter un pieu.
bă dămrŏy, baliser, jalonner, repérer.
bă băng, bannir, exiler.
bă dĕc cŭl, clouer.
bă robâng, enclore.
bă dĕc khnŏng hiéu cŏmphlúng, enclouer un canon.
bă dĕc phchŏp, ferrer.
bă muéy chăp muéy, jongler.

băc, cassé (se dit des objets longs par rapport à leur grosseur).
băc dâng kdong, démâter par accident.
băc tŏp, défaite, déroute.
băc cŏmlăng, mou, faible.
băc dey, éboulé, s'ébouler.
băc bĉc, rompu, brisé, cassé.
băc cheŏng, fracture, rupture.
băc chŏng, *téal*, dépointé, émoussé.
bâc, peler, décoller.
bâc sbêc, *pŏnléă*, écorcher.
bâc sŏmbăt, décacheter une lettre.
bâc hói, *prê hói*, traduit.
băc, s'éventer.
băc trechiéc, dresser les oreilles.
băc phlúng, faire arriver de l'air sur le feu.
băc cŏntuy, remuer la queue.
bach, vider, assécher.
bach (*sĕ*), ruer.
bach hói, vidé.
bach tûc tuc, vider l'eau d'une barque.
băch, paquet d'objets attachés.
băch ŏs, fagot de bois.
băch srŏu, gerbe de riz.
băch rŏmpŏt, faiscean de rotins (symbole de puissance).
bai, riz cuit.
bai — â, mortier.
băitâng, vert.
băitâng slêt, vert pâle.
balăng réach, trône.
balăng preă, siége de Bouddha.
baley, bali, pali (langue ancienne de l'Inde).
bămbăng, masquer, cacher.
bămyŏl, faire comprendre.
bămlăs, réformé, changé (se dit d'une chose qu'on a mis de côte).
bâmŏl, rassembler, réunir des individus, recueillir des fruits.
bămpân săt, *chănchĕm oi thŏt*, engraisser les bestiaux.
bămpéăc, *sliéc oi kî*, habiller quelqu'un.
bămpĕnh, remplir.
bămphĭt, *bămphéy kî*, faire peur à quelqu'un.
bămphlanh, *băngkhoch*, léser, faire du tort.
bămphlanh, ravager, ruiner, détruire, dévaster.
bămphlĕch tŭs, oublier, ne plus se souvenir d'une offense.
bămphlós, exagérer.
bămphlú, éclairer, illuminer.
bămphŏc, enivrer, faire trop boire.
bămphóm, engrosser une femme.
bămpong, dilater (par un moyen mécanique).
bămpŭl, empoisonner.
bămpŭl kî, empoisonner quelqu'un.
bămpŭl kî (*menŭs*), empoisonneur.
ban, pouvoir, obtenir, posséder, on peut, pouvoir faire.
ban tŏu, *nŏu*, *mŭc*, assister, être présent.
ban chéa, devenir (transformation en bien).
ban totuôl hói, avoir reçu.
ban dôch chŏt, *cót*, réussir.
băn, *băn*, *srăn*, faire des vœux.
bănchhŏp, forcer quelqu'un à s'arrêter.
bănchhot, tromper, tendre des embûches.
băng, caché, masqué.
băng, *phlú*, obscurcir, atténuer l'effet de la lumière.
bâng, frère plus âgé que celui ou celle dont on parle
bâng srey, sœur plus âgée que celui ou celle dont on parle.
bâng thlay, beau-frère ou belle-sœur plus âgés que le mari ou l'épouse dont on parle.

bằng, céder, sacrifier ses intérêts pour avoir la paix.
bằng khằm, contraindre, forcer.
bằng sâmnânh, lancer l'épervier.
bằng ê preă, nier Dieu.
bằng khlach, intimider, faire peur.
bằng ăt bai, faire mourir de faim.
bằngăo, faire cesser, suspendre, faire attendre.
bằngăn, *bônthâi*, *rŏmlŏ*, diminuer.
bằng ăs, terminer, finir (ne se dit pas des travaux).
bằng ăt, s'imposer une privation (se dit surtout de la nourriture).
bằng-căch ker ki, diffamer.
bằngcŏp, *bằngcŏp*, ordonner commander, prescrire, ordre, imposer, enjoindre.
bằngcŏp phsŏng, contre ordre.
bằngcŏm, *cŏmtê*, heureusement.
bằngcŏt, créer, engendrer, produire, fonder.
bằngcŏt sai, fécond, féconder.
bằngcrŏp, compléter.
bằng ěm, douceur, sucrerie, dessert.
bằng hanh, désigner, exhiber, montrer, indiquer.
bằng hanh phlŏu, montrer la route.
bằng hanh cŏmhŏs, prouver.
bằng liĕn, dilapider, ruiner, se ruiner.
bằng hŏi, finir, achever, terminer (se dit des travaux).
bằng hŏt, baisser un objet suspendu.
bằng khăm, forcer quelqu'un à obéir.
bằng khan, cesser.
bằng khan chŏt, dissuader.
bằng khăng, *khăng*, enfermer, renfermer.
bằng khăng bằmpăn săt, enfermer les bestiaux pour les engraisser.
bằng khŏch, corrompre, dépraver, pervertir, profaner, gâter, se gâter, endommager, dégrader, abîmer.
bằng khŏch ki, déshonorer quelqu'un.
bằng kŏch trŏng, déformer.
bằng khŏch srey prŏm ma chărey, dépuceler.
bằng nŏn, rideau.
bằng phŏŏn, parents (se dit surtout des frères et sœurs.
bằng phŏŏn chi dôn muéy, cousin germain.
bằng phŏŏn bằng cŏt, consanguin.
bằng răt, *bằng ras*, disjoindre, séparer.
bằng răt sŏmlănh, séparer des amis.
bằng sŏmlâ, assaisonner, épicer.
bănh, tirer d'une arme à feu.
bănh mŏ cŏmphlŭng, tirer un coup de fusil.
bănh sna, tirer avec une arbalète.
bănh sŏmlăp, tuer avec une arme à feu.
bănh cha, mirador, abri pour l'affût ou pour la faction.
bănh ngê, Saigon.
bap, péché.
bap pomŏc, ivrognerie.
bap sŏmlăp khluôn, suicide, se suicider.
băpuŏi, planer (vol des oiseaux).
bâr, conduire.
bâr sê, chevaucher.
bâr săt tŏu khvéal, faire paître les bestiaux.
bârbôr, abondance, fécondité, fertilité.
bârey, cigare, cigarette.
bârha prap ki, rapporter, redire à mauvais dessein.
bârlŏc, l'autre vie.
bârman, colle de farine de riz.
bârăt, mercure.
bâs, objet qui n'est pas d'aplomb.
bâs thnăm, piler des médicaments.
bâs crebas, égrener le coton.

bat (chhlói), oui.
bat, fond.
bat tŏnlî, fond du fleuve.
bat capăl, cale d'un navire.
bat tŭc, fond d'une barque.
bat day, paume de la main.
bat chúng, plante du pied.
dat crom capăl, carène d'un navire.
băt, thú băt, perdre, égarer, disparaître.
băt hói, perdu, disparu.
băt sma dey nyeay phdas, délirer.
băt lăng, mourir.
băt mŏt, cŏm mŏt, se taire.
băt, plier, ployer, coude, détour.
băt prĉc, contour d'un ruisseau, changement de direction.
băt phlŏu, contour d'une route.
băt sŏmpŏt, plier du linge.
bău, têter.
baycăl, piége, embûche, stratagème.
bĕ, cueillir, extraire, enlever.
bĕ phcaz, cueillir des fleurs.
bĕ sŏnlŏc, défeuiller, effeuiller.
bĕ pŏntŭm phlê, cueillir des fruits avant leur maturité et pour les laisser mûrir ensuite sur la paille.
bĕ buéy, critiquer, dire du mal d'autrui.
bê, vers (préposition de lieu et de temps).
bê sdăm, vers la droite.
bê chĕnh, s'écarter, écarter.
bê chhngay, s'éloigner, éloigner.
bêc, brisé, cassé, fendu, rompu.
bêc prachnha, développer (l'intelligence, l'industrie).
bêc nhús, suer, transpirer.
bêc pi khnéa, séparément.
bêc pôpŭ, écumer, mousser.
bêc théang préat, luxuriant (végétation).
bĕdông, cœur (partie du corps).
bêng, diviser, partager.
bêng chêc smór, diviser en parties égales.
bêng chéa pir, partager en deux.
bèt bămpeàng, calfater.
bĕt lóng vĭnh, radouber.
bĕt tŏmbău., fermer une plaie.
bey, trois, troisième.
bey dôch chéa, de même que.
bey tŏndăp, treize, treizième.
biér, jeu de hasard et intéressé.
biér, cartes à jouer.
biér phlŭc, jeu de petits dais, de dominos.
biér văt, appointements, solde, traitement.
biêt môc, s'approcher (quelqu'un qui vient vers soi).
biét tŏu, s'approcher d'un endroit éloigné.
bó, si, car.
bó té, si non.
bó chhnŏ, autrement.
bó tĕch năs, au moins.
bó presŏn, si par hasard.
boc sŏmpŏt, laver en frappant le linge sur le sol.
bôc, somme, total, addition, additionner.
bôc, côm, bosse du dos.
bŏc, piler.
bŏc cŏl, embaumer.
bŏc măt, bŏc oi leĕt, pulvériser, broyer fin.
bóc, ouvrir, laisser sortir, mettre en liberté, décacheter.
bóc crôp, ôter le couvercle.
bóc thvéa, ouvrir la porte.
bóc kdong khao, louvoyer, naviguer au plus près.
bóc oi, permettre, accorder.
bóc ămnach, tolérer, autoriser.

bóc sŏmbŏt, décacheter une lettre.
bŏc biér vŏt, rétribuer, solder.
boch mâmis, *dâc mamis*, enlever les poils, épiler.
boi day, faire signe avec la main.
boi day hău, appeler avec la main.
bol, courir (pour les animaux).
bŏmnŏl, *pŏmnŏl*, dette.
bŏmpĕnh, remplir.
bŏmró, servir.
bŏmró (*neăc*), envoyé, commissionnaire, domestique.
bŏmró sdăch, envoyé du roi, chargé d'affaires.
bŏntĕch (*chăm*), instant.
bŏn, *bŏn*, fête, cérémonie, étiquette, cérémonie religieuse, rite.
bŏn thŏm, grande fête, solennité.
bŏn căp khmoch, enterrement.
bŏn căt sbêc, circoncision.
bŏn chal, *yôc tŭs*, *dăc tŭs*, punir.
bŏn srai bap, confession.
bŏn chăm, dépôt, objet en dépôt, en garantie.
bŏn totuól preă, communion.
bŏn natăl, Noël (fête catholique).
bŏn thâi, décroître, réduire, diminuer, amoindrir, modérer.
bŏn păs, Pâques (fête catholique).
bŏn tŭc capăl, cargaison.
bŏnchŏ, ensevelir, enterrer.
bŏnchôl, faire rentrer, introduire.
bŏnchôl sas, baptiser.
bŏndăm, recommandation, prier d'avoir soin.
bŏndăm khmoch, testament.
bŏndór sŏn, en attendant.
bŏng, lac.
bŏng tôch, petit lac.
bŏntăl, *thú bŏntăl*, témoigner, déposer.
bŏntăl căch, faux témoin.
bŏntéay, citadelle, fortification.
bŏntĕch, un peu, pour un moment.
bŏntĕch bŏntĕch, peu à peu.
bŏntĕch tiét, encore un peu, un peu plus, tout à l'heure, tantôt.
bŏntĕch muéy, un peu seulement, tant soit peu.
bŏnthê, soigner, être soigneux.
bŏnthêm, augmenter.
bŏnthur, desserrer, donner du mou.
bŏntŏn, ramolir.
bŏntŏn chŏt, s'adoucir, se calmer.
bŏntŏng, *rŭt tŏng*, serrer fortement.
bŏntŏp, second, deuxième, adjoint de....
bŏntŏp si bai, salle à manger.
bŏntŏt, lignes tracées sur le papier, cordeau du charpentier.
bŏntŏt (*cus*), tracer des lignes à la règle.
bŏntun méan, exhorter un inférieur, conseiller, engager à...
bŏntus, réprimander, réprimande.
boran, hasard.
bos, balayer.
bôs, abcès, bouton, furoncle.
bŏt óy, *debŏt óy*, *pi prŏ óy*, pourquoi.
bŏt sra, cuire le vin, distiller.
bŏt, *bét*, coller.
bŏt lóng vĭnh, récolter.
bŏt méas, dorer.
bŏt méas lóng vĭnh, redorer.
bŏt chúng, *chŭ*, faire ses besoins (gros ou petits).
bŏt sŏmbŏt, cacheter une lettre.
buchéa preă, sacrifier à Dieu.
buôn, quatre, quatrième.
buôn tŏndăp, quatorze, quatorzième.
buôn chrŭng, carré.
buông săc, manière dont les femmes nouent leurs cheveux.
buôs, se faire prêtre.
buôs (*thngay*), jeûne, abstinence.

C

ca, signer, noce, mariage.
ca klmâng, étiquette, écriteau.
câ, cou.
câ cangěch, cou de travers.
câ day, poignet.
câ khtŭs, pustule.
că, île.
că tôch, îlot.
că (*hău*), citer, assigner, mander en justice.
căâc, tousser.
căâc tŏng dŏm trung, rhume de la poitrine.
căâm, cruche.
căbal, tête.
căbal trângol, tête rasée.
căbal tuc, proue.
cabey, *crebey*, buffle.
cabey préy, buffle sauvage.
cabey khliéch, buffle blanc.
cac, résidu, dépôt.
cac sra, *cacâ sra*, lie de vin.
cac prăc, oxide d'argent.
cac méas, oxide d'or.
câc, glacer, congeler, coaguler.
cach, *cŏmnach*, méchant, brutal.
cach phdăch, très-méchant, plus méchant que...
căch, casser (se dit des objets longs).
căch nŏm, rompre du pain, des gâteaux.
căch chhú, casser du bois.
căch, *pŏngcăch*, à faux, injustement.
cachâc, griffe.
cachău, égratigner.
cacréat, rude au toucher.
câcris cocrus, petit bruit importun, agaçant.
cădăng bai, riz pris au fond d'une marmite.
cădâp, martin-pêcheur.
cadar, forer, percer avec un instrument à main.
cafê, café.
câhăc, mentir.
câhăc (*neâc*), menteur.
cal, quand.
cal nŏ, *ăndăp nŏ*, en ce temps.
cal mŭn, *pi dóm*, autrefois.
câlâ, jarre moyenne.
câlay prăc, *crelay prăc*, argenter.
căl khnéa, rut, en rut.
căm lŏmbac, malheur.
căm chŏndór, échelon.
căm pir, *ăt khléan*, être en détresse.
căm rotéă, rayon de roue.
căm pâma, porc-épic.
căm manhey, velours.
câm, gale la plus purulente, rogne.
cămbor, chaux.
cămbor thmâ, chaux de pierre.
cămbor liés, chaux de coquillages.
cămbor chhău, chaux vive.
cămbor biéc, chaux pour mâcher le bétel.
cămdâ, se tenir près d'une autre personne.
cămlăng, force.
cămnăt sŏmbŏt, catalogue.
cămphuôn chúng, mollet.
cămpŏc, bouteille chinoise en grès.
cămpul, sommet, cime.
cămpul phnŏm, sommet d'une montagne.
căn, tenir.
căn chăp, bien tenir.
căn preă sasséna, observer la religion.
căn chbàp, observer la loi.
căn sra, accoutumé au vin, aux liqueurs fortes.
căn khluôn lóng, s'enorgueillir.
căn cănsay chhcôt, gouverner une barque, un navire.

căn nŏu day, tenir dans la main.
căn bân, chŏl day, complice.
căn chrêng réng, tamis, crible.
căndeng, limon, argile rouge.
câng day, bracelet.
câng chrevăc, maillon de la chaîne des prisonniers.
câng câ, collier.
câng chŭng, anneau en or ou en argent au-dessus de la cheville.
căngan, vie.
căngĕch căbal, pencher la tête de côté.
căngoc, paon.
căng roteă, roue.
căng day chŏng côt, roue d'un gouvernail.
cănlâng, enjamber.
cănsay, arrière d'un navire, d'une barque.
căntê, de plus en plus.
cănthéc, écarter les jambes.
căntŭc, deuil.
cao (*bĕt*), colle.
căp, couper, blesser avec un instrument tranchant.
căp chhŭ, couper du bois.
căp chéa pir, couper en deux.
căp câ, couper la tête.
căp sŏmlăp, tuer avec un instrument tranchant.
căp nŭng châp căp, piocher.
căp, inhumer, enfouir des objets dans la terre.
căp phĕ khdău, cuire dans la cendre chaude.
căp khmoch, faire des funérailles.
capăl, navire.
capăl chŏmbăng, navire de guerre.
capăl chhnuŏl, pacbô, paquebot.
capăl chŏmnuônh, navire de commerce.
capăl phlúng, navire à vapeur, chaloupe à vapeur.
capăl kdong, navire à voiles.
car, ouvrage à faire, travail, occupation, œuvre.
car sămkhăn, affaire importante.
car prokêc, chhlŏ, dispute.
car nyéay, conversation.
car prăc, intérêt de l'argent, taux.
car chŭm cŭt, délibération, sujet de débat.
car thú, travail.
car sruôl, travail agréable, attrayant.
car thngŏn, car núói pruéy, travail fatigant.
car bomró, service domestique.
car rovŏl, occupation.
car, chuéy, défendre, protéger.
car khluôn êng, se défendre.
car cusăl, bonne-œuvre.
car dêl fŭng, délation.
car udăm, chose sérieuse.
carbô, camphre brut.
carco, cardamome sauvage.
carlâ, pot.
cărŏng, sac.
cărsa, grue (oiseau).
cas, sapèque (monnaie du pays).
căs, cŏs, déraciner.
casêt, gazette, journal.
căt, cŏt, vous (à une personne inconnue et qu'on ne veut pas bien traiter).
căt, noter, prendre note.
căt ngay, à jour, au courant.
căt robăs, inventaire.
căt, couper, dépecer, tailler.
căt chúng, amputer une jambe.
căt day, amputer un bras.
căt dŏm, découper.
căt mâmis, tondre.
căt săc, tailler les cheveux.
căt thlay, faire le prix, dire le prix.
căt cŏndal, couper au milieu.

căt cŏndal péac, interrompre quelqu'un.
căt rŏmhọc, découper à jour.
cău ey, chaise, siége.
cău ey vénh, banc avec dossier.
cău ey phdău, fauteuil.
cavanh, cardamome.
cay cŏmphlúng, chien de fusil.
cha trăng, *chéa trăng*, jeu de dames.
chăap cheóm, fétide.
chăc, verser, répandre (avec un petit vase).
chăc, percer, piquer avec un instrument pointu et par un coup droit.
chăc âs, vider tout à fait.
chăc (*capăl*), hélice.
chăc chras, *chăăl*, indigestion.
chăc so, fermer à clef.
chăc khliéc, chatouiller.
chăc khlănh, fricasser.
chăc oi kî phŏc, verser à boire.
chăc sŏmlăp, tuer avec une lance, ou un fer pointu.
chăc chŏnluénh aiguillonner, piquer les bêtes.
chăc nŭng crŏs, poignarder.
chăc thmĕnh, curer les dents.
chăc câ, *căp câ*, égorger.
chăc rús, prendre racine.
chăc jôc chhéam, saigner, tirer du sang.
châchâc, loup.
chăêt, rassasié.
chai, dépenser.
chai dey, tour en maçonnerie.
chal, *réang*, se corriger, s'amender.
chăm (*chhŏp*), attendre.
chăm (*nŭc*), se rappeler, se souvenir.
chăm múl, veiller.
chăm mŭc, *scŏl*, reconnaître quelqu'un.
chăm pi chŏt, savoir par cœur.
chăm nŏu cŏnléng dĕl dĕl, attendre au même endroit, à un endroit désigné.
chăm jéam, être en faction, veille de nuit.
chăm (*duôl*), contusion.
chăm, *trăng*, directement.
chăm (*tŏmléăc*), aplomb, d'aplomb.
chăm âc, railler, se moquer, paroles ironiques.
chăm am, empan.
chăm ap, puanteur, mauvaise odeur.
chăm chéay au, border un habit.
chămbăng, *chbăng*, faire la guerre.
chămbăng chúng tŭc, combat naval.
chămeng (*slap*), ouvrir les ailes.
chămhâ, ouvert (un coffre, une porte).
chămhiéu chiến, frire.
chămlâc, dos, derrière des épaules.
chămlâng, transcrire, copier.
chămnăng, vœu.
chămnêc, *phéac*, portion, partie.
chămney, nourriture (vulgaire).
chămney săt, pâturage.
chămney săl, restes d'un repas.
chămngay, distance, longueur (parlant d'un chemin).
chămnic, endroit creusé.
chămnŏ (*dăc*), capacité, contenance, tonnage.
chămnŏ (*chŏ chôl*), soumis, placé sous la protection...
chămnôl, aimer mieux, préférer (se dit de la nourriture).
chămnúa, crédulité.
chămnuéy, aide, concours.
chămnuôp, rencontre.
chămnuôs, *tămnang*, *pŏnlă*, remplaçant.
chămpŏ, précisément.
chămpŭ, bec.
chămpuôi, bec allongé d'un vase, aiguière.
chămriéng, *tŏmnŭc*, chanson.

chămrŭ, chute des feuilles.
chan, bol, tasse, porcelaine.
chan côm, bol moyen.
chan chúng dŏmrey, bol de grande dimension.
chan tiep, assiette.
chan chúng, plat en porcelaine, forme bol, à pied.
chancheam, plat, grande assiette.
chan dăc scâr, sucrier.
cham dăc ămbĕl, salière.
chănchĕm, nourrir, adopter.
chănchrăm, *hăm*, hacher.
chănchrăm lăĕt, hacher à petits morceaux.
chănĕn, jalouser, jalousie.
chang nang, baillon.
chăng, dresser, façonner du bois (ne se dit que pour le bois).
châng, lier, amarrer, attacher.
châng rŭt, garrotter.
châng kêp (sĕ), seller.
châng dây (car), doter.
châng crúóng sĕ (rŏt), harnacher.
chăng, *chăng ban*, vouloir, désirer, vœu.
chăng chhneă, émulation.
chăng oi ban, *totuch*, entêté.
chăng jŏp hôi, il va faire nuit.
chăngcuŏt, *chhcuŏt*, démence, folie.
chăngiét, étroit, être gêné, rétréci.
chăngrŭc, magasin à riz.
chănh perdre au jeu, aux courses.
chănh rŏt, *băc tŏp*, en déroute, en fuite.
chap, moineau.
chăp, prendre, arrêter, saisir, attraper.
chăp khŏt, retenir, arrêter quelqu'un qui fuit.
chăp dóm, commencer.
chăp ban, obtenir, pouvoir prendre.
chăp vĭnh, rattraper.
chăp thú. commencer à faire.
chăp chhnot, tirer au sort, à la courte paille.
chăp phlŭc, se ressouvenir.
chăp téanh tŏu, entraîner.
chăp sas, persécuter, martyriser.
chăp dăc cŭc, détenir en prison.
chăp si hói, entamé (en parlant des choses à manger).
chăp ban tus, pris en faute.
chăp mŭn ban, insaisissable.
chăp chât, poule.
chăp chăp chât, tâter le pouls.
châp, *căp*, pioche, bêche.
chăp (sŏmbŏt), finir d'écrire, finir de lire.
chăpey, guitare.
chârnay, cristal.
chas, vieux, ancien.
chas bŏndór, vieillir.
chas chhnăm, âgé, plus âgé.
chas prâdâc, vieillard décrépit.
chas tŭm, ancêtres.
chăs, *tŏmlŭ*, trouer.
chăs trechiéc, percer les oreilles.
chât, s'arrêter avec une barque (ne se dit que pour les navires, les barques, les radeaux...).
chăt, âpre, acerbe.
chău, petit-fils.
chău luŏt, arrière-petit-fils.
chău crăm, juge.
chău crăm thŏm, *chang vang*, chef de la justice.
chăufai srŏc, gouverneur de province.
chay, pou.
chay chhkê, puce.
chbăng chămbăng, *sŏc*, guerre, la guerre, combattre, bataille.
chbăng chhnéă, vaincre.
chbăng chhnéă (neăc), vainqueur, victorieux.
chbăng chănh, vaincu.

chbăng nŭng, se battre contre.
chbăp, loi, usage.
chbăp tŏmlŏp, coutume, habitude.
chbăp lŭc, décret.
chbar, jardin.
chbas, clair, distinct.
chbas (phlŭ), clairement, distinctement.
chbôc, trident (gros) pour harponner le poisson.
chĕ, savoir (se dit des travaux manuels que l'on sait faire; se dit aussi de l'écriture.
chĕ, presăp, habile, capable.
chĕ sŏmdey, éloquent.
chéa, bien portant, probe, honnête.
chéa hói, guéri.
chéa chéang, mieux, c'est mieux.
chéa căm, fâcheux.
chéa muéy khnéa, ensemble.
chéa khsan, pacifié.
chéa năs, très-bon, très-honnête.
chéa crâ, difficilement.
chéa vĭnh, réconcilier, se rétablir.
chéa pir, le double.
chéa trăng, *cha trăng*, échecs (jeu).
chéăc, certain, évident.
chéal, manne, pannier.
chéang, ouvrier.
chéang tông, orfèvre, bijoutier, joaillier.
chéang dĕc, forgeron.
chéang chhŭ, charpentier, menuisier.
chéang der sbĕc chŭng, cordonnier.
chéang thŭ cŏmphlúng, *thŭ crúóng avŭt*, armurier.
chéang crelŏng, tourneur.
chéang cehlăc, graveur, sculpteur.
chéang ar chhŭ, scieur de long.
chéang chrelŏc, teinturier.
chéang thner, *chhai hông*, tailleur.
chéang thŭ so, serrurier.
chéang sŏt, fondeur.
chéang der kĕp sĕ, sellier.
chéang sŏmlăp sbĕc, tanneur.
chéang cŏmbor, maçon.
chéat (chămney), saveur.
chéat croi, métempsycose.
chéay, bord, bordure.
chec, banane.
chec ămbông, banane (grosse espèce, longue et verte).
chec nuôn, banane de grosse espèce.
chec léăc, banane à chair et peau rouge.
chec pông mŏn, petite banane jaune très-bonne.
chec nămva, banane commune dite banane-cochon,
chêc, partager, distribuer.
chêc, *lŏc oi*, céder, laisser pour le même prix.
chechéc (car), discuter.
chechéc (suôr), prier d'expliquer lorsqu'on n'a pas compris.
chĕn, Chinois.
chêng thngay, barbouiller.
chĕnh, sortir, partir.
chĕnh tŏu hói, *tŏu hói*, parti.
chĕnh tŏu vĭnh, ressortir.
chĕnh chhéam, saigner, perdre du sang.
cheóm, dégoûté, être dégoûté, dégoût.
cheŏn, cuit, bouilli.
cheŏn lemôm lăâ, cuit à point.
cheŏng, os, arête.
cheŏng smâng day, os cubitus.
cheŏng chŏmnir, côte, côtelette.
cheŏng sma, clavicule, omoplate.
cheŏng khnâng, épine dorsale.
cheŏng phlŏu, fémur.
cheŏng khmoch, squelette.
cheór, cuire à la fumée pour la conservation.
cherhâ, ouvert, débouché.

ches, fil à coudre.
chĕt, couper à petits morceaux, trancher,
chĕt sŏp, soixante-dix, soixantedixième.
chêu, aviron, rame.
chêu tuc, ramer, nager.
chêu panăng, joute de barques à l'aviron.
chêu chras tŭc, remonter le courant.
chhac, archet de violon.
chhàn, manger (se dit en parlant des bonzes).
chhăn buôs, jeûne, jeûner (pour les prêtres).
chhăp, vite, promptement.
chhăp chéang, plus tôt.
chhăt, parasol.
chhău, cru.
chhcuôt, fou, folle, aliéné.
chhcuôt dŏch chhkê, *chhcuôt khăm*, hydrophobe.
chhĕ, brûler, combustion, incendier, enflammer.
chhĕ hói, brûlé, incendié, enflammé.
chhĕ lĕch ăndat phlúng, flamber.
chhéam, sang.
chhĕan muéy muéy, pas à pas.
chhiéng, indirect, indirectement.
chhiéng, *trét*, oblique, incliné.
chhkê, chien.
chhkê prey, renard.
chhkê nhi, chienne.
chhké nhéăng, guêpe.
chhké chhcuôt, chien enragé.
chhlăc, sculpter, graver.
chhlăc rup, faire des statues.
chhlam, requin.
chhlâng, traverser, contagieux.
chhlâng srémŏt, traverser la mer.
chhlâng tŏnlî, traverser un fleuve.
chhlâng (*chŏmngú*), maladie contagieuse.
chhléas, réquisition.
chhléas prach nha, sagacité.
chhlŏ, regarder avec un flambeau.
chhlŏ mŭl khluôn, se regarder dans une glace, dans l'eau.
chhlŏ, disputer, contester.
chhlŏ khnéa, se disputer.
chhlŏc, étouffer dans l'eau.
chhlŏi, répandre.
chhlòi dă sar, répondre à des accusations.
chhlúug, sangsue.
chhlúng crebey, grosse sangsue.
chhma, chat.
chhma ba, chouette.
chhmăp, sage-femme, accoucheuse.
chhmar sdóng, élancé, effilé.
chhmŏ, nom.
chhmŏ khluôn, se nommer.
chhmŏ (*puch*) (*sĕ*), nom de famille.
chhmŏ arahăn, nom de baptême (les chrétiens).
chhmŏ lec, numéro.
chhmŏng, *cŏm-uŏc*, orgueilleux, vaniteux.
chhmuŏnh, commerçant.
chhmŭl, mâle.
chhnăl, ergot.
chhnăl sbĕc chŭng, éperon.
chhnăm, année,
chhnăm ămnăt, année de famine.
chhnăm phnéc, année prochaine.
chhnăm tŏu, année passée.
chhnăm chut, rat (nom d'une année).
chhnăm chhlŏu, buffle —
chhnăm khal, tigre —
chhnăm thă, lièvre —
chhnăm rŭng, dragon —
chhnăm mosănh, serpent —
chhnăm momi, cheval —
chhnăm momé, chèvre —
chhnăm vôc, singe —
chhnăm roca, poule —

chhnăm chă, chien (nom d'une année)
chhnăm cor, cochon —
chhnăng, marmite, chaudière de cuisine.
chhnăng khteă dêc, marmite en fer.
chhnăng khteă spŏn, marmite en cuivre.
chhnăng nĭng rŏmléay, creuset.
chhnéa nĭs, envier.
chhneă, gagner (au jeu, courses, guerre...)
chhneă vĭnh, regagner.
chhneă khdey, gagner un procès.
chhngai, loin, éloigné.
chhngai chéang, *ĕnéay*, plus loin.
chhngăl, étonné, être étonné.
chhngăl phéăng, admirer.
chhngăng, délicat, bon, proprement préparé.
chhngŭc múl, regarder en dessous.
chhnguy, *chhngănh*, savoureux.
chhnŏc, bouchon.
chhnŏn, étrier.
chhnot, sort.
chhnôt, *chhót*, trait, ligne.
chhnôt (*sŏmpŏt*), étoffe à raies parallèles.
chhnuôl, solde, salaire, gage.
chhnuôl thú, *thlay chhnuôl*, façon, main-d'œuvre.
chhnuôt, turban.
chhô, debout, se lever, se mettre debout.
chhô trăng, droit, debout.
chhôm mŭc khnéa, placer face à face.
chhŏp, se reposer, s'arrêter, halte.
chhŏp jŏc cŏmlăng, se reposer (après fatigues).
chhot, imbécile.
chhú, malade, être malade, souffrir.
chhú căbal, migraine, mal de tête.
chhú nûm, envie d'uriner.
chhú chŭ, besoin d'aller à la selle.
chhú phnéc, mal aux yeux, ophthalmie.
chhú pŏ, *chhú phtéy*, mal au ventre, coliques.
chhú chăp, douleur, souffrance.
chhú chŏt, attristé, être attristé.
chhú phsăm, atteint de deux maladies à la fois.
chhú pŏ sŏmral côn, douleurs de l'enfantement.
chhú chŏt sŏmtŭs, repentir, pénitence.
chhú chăal, serviable.
chhû, bois (ce mot-là s'écrivait comme le précédent; mais depuis quelque temps, afin de le distinguer de l'autre, les Cambodgiens, qui savent écrire leur langue en caractères latins, ont affecté l'*u* de celui-ci d'un accent circonflexe).
chhû cus phlúng, allumette.
chhû cus, *chhŭ sacer*, crayon.
chhû chrăt, canne.
chhû chăc, *thmĕnh*, cure-dents.
chhû slêng, bois de campêche.
chhû crus, croix, crucifix.
chhû êm, réglisse.
chhû khmău, ébène.
chhû cong, bois courbe.
chhû kâ că, bois très-dur, fondrier, brun, sert à faire des meubles.
chhû maysăc, bois de teck, très-propre aux constructions navales.
chhû kâ-ki, bois moins lourd que le précédent, se conserve bien dans l'eau et est très-propre pour les constructions navales.
chhû phchŏc, bois dur et lourd, sert à faire des charpentes de maisons.
chhû trâlâc, Il y a beaucoup d'arbres de cette essence sur les bords du grand fleuve, à grain fin et serré, blanc tirant sur le jaune, fondrier,

tige droite, les plus gros atteignent 1 mètre de diamètre, mais ils sont très-rares, se conservent dans l'eau, servent à une foule d'usages : charpentes de maisons, construction de barques.

chhû trâsec, essence moins dure que la précédente, couleur du chêne, se trouve dans toutes les forêts du royaume, très-flexible, sert aussi pour la charpente des maisons, pour les membrures des barques, fondrier.

chhû néang-pâec, essence assez facile à travailler, dure longtemps, fondrier lorsqu'il est vert seulement, se conserve dans l'eau, ne sert qu'aux constructions des maisons, on en trouve beaucoup dans la province de Péam-chi-leâng, n'atteint pas au-delà de 0^m,60, peu élevé, mais à tige droite, bien coiffé, feuilles moyenne grosseur.

chhû tatrau, très-dur, couleur jaune foncé, rare, se travaille assez bien quoique dur, dure extrêmement longtemps et on l'emploie aux constructions et objets qui doivent beaucoup durer, tels que : pagodes, statues....

chhû crûl, faible densité, non-fondrier, fournit résine dont les Cambodgiens font peinture noire, rouge très-foncé, très-propre à l'ébénisterie, pourrit dans l'eau, à terre il a durée moyenne, commun dans les forêts du pays.

chhû crâlănh, dur, lourd, couleur rose, incorruptible dans l'eau, propre à l'ébénisterie, rare.

chhû bŏnéac, rouge brun, moyenne dimension, dur, fondrier, assez facile à travailler quoique dur, dure dans l'eau et à terre, sert à la construction des maisons.

chhû tu-uôr, jaune-paille, fondrier lorsqu'il est vert, très-laid comme arbre, essence très-inférieure, ne sert que comme bois à brûler.

chhû sucrăm sucrăm, rouge assez vif, dur et lourd, fondrier, dure longtemps sous l'eau et à terre, grains serrés, propre à l'ébénisterie, aux constructions des maisons et pour le charronnage, essence assez commune, vient surtout sur les hauteurs, petit arbre, hauteur proportionnée à sa grosseur, tige droite.

chhû tajûng, bois noir presque autant que l'ébène, moins dur que celui-ci, est bien moins beau que l'ébène et n'est employé dans le pays à aucun usage.

chhû khnor préy, jaune, dur, très-haut, rare, atteint la dimension d'un mètre de diamètre, facile à travailler, fondrier étant vert, sert aux constructions des barques, aux charpentes des maisons.

chhû crânhang, bois magnifique, rouge noir, très-dur, fondrier, un peu difficile à travailler, dure extrêmement longtemps, fait des meubles superbes, très-rare, faible diamètre, en vieillissant il brunit, poli et verni il fait un grand effet.

chhû sdey, rouge noir, dur, fondrier, de grande durée, fait de beaux meubles qui deviennent tout à fait noirs en vieillissant.

chhû hay-san, extrêmement dur et quoique cela assez flexible, lourd, fondrier, noir, assez rare, on en fait des colonnes pour supporter les charpentes des toits, on en fait des chevilles pour l'assemblage des bordages des barques.

chhû khnŏng, rouge, odoriférant, à grains serrés, très-cassant à la flexion, on en fait des membres de barques, des roues de charrette, des meubles, fondrier, abondant au Cambodge, moyenne dimension, dure longtemps.

chhû thbêng, rouge clair, essence très-médiocre, dure peu, cassant, non fondrier quand il est sec, employé dans toutes les constructions communes et qui ne doivent pas durer longtemps.

chhû phdiéc, bel arbre droit et fort en diamètre, très-commun dans le pays, bois jaune paille, tendre, non fondrier étant sec, facile à travailler, excellent bois de charpente, se conserve peu à l'humidité.

chhû pâpél, essence très-répandue, durée moyenne, assez tendre, facile à travailler, très-propre aux constructions navales, inattaquable aux insectes et aux tarets d'eau.

chhû entrânél, très-haut et très-gros arbre; les plus gros atteignent jusqu'à 2m50 de diamètre, mais ils sont alors creux quelquefois, rouge clair, flexible, de durée moyenne, fait de bons avirons, très-bon surtout pour les charpentes.

chhû chhĕm-chha, bois léger et tendre, odoriférant, jaune-rouge, assez rare, sert pour faire des planches, des tables, des cloisons, des meubles communs, se détériore à l'humidité.

chhû svai-préy, moyenne grosseur, blanc, se gâte vite, essence peu estimée et peu employée.

chhû chămbăc, gros arbre, vient surtout sur les bords des ruisseaux, peu élevé et gros diamètre relativement, dur, à grains serrés, pourrit vite, difficile à travailler, est peu employé.

chhû day khla, tout petit arbre, couleur d'ivoire, facile à travailler, sert à faire des boîtes, des cachets.

chhû belôi, gros arbre, très-droit, jaune, léger, bon pour les charpentes, les planchers des barques.

chhû peŏng, arbre de grosseur moyenne, très-répandu, rose-clair, très-léger, corruptible.

chhû srăl, sapin, sert aux mêmes usages qu'en France. On ne rencontre cette espèce que dans les forêts de Compong-Soai.

chhû rêăng, essence très-commune, fait du bois à brûler.

chhû khdŏl, gros arbre, élevé, couleur jaune, flotte étant sec, employé dans les charpentes, on en fait les cercueils.

chhû prus, tout petit, bois rose, flexible, sert à faire les arcs des arbalètes, les pilons de mortier, les leviers pour porter les poids.

chhû trâméng, grosseur moyenne, bois jaune-blanc, densité moyenne, très-peu employé.

chhû léal, bois très-répandu, très-élevé, bois rougeâtre, produit de l'huile qui, mélangée avec de la résine, fait un mastic excellent pour les barques, sert à une foule d'usages, est très-bon marché, peu de durée, se conserve cependant assez bien dans les endroits habités.

chhû khlŏng, assez semblable au précédent, même plus rouge, meilleur, sert surtout à faire des pirogues, sert à une foule d'autres usages, moyenne durée.

chhû, *dóm chór chŏng*, gros, haut, n'est pas très-répandu, jaunâtre, produit de la résine et n'est pas autrement exploité.

chhû salău, forte espèce, commun au Cambodge, couleur blanc-jaune, durée moyenne, sert à fabriquer des objets qui doivent être abrités, propre à faire des avirons, flexible et non cassant.

chhung sremŏt, baie, golfe.

chhûng chhap, cymbales.

chhvai, dévider.

chhveng, gauche, la gauche, à gauche, babord.

chhvĕng (*thla*), clairvoyant, pénétrant.

chhuôl, suffoqué par la fumée ou par une odeur forte.

chhus, raboter.

chi, engrais, fumier.

chi, *chău*, sieur, individu.

chi dôn, aïeule.

chi ta, aïeul.

chi dôn luôt, bisaïeule.

chi ta luôt, bisaïeul.

chi dôn léa, trisaïeule.

chi ta léa, trisaïeul.

chi tuôt muéy, parent du deuxième degré.

chi luôt muéy, parent du troisième degré.

chi tŏn, père ou mère d'un bonze.

chĭ sĕ, à cheval, aller à cheval, monter à cheval.

chĭ sŏmpŏu, embarqué sur un navire.

chĭ tuc tŏu, aller en barque,

chi, *promat*, injurier, insulter.

chic, creuser, bêcher.

chic hói, creusé, bêché.

chiém, mouton.

chiém chhmûl, bélier.

chiém nhi, brebis.

chién, frire.

chiés, éviter, faire place.

chiés bĕ chĕnh, s'écarter.

chiés khluôn, *dă khluôn*, se dégager.

ching chăc, lézard.

chĭt prâp, près.

chĭt băngcói, auprès, tout près.

chĭt hói, bientôt.

chivĭt, la vie.

chkiĕl trechiéc, curer les oreilles.

chŏ, descendre, à bas.

chŏ norŏc, damné.

chŏ, *chŏ chôl*, soumettre (se), se rendre.

chŏ chôl khmăng, se rendre à l'ennemi.

chŏ ăp, brouillard.

chŏ (*capăl*, *sŏmpŏu*), embarquer.

chŏ pi capăl, débarquer.

chŏ (*phtey*), diarrhée, avoir la diarrhée.

chŏ chŏmnŏ, contenance, capacité.

chŏ môc vĭnh, redescendre.

chŏc (*chhnŏc*), boucher.

chŏc chhnŏc vĭnh, reboucher.

chŏc siét, point de côté.

chŏc, piquer (se dit des serpents seulement), becqueter.

chŏc, pinceau.

chŏc (*phsêng*), fumer.

chŏc, *chŏnchŏc*, sucer.

chŏc chhéam, sucer le sang.

chŏc sâcer, *pĭt*, pinceau dont les Chinois se servent pour écrire.

chŏch, presser avec les ongles.

chol, jeter, lancer un objet court.

chol mosiét, vaurien.

chol Bă, *Băng*, quitter, exclure.

chol sanhya, résilier.

chol tŏu dey, jeter à terre.

chol crúóng sŏc chĕnh, désarmer, poser les armes.

chol, *mŭn pró tiét*, annuler.

chol tŏnlŏp, *phlĕch tŏnlŏp*, déshabitué, désaccoutumé.
chol tŏu vĭnh, rejeter.
chôl, entrer, pénétrer.
chôl chŏt, plaît, convient.
chôl chŏt, aimer (se dit de la nourriture).
chôl chhnăm, nouvel an, jour de l'an.
chôl khnéa, s'associer.
chôl malŏp (*srey*), nubile.
chôl sas, embrasser une religion.
chôl thú, embrasser une profession.
chôl day, commettre.
chôl tŭs, commettre une faute.
chôl chŏt chéang, aimer mieux, préférer (nourriture et jeux).
chôl mŭn ban, *chôl mŭn thlŭ*, impénétrable.
chôl khang khôch, se compromettre.
chŏl (*săt*), combattre (se dit des animaux à cornes ou à bec).
chom, entourer, bloquer, cerner.
chom bŏutéay, assiéger une citadelle.
chom chŭm, environné, cerné, assiégé.
chŏm es, *chŏm as*, obscène, parole indécente.
chŏmbăp, se battre à bras le corps.
chŏmbóng, paille de riz.
chŏmca thnăm, champ de tabac.
chŏmhiéng khluôn, *khang*, flanc, côté.
chŏmhŏu, médire.
chŏmhŏy, faire cuire au bain-marie.
chŏmlăc, gravure, sculpture.
chŏmlĕc, extraordinaire, curieux, drôle.
chomlói, réponse.
chŏmlói bŏntŏl, témoignage.
chŏmnai (*chai*), dépense.
chŏmnăm, *sŏmcŏl*, marque, trait.
chŏmnăng, *rŏmcăch*, copeau.
chŏmnâng day, dot.
chŏmnăp, excellent.
chŏmnăp ĕc, délicieux.
chŏmnăp, *lăâ năs*, splendide, magnifique.
chŏmnar, vieillesse, antiquité.
chŏmnĕnh, gain, bénéfice.
chŏmnĕt, tranche.
chŏmngú, maladie.
chŏmngú lukey, *chŏmngú ămbăl*, choléra.
chŏmngú hót, asthme.
chŏmngú chŏc dŏn trung, maladie de la poitrine.
chŏmngú hóm khluôn, hydropisie.
chŏmngú hăl, *hăl*, oppression, étouffement.
chŏmngú dap, maladie grave.
chŏmngú prê khlăng, crise, rechute.
chŏmnom, bande, réunion.
chŏmnot (*chot*), pente, inclinaison.
chŏmnot phnŏm, pente d'une montagne.
chŏmnuôl, louage, fermage, bail.
chŏmnuôl sŏmpŏu, prêt d'un navire.
chŏmpéăc bŏmnŏl, endetté.
chŏmpéăc săm, entortillé.
chŏmpéăc khsê, embrouillé, entortillé, (les cordes).
chŏmpéăc bŏmnŏl (*thú*), faire des dettes.
chŏmpŏp, trébucher.
chŏmpu (*phlê*), fruit couleur rouge-foncé, de la forme et de la grosseur d'une petite châtaigne.
chŏmpu (*crŏp*), graine du fruit précédent, qui n'est autre que le rocou.
chŏmpuc, chapitre d'un livre.
chŏmpŭs tŭng, baïonnette.
chŏmrăuh khlanh, fondre de la graisse.
chŏmréă smău, faucher, couper de l'herbe.
chŏmréă kdey, rendre une sentence.
chŏmréap, *prap*, déclarer, notifier, faire dire.
chŏmréap suôr, bonjour.
chŏmréap léa, adieu, dire adieu.

chŏmriĕc, fragment, morceau coupé et détaché d'un objet.
chŏmrón, souhaiter, désirer du bien.
chŏmrŏng, morceau de bois pointu, planté autour des forts comme défense accessoire.
chŏmrŏt, (*srê*), récolte.
chŏmrŏu, profondeur.
chŏmtŏp, sous-chef.
chŏn, fouler aux pieds.
chŏn khnéa, coït, coïter, s'accoupler.
chŏn ăngcâr, décortiquer avec un grand marteau à pédale.
chŏnchun, transporter (se dit quand il y a beaucoup d'objets).
chŏndŏr, escalier, échelle.
chŏndŏr căch, escalier tournant.
chŏng, bout, pointe, extrémité.
chŏng sŏmbŏt, fin d'un livre, d'un écrit.
chŏng dă, tétin.
chŏng băng ăs, dernier, à la fin.
chŏng-o, faire des efforts pour vomir.
chŏng-ol-day, index.
chŏng-ol-bănghanh, montrer au doigt.
chŏngca, menton.
chŏngcŏ, baguettes servant de fourchette aux indigènes.
chŏngcom, grappe.
chŏngcrăng, grelot.
chŏnge, van.
chŏnghôr tŭc, aqueduc.
chŏnghôr tŭc chrŏs, torrent.
chŏnghŭc, *chot*, à pic.
chŏngkĕ, reins, ceinture (partie du corps).
chŏngrĕt, grillon.
chŏngrĕt dĕc, courtilière.
chŏng vaĭ, écheveau.
chŏnlă, espace, espace infini.
chŏnlă (*phlĕch*), omettre, oublier.
chŏnlĭn, ver de terre.
chŏnlô, faire le simulacre de frapper.
chŏnlŏ, torche.
chŏnluĕnh, aiguillon.
chŏntéas, ressort.
chŏntéas (*chăp*), pince.
chŏntéas tâch, pincette.
chŏntŏp, chambre.
chŏntŏl, tuteur, support d'une plante, d'un objet quelconque.
chŏntŏs, verrou.
chŏntŭl (*phnéc*), éclair.
chŏntŭl rotéă, timon d'une charrette.
chŏp, solide.
chŏp jún, durable.
chŏp rŭng, ferme, fixe, stable.
chor, voleur.
chor plăn, pirate.
chór, résine, séve, glue.
chór sŏmrong, gomme.
chór ăngcŏt, caoutchouc.
chór ăngcŭl, vermillon.
chór srăl, gomme de sapin.
chór bŏt, mastic pour calfater les barques.
chór tŭc, huile de bois.
chŏy, coïter, forniquer.
chot, escarpé.
chŏt, cœur, sentiment, opinion.
chŏt muéy, unanime, unanimement.
chŏt rŭng, volonté ferme.
chŏt viĕch, infidèle.
chŏt chăng, intention.
chŏt kdău, vif, emporté.
chŏt thngŏn, sang-froid.
chŏt rohăs, véhément.
chŏt ĕt thór, égoïste.
chŏt núói, travail de tête.
chŏt tŏn, indulgent.
chŏt chéa, bienveillance, bonté, bon cœur.
chŏt chúa, *tŭc chŏt*, confiance.
chŏt trăng, fidèle.
chŏt nŭng, persévérance, ténacité.
chŏt ăc thnăc, blessé, froissé.

chŏt (*tam*), volonté, à volonté.
chrâc, charger (armer, sacr...).
chrâc tiét, recharger.
chrâc phnŏm, vallée.
chran, pousser (effort mécanique, ne se dit pas des plantes).
chran oi duŏl, renverser quelqu'un à terre.
chran tŏu vĭnh, repousser.
chran tŏmléăc, précipiter.
chras, brosser, brosse.
chreă, lavé, nettoyé, propre.
chréal réap, pente très-douce.
chréap, sait, savoir (se dit lorsqu'on raconte ce que sait ou connaît un supérieur).
chréay, mou, pâteux, boueux.
chrébăch, presser avec la main.
chrebăch tŭc dă, *rŭt tŭc dă*, traire.
chrebăch câ, étrangler.
chrebam, prendre à poignée.
chrelăm, confondre, prendre une chose pour une autre.
chrelas, agir contre le sens commun.
chrelŏc, teindre.
chrelŏc lóng vĭnh, reteindre.
chrelŏc tŭc, mouiller, tremper.
chrémâ, sorte de talapoint ovale, longuement emmanché, à dessins brodés d'or, que l'on porte devant le Roi, dans les grandes cérémonies.
chremŏ, nez.
chremŏ piéch, nez camard.
chremŏ chĕnh chhéam, saigner du nez.
chremŭch, plonger dans l'eau, engloutir dans l'eau.
chreôs, négligence, négliger.
chreva, pagaye.
chrevăc, chaîne, fers des prisonniers.
chrevăc khsê norica, chaîne de montre.
chrevăc day, *so day*, menottes.
chrevăc chŏngcôt, drosse de gouvernail en chaîne.

chriéc, fendre des petits objets.
chriéng, chanter.
chrŏ, source.
chrôc (*molŏp*), abriter (s').
chrôc (*puôn*), se blottir.
chrón, beaucoup, plusieurs, énormément.
chrón năs, très-nombreux, beaucoup trop.
chrón mŭc, divers.
chrún créa, fréquemment.
chrón dâng, plusieurs fois.
chrón lús, beaucoup plus.
chrŏnh, billot.
chrôt (*srê*), moissonner, récolter.
chrôt cŏmbŏt, sommairement.
chrŏu, profond.
chruc, cochon, porc.
chruc chhmûl, verrat.
chruc nhi, truie.
chrûi, cap, pointe.
chrûng, angle.
chrŭng, chauve-souris.
chrúôl, agitation populaire.
chrur, tomber, (fruits ou feuilles).
chu, acide.
chŭ, aller à la selle.
chúa (*túc chŏt*), croire, avoir foi.
chúa (*lŏc tĭnh*), à crédit.
chŭch, nasse de petite dimension.
chuéi, aider, secourir.
chuéi khnéa, s'aider, coopérer, collaborer.
chŭmphdŏm, foule, rassemblement.
chŭm vĭnh, autour, alentour.
chŭm cŭt, concerter, délibérer.
chŭmnun, faveur, cadeau, don, présent.
chŭmnŭm, juger.
chun, offrir.
chun tŏu, accompagner.
chúng, pied, jambe.
chúng tété, *ăt sbêc chúng*, pieds-nus.

chúng tiến, candélabre, chandelier.
chúng trey, nageoires (sous le ventre).
chúng cŏng, genou.
chúng thmĕnh, gencive.
chúng ma, banc, siége sans dossier.
chúngcôt, gouvernail.
chúng săc, racine des cheveux,
chúng roteă, jante de charrette.
chúng mĭc, horizon.
chúng săt, patte, pied (parlant des animaux).
chúng chĕu, tollet de barque.
chúng phnŏm, base d'une montagne.
chŭng kiéng, flambeau, lampe, chandelier.
chŭng kiéng chan, godet à mèche des indigènes.
chŭng cran, foyer, fourneau.
chuŏl, louer, engager pour le travail.
chuŏl vĭnh tiết, relouer.
chuŏl capăl, affréter un navire.
chuŏnh, commercer, négocier, trafiquer.
chuŏp (chŏng), converger.
chuŏp, *prăteă*, rencontrer.
chuŏr, rang.
chuós, *phlăs*, remplacer.
chuôt chhnuôt, mettre un turban.
chuôt căbal, se coiffer avec un foulard, ou mouchoir.
chŭr (tŭc), flot, marée montante.
chŭr néach, flux et reflux.
chut, essuyer.
chut khluŏn, s'essuyer.
chut (chhnăm), rat, (nom d'une année).
chut khlănh chĕnh, dégraisser.
chŭt ser, ajusté, adhérent, tenant à...
chvéa, malair.
clăc bârey, porte-cigare.
clăc meseu, poudrière portative.
clai chéa, devenir.
clăm chan léang mŭc, cuvette.
clăm spŏn, bassin en cuivre.
clĕng, faux, drogué.
clĕng sŏmbŏt, falsifier (ne se dit que des écritures).
clĕng chéa, contre-façon.
cô (menŭs), muet.
cô (phlé), coton du fromager (arbre).
cŏ (dóm), cotonnier (arbre).
cô té, ni.
cô té del, non plus.
cŏ, frapper avec le doigt à demi fermé.
cŏ thvéar, frapper à la porte.
cŏc, héron.
cŏc (chŏmpuéy), robinet.
cŏc crâc, aigrette (oiseau).
cŏc, frapper du poing, espèce de massage usité ici pour assouplir les membres.
cŏc dŏmtrŭng, frapper la poitrine à soi ou à quelqu'un.
cocréat, rugueux, non uni.
cocrŭc dăngcŏu, plein de vers.
cocriu, rhumatisme.
côdoi, soit que.
côi, douane.
cŏi, *cŏi raméar*, corne de rhinocéros.
cói căbal, s'appuyer la tête sur un coussin.
cŏl chhŭ, tronc d'arbre coupé.
cŏllica, pilule.
cŏm, ne pas (avec autorité, lorsque l'on ordonne ou que l'on défend).
cŏm khan, sans faute, sans manquer, avec exactitude.
cŏm oi nona, ne donner à personne.
cŏm al, *chhŏp*, *pŏng ăng*, cesser.
cŏm oi, ne pas donner.
cŏm tha, ne pas dire.
côm, bossu.
cŏm bănla, buisson, ronce.
cŏmbăng, *băng*, caché, couvert.
cŏmbĕt, couteau.
cŏmbĕt băt tŏch, canif.

cŏmbŏt sniét, couteau de chasse avec gaîne.
cŏmbĕt préa, couteau domestique, gros, à lame courbée.
cŏmbĕt chĕt, couteau à lame large et rectangulaire, communément appelé par les Européens coup-coup.
cŏmbĕt sla, petits couteaux de poche, de table.
cŏmbĕt cor, rasoir.
cŏmbŏt, coupé.
cŏmbŏt (khley), court, bref.
cŏmbŏt day, manchot.
cŏmchâc, boiteux.
cŏmchai, répandre, divulguer.
cómchăt, disperser.
cŏmchĭl, khchĭl, paresseux.
cŏmchŏp péac (srey), fiancée.
cŏmchŏp péac srey, fiancer, fiançailles.
cŏmdău, chauffer, échauffer.
cŏmêl, kăêl, crasse, saleté.
cŏmhac, crachat.
cŏmhăc, mensonge.
cŏmhai, chaleur.
cŏmhai thngay, chaleur du soleil.
cŏmhêng, *pŏntŏng réas*, opprimer, abuser de l'autorité.
cŏmhôc, gronder, faire des reproches.
cŏmhŏs, khŏs, faute.
cŏmlă, jeune homme.
cŏmlach, faire peur, alarmer.
cŏmlach (menŭs), lâche, peureux, poltron.
cŏmlŏng, lépreux.
cŏmnach, cruauté.
cŏmnach (menŭs), homme cruel.
cŏmnăl cŏmphlúng thŏm, coin de mire d'un canon.
cŏmnănh, avarice.
cŏmnănh (menŭs), avare.
comnap, poésie.
cŏmnăt, bûche, pièce, fragment.
cŏmnăt sŏmpŏt, chiffon, lambeau.
cŏmnăt (dêl rohêc), haillon.
cŏmnăt, note, liste, registre, compte.
cŏmnăt chhmŏ menŭs, rôle, liste de noms.
cŏmnăt crŭn, pêl crŭn, accès de fièvre.
cŏmnhan, encens.
cŏmnô, tas.
cŏmnô smău, meule de foin.
cŏmnô srŏu, meule de paddy.
comnor, rasé, tonsuré.
cŏmnót, naissance.
cŏmnuôr, convenance.
cŏmnur, image, peinture, dessin.
cŏmnur phĕn thi, dessin géographique.
cŏmnur phĕn dey téang mul, mappemonde.
cŏmnŭt, idée, pensée.
cŏmphêng, rempart.
cŏmphliéng, tempe.
cŏmphlŏ, sarbacane.
cŏmphlúng, fusil.
cŏmphlúng prâchhĕ, fusil à mèche.
cŏmphlúng cay thmâ, fusil à pierre.
cŏmphlúng lât, fusil à piston.
cŏmplhúng căch chrâc, fusil Lefaucheux.
cŏmphlúng mochŭl, fusil à aiguille.
cŏmphlúng khjăl, fusil à vent, à air comprimé.
cŏmphlúng phlŏ, fusil à deux coups.
cŏmphlúng day, pistolet.
cŏmphlúng prăm muéy dâng, *revolver*, revolver à six coups.
cŏmphlúng moriém, pierrier, petit canon.
cŏmphlúng snapăng, carabine.
cŏmphlúng thŏm, canon.
cŏmphlúng bănh pŏntăc, mortier (pièce d'artillerie).
cŏmphut câhăc, mentir.
cŏmphuôn day, gras du bras.
cŏmping dông, amande de coco.

cŏmplêng, badiner, plaisanter.
cŏmplêng (*menŭs*), comique, farceur.
cŏmpŏng, rivage, littoral.
cŏmpŏng déy chréal, plage.
cŏmpŏng chămrĕ, rive escarpée.
cŏmpŏs, hauteur, élévation, taille, grandeur.
cŏmpŏs khpŏs, haute taille, grand.
cŏmpréa, orphelin, pupille.
cŏmprŏc, rat palmiste.
cŏmpul, cime, crête.
cŏmpul phnŏm, cime de montagne.
cŏmpŭng, en train de..., pendant.
cŏmpŭng tê, pendant que...
cŏmpŭng (*pĕnh*), accumuler.
cŏmpŭng péal, jeunesse.
cŏmpŭng piléa, durant ce temps.
cŏmpŭng bău, enfant non sevré.
cŏmpŭr tŭc, canard sauvage.
cŏmrâ, *crâ*, *pibac*, difficile.
cŏmrâng, tresse.
cŏmras, épaisseur.
cŏmrŏc, remuer, bouger, mouvoir.
cŏmru, modèle, exemplaire.
cŏmsan, pacifier, calmer, tranquilliser.
cŏmsăt, *lŏmbac*, malheureux.
cŏmsoi, *khsoi*, débile, faible.
cŏmsuŏl, bouée, flotteur.
cŏmtĕch, limaille, éclat, miette.
cŏmuŏc, fier (se dit surtout des parvenus).
cŏmuŏt, matières vomies.
cŏn, magie.
côn, enfant (dans le sens de fils).
côn prŏs, fils.
côn srey, fille.
côn chănchĕm, fils adoptif.
côn bâng, fils aîné.
côn pŏu, dernier enfant d'une famille.
côn prâsa, beau-fils, belle-fille.
côn thór, filleul.
côn méan khăn slâ, enfant légitime.
côn prey, fils naturel, bâtard (enfant dont on ne connaît pas le père).
côn so, clef.
côn sahai, enfant de père ou de mère non mariés régulièrement.
côn tê muéy, fils unique.
côn mŭn crôp, *ngay*, embryon.
côn relut, avorton.
côn sós, élève, disciple.
côn săt, petit d'un animal.
côn chhnuŏl, coolis, homme de peine.
côn hăt boi, comédien annamite.
côn đay, doigt auriculaire.
côn chúng, petit doigt du pied.
côn mŏn, poulet, poussin.
côn kdăn, faon.
côn chiém, agneau.
côn cŭ, veau.
côn chruc, cochon de lait.
côn sĕ, poulain.
côn chhŭ, rejeton, jeune arbre.
côn ănching, poids de balance, contre-poids.
cŏn mŭl, *thêr*, veiller.
cŏnchăc, miroir, glace, verre en planche.
cŏnchê, sifflet (instrument).
cŏnchŏu, bouder.
cŏnchrêng, corbeille.
cŏnchrêng réng, tamis.
cŏnchrôck, fusée.
cŏnchŭ, pannier (grande dimension).
cŏndal, milieu, centre.
cŏndal tŏnlĭ, milieu d'un fleuve, au large.
cŏndal sremŏt, en pleine mer.
cŏndal day (*meréam*), doigt majeur.
cŏndal menŭs, homme fait.
cŏndal atréat, minuit.
cŏndăp, cercle de barrique, cercle de bordure d'un panier.
cŏndăs, éternuer.
cŏndiér, fourmi blanche, pou de bois.

cŏndiéu, faulx, faucille.
cŏndŏng, cloche, clochette, sonnette.
cŏndŏp, sauterelle.
cŏndor, rat.
cŏndor lemĕ, rat musqué.
cŏndor tĭs, cochon d'Inde.
cŏnduŏi, vagin, vulve.
cong, courbe, ligne courbe, forme courbe d'un objet.
cŏng, courbé.
cŏng (*tuc*), membrure de barque.
cŏngha, cabestan.
cŏngsi aphién dŏm, ferme d'opium brut.
cŏngsŭl, consul.
cŏngve, aiguillon pour piquer l'éléphant.
cŏngvéal, berger.
cŏngvéal dŏmrey, *trâméăc*, cornac.
cŏnlă, demi, et demie (se dit des mesures).
cŏnlă mong, demi-heure.
cŏnlăng, grosse guêpe noire.
cŏnlăs, clavette, cheville.
cŏnlat, cancrelat, blatte.
cŏnlêng, endroit.
cŏnliét trechiéc, creux derrière l'oreille.
cŏnlông ăngcŏl, sillon.
cŏnlót, luette.
cŏnsay, poupe d'une barque.
cŏnsay roteă, arrière d'une charrette.
cŏnsêng (*nhús sŏmbor*), mouchoir.
cŏnsêng (*tŏc*), serviette.
cŏnsêng prê, foulard.
cŏnsêng chut, torchon.
cŏnsêng chut day, essuie-mains.
cŏntĕl tŭa, nain.
cŏnthéay, tortue d'eau.
cŏntho, crachoir.
cŏntho nŭm, vase pour uriner.
cŏntĭl, natte.
cŏntĭl phdău, natte en ratin.
cŏntŏc, son du paddy.
cŏntŏm ruy, demoiselle (insecte).
cŏntray; ciseaux.
cŏntray thŏm, cisaille.
cŏntray căt dêc, cisaille pour couper le fer.
cŏntréăc, tirer à soi et à coups.
cŏntreac khluôn, *nhéăc khluôn*, convulsions.
cŏntut ông, nuque, croupion.
cŏntuy, queue.
cŏntuy thnéc, coin de l'œil.
cŏntuy thlên phnéc, taie de l'œil.
cŏntuy cŏndor, *khuông*, tire-bouchon.
côp (*domrey*), cage d'éléphant, bât d'éléphant.
cop (*kdâr*), orchite.
cŏp, masse en bois.
cor, raser.
côr tŭc, fouetter l'eau, remuer l'eau.
cos, racler, gratter avec un couteau ou racloir.
cos snĕm, dérouiller.
cŏs, toucher quelqu'un avec le doigt.
cŏs, *căs pi dey*, déterrer.
cŏs dăm, repiquer.
cŏs khmoch, exhumer.
cot khlach, respecter, vénérer.
cót (*ban*), effet, résultat, réussir.
cót (*pŏ*), naître.
cót sai, fécondité.
cót khăn slăc, mal de gorge, de gosier...
cót pi dey, naître (les plantes).
cót vĭnh, renaître.
cót remŏs, avoir la gale.
cót nŏu srŏc chéa muey, compatriote.
cót cú ămpi, provenir de...
cŏt, vous (à un individu qu'on ne veut pas bien traiter).
côt, jouer d'un instrument à cordes.
côt trô, jouer du violon.
cŏt, juste, exact.

cŏt (*lŭc săng*), bonzerie.
crâ, pibac, cŏmrâ, difficile.
crăanh, trapu.
crăi pĭc, extrêmement.
cral, étendre.
crâla cha trăng, case de jeu d'échecs, de dames.
crâlay, couvrir les métaux d'or ou d'argent.
crâlay méas, dorer.
crâlay prăc, argenter.
cram, salpêtre.
crăm, chhú, douleurs à la suite de coups reçus.
crâmâ tŏmbău, croûte d'une plaie.
crâng, tresser.
crâng săc, tresser les cheveux.
crap, se prosterner.
crap pŏng, couver.
crâp, cadre.
crăp sŏmbŏt, couverture d'un livre.
crăp crŏp, balle, boulet, grain de plomb, graines en général.
cras, peigne, épais.
cras (*săt*), tortue de mer.
crau, dehors, extérieur.
crau pi nĕ, en dehors de cela, entre cela.
crâvăt, ceindre, mettre une ceinture.
cré snêng, chaise à porteur, palanquin.
cré tŭs, tribune, chaise.
cré dec, lit.
créa, cas, circonstance.
créa nĕ, dans cette circonstance, en ce cas.
créa crâ, en danger.
créăng, livre cambodgien se pliant comme un paravent.
créăng chbăp, code de lois.
crebĕl ŏs, couper du bois.
crĕch, thlă, foulure, luxation, entorse.
crechâc, ongle, corne du pied des bêtes.
crechâc chŭng sât, sabot des bêtes (cheval, bœuf).
crechău, griffer.
creching, rame.
creching (*pras*), ramer le dos tourné vers l'avant.
credas, papier.
credas chŏc, papier à cigarette.
credas méas, papier doré.
credas prăc, papier argenté.
credas mŏ tŏmpŏl, page d'écriture.
crehai, douleur (par suite de brûlures).
crehâm, rouge.
crehâm cheâu, rouge vif.
crehâm chăm, cramoisi.
crehâm écŏt, aurore, crépuscule, aube.
crehâs, laïque.
crehŭm, rugir.
creja prŭc, déjeuner (en parlant des mets).
creja piney, mârdăc, amende.
creja longéach, dîner, souper (en parlant des mets).
crêl, beaucoup (s'emploie comme *chrón*, qui veut dire aussi beaucoup; on emploie *crêl* lorsque les nombres, les quantités, etc., ne sont pas très-grands).
crela mông, crela uôn, maille de filet.
crelâc, eau qui remue dans un vase.
crelăp, retourner, renverser sens dessus dessous.
creléng rincer (verre ou bouteille).
creléng khnói, torticolis.
crelec múl, regarder de côté.
creléu lĭp, avaler sans mâcher.
crelién, aine, rognon.
creling crelŭng, merle gris-blanc.

crelŏng, tourner, donner une forme ronde.
cremăch, farceur, homme amusant.
cremŏm, jeune fille, demoiselle.
cremŏm khôch, prostituée.
cremuôn, cire.
cremuôn chan, pain de cire.
cremuôn chămbăc, cire végétale.
créng, huître.
crêng, croire (dans le sens de craindre) : je crois qu'il lui arrivera malheur.
crêng chéa, de peur que.
crêng chŏt, hésiter.
crenhăng, difforme.
creniéu khsê, tordre (se dit des petits filins).
crep, boire une gorgée.
crepéă, estomac.
crepôt, petit poisson qui mord.
crepŏt bay, croiser les mains derrière le dos.
crepŭ, caïman, crocodile.
cresăp, *cresop*, ramasser à la hâte et en désordre des objets dans une malle, au panier.
crevat, mettre une ceinture.
crevăt, jeter avec colère.
crevĕl tŏu môc, aller çà et là.
crevi, tourner, faire tourner un objet suivant une circonférence (mouvement de la fronde).
criĕl, grue à collier rouge.
criém, très-sec.
criém crăn, sécheresse.
criéu, châtrer.
criéu hói, châtré, eunuque.
cristăng, chrétien.
croc, se lever.
croc chhô, se mettre debout.
crocai khsiér, débourrer une pipe.
crocai (*mŏn*), gratter (comme les poules).
crôch, arbre ou fruit de l'espèce des oranges, citrons, pamplemousses.
crôch thlŏng, pamplemousse.
crôch pŭrsăt, orange.
crôch srŏc chĕn, orange de Chine.
crôch quĭch, orange mandarine.
crôch chhma, citron.
crôch phléa, citron cédras.
croi, *écroi*, après, derrière, ensuite, puis.
croi băng ăs, *chŏng băng ăs*, tout à fait le dernier.
croi nĕ, après cela, après ceci.
croi jur, longtemps après.
croi tŏu, à la suite.
crol, étable, parc, écurie.
crom, en bas, en-dessous, sous, dessous.
crŏn, *săch crŏn*, callosité.
crŏn (*lemôm*), suffire.
crŏn tâ tăng, suffire pour résister.
crŏn si, aisance, bien-être.
crŏnbó, mieux.
crŏp, boulet, balle, grain de plomb, graine, noyau.
crŏp puch, semence.
crŏp bêc, balle explosible, bombe.
crŏp sruôch, balle conique, boulet ogival.
crŏp prai, mitraille, charge de plomb.
crŏp cŏndŏng, marteau d'une cloche.
crôp, couvercle, couvrir.
crôp khtéă, couvrir une casserole.
crŏp, complet.
crŏp jang, de toute façon.
crŏs, poignard.
crŏs, accident.
crŏt, morale, règle religieuse.
cru pét, docteur médecin, médecin.
cru thnăm, pharmacien, apothicaire.
cru băng rién sŏmbŏt, professeur.
crŭ, *thăng*, seau.
crua, *mŏ crua*, ménage.

cruôch, caille.
crŭn, fièvre, avoir la fièvre.
crŭn lŏ, fièvre intermittente.
crúóng, *crúóng avŭt*, *crúóng sŏc*, arme.
crŭóng chhŭ, bois de charpente.
crúóng crelŏng, tour, machine à tourner.
crúóng sĕ (rŏt), harnais, harnachement.
crúóng băng sŏmlâ, épice.
crúóng săng phtéă, matériaux de construction.
crúóng eissertjŏ, croix, décoration.
crúóng păc, broderies.
crúóng prăc, bijoux (en argent).
crúŏng méas, bijoux (en or).
crúŏng thbŏng, pierre précieuse.
cruôs, gravier
cu, paire, couple.
cu préng, lieu, union.
cŭ, bœuf.
cŭ cremŏm, génisse.
cŭ stéau, taureau.
cŭ préy, bœuf sauvage.
cŭ khmêr, bœuf croisé.
cŭ siém, bœuf ordinaire.
cŭc, four.
cŭc ĕt, four à briques.
cŭc cŏmbor, four à chaux.
cŭc (chrevăc), prison.
cŭc rongĭt, cachot.
cŭc (săt), chat-huant.
cŭc tŭc, gué.
cŭch, marguerite (sorte de perle).
cuhéa, grotte.
cŭl, *pŏngcŭl*, pieu, borne.
cŭl phyuôr câ menŭs, gibet, potence.
culan, cartouche, douille de cartouche.
culén (phlê), letchi (fruit).
cŭm, menacer.
cŭm (sâng sŏc), rancune.
cûm, fanal, lanterne.
cŭm roya, lustre à branches.
cŭmnŭm, menace.
cŭn, grâce, bienfait.
cŭn bŏmnach, mériter.
cŭn (lec), multiplier, multiplication.
cúóng, échouer, toucher le fond.
cuôp, doubler.
cuôp chéa pir, doubler (multiplier par deux).
cuôp pir chŏn, doubler (mettre en double).
cuôr, convenable, poli.
cur, dessiner.
cus, tracer (plan, lignes...).
cusăl, vertu.
cŭt, décidé, résolu.
cŭt nŭc chŏnchŭng, penser, méditer.
cŭt cach, complot.
cŭt bŏnchhot, *thŭ bay căl*, tendre des embûches.
cŭt khnéa, s'entendre, s'accorder, combiner.
cŭt sŏmrăch, décider, résoudre.
cŭt chreă srelă hói, être résolu à...

D

dâ, *dĕl*, qui?...
dâ nŏu mŭc, chose placée devant.
dâ căn sĕl, dévôt.
dâ trŏu car, nécessaire.
dă, délivrer.
dă (menŭs), sein, mamelle, téton.
dă (jôc chĕnh), ôter, démonter, désassembler.
dă au, ôter l'habit.
dă sbĕc chúng, se déchausser.
dă pi nĭm, dételer.
dă pŏng hiér, débrider.
dă ruéch, *rŏt ruéch*, s'enfuir, échapper.
dă muôc, ôter son chapeau, se découvrir.

dă săc, tâdă săc, démêler de longs cheveux.
dă sar tûs, se défendre, ou défendre par la parole.
dă sŏmliéc, se déshabiller.
dă tûs, ăt tûs, grâce, pardon.
dăc, placer, mettre, déposer.
dăc vĭnh, remettre, replacer.
dăc lŭ, poser sur.
dăc khnéang, mettre la cangue au cou.
dăc khnă, mettre au cep, mettre les fers aux pieds.
dăc tŏng chŏ, rentrer le pavillon, rentrer les couleurs.
dăc ăntéăc, placer un piége, un lacet.
dăc mông, tendre un filet.
dăc bat (luc săng), donner l'aumône aux bonzes.
dăc chang nang, bâillonner.
dăc leu au, boutonner, se boutonner.
dăc pdec, déposer à terre.
dăc mérĕch, băng merĕch, poivrer, mettre du poivre.
dăc lŏmnŏu dâ dêl, remettre au même endroit.
dăc truôt, superposer.
dăc khluôn, s'humilier, se rabaisser.
dăc réach, abdiquer la couronne.
dăc cŏndăp, cercler.
dăc téan, oi téan, donner l'aumône.
dăc titéy pi khnéa, espacer, éloigner l'un de l'autre.
dăc cô, entasser.
dăc chrevăc, enchaîner, mettre à la chaîne.
dăc cŭc, emprisonner.
dăc tûs, thú tûs, punir.
dâc, arracher.
dâc chŏngca mŏn, agoniser.
dâc chhnŏc, déboucher.
dâc dănghóm, respirer.
dâc smău, arracher les herbes.
dâc memis, plumer, épiler.
dâc dêc cûl, déclouer.
dăch, cŏmbŏt, coupé.
dăch thlay, tarif.
dăch kssê, cassé (se dit des cordes, des fils, des chaînes...).
dăch thner, décousu.
dăch khê, fin du mois, fin de la lune.
dăl, se battre à coups de poings (donnés horizontalement).
dăl, arriver, arrivé, parvenir à...
dăl eylŏu, arriver maintenant, arriver bientôt.
dăl pél, c'est le moment.
dăl mŭn, arriver avant, devancer.
dăl, tŏl, jusques.
dăl nĕ, jusqu'ici.
dăl na, jusqu'où ?
dăl nŏ, jusques là.
dăm (chhnăng), cuire, chauffer (dans un vase).
dăm lóng vĭnh (lú phlúng), recuire.
dăm lóng vĭnh, cŏmdău lóng vĭnh, réchauffer.
dăm (chhû), planter, cultiver.
dăm lóng vĭnh, dăm tiét, replanter.
dăm truôt lú khnéa, griffer.
dăm bai, tŏndăm bai, cuire le riz.
dăm tŭc tê, faire du thé.
dăm khjâng, incrustations de nacre.
dăm dŏng, culbuter.
dăm, marteler.
dăm oi tŏc, frapper pour ramollir.
dăm dêc, forger, battre le fer.
dămbôc, éminence, monticule.
dămlay, thlay, prix, valeur.
dămlŏp, habituer.
dămlŏp khluôn êng, s'habituer, s'accoutumer, s'exercer.
dămnal (chhnăm), du même âge.
dămnăm, chŏmcar, jardin potager.
dămnăm, douleur à la suite de coups.
dămngóch, faire le sourd, ne pas écouter.

dămrăng, diriger, viser.
dămrăng,pŏt, redresser (métaux, bois).
dămrey, *tomrey*, éléphant.
dămrey sdâ, éléphant mâle sans ivoire.
dămrey bară. On appelle ainsi un animal domestique qui s'est sauvé, a vécu un certain temps dans la forêt et a été ensuite repris et domestiqué.
dămrĕm, égaliser.
dămrŏi, repère, balise, jalon.
dan, piste, trace, empreinte.
dan chúng, empreinte des pieds, des pattes.
dan (*sŏmpŏt*), faufiler.
dâng, fois.
dâng (*mŏ*), une fois.
dâng (*cŏmbĕt*), manche d'outil.
dâng ănching, fléau d'une balance.
dâng khsiér, tuyau de pipe.
dăng sŏntuch, roseau.de pêche.
dâng pacaij, porte-plume.
dâng tŏng, mât de pavillon.
dâng kdong, mât de navire.
dâng kdong mŭc, mât de misaine.
dâng kdong cŏndal, grand mât.
dâng kdong croi, mât d'artimon.
dâng rêc, levier pour porter sur l'épaule.
dâng tŭc, puiser de l'eau.
dăngcŏu, ver.
dănghóm, respiration.
dăp, ciseler.
dâp, *cŏmpŏc*, bouteille (en grès ou terre).
dâp sapdŏc, bouteille, carafe.
dâp dăc tŭc cafê, cafetière.
dâp tŭc khmău, encrier, bouteille d'encre.
dâp tŭc, gargoulette, gourde.
dâp preng, huilier
dăp tŭc tê, théière.
dăp, dix, dizaine.
dăp phéac, dizième.
dăp chrúng, décagone.
darap, toujours, continuellement.
darap tŏu mŭc, perpétuel.
dăs, éveiller, réveiller.
dăs tuón, stimuler, exciter au travail.
dau, sabre, glaive.
dau kley, sabre court.
day, main, bras.
day sdăm, main droite.
day chhvéng, main gauche.
day khdâp, main fermée, action surtout de fermer la main.
day păóp, mains jointes.
day au, manche d'habit.
day khla (*machhĭn*), manivelle d'une machine à bras ou à vapeur.
day dămrey, trompe d'éléphant.
day chŏngcôt, barre de gouvernail.
day sremŏt, détroit, embouchure.
day ŭi, anse de panier.
debŏt, *piprŏ*, parce que.
debŏt óij, *piprŏ óy*, *bŏt óy*, pourquoi.
dec, dormir, s'endormir, se coucher.
dec lŏc, bien endormi, dormir profondément.
dec phcăp, se coucher sur le ventre.
dec piéng, se coucher sur le côté.
dec phnga, se coucher sur le dos.
dec phdas, découcher.
dec hói, être couché.
dec sŏndóc, être étendu de son long.
dec tremŏc, profond sommeil, un individu difficile à éveiller.
dêc, fer.
dêc sivilat, fer-blanc.
dêc crevŭ, fer en barres.
dêc pŏntéă, tôle.
dêc cŭl, clou, pointe.
dêc thêp, acier ou fer aciéré.
dêc cŏndar, alêne, vrille, tarrière.
dêc chhus, rabot.
dêc chhus véng, varlope.

dêc ăngrus, lime.
dêc ăngrus chhû, lime à bois,
dêc ăngrus dêc, lime pour le fer.
dêc svan, mèche en acier pour percer.
dêc tŏmlŭ, poinçon.
dêc sắngcăt, burin en acier.
dêc phlúng, briquet, pierre à feu, silex.
dêc cŏmphung, canon de fusil.
dêc cai ăch khjung, ringard à croc des chauffeurs.
dêc chrûi phlúng, lance à feu des chauffeurs.
dêc rŏng rŏnteă, paratonnerre.
dêc kĕn kho au, *ŭt tao*, fer à repasser.
dêc pŏnghiér, mords.
dêl, qui, que, aussi.
dêl (*tŏu*), être (lorsqu'il est combiné avec les verbes aller et venir).
dên, *prâtŏl dên*, frontière.
dêng (*a*), celui (en mauvaise part).
dĕnh, chasser, renvoyer.
dĕnh khmăng, chasser les ennemis.
dĕnh săt, chasser les animaux.
dĕnh péac, débattre (en paroles).
dĕnh réas, *kiér crua*, dépeupler.
dĕnh (*chăpey*), jouer d'un instrument à cordes.
der, coudre.
der vĭnh, recoudre.
der chéai, *lĭn chéai*, ourler.
dey, terre.
dey ĕt, terre glaise.
dey léng, minium.
dey crehâm, argile.
dey sâ, craie, blanc pour écrire sur un tableau.
dey lăâ, terre fertile.
dey chir, terre engraissée.
dey băc, éboulement.
dey dŏ, écueil, danger pour la navigation.
dey lebăp, terrain boueux.
dey khsach, terrain sablonneux.
dey lûc, terrassement.
dey ar, stérile, aride (se dit du sol).
dey srŏt, abaissement du sol.
dey lŏp, couvrir de terre.
dey preă pôr, cimetière.
dica, billet, lettre.
diél, *thmas*, reprocher, blâmer.
dŏ, *lŏs*, pousser (pour les plantes).
dŏ pĕch, pousse, végétation.
dŏ lóng vĭnh, repousser.
dŏ snĕm, rouiller, rouillé.
dŏ phsĕt, *său sŏmbor*, moisir.
dŏ chras (*memis*), hérisser, hérissé.
dŏ, *chut*, nettoyer.
dŏ sabu, savonner.
dŏc sdăm, dignitaire.
dŏc, charrier, traîner (sens de conduire, homme ou animal, que l'on fait aller de force).
dôch, comme, même, semblable, pareil.
dôch khnéa, *dôch dêl*, même chose, la même chose.
dôch khnhŏm, comme moi.
dôch chéa, sembler, ressembler.
dôch médĕch, *mĕch*, comment ?...
dôch nĕ, *ichĕ*, comme ça, ainsi.
dôch săp dâng, comme à l'ordinaire.
doi sŏndăp, obéir (se dit surtout pour les enfants).
doi băngcăp, obéir à des ordres.
doi ăngêng, personnellement.
doi chhmûl, animal en rut.
doi chuôn, quelquefois.
doi lêc, *doi khăn*, à part, nomenclature.
doi sar, passager.
doi khnat, suivant la règle, la mesure.
dol, pousser avec une gaffe.
dŏl chhû, bille de bois.

dŏm, morceau.
dŏm-dŏm, morceaux.
dŏm thmâ, bloc de pierre.
dŏm dêc, bloc de fer.
dŏm mul, morceau rond.
dŏm roteă, moyeu de roue.
dŏm day, *kêng day*, coude.
dóm mŭn, premièrement, commencement, origine, d'abord.
dóm car, originairement.
dóm (chhû), arbre.
dóm công-cang, palétuvier.
dóm lehŏng, papayer.
dóm dông, cocotier.
dóm ămpĭl, tamarinier.
dóm svai, manguier.
dóm thnot, palmier à sucre.
dóm crôch pûrsăt, oranger.
dóm crôch chhmar, citronnier.
dóm măbat, corossol.
dóm spŭ, carambolier.
dóm chèc, bananier.
dóm tiép, pommier-cannellier.
dóm khno, jacquier.
dóm tŏmpéăng chu, vigne (pied de).
dóm sla, aréquier.
dóm café, caféier.
dóm lovéa, sycomore.
dóm trâbêc, goyavier.
dóm putréa, jujubier.
dóm morĕch, poivrier.
dóm tê, thé (plante).
dóm manŏs, pied d'ananas.
dóm culap, rosier.
dóm pŭ, banian.
dóm săndéc, haricot (plante).
dóm ăngkéar dey, fayoltier (arbre connu dans le pays).
dóm smăch, arbre tinctorial.
dŏmlông chvéa, patate.
dŏmlông pareăng, pomme de terre.
dŏmnăc, *sbiéng*, ration (des militaires).
dŏmnec, *crê dec*, lit.
dŏmnî, inoccupé, loisir, oisif.
dŏmnĭnh, marchandise.
dŏmnŏng, nouvelles, renseignements.
dŏmnór, *săch kdey*, affaire (de justice ou règlement de comptes).
dŏmnór dór, voyage.
dŏmrŏm, en attendant.
dŏmtrung, poitrine.
dônchi, religieuse, bonzesse.
dŏndŏng (suòr), questionner.
dŏndŏm, se précipiter pour prendre, pour saisir.
dŏng, savoir, connaître.
dŏng cŭn, reconnaissance.
dŏng kdey, enfant précoce pour la raison.
dŏng khluôn, s'apercevoir.
dŏng khnŏng khluôn, éprouver, ressentir.
dŏng mŭn, savoir à l'avance.
dŏng sŏsai, divulgué, connu, ébruité.
dŏng (chăng), hache du pays, avec manche et levier.
dŏng chông, herminette.
dông, coco.
dór, marcher.
dór chuôr, marcher en rang, un derrière l'autre.
dór lĭng, se promener.
dór loleă, *dór chhăp*, marcher vite.
dór muéy muéy, marcher lentement, ralentir.
dór múl, aller voir, visiter.
dór chŭm vĭnh, contourner, aller autour.
dór sâsrăc, rôder, errer.
dór chĕnh, sortir.
dór tam croi, suivre derrière.
dór sremŏt, naviguer, voyager par mer.
dór chúng tŭc, voyager par eau (fleuves, arrojas).

dór chúng cúc, aller à pied, aller par terre.
dór stéap, marcher à tâtons.
dór chol srŏc, émigrer.
dór chol srŏc (menŭs), émigré.
dór chúng tété, marcher pieds-nus.
dór chŏmtút, boiter.
dór ăt nŏnô mŏsê, vagabonder.
dór smór, aller plusieurs de front.
dór huôs, franchir, dépasser.
dór trĭt trŭt, chanceler.
dór jút (norica), retarder (se dit des montres).
dôr, changer, troquer, échanger.
dôr lelŏc, échange des denrées.
dôr prăc, changer de l'argent.
dot, enfiler.
dot mechŭl, enfiler une aiguille.
dŏt, mettre le feu, cuire sur le feu, sur la braise.
dŏt khmoch, brûler un cadavre.
duôl, tomber de son haut.
duôl chhú, tomber malade.
duôn, chapeau du pays, paille ou bambou.
duông, ver (qui ronge les arbres sur pied).

E

ê, *ê trăng*, et (dans les phrases interrogatives).
ê khnhŏm, et moi.
ê trăng ănh, quant à moi.
ĕ, gratter, se gratter.
éc, meilleur, supérieur en qualité.
êchúng, *udâ*, nord.
êcót, *bô*, est, orient.
êcroi, après, derrière.
êlĕch, *bachĭn*, ouest, occident.
êlŭ, *lŭ*, dessus, au-dessus, là-haut.
êmŭc, *mŭc*, devant, au-devant.
êna, où? en quel lieu?
ênacôdoi, n'importe où.
ênĕ, ici.
ênéay, plus loin.
êng, toi (mot familier).
ênô, là-bas.
ensong, bison (espèce petite, à poil rouge).
enthornéa, mécanicien.
êṣan, nord-est.
ĕt, *ăt*, sans.
ĕt, brique.
ĕt buôn chrŭng, carreau (pour carrelage).
ĕt cŭn, ingratitude.
ĕt nona, il n'y a personne.
ĕt ŏysă, sans rien.
ĕt cac, sans résidu (liquide).
êthbông, *téăc sŏn*, sud.
êtiét, autre.
eylŏu, à présent, maintenant, actuellement.
eylŏu nĕ, maintenant, tout de suite (temps très-rapproché).
eyvăn, bagage, chose, objet.

F

fông, troupeau.

G

Pas de caractère dans la langue cambodgienne correspondant au *g* français.

H

ha, *ha mŏt*, ouvrir la bouche.
ha sŏp, cinquante.
hâ, cri (pour attirer l'attention)

hăc tŏu vĭnh, rebrousser chemin.
hăc môc vĭnh, revenir.
hal, sécher.
hal ănsóm, exposer à la rosée.
hal khjăl, s'exposer à l'air, mettre à l'air.
hal thngay, sécher au soleil.
hăl, *chŏmngú hăl*, oppression, étouffement.
ham, ordonner de faire, ou de ne pas faire (plus souvent dans le sens de défendre).
han, *héan*, oser.
hang (*phtĕa*), magasin, boutique.
hang (*si*), piquant et amer à la fois.
hăng, toi (à une femme et en mauvaise part).
hăng (*săt*), oiseau de paradis.
hap, picul.
hăp, fermé, clos (hermétiquement).
har, division, diviser.
hăt, coudée (mesure du pays correspondant à peu près à 0m45.)
hăt day, pratiquer, exercer.
hăt boi, théâtre, comédie (ne se dit que des théâtres annamites).
hăt, essoufflé.
hău, appeler, demander quelqu'un.
hău chhmŏ, appeler par le nom.
hău chuéy, invoquer.
huôt, épuiser, mettre à sec.
hê, cortége, escorte, escorter.
hê khmoch, convoi, cortége d'un mort.
hêc, déchirer.
hêl, nager.
hĕl, *rĭl*, usé.
hĕn, *ăndarai*, ruiné.
hĕp, coffre, caisse, malle.
hêt, raison, motif, preuve.
hêt avey? quelle raison, quel motif?
hêt nĕ, pour cela.
hiér, répandre (liquides).
hiér khtŭ, suppurer.
hiér popŭ tŭc mŏt, *bêc popŭ*, baver, écumer.
hing, rainette.
hiéu, lumière (d'une arme à feu).
hiéu cŏmphlúng thŏm, lumière d'un canon (le trou percé dans le métal et qui va dans la chambre).
hŏc sŏp, soixante.
hŏch day, donner la main.
hŏch pŏntâr day khnéa*, passer de main en main.
hói, déjà.
hói, *nŏu*, et (ex. : lui *et* moi, un tel *et* un tel).
hóm, enfler, enflé.
hóm crâlién, engorgement (de l'aine).
hóm crâlién, *cót svai*, bubon.
hŏng (*khsê*), *sôt*, peloton de fil.
hŏp, *dóm*, *dŏl*, pièce de bois.
hŏp, disjoint, non ajusté.
hor hora, devin.
hôr tŭc hôr, courant, couler, eau courante.
hôr khlăng, fort courant.
hôr presăp chuôp, rencontre de deux courants.
hôr rúóy, courant continu.
hór (*săt*), voler (oiseau).
hór tŏu hŏr môc, voltiger.
hór chĕnh tŏu, s'échapper en volant.
hór (*metîs*), piquant (comme le poivre, le piment).
hôt, tirer, ôter, allonger.
hôt cheŏng, désosser.
hôt luôs, étirer en fil (du fer, du cuivre).
hôt ngéar, dégrader.
hôt dau, dégaîner.
hôt tŏu crau, tirer dehors (se dit des objets longs que l'on déplace en les traînant à terre).
hŏt, *hĕt*, priser, sentir.

hŏt, avaler par gorgée, à la cuiller (potage, sauce).
hŏt pābâr, avaler un potage.
huéch, siffler (avec la bouche).
hŭm, cerner, entourer (expression très-générale).
hŭng, assourdissement (provenant d'un très-fort bruit, détonation, bruit de cascade).
huôi, loterie.
huôl, odeur piquante au nez.
huôs, *dór huôs*, passé, dépassé.
huôs chŏmnŏs, surchargé.

I

ichĕ, donc, ainsi.
iém, corset.
intanu, épaulette.

J

jadăm, gomme de l'aloës.
jang, espèce, qualité, manière, genre.
janŏu, arsénic.
jéa, faire un geste.
jéa day, faire un geste avec la main (se dit surtout lorsque c'est pour frapper).
jeăc, géant.
jéay, vous (à sa grand'mère, ou à une femme très-âgée).
jéay chas, vieille femme.
jéay luôt, trisaïeul (en parlant de sa grand'mère).
jéam (*chăm*), être en faction.
jéam (*lŭc săng*), besace des bonzes pour l'aumône.
jéam tâdăc, jabot de la grue.
jero, *dăm*, zéro (chiffre).
jĭp mŭc, beaupré d'un navire.
jĭp thŏm, galhauban.
Jipŭn, Japonais.
Jipŭn (*srŏc*), Japon.
jĭt thca, ancre de navire.
jôc, prendre.
jôc ămnach kĭ, usurper le pouvoir.
jôc cŏmnót, concevoir dans la vulve.
jôc crŏp chĕnh, égrener.
jôc chŏt kĭ, s'efforcer de contenter quelqu'un.
jôc môc vĭnh, rapporter.
jôc prâpŏn, épouser, se marier.
jôc prâpŏn tiét, se remarier.
jôc phdey, se marier (la femme).
jôc tŏu pros, exiler, proscrire.
jôc tŭs, punir.
jôc tŏu, emporter.
jôc chĕnh, retirer, enlever.
jôc vĭnh, reprendre.
jôc cŏmlăng, reprendre des forces.
jôc chéa khbuôn, suivre l'exemple.
jŏl, comprendre.
jŏl prâhĕl, comprendre à peu près.
jŏl săp, *nirmĭt*, songer, rêver.
jŏm, pleurer (se dit aussi du cri plaintif des bêtes).
jŏn, ballon.
jŏp, nuit.
jŏp rongĭt, nuit noire.
jŏp chrŏu, tard (dans la nuit).
jŏp hói, il fait nuit.
jŏp mĕnh, la nuit passée.
jubăl, idée, intelligence.
jŭch, lieue du pays.
jŭl, balancer.
jŭl tŭng, se balancer sur un appareil suspendu.
jŭn (*ajŏs*), longue vie.
jŭng, nous.
jŭng khnhŏm, nous autres (avec soumission).
juôn, Annamite.
juôn (*srŏc*), Cochinchine.
jur, longtemps.

jur hói, il y a déjà longtemps.
jur tŏu, plus tard.
jur pŏnman, combien de temps.
jur jéar, il y a longtemps.
jur (ecroi-), longtemps après.
jút, nhúp nhúp, lent, lentement.
jút (tŏng), tendu, raidi.

K

kâlăng, jointée, les deux mains pleines.
kâbiés, virgule.
hăél, cŏm ĕl, saleté.
kăép, ceut-pied.
kâker, ronger (comme les rats).
kâker si, manger (prendre la nourriture avec la bouche directement comme les animaux).
kâkut, fesse.
kănlă (crompŏ), bas-ventre.
ké (săt), gésier.
ké tŭng, jabot des pélicans.
kéap (chúng), torturer (en comprimant les pieds).
kebăch (chĕn), règle à calcul (chinoise).
kebăch, vay kebăch, calculer selon l'usage chinois avec la règle à calcul.
kebăt, rebelle, révolté.
kebăt sas, apostat.
kebĕr, rebord, bord.
kebôn, radeau.
kebuôn, sŏndăp, exemple.
kebuôn lăâ, bon exemple.
kebuôn cru, précepte, méthode du professeur.
kecai, creuser avec les pattes.
kĕch, ruse, fraude, hypocrisie.
kedĕch, pincer.
kedey, cŏt, maison des bonzes, bonzerie.
kedey (kedăm), procès.
kedién, constipation.
kĕĕc, corbeau.
kĕĕc tŭc, plongeon (oiseau aquatique).
key, métier à tisser.
kekhôr, prétentieux, vantard.
kĕn, écraser, triturer.
kĕn leăc, articulation.
kĕn leăc ăch, jarret.
kĕn nŭng thbăl, moudre.
kên, lever du monde pour la guerre, les travaux publics.
kên câng tŏp, recruter pour la guerre.
kêng chúng, talon (partie du corps).
kêng sbĕc chúng, talon de soulier.
kêo, verre.
kêo jŭt, kêo chhlŏ, longue vue, binocle.
kêp (sĕ), selle (cambodgienne).
kêp, coussin plat.
ker, renommée, réputation.
ker, tŭc ker, souvenir, cadeau.
ker chhmŏ thŏm, nom célèbre.
ker acrăc, mauvaise réputation.
ker jŏs, gloire.
kha (cŏngha), virer au cabestan (marine).
kha luông, ambassadeur, chargé d'affaires.
khă, khă câ, gosier sec, être altéré.
khac sdă, expectorer.
khal (chhnăm), tigre (nom d'une année).
khăm, mordre.
khăm pŭs slăp, morsure mortelle.
khăm thmĕnh, serrer les dents.
khâm, faire des grimace afin de faire peur.
khăm, prŏng, s'efforcer, se donner de la peine.
khăm rién, application à l'étude.
khăm ăt, ăt, patienter.

khan, cesser, se désister, interrompre, surseoir.
khan săêc, après-demain.
khan tê, il manque.
khan tê bŏntĕch tiép, presque.
khan mŭn ban, inévitablement.
khăn, obstacle.
khăn ănchéăng, cloison.
khăn sla, cadeau de noces.
khăn slăc, mal de gorge.
khang, côté.
khang nĕ, de ce côté.
khang ai, deçà, en deçà.
khang khnŏng, en dedans.
khang crau, en dehors, hors, dehors.
khang phlŏu, sur le côté de la route.
khang thngay lĭch, côté du couchant, vers l'ouest.
khăng, enfermer, fermer, faire une barrière, un barrage.
khăng phlŏu, obstruer une route.
khăp, compacte, dense.
khat, perdre en spéculant.
khăt, vernir, polir, fourbir.
khăt mesău, *phăt mesău*, se poudrer la figure.
khăt, *khŏt*, empêcher, défendre.
khbuôn, exemple.
khbuôn acrăc, mauvais exemple.
khbúóng, tuile bombée.
khbúóng tŏmpŏc, *sbŏu ămbêng*, tuile plate.
khchâc chúng, boiter.
khchăt, *khchai*, *réai*, disperser.
khchău, coquille.
khchău (muôl), vis.
khchey (oi), prêter (sans intérêt).
khchey (sŏm), emprunter.
khchey (phlê), vert, non mûr.
khchĭl, paresseux, fainéant.
khchĭl chreôs, nonchalant.
khdâ, verge, membre viril.
khdam, crabe.
khdam căcha, crampe.
khdăn, biche.
khdăn ngéang, *phjâng*, chevrotain (meminna un cervidés).
khdăp, fermer la main, poing.
khdăp (mŏ), une poignée.
khdar, planche.
khdar chŏn, plancher.
khdar spéan capăl, pont d'un navire.
khdar hŭng, étagère.
khdar chhnuôn, *kdar uloc*, tableau à écrire.
khdar chhnuôn (thmâ), ardoise.
khdĕt, derrière, postérieur.
khdĕt cŏmphlúng thŏm, culasse d'un canon.
khdong, voile d'un navire.
khdong (léa-), faire voile.
khê, mois, lune.
khê rongéar, hiver.
khê khdău, été.
khê reă, lever de la lune.
khê lĭch, coucher de la lune.
khê phlú, clair de lune.
khê pĕnh bŏr, pleine lune.
khê băng chhăt, halo lunaire.
khê dăch, fin de la lune, fin du mois.
khêl, bouclier.
khèt, fixer, arrêter une chose.
khĕt thlay, fixer le prix.
khêt, province.
khia dŏmrey, grand scorpion noir.
khién, pagne en coton.
khiéu, bleu.
khiéu sŏmbor mĭc, bleu de ciel.
khiéu chas, bleu foncé.
khjăng, escargot, limaçon.
khjăng dăm, nacre.
khla, tigre.
khla préăc pŏngcăng, tigre de la grosse espèce.
khla takhèn, chat-tigre.

khla trey, belette.
khla lemŭng, panthère.
khla khmŭm, ours.
khlă, quelques-uns.
khlăc, étui.
khlach, peur, avoir peur.
khlach crêng, de peur que.
khlach khluôn êng, s'alarmer.
khlach slăc mŭc, blêmir de peur.
khlai, devenir, se transformer.
khlăm, épier, espionner.
khlăng, fort, violent, robuste.
khlăng năs, très-fort.
khlănh, graisse.
khlănh cŭ, suif.
khlănh pŏnteă, viande grasse.
khlău, ignorant.
khléa, intervalle de temps ou distance...
khléan, faim.
khléan năs, être affamé.
khléăng, magasin de l'Etat.
khléăng prăc, trésor, magasin à argent.
khléăng meseu, poudrière.
khléat, séparé.
khlĕm, cœur d'un arbre.
khlĕm tréjŭng, bois presque aussi noir que l'ébène.
khlĕn, odeur.
khlĕn acrăc, mauvaise odeur.
khlêng, cerf-volant.
khlêng (săt), aigle pêcheur presque rouge.
khley, court, précis, concis.
khliéc, aisselle.
khlŏ, passer une corde au nez d'une bête.
khlŏ, camarade.
khloch, brûlé, trop cuit.
khlŏi, flûte.
khlŏng, Malabar, Indien.
khlŏng, lèpre.
khlŏng repŏu, plaques blanches sur la peau.
khlŏs, petit ceut-pied assez long.
khlûc, courge.
kluôn, ăng, corps (humain).
khluôn (êng), soi.
khluôn êng, soi-même.
khluôn téap, petit de taille.
khluôn săc, tatouage.
khmăng, săt trŏu, ennemi.
khmas, pudeur, retenue, honte.
khmas mŭc crehâm, rougir de honte.
khmas (menŭs), parties honteuses.
khmău, noir.
khmău jŏng, bien noir.
khmău (menŭs), nègre.
khmău sâcer, tŭc khmău, encre.
khmău chĕn, encre de Chine.
khmău (thú ŏi), noircir.
khméan, il n'y a pas, point.
khméan muéy să, pas un seul, aucun.
khméan nôna să, aucun, personne.
khméan êna să, nulle part.
khméan ŏi, rien.
khmeng, enfant jeune (relativement à...).
kkmeng chéang, plus jeune.
khmeng mŭn tŏn phdach dă, enfant non sevré.
khmêr, Cambodgien.
khmêr (srŏc), Cambodge.
khmŏ, tamtam (en bronze).
khmoch, défunt, mort, cadavre.
khmoch lông, revenant.
khmoch (băndăm), testament.
khmoch phdăm, faire un testament.
khmŏl, fourmi ailée.
khmôt, insecte ailé et noir qui ronge le bois.
khmôt si, vermoulu.
khmuéi prŏs, neveu.
khméi srey, nièce.
khmŭm, abeille.

khmŭm (*sŏmnŏm*), ruche.
khmŭm (*tŭc*), miel.
khmŭm trechiéc dŏmrey, grande ruche.
khna (*sôt*), bobine.
khnach, bourbier.
khnai chruc, défense de sanglier, croc du sanglier.
khnăl, coussin d'appui.
khnâng, dos.
khnâng (*cŏmbĕt, dau*), dos d'une lame.
khnâng cong, courbé, voûté.
khnâng day, dessus de la main.
khnâng chúng, coude-pied (partie du corps).
khnănh, colère impuissante, odieuse.
khnăs, ceps, fers aux pieds.
khnat, mesure (quelconque pour les longueurs).
khnat pŏngvêl, mŏt săt, compas.
khnat luông, mesure officielle.
khnat kêng, équerre.
khnéa, júng, nous.
khnéa ngéar, collègue, condisciple, ami d'enfance.
khnéang, cangue.
khnhăm, saisir avec les ongles.
khnhey, gingembre.
khnhŏm, moi, je (en parlant à un égal ou supérieur).
khnhŏm bat, moi, votre serviteur (mot humble).
khnhŏm (*lŏ*), esclave.
khnhŏm phdach thlay, esclave non rachetable.
khnhŏm léng (*mŭn jôc thlay*), esclave affranchi.
khno, jacque (fruit).
khno (*dóm*), jacquier (l'arbre).
khnói, oreiller, traversin.
khnói kói, traversin pour placer sous la tête.
khnôi op, traversin cylindrique servant à appuyer les bras, les jambes.
khnói puthău, traversin triangulaire pour placer sous les aisselles.
khnói kêp, traversin carré et plat.
khnŏng, dans, dedans, intérieur.
khnŏng trŭng, en cage.
khnŏng săp, en songe.
khnŏng mŏ pŏnhé, dans un moment.
khnos, grattoir, râcloir.
khnos dêc, râcloir en fer.
khnót khê, première moitié du mois.
khnót, renúch, quantième du mois.
khnuôch (*cuôch*), nœud.
khnuôch, cuôch khnuôch, nouer.
kho, pantalon.
kho khnŏng, caleçon.
hhôch, corrompre, gâter, abîmer.
khôch hói, souillé, gâté, corrompu, abîmé.
khôch (*a-*), coquin.
khŏng, se mettre en colère, être fâché.
khóng năs, indigné, être très en colère).
không, concave, creux.
khŏp, courbé (ne se dit que du nez des hommes et du bec des oiseaux).
khŏp (*chŏmpŭ*), bec recourbé.
khŏp (*chremŏ*), nez courbé.
khŏs (*mŭn trŏu*), manquer, ne pas toucher.
khŏs (*méan tŭs*), avoir tort.
khŏs cach nŭng cremŏm, violer, viol.
khŏs nŭng kî, avoir tort envers quelqu'un.
khŏs cŏmnŭt, mauvaise combinaison, erreur commise dans les affaires.
khŏt, khĕt, khŏt chĭt, approcher.
khŏt lóng, avancer, activer.
khpôr tuc, étrave d'une barque.
khpŏs, haut, élevé.
khpŭm, avoir horreur, répugnance.

khpuôr, mŏt, se rincer la bouche, se gargariser.
khsăch, sable.
khsăch dŏ, banc de sable.
khsăl, vent.
khsăl băc, venter.
khsăl rehói, vent agréable.
khsăl tĕch, vent faible.
khsăl khlăng, vent violent.
khsăl ĕcót, vent d'est.
khsăl crâdŏc, khsăl êchúng, vent du nord.
khsăl êthbông, vent du sud.
khsăl chrâc renéam, khsăl êlĕch, vent d'ouest.
khsăl săng khâréa, tempête.
khsăl pimŭc, khsăl chras, vent contraire.
khsăl pŏndoi, khsăl chun, vent favorable.
khsăl mŏ hŭc, coup de vent.
khsan, sngiém, tranquille.
khsaychivĭt, slăp, ngăp, băt băng, mourir.
khsăt, indigent.
khsăt turcŏt, très-pauvre, misérable.
khsătra, fils du roi.
khsătrey, fille du roi.
khsê, corde, ficelle.
khsê câ, cravăt, cravate.
khsê châng srom chúng, jarretière.
khsê crâvăt, ceinture.
khsê sbiéng, corde pour étendre du linge.
khsê bănghiér, rênes.
khsê rŭt ŏc (sĕ), sangle.
khsê hang (sĕ), croupière.
khsê sŏntuch, ligne de pêche.
khsê stŏng tŭc, ligne de sonde.
khsê chŏngcôt, drosse de gouvernail (en filin).
khsê hôt khdong, drisse (marine).
khsĕ hôt tŏng, drisse de pavillon.
khsê sâi méas, fil d'or.
khsê trô, corde à violon.
khsê (sŏmbŏt), tome, volume.
khsiér, pipe.
khsiértaos, alambic.
khsŏc, panier pour mesurer le riz.
khsŏch, khsŏp, parler bas à l'oreille.
khsoi, débile, faible.
khsŏn cal nŏ, en ce temps-là.
khsŏp, chuchoter.
khteă, poêle à frire, casserolle.
khtéat, rejaillir, ricocher.
khtĭm, oignon (long, non pommé).
khtĭm phlŏng, gros oignon de Chine, d'Europe.
khtĭm sâ, ail.
khting, bison (à poil noir, énorme).
khting pŏs, bison à poil noir, un peu plus petit que le précédent et qui se nourrit, dit-on, de serpents.
khtôm, cabane, petite case pour l'affût.
khtôm neăc ta, petit autel dédié aux esprits.
khtŏp, tŏp, obstruer.
khtŏp mŭc, se couvrir la figure avec les mains.
khtŏr, contre-coup.
khtŏs, tŏs, fermer au verrou.
khtŭ, pus.
khtŭ hiér, pus coulant.
khtŭ khuôr ăndêng, pus sanguinolent.
khtuéy, scorpion.
khtúói (menŭs), hermaphrodite.
khúnh, apercevoir, voir, avoir vu.
khúnh hói, déjà vu.
khúnh vĭnh, revoir.
khúón, mur de soutènement.
khuôp chhnăm, période de douze années.
khuôp khê, période de douze mois.
khuôr căbal, cervelle.
khuôr khnŏng cheŏng, moelle.

khvă, manquer, être en moins.
khvă tê, il ne manque que...
khvăc, aveugle.
khvăc lóng bai, aveugle aux yeux blancs.
khvăc mŏ khang, borgne.
khvăc bŏndór, devenir aveugle.
khvar, crocher avec un croc (ou autre outil courbé).
khvéal, oi si, faire paître.
khvĕch khvién, tortueux.
khvĕn, *cacriu*, paralysie.
khvĕn, *menŭs cacrieu*, paralytique.
kî, on.
kî tha, on dit.
kî bóc, on permet de...
kî pró, on envoie...
kién (*chrŭng*), coin, enfoncement.
kién sremŏt, *chhung sremŏt*, baie, golfe.
kiép, *thkiép*, pincer avec (pinces, tenailles).
kiés chŏng kiéng, moucher une lampe.
kingcŏc, crapaud.
kŏs dăm, repiquer (sens général).
kusrecâ (*khmeng*), camarades d'école, enfants du même âge.
kuôch, tourbillon (dans l'eau ou produit par le vent).

L

lăâ, bon, beau, joli.
lăâ lăach, beau (dans la nature et dans l'art).
lăâ năs, très-beau.
lââc, trouble (liquide).
lââc (*tŭc*-), eau trouble.
lăc (*a*-), trésorier du roi (remplit aussi les fonctions de secrétaire).
lăĕl, glisser.
lâhŏng, papaye.
lâhŏng (*dóm*-), papayer.
lakhon, danseuse cambodgienne.
lâlê lâlâ, bruit, bruyant (se dit de la voix).
lalôc, tourterelle.
lăm ăc tŭc, troubler l'eau.
lăm âng (toute matière en poudre fine).
lăm âng thuli, poussière très-fine.
lăm ĕt, pulvériser.
lăm huôt, spongieux.
lămnăm, belles façons, belles manières.
lămpéas, il y en a en masse, un grand nombre.
lămpéng, lance.
lămpéng lao, javelot.
lămpéng snêng crebey, lance à fourche, trident.
lângiéc, affaibli par la maladie.
lăp (*chŏmngú*), rechuter (dans la maladie).
lăp (*sâŏy*), infect.
lăp, quotient d'une division.
lât, amorce, capsule.
latĭng, latin.
lău, entonnoir.
léa, adieu, bonjour.
léa (*dêl vĕnh*), détordre.
léa, *cral*, *sănthŭng*, tendre, étendre.
léa lŭc adieu (à un mandarin).
léa remu, dérouler.
léa ngéar, renoncer à un grade, à un titre, se démettre.
léa day, ouvrir la main, tendre la main.
léa tŭs, *sŏm tŭs*, demander pardon.
léa tŏng, développer (un pavillon).
léa (*săt*), âne.
léa slap, *tredang slap*, étendre les ailes.
leă, dépouiller un animal de sa peau.
léăc (*crehâm*), laque.

léăc, pŏmpuŏn, cacher.
léăc sngiém, garder un secret.
léay, mélanger, mêler.
léay vŏr vŭc, pêle-mêle.
léay chrón chŏmpuc, mélange de plusieurs matières.
léay chir, fumer la terre, fertiliser.
léan, million.
léan bĕn, aire à battre.
léang, laver.
léang sŏmpŏt au, laver du linge.
léang lóng vĭnh, relaver.
léang khnŏng khluŏn, *phŏc thnăm bŏnchŏ*, se purger.
léanh tŏu, tant pis.
léap, oindre, suiver, enduire.
léap (thnăm cŏmnur), peindre.
léau, Laossien.
léau (srŏc), Laos.
lebă, article d'un livre.
lebâc, éclat de vernis, de placage....
lebat, patrouille.
lebeng (chŏmngŭ), épuisé par l'âge.
lebey, renommée.
lebóc lúc (oi méan), inventer.
lebóc lúc (dĕnh săt), rabatteur.
lebŏp, prisonnier de guerre.
lebúón, approximativement.
lebuŏng, tenter, pousser au mal (se dit des tentations du diable, des esprits malfaisants).
lec, chiffre.
lĕch, khúnh, paraître, apparaître.
lĕch tŭc, couler (l'eau).
lĕch tăc tăc, srăc, couler goutte à goutte.
lĕch pi dey, sortir de terre.
lĕch phcar lóng vĭnh, réflexion.
lĕch prĕs, éruption du sang.
leey, lâey, panier rond et creux.
leĕt, lâĕt, fin, délié (se dit surtout des grains et des choses friables).
lehói, fraîcheur de l'air, de la brise.
lelăp, bredouiller, parler vite.
lelŏc, négocier, commercer (vente de denrées au détail).
lemeăc lemôm, médiocre, moyen.
lemĕch (ăndóc), tortue.
lemôm, thuŏn, assez, suffisamment.
lemôm hói, thuŏn hói, ça suffit.
lemŭb, avide, vorace, glouton, gourmand.
lemuéch, fripon, filou.
lemuŏt, soyeux.
léng, laisser, renoncer.
léng prâpŏn, répudier sa femme.
léng khnhŏm, affranchir un esclave.
léng oi tŏu, laisser partir, lâcher.
léng căn tŭc, quitter le deuil.
léng pŭm ruéch, impossible de quitter.
léng tĕ, pourvu que.
léngchol, abandonner.
lengé, lengú, étourdi, étourdissement.
lengô, césame.
lengŏng, khlău, ignorant.
leu, bouton (habit).
li, porter sur l'épaule directement.
lĭch, lŏng, immergé, coulé.
lién ăndat, tirer la langue.
liéng arăc, faire de la musique pour apaiser le diable.
liéng si, donner un festin.
liés cŏmbor, coquilles calcaires.
lìléa, démence.
ling, griller, cuire dans une poêle sans graisse ni huile.
lĭng, jouer, s'amuser.
lĭng puŏn, jouer à cache-cache.
lĭng cha trăng, jouer aux dames, aux échecs.
lĭng phlĭng, jouer d'un instrument, faire de la musique.
lĭng ngiu, jouer la comédie (se dit des théâtres chinois).

lĭng hătboi, jouer la comédie (théâtre annamite).
lĭng biér, jouer aux cartes, aux jeux de hasard.
lĭp, avaler.
lĭt, lécher.
liu, homme non marié.
lô, essayer.
lŏ, racheter.
lŏ khnhŏm, racheter un esclave.
lobêng lĭng, jeux, amusements.
lobêng cŏmplêng, plaisanterie.
lobêng khmeng, jouet d'enfant.
lŏc, vendre.
lŏc hói, vendu.
lŏc réai, vendre en détail.
lŏc chúa, vendre à crédit.
lŏc (*dăc-*), exposer, mettre en vue pour vendre.
lohĕt (*âs cŏmlăng*), très fatigué, harrassé.
lôi prâtip, promenade aux flambeaux sur l'eau.
lolŏc tŏn tĭnh, acheter et revendre, échange de denrées...
lŏmbac, calamité, misère.
lŏmnŏu, lieu, endroit, demeure.
lŏmnŏu sngăt, *tisngăt*, lieu champêtre, lieu isolé.
lŏmnŏu êna, où? en quel lieu?...
lŏmpĭ, hirondelle de mer.
lŏn, dessin à l'huile de couleur variée.
lŏn, espèce de long tube en bambou pour prendre les anguilles.
lŏn trĕhung, fracas.
lŏn tŭs, *srai bap*, se confesser.
lŏn tŭs, *totuôl tŭs*, avouer sa faute.
lóng, monter, s'élever.
lóng, monter et grossir comme les œufs battus.
lóng (*bai sra*), fermenter.
lóng thlay, renchérir, devenir plus cher.
lóng huôs, franchir, dépasser.
lóng réach, monter sur le trône.
lóng bai (*phnéc*), yeux blancs et malades.
lóng (*sdăp bằngcŏp*), dépendre, être subordonné.
lóng khlănh, *thŏt*, engraisser.
lŏng lĭch, sombrer, couler à fond.
lŏng tŭc, se noyer.
lŏngbŏt, canot.
lŏngbŏt thŏm, chaloupe, chaland.
lŏngeach, soir (de midi à la nuit).
lŏngéach mĕnh, *lŏngéach mŏsŏl*, hier au soir.
lŏngéach mŏsŏl mŏ ngay, avant-hier au soir.
lŏngéach hói, déjà tard.
lop, nasse pour le poisson.
lôp, marcher en se cachant pour surprendre...
lŏp (*lolôc*), cage à piége pour les oiseaux.
lŏp (*lec*), soustraire, soustraction.
lŏp chĕnh, effacer.
lŏs, *dŏs*, germer.
lôt, *lŭt*, saut, sauter.
lôt rolôc, barque agitée par les flots (se dit surtout du tangage).
lôt tŏu crău, sauter en dehors.
lôt pi, sauter de....
lŏt, retrousser, replier.
lŏt, *rŏmlŏt*, étendre. (éteindre)
lŏt dêc, tremper les métaux.
lotiér, fermier de l'opium et des jeux.
lovéa parăng (*phlê*), figue, fruit.
loveang tŭc (*tuc*), sentine (de navire, de barque).
lovéng, compartiment.
loving, amer.
lu, grande jarre en terre.
lu (*chhkê*), hurler.
lú, entendre.
lú rŏntú, bruit public.

lŭ, sur, dessus, au-dessus.
lŭ téang ăs, supérieur, placé au-dessus de tout.
lú cŭc, à terre, aller à terre (étant à bord).
lŭc, attaquer.
lŭc, monsieur, seigneur (à un mandarin).
lŭc srey, dame (femme d'un mandarin).
lŭc, lever, élever, soulever.
lŭc day sămpeă, lever la main pour saluer.
lŭc (mŭn oi méan), supprimer.
lŭc lóng vĭnh, relever.
lŭc chbăp, décréter.
lŭc dey, terrasser, faire un terrassement.
lŭc săt, rabattre le gibier.
lŭc tŏp, expédition militaire.
luéch, *luôch*, voler, soustraire, dérober.
luéch léăc, ruser.
lukey, *thvip*, monde, univers.
lŭm, consoler.
lŭm cŏmsan, calmer (se dit des personnes).
lun, ramper.
lŭn, trot, trotter.
lŭng, creuser (se dit pour tout excepté de la terre).
lúón, aller vite, rapidement.
luông, *lŭm*, consoler (se dit surtout des enfants).
luông (sdăch), roi (se dit du premier roi).
luông ăbjoréach, roi ayant abdiqué.
luông ŏbbârach, second roi du Cambodge.
luông sŏmdăch preă voréach chini, titre de la reine-mère.
luông srey, reine.
lúóng, jaune.
luôs (méc), ébrancher.
lúôs dĕc, fil de fer.
luŏs spŏn, fil de cuivre.
luôs méas, fil d'or.
lŭp, désir, ambition, convoiter.
lŭp phŭ, ardent désir, vive ambition.
lús, plus, davantage, en plus.
lús bŏntĕch, un peu plus.
lús crau, en sus, surplus.
lús pi nŏ, plus que ça.
lŭt chúng cŏng, fléchir le genou, à genoux.

M

mâ, *pét*, médecin officiel.
mâbat (phlê), corossol.
mâchhus, bière, cercueil.
mâha (neăc), personne chargée de faire réussir un mariage.
mâha khsăt, souverain.
mâha săngcran, almanach, calendrier.
mâha thlŏc, page, serviteur du roi.
mâhôp, *ahar*, nourriture.
măm, poisson salé en conserves.
măm, robuste.
mănh, filet, grande seine en usage au Cambodge, large, à poche, sert dans les grandes profondeurs.
mănh (téanh), lever le filet précédent.
măo (totuôl), entreprise.
măo thú, entreprendre.
mâréăc, peinture noire du pays, espèce de laque.
mârĕch, poivre.
martir (arahăn), martyr en religion (expression usitée seulement parmi les chrétiens).
măt (si), bouchée.
măt (phdăch), net (objet coupé net).
măt, *péac*, mot.

măt, fin.
mê, maman.
méa, pu, oncle plus jeune que père ou mère du neveu.
méa băngcót khang apŭc, oncle paternel.
méa băngcót khang medai, oncle maternel.
méăc ngéai, mépriser.
méajéat, conduite, manière de se conduire.
méan, avoir, posséder, il y a.
méan chŏt, héan, intrépide, courageux.
méan tŭc, être triste.
méan tê, il faut.
méan thór, charité.
méan chbăp, bien élevé, bien éduqué.
méan léap, bonne chance, bonne fortune.
méang săch lóng vĭnh, recouvrer (la santé).
méan bó óy, qu'est-ce qu'il y a ?
méan nona té, y a-t-il quelqu'un?
méan ban lóng, s'enrichir.
méan chŏt chăng, avoir envie.
méan smar dey, avoir sa connaissance (se dit des malades).
méan mŏntĭl, suspect.
méan méajéat, modestie.
méan prachnha (neăc), intelligent.
méan săl, nŏu săl, il y en a de reste.
méaracăt, émeraude.
méas, or.
méas sŏt, or pur.
méat (tuc), quille (d'un navire, d'une barque).
méc, branche.
mĕch, dŏch medĕch, comment.
mechas (preă ăng), prince.
mechas (robăs), mechas (menŭs), maître d'objets, ou maître d'esclaves.
mechas bŏmnŏl, créancier.
mechas khsăttrey, princesse.
meday, mère.
meday mìng, tante (plus jeune que père ou mère du neveu).
meday thŏm, tante plus âgée que père ou mère du neveu.
meday ănchĕm, mère adoptive.
meday thór, marraine (usité parmi les chrétiens).
meday chŏng, marâtre.
meday khmec, belle-mère.
melĕ, si, aussi, tant.
melu, bétel.
memis, rûm, poil.
memis dŏs chras, contre-poil.
memis mesău, duvet.
memis chiém, laine.
memis phnéc, cils.
mén, réel, en effet.
mĕnh (ămbănh), à l'instant même.
menŏs, ananas.
menŭs, homme, individu.
menŭs tĕahéan, audacieux.
menŭs osar, vaillant au travail.
menûs cŏmplĕng, plaisant, bouffon.
menŭs smŭc crûc, crasseux.
menŭs chhnéa nĭs kî, envieux.
menŭs cŏmnach, cruel.
menŭs chŏmhŏu kî, médisant.
menŭs khbăt sas, renégat.
menŭs bŏnchhot kî, trompeur.
menŭs khôch, corrompu, canaille.
menŭs rŭng rus, indocile, récalcitrant.
menŭs nônô môsê, vagabond.
menŭs chreŏs, négligent.
menŭs câkhô, fanfaron.
menŭs at véat, désireux.
menŭs căhăc, menteur.
menŭs ăt cuôr, inconvenant.
menŭs thŏm dŏmbâng, corpulent.
menŭs méan chhmŏ, homme célèbre, fameux.

menŭs pĕnh leăc, homme plein de qualités.
menŭs chéa (slót), brune, bon.
menŭs sathéa, prodigue.
menŭs dŏng cuôr săm, homme raisonnable.
menŭs cuôr oi cot khlach, homme respectable.
menŭs pica (pi cŏmnót), contrefait, difforme.
menŭs chôl sas thmey, néophite.
meréăc (sŏmlănh), amies (entre femmes).
meréam, doigt.
meréam day, doigt de la main.
meréam chúng, doigt du pied.
mesău, farine.
mesău creŏp, fard.
mesău băc, amidon.
meseu, poudre
metĭs, piment.
mĭ (néay), chef.
mĭ (săt), mère (se dit des animaux).
mĭ (srey). Ce mot devant un nom de femme exprime le mépris.
mĭ dêng, celle (en mauvaise part).
mĭ nê, celle-ci (en mauvaise part).
mĭ chor, *srey khôch*, prostituée.
mĭ kha, concubine.
mĭ ap, ensorceleur.
mĭ cremŏm (crebey, cŭ), jeune vache, jeune bufflesse.
mĭ crebey, bufflesse.
mĭ ăndóc, maquerelle.
mĭ ba, généalogie.
mĭ ămbău, papillon.
mĭ dŏmbôl, maîtresse poutre.
mĭ dêc, aimant, pierre aimantée.
mĭ day, pouce, gros doigt de la main.
mĭ chúng, gros doigt du pied.
mĭ thŏm, grand chef.
mĭ văt, chef d'une bonzerie.
mĭ tŏp, chef militaire d'un rang élevé.
mĭ côi, chef de douane.
mĭ phum, chef de village.
mĭ srŏc, maire d'un village.
mĭ chéang, ingénieur, maître d'ouvriers.
mĭ phteă, chef de la maison.
mĭ hang, marchand, boutiquier.
mĭ chor, chef de voleurs.
mĭ plăn, chef de pirates.
mĭc, ciel.
mĭc reăng, beau temps.
mĭc acrâc, mauvais temps.
mĭc ăp, ciel obscur.
mĭc srâtŏn, temps sombre.
mĭc srelă, serein.
mĭc êlŭ, firmament.
mĭc (lŭ-), dans le ciel.
mĭch phnéc, faire signe des yeux.
michha, *trey*, poissons (en général).
mién (phlê), letchi à écorce lisse.
mién cŏmbĕt, virole d'un manche.
mimay, veuve.
mĭn, espèce de kiosque dans lequel on brûle les corps.
minŭt, minute.
misua, vermicelle de Chine.
mita pros, clémence.
mita côrna, *anŏt*, pitié, miséricorde.
mitrey, paix, tranquillité.
mitrey khnéa, union (entre nations).
mŏ, contraction de *muéy*.
mŏ tŏmbâr, *buôn*, quatre.
mŏtŏndăp, onze.
mŏ neăc, une personne.
mŏ neăc, *ruéch mŏ neăc*, un après l'autre.
mŏ pŏn, un mille.
mŏ mŏn, dix mille.
mŏ măt, un mot, une bouchée.
mŏ ajôs, toute la vie.
mŏ chŏng, un demi-picul.
mŏ dâng, une fois.
mŏ dâng nĕ, *dâng nĕ*, cette fois-ci.

mŏ dâng tiét, une autre fois.
mŏ dâng nŏ créa, de temps en temps.
mŏ dâng pir, une ou deux fois.
mŏ khang, un côté.
mŏ khang nŏ, trói mŏ khang, de l'autre côté.
mŏ rŏmpĕch, de suite.
mŏ prĕch phnéc, en un clin d'œil.
mŏ tŭc (*léap thnăm pór*), une couche (de peinture, de chaux).
mô, indigo.
môc, venir.
môc chuéy, venir en aide.
môc vĭnh hói, être revenu.
môc phteă khluôn vĭnh, revenir chez soi.
môc rúói, venir souvent.
môc ngéar (*srey*), mois des femmes.
mŏchŭl, aiguille.
mŏchŭl (*méan căbal*), épingle.
mŏchŭl norica, aiguille de montre.
mocŏt, couronne.
mocŏt preă socŏn, mitre.
molŏp, ombre, ombrage.
moméach, moucheron blanc de nuit.
momĕ (*chhnăm*), chèvre (nom d'une année).
momi (*chhnăm*), cheval (nom d'une année).
momú, parler étant endormi, somnambule.
mŏn, poule, poulet, coq, volaille en général.
mŏn chhmŭl, coq.
mŏn nhi, poule.
mŏn crap, poule couveuse.
mŏn pông, poule pondeuse.
mŏn criéu, chapon.
mŏn côc, coq de combat.
mŏn téang, coq ou poule croisé de l'espèce de combat et de l'espèce ordinaire.
mŏn khtéat, chant de la poule.
mŏn rengeau, chant du coq.
mŏn khmău cheĕng, poule à chair noire.
mŏn préy, poule ou coq sauvage.
mŏn tô, faisan.
mŏn pareăng, dinde, dindon.
mŏn crenhas, coq ou poule à plumes frisées.
môn, feuille du mûrier.
môn (*dóm*), mûrier, plante.
mong, heure.
mông, filet (tendu à poste fixe).
mŏng khŭt (*phlê*), mangoustan.
mŏnta, bésicles, lunettes, lorgnon.
mophéy, vingt.
mosănh chhnăm, serpent (nom d'une année).
mosŏl, hier.
mosŏl mŏ ngay, avant-hier.
mŏt (*si*), bouche.
mŏt (*săt ămrŏc*), gueule.
mŏt (*tonlĭ, sremŏt*), bord (d'un fleuve, de la mer).
mŏt tŏnlĭ, bord du fleuve.
mŏt sremŏt, côte de la mer.
mŏt cŏmpŏng, *mŏt chreăng*, bord du rivage.
mŏt péam (embouchure d'un arroyo).
mŏt thvéa, entrée (ouverture d'une porte).
mŏt pŏng uôch, ouverture d'une fenêtre.
mŏt sngăt, silence, faire silence.
mŏt cŏmphlúng thŏm, gueule d'un canon.
mŏt, sânâmăt, promettre.
mŭc, figure, face, façade, devant, visage.
mŭc srâs, visage gai.
mŭc ric, figure réjouie.
mŭc acrăc, laid, vilain.
mŭc ŏt, visage marqué par la petite vérole.

mŭc chruộnh, ride de visage.
mŭc rŭng, entêté.
mŭc preă léan, *mŭc veăng*, devant le palais.
mŭc mŏntrey, *âs namón*, les mandarins, la cour d'un roi.
mŭc ngéar, droit (en justice).
mŭc norica, cadran d'une montre.
mŭc cŏmbĕt, taillant d'un couteau.
mŭc chŏmney, ragoût, mets.
mŭc tŏu, *tŏu mŭc*, avenir, temps à venir.
mŭch, plonger.
muéy, un.
muéy mong, une heure.
muéy mŏ dâng, un à un.
muéy muéy, lentement, posément, doucement.
mul, rond, sphère, sphérique.
mul trâvéng, cylindrique.
mul pông crâpú, ovale, elliptique, ellipse.
múl, voir, regarder, soigner.
múl thĕr tăm, surveiller.
múl sŏmbŏt, lire.
múl phinĭt, inspecter.
múl chŏmngŭ, soigner les malades.
múl ngéay, *meăc ngéay*, mépriser.
mŭn, avant, antérieur, antérieurement.
mŭn băng ăs, avant tout.
mŭn jur, longtemps avant.
mŭn, pas, nullement.
mŭn mén, ce n'est pas.
mŭn ban, ne pas pouvoir.
mŭn sŏu, pas souvent, pas beaucoup.
mŭn crŏp, incomplet.
mŭn trŏu, pas bien.
mŭn trŏu chŏt, déplaire.
mŭn trŏu théat, discorde.
mŭn chéa khluôn, indisposé, malade.
mŭn sdăp băngcŏp, désobéir.
mŭn prôm totuôl, refuser (de recevoir).
mŭn prôm oi, refuser (de donner).
mŭn tŏn, pas encore (se place ordinairement devant les verbes *tŏu* (aller) et *môc* (venir).
mŭn chĕ ăt, impatient.
mŭn dêl, *pŭm dêl*, jamais.
mŭn sabai, mécontent, pas content.
mŭn lăâ mŭn acrăc, ni bien ni mal.
mŭn chhĕ (*bành*), rater (une arme à feu).
mŭn chĕ ăcsăr, illettré.
mŭn dŏng, ignorer, pas savoir.
mŭn smór, illégal, inégal.
mŭn thlŏp, inaccoutumé.
mŭn prâcăt, *mŭn chéâc*, incertain.
mŭn sruôl, incommode.
mŭn scŏl, inconnu.
mŭn chal, incorrigible.
mŭn trăng, injuste.
mŭn âs pi chŏt, involontairement.
mŭng, moustiquaire.
muôc, chapeau, bonnet.
muól (*chhú*), dyssenterie.
muôl (*trecuônh*), tordre.
muôl khchău, visser.
muôn tuôn, sérieusement.
mur (*rŭm*), rouler.
mus, moustique.
mŭt (*cŏmbĕt*), affûté, affilé.

N

na, quel, lequel, laquelle.
na hói, enfin !
năm, conduire, mener.
năm tŏu, emmener.
năm môc, amener.
năm tŏu vĭnh, reconduire.
năm môc vĭnh, ramener.
năm phlŏu, guider.
namón, mandarin.
namón dŏc sdăm, dignitaire, ministre.

năs, sŭn ptc, ptc năs, trop, très, excessif.
năt ngay, fixer, arrêter une date.
nê, ô ! (interjection).
nĕ, ce, ceci, cela, cette, ça.
nĕ nê, voici.
nĕ hói, c'est ça.
néac, dragon.
neăc, vous, monsieur, dame, madame.
neăc dêl, celui que, celle que (en bonne part).
neăc nĕ, celui-ci, celle-ci (en bonne part).
neăc nŏ, celui-là, celle-là (en bonne part).
neăc chŏmnuônh, commerçant, négociant, marchand.
neăc srĕ, neăc chŏmcar, paysan, campagnard.
neăc prê phéassa, interprète.
neăc thú chŏmcar, jardinier, cultivateur (se dit pour toutes les cultures, sauf celle du riz).
neăc srŏc, habitant.
neăc dŏmrór, voyageur.
neăc svêng, laborieux, travailleur.
neăc thêr, homme de veille.
neăc chăm jéam, factionnaire, sentinelle.
neăc cŏmsăt, misérable.
neăc sŏmtéan, mendiant.
neăc bâr rŏt, cocher, saïs.
neăc cŏngvéal, pasteur, berger.
neăc bŏmró (prŏs), serviteur.
neăc bŏmró (srey), servante.
neăc bŏmnŏl, débiteur.
neăc chêu tuc, rameur.
neăc năm phlŏu, guide.
ueăc chŏmriéng (srey), chanteuse.
neăc cor pŭc mŏt, barbier.
neăc chăm côi, douanier.
neăc thú bai, cŭc, cuisinier.
neăc dóm khdey, accusateur, plaignant.
neăc chŏng khdey, accusé, défendeur (en justice).
neăc bŏntăl, smâ, témoin.
neăc méan tŭs, coupable.
neăc prâdăl, lutteur à coups de poing.
neăc chŏmbăp, lutteur à bras le corps.
neăc thú cŏmnap, poëte.
neăc cur cŏmnur, peintre, dessinateur.
neăc prach, savant, astronome.
neăc méan chhmŏ, homme célèbre.
neăc khlăng pukê, héros.
neăc méan, riche, opulent.
neăc prâtĭs crau, étranger.
neăc năn sa, ambassadeur d'un roi vassal, porteur de cadeaux.
neăc chéa, homme libre.
neăc cănsĕl, dévot.
neăc smat, solitaire, ermite.
neăc bap, pêcheur.
neăc bŏn, arahăm, saint.
neăc júng, lŭc săng, bonze.
neăc chi, dôn chi, bonzesse, religieuse.
neăc ta, idole du génie protecteur d'un lieu.
néach, jusant, reflux.
néai, maître, chef hiérarchique.
néai cŭc, geôlier.
néai khleăng, magasinier.
néai sŏmpŏu, capitaine d'un navire marchand.
néal, livre (poids).
néam (chhmŏ), nom.
néam (véat), filet traîné à l'arrière d'une barque.
néang, mot poli pour appeler une femme, un enfant.
néang cremŏm, mademoiselle.
néang, sôt, ver à soie.
néang day, doigt annulaire.
nên (prăc), lingot d'argent (de 100 fr. à peu près).

nên meas, *méas chdor*, lingot d'or (monnaie).
néy srai, interprétation, traduction.
ngăp, *slăp*, mourir, la mort.
ngay, *thngay*, jour (durée de douze heures).
ngay nĕ, aujourd'hui.
ngay na? quel jour ?
ngay tâm, jour d'abstinence.
ngay atŭt, dimanche.
ngay chăn, lundi.
ngay ăng kéar, mardi.
ngay pŭt, mercredi.
ngay prâhŏs, jeudi.
ngay sŏc, vendredi.
ngay său, samedi.
ngay bŏn, jour de fête.
ngay mŏ cót, premier du mois.
nguy mŏ rŭch, premier jour de la deuxième moitié du mois.
ngéar, titre, dignité.
ngéay, facile, aisé.
ngéay tredău, docile.
ngôch ngôch, insister.
ngiu (*chĕn*), théâtre chinois.
ngúi, lever la tête.
ngut, *tŭc*, se baigner.
nhe nhuôr, marteau.
nheăc, mouvement nerveux, tic.
nheăc khluôn, convulsion.
nheăc ănchóm, froncer le sourcil.
nheăc sĕ, tirer à soi la bride d'un cheval.
nhéat (*săndam*), parent, famille.
nhéat chrón, famille nombreuse.
nhéc, écarter.
nhéc préy, écarter les broussailles.
nhi, femelle.
nhi (*sĕ*), jument.
nhi nhŏc, deux personnes qui roulent à terre ensemble en se battant ou s'amusant, se dit aussi d'un citron, d'une boule que l'on roulerait sous la main.
nhién, s'adonner.
nhién aphién, s'adonner à l'opium.
nhonhĭm, sourire.
nhŏr, trembler.
nhŏr khlach, frissonner.
nhŏs, éclore (œufs).
nhŏt, bourrer, remplir en pressant.
nhŏt ăch cŏnlăng (*bŏc cŏmphlúng*), bourrer, refouler la charge d'une arme à feu.
nhŭc, serré (se dit des tissus, des mailles des filets).
nhuônh mŭc, *nheăc mŭc*, grimace.
nhús, sueur, transpiration.
nhús sŏmbor, se moucher.
nĭ, ceci.
nĭdey, nord-ouest.
nĭm, joug (des bœufs).
nimŏn, inviter (des prêtres ou des bonzes).
nŏ, là, voilà.
nŏ hói, c'est ça.
nôc ngéar, mandarin dégradé ou démissionnaire.
nocôr, royaume, nation.
nocôr siém, royaume de Siam.
nona? qui ?...
nona nŭ, qui est-là ?...
nona cô doi, quiconque.
nŏm, gâteau.
nŏm păng, pain.
nŏm criép, crêpe (pâte frite).
nŏm pĕnchŏc, vermicelle du pays (fait avec la farine de riz).
norica (*tôch*), montre.
norica thŏm, horloge.
norica jŭl, pendule.
norica thngay, cadran solaire.
norica phlúng, manomètre d'une chaudière à vapeur.
norŏc, enfer.

nŏu, demeurer, rester, loger, habiter.
nŏu ti, sur le champ.
nŏu mŭc, rester devant, être présent.
nŏu bat, objet placé au fond...
nŏu phteă, rester à la maison.
nŏu khang, rester, demeurer à côté.
nŏu khnŏng, être dedans.
nŏu crau, au dehors.
nŏu êlú, en haut.
nŏu lú, au-dessus.
nŏu êmŭc, au-devant.
nŏu crom, en bas.
nŏu cŏndal, entre, au milieu.
nŏu khnŏng khnăs, être aux fers.
nŏu phjuôr, pendu, suspendu.
nŭc, penser.
nŭc rôc, réfléchir.
nŭc chăm, *chăm*, se rappeler, se souvenir.
nŭi, appât.
nŭm, uriner, pisser.
nŭng, avec.
nŭng (*chŏp*), stable.
nŭng thcăl, fixe, immobile, à poste fixe.
nŭng êng, avec toi.
nŭng véa, avec lui, avec eux.
nŭng nuôn, tranquille (individu).
nyéay sredey, parler.
nyéay, *phtuôn*, répéter, redire.
nyéay cŏmbŏt, précis, concis (dans le discours).
nyéay khlăng, parler haut.
nyéay tĕch tĕch, parler bas.
nyéay păêm, parler avec douceur.
nyéay chéa khŏng, parler avec colère.
nyéay muéy muéy, parler lentement.
nyéay chrôt, résumer.
nyéay chbas, parler en prononçant bien.
nyéay tămlăn, bégayer.
nyéay chŏp, balbutier.
nyéay phdas, radoter.
nyéay tam pĭt trăng, dire la vérité.
nyéay chrón, bavarder, parler beaucoup.
nyéay pŏngcăch, calomnier.
nyéay dóm, dénigrer.
nyéay chăng srey, faire la cour à une fille.

O

o! oh!
ó, *ú*, oui (très-familier ou inconvenant).
ô, ruisseau, cours d'eau.
ŏch, allumer.
ŏch lóng vĭnh, rallumer.
ŏch tién, allumer un bûcher.
ŏch chŏngkiéng, allumer une lampe.
ŏch pŏy, allumer une mèche en papier.
ŏch prâchhĕ, allumer une mèche en corde.
ŏch phlúng préy, incendier une forêt.
ŏch pŏng ŏch, pousser quelqu'un à se mettre en colère.
oi, donner.
oi si, donner à manger.
oi chhnuôl, solder (des ouvriers, des manœuvres).
oi bău, allaiter.
oi khbuôn, *oi sŏndăp*, donner l'exemple.
oi hĕt, donner raison.
oi thlay, *tâ thlay*, faire le prix.
oi chéang, *oi lús*, donner plus.
oi sŏmnăc, donner l'hospitalité.
oi chhmŏ, donner un nom.
oi cŏmru, donner le modèle.
oi rŏngvŏn, donner une gratification.
oi chéa tŭc khluôn êng, se chagriner.
oi srai bap, confesser quelqu'un.
oi săt phŏc tŭc, abreuver.

oi crúŏng, eyserijŏs, décorer, donner une décoration.
oi thú, faire faire.
oi khmeng dec, endormir un enfant.
oi lăă lăach, soigneusement.
oi téan, donner l'aumône.
oi jŏl, bănjŏl, démontrer, expliquer.
oi si chăĕt, rassasier quelqu'un.
oi day, chuéy, donner la main, aider.
oi khnhŏm, donnez-moi (à un supérieur ou à un égal).
oi ănh, donnez-moi (à un inférieur).
oi khchey, prêter (sans intérêt).
oi tété, donner gratuitement.
oi kĭ khmas, faire honte à quelqu'un.
oi khley (thú), abréger, raccourcir.
oi trecheăc (thú), refroidir.
oi sral (thú), alléger, tirer du poids.
oi chŏp, consolider.
oi tôch, amoindrir, rapetisser.
oi rŭng, durcir.
oi mŭt, donner le fil à une lame.
oi réap, aplanir, pacifier.
oi téap, pĕntéap, abaisser.
oi ăs hói, tout donner.
oi pruéy chŏt, donner du chagrin.
oi cong, recourber.
oi pŏn, payer le tribut.
oi rehăs, oi chhăp, faire vite, accélérer.
oi prăc mŭn, avancer, arrhes, donner par avance.
ŏm (stéy), vanner.
ŏm (tuc), pagayer.
ŏmprŏm, courir sans trop allonger le pas.
on, s'incliner, se baisser, se courber.
on căbal, baisser la tête.
on dăl dey, se baisser jusqu'à terre.
ŏngcŏnh, accroupi.
op, entourer avec les bras.
op rŭt, serrer entre les bras.
op dŏmtrung, croiser les bras sur la poitrine.
ŏs, bois à brûler.
ŏs (neăc căp), bûcheron.
ôs, traîner.
ôs bŏmnŏl, saisir, faire une saisie.
ôs tuc lóng, haler une barque sur le sol.
ŏt, phcar chhû, petite vérole.
ŏt, chŏng ót, se lever sur la pointe des pieds.
oŭ, papa.
oŭmăl, frelon (guêpe d'une grosse espèce).
óy, săt óy, quoi? qu'est-ce que?...

P

pă, raccommoder, rapiécer.
pâbâr, soupe, potage.
pâbuól, inviter (très-familier).
păc (chŭl), broder à l'aiguille.
păc (chéang), brodeuse.
pacay, plume à écrire.
pachhĕ, mèche en corde pour allumer la pipe.
pachhĕ chúng kiéng, mèche de lampe.
pachiéch, bécassine.
pâchruy, grain de beauté.
păĕc, s'appuyer.
păĕm, doux, douce.
pâiéng, incliné (se dit surtout des vases, des barques et des navires à la bande).
pâm, bastion.
pâman, combien?...
pâmăng (săt), faucon.
pâmiél, faire rouler sur le sol.
pâmŏc, ivrogne.
pămpi khmeng, endormir un enfant en chantant.
pâmôl, réunir.

pămôl khnéa, se cotiser.
păn, rouler en spirale.
păng casey, zinc.
pănghăt, *hăt*, exercer, dompter.
păngkhăm pŏng hiér, brider (un cheval).
păngkhăm, forcer quelqu'un à....., contraindre.
păngram, affiche.
păngvĕch, paquet.
păngvĕl, tourner, faire tourner sur place par frottement.
păôl, épouvante, effroi.
păôm, goût aigre d'un mets gâté.
păôn, *phăôn*, frère cadet ou sœur cadette.
păôn băngcót, frère ou sœur plus jeune (du même père et de la même mère).
păôn srey, sœur plus jeune.
păôn prŏs, frère plus jeune.
păôn thlay, beau-frère ou belle-sœur moins âgés que l'épouse.
pâpéai chrŭng, haricot à cosse longue quadrangulaire et dentée.
pâphŏt, risquer.
pâprĕch phnéc, cligner des yeux.
pareăng, *oropĭn*, Européen.
pareăng (*srŏc*), Europe.
pareăng sĕs, Français.
pareăng sĕs (*srŏc*), France.
pasa, *phéassa*, langue, idiome.
pasrey phnéc, l'iris de l'œil.
pat, subtil, léger.
pat oi sdóng, amincir.
pathău, hache.
patréa phlé), jujube.
patréa (*dóm*), jujubier.
paupram, crieur public.
pay, papa (les chrétiens cambodgiens).
péa jăp, sud-ouest.
péac, mot, parole.
péac sânâmăt, promesse.
péac păêm, parole douce.
péac sdiéng khnéa, synonyme.
péac chŏt thŏm, grossier, impoli.
péac sliéc, se vêtir, s'habiller.
péăc sbêc chúng, se chausser.
péăc muôc, se coiffer, mettre son chapeau.
péăc cŏndal, moitié, la moitié.
péal, adulte.
péan, plat en métal (forme d'une assiette montée).
péang, pot, jarre, faïence.
péang (*neăc thú*), potier.
péas, garnir, doubler, superposer.
péas pĕnh, comblé, plein.
péat công, sorte d'harmonium à touches en bronze.
pebŏ, roseau.
pebôr, bande encadrant une étoffe.
pebôr mŏt, lèvre supérieure.
pêc (*phum*), quartier (d'une ville).
pĕch (*chhŭ*), pousse, tige (d'un arbre).
pĕch (*thbông*), diamant.
pél, *piléa*, temps, moment.
pél crŭn, accès de fièvre.
pén chúng, croiser les jambes.
pĕndoi, longueur.
péng, coupe, tasse, petit vase.
péng kêo, verre à boire.
pĕnh, plein.
pĕnh hói, déjà plein.
pĕnh chŏt chéang, préférer un objet à un autre.
pĕnh ăckhareă, ouvertement (agir —).
pĕnh léăc, perfection, grandes qualités.
pĕntăc, point (substantif).
pĕntăt thŏm (*căbal toc*), hauban (marine).
pepîr mŏt, lèvre inférieure.
pêt sŏp, quatre-vingts.
pey, petite flûte du pays.

pey ă, grande flûte du pays.
phai (sĕ), grand galop de cheval.
phai (au), robe (grand habit de cérémonie des mandarins).
phal dêc, soc de charrue.
phăn, se méprendre.
phăn khŏs, erreur.
phâng ănh, le mien, à moi (à un inférieur).
phâng khnhŏm, le mien, à moi (à un égal ou supérieur).
phâng êng, à toi, le tien.
phâng véa, à lui, le sien, sienne...
phâng yúng, à nous, nôtre.
phâng neăc, votre, à vous.
phăng, matière en poudre fine.
phăp (sŏmpŏt), pièce de coton.
phăp, bonheur.
phăt chĕnh, soustraire, retrancher.
phăt mesău, se farder la figure.
phau, pétard, artifice à main.
phcai, étoile.
phcai crâpú, grande ourse (constellation).
phcai dŏ cŏntuy, comète.
phcăp, chavirer, renverser.
phcar, fleur, bouquet, fleurir.
phcar sermŏn, amarante.
phcar culap, rose.
phcar téatĭm, fleur du grenadier.
phcar crôch, fleur d'oranger.
phcar chhuc, fleur de nénuphar.
phcar chăn, clou girofle.
phcar crâpŭm, bouton, bourgeon.
phcar chhŭ, ŏt, petite vérole, variole.
phchal, corriger (châtiment).
phchănh, débattre, combattre.
phchănh (nŭng péac), débattre, combattre (par le discours).
phchéa (chŏmngú), guérir (ne se dit pas des plaies).
phchéa khnéa, concilier.
phchĕt, nombril.
phchŏ phchôl, soumettre quelqu'un.
phchŏl, feuille de palmier (servant à couvrir les maisons).
phchŏp, coller.
phchŏp nhéat, alliance (de deux familles).
phchŭt, ajuster, assembler.
phcŏm, chapelet.
phcôr, tonnerre.
phcôr lŏn, bruit du tonnerre, tonner.
phdăch, casser, finir (une affaire...)
phdăch pŏnghói, définitif, définitivement.
phdăch chŏt, cesser d'aimer.
phdăch thlay, conclure un marché.
phdăch dă, sevrer un enfant.
phdăm phnhór, faire des recommandations.
phdăn téa, punition légère (donnée par des parents, des professeurs ou des prêtres).
phdas, vague, confus.
phdassa (prâtĕch), maudire.
phdassai, rhume de cerveau.
phdău, rotin.
phdău tŭc, rotin (petite dimension servant pour des amarrages).
phdău chhvăng, rotin (servant pour frapper).
phdău crĕc, rotin (de la grosseur d'un petit jonc).
phdău dŏmbăng, rotin (gros comme un bâton.
phdec, coucher, allonger.
phdec nŏu dey, déposer à terre.
phdec khluŏn, se coucher, s'allonger.
phdec phnga, coucher quelqu'un sur le dos.
phdes phdas, confusion, désordre.
phdey, époux, mari.
phdŏm, amasser, entasser, réunir.
phdŏm khnéa, se réunir.
phdŏng, se plaindre, porter plainte.

phdŏng pŏngcăch, accuser à faux.
phdôr, *dor*, changer, échanger.
phduôl, abattre, renverser.
phé, loutre.
phĕ, cendre.
phéai leai, libéralité, désordre.
phéăng, admirer.
phéassa, langue, langage.
phéavéanéa, prier Dieu.
phĕt, adultère.
phéy, *phĭt*, terreur, grande peur.
phĭc, *phĭccŭc*, titre d'un bonze après 21 ans.
phiéam, brasse (mesure).
phiméan, *than suôr*, paradis.
phĭn phéac, homme ayant donné lieu à soupçon.
phinĭt múl, vérifier, contrôler.
phjŭ, orage.
phjuôr, suspendre, pendre (hommes et choses).
phjuôr câ chor, pendre un voleur.
phjuôr sŏmlăp khluôn, se pendre.
phjuôr dey, labourer.
phkeăc, lance à taillant.
phlang, craintif (un animal).
phlăs, changer, remplacer.
phlăs trŏng, transformer.
phlê (*dau cŏmbĕt*), lame.
phlê (*chhŭ*), fruit.
phlê srekéal, fruit demi-mûr.
phlê saumau, fruit entouré de duvet.
phlê sâli, poire.
phlê môn, mûre.
phlec, *phlú phlec*, vacillant (la lumière).
phlĕch, oublier, oublié.
phlêng, faux, drogué.
phlĕt, éventail.
phlĕt slap, éventail en plumes.
phlĕt credar, éventail en papier.
phlĕt lŭc săng, talapoint (espèce d'éventail ou d'écran que portent les bonzes).
phliéng, pluie, pleuvoir.
phliéng khlăng, pluie forte, averse.
phliéng reăng, fin de la pluie.
phlĭng, musique.
phlĭng (*neăc-lĭng*), musicien.
phlĭng trŏu vŏng, accord, musique.
phlŏ, jumeaux, double canon.
phlŏ (*côn*), jumeaux (ne se dit que pour les enfants).
phlŏ cŏmphlúng, fusil à deux coups.
phlŏc, goûter.
phlŏc sra, déguster.
phlŏm, souffler, jouer d'un instrument à vent.
phlŏm snêng, jouer de la corne.
phlŏm cŏnchê, siffler (avec un instrument).
phlŏm trê, jouer du clairon.
phlŏm trê (*neăc*), clairon (instrumentiste).
phlŏm pey, jouer de la flûte.
phlŏt chúng, faux pas.
phlŏu (*dór*), chemin, rue, route, passage.
phlŏu (*chúng*), cuisse, gigot.
phlŏu chruc pray, jambon.
phlŏu thléa, grande route.
phlŏu chrâc, sentier.
phlŏu véang, détour d'une route.
phlŏu bêc, carrefour.
phlŏu chuôp, embranchement.
phlŏu chot, rampe, montée d'un chemin.
phlŏu cŏmphlúng thŏm, tourillon d'un canon.
phlŏu ăngkêp (*pŏnlê*), céleri.
phlú, clair, éclairé, lumineux, brillant, briller.
phlú phlec, scintiller.
phlú srê, digue de rizière.
phlŭc, ivoire, défense d'éléphant.

phlúng, feu.
phlúng réal, un feu qui s'étend.
phlúng chhě cal, fin du monde.
phnăl, parier.
phnăng, *sbêc chruc*, peau de porc.
phnéăc ngéar, notable.
phnéc, œil, yeux.
phnéc dŏ cŏntuy thlên, cataracte des yeux.
phnéc ngongĭt, *srevăng*, affaiblissement de la vue.
phnéc rŏmpéy chăm, vigilance.
phnéc phlú, bonne vue.
phnéc srengiéu, fermer un œil pour regarder avec l'autre.
phnéc cŭ (*chúng*) cheville du pied.
phnéc chŏntŭl, éclair.
phngar, objet placé dans la position naturelle, ou mettre un objet dans sa position naturelle.
phngéar (*sŏmlănh*), compagnon, ami.
phnhéăc, éveiller, s'éveiller (en sursaut.
phnhéăc hói, être éveillé, éveillé.
phnhiéu, visiteur, hôte.
phnhór, envoyer.
phnhŏs pông, mettre des œufs à couver.
phnŏc, feu couvert.
phnôl, pronostic.
phnôl lăâ, bon pronostic.
phnŏm, montagne.
phnŏm téap, montagne basse.
phnŏm tôch, colline, monticule.
phnŏm chot, montagne escarpée.
phnŏm jŭng, kiosque dans lequel on brûle les corps des mandarins et des particuliers.
phnông, sauvage (homme).
phnôr (*khmoch*), sépulcre, tombeau.
phnún, marteau à devant du forgeron.
phnuôt day, grosseur de l'avant-bras (au milieu).
phnuôt chúng, grosseur du bas de la jambe (au-dessous du mollet).
phŏc, boue, vase.
phŏc, boire.
phŏc tŭc sŏmbăt, boire l'eau du serment.
phŏc sra srevŏng, se soûler.
phŏi, peu solide (se dit des étoffes et des cordes).
phom, péter, faire un pet.
phóm, enceinte, pleine.
phóng, vase (à orifice égal au plus grand que le creux intérieur.
phóng phcar, vase à fleurs.
phŏng, s'enfoncer dans la boue ou tomber dans un trou.
phŏt, fin, extrémité.
phŏt dănghóm, fin de la vie.
phŏt hói, être à la fin de...
phsa (*tŏmbău*), une plaie qui cuit, qui brûle.
phsa (*oi chŏp*), braser les métaux.
phsă, *pĕnsă*, cicatriser.
phsăng, priver, apprivoiser.
phsar, marché, foire.
phsar trey, poissonnerie.
phsar lŏc sra, cabaret.
phsău sŏmbor, terrier.
phsêng, fumée.
phsêng sănsóm, *phsêng ăp*, brouillard.
phsĕt (*chhŭ*), champignon.
phsŏc (*luc săng*), défroquer un bonze.
phsŏng, à part.
phsot (*trey*), marsouin.
phsŏt, épurer, purifier.
phtăp, *phtŏp*, contre, auprès.
phtăt, chiquenaude.
phteă, maison.
phteă khsê luôs, télégraphe (maison du —).
phteă thmâ, maison en maçonnerie.

phteă slŏc, maison en paille.
phteă bai, cuisine.
phtéal, pŏntéal, dépointer.
phtĕl, bol en cuivre.
phtĭm, apparier, accoupler.
phtĭm (*múl*), comparer.
phtôch, rapetisser.
phtŭ, pétiller au feu.
phtŭc, charger une barque, des bêlis, une charrette.
phtuôn (*nyéay*), répéter.
phtur, tŏmbôl roteă, toit d'une charrette.
phú, rot, roter.
phu véăng (*săt*), calao à casque en croissant.
phuéy, couverture.
phum, village.
phum thŏm, ville.
phŭs, extrait, extraire, extirper,
phut, câhăc, mentir.
phut cŏmhăc, mensonge.
pi, de...
pi khluôn êng, de soi-même.
pi ai, pi nĕ, d'ici.
pi lŭ, d'en haut.
pi chas pi tŭm (*robăs*), objet ancien.
pi chhngai, de loin.
pi jur, depuis longtemps.
pi dóm, jadis, autrefois.
pi mŭn, avant, auparavant.
pi na, d'où.
pi nĕ tŏu nŏ, d'ici-là.
pi mŭc, de devant.
pi ăngcăl, depuis quand.
pi prŭc, de bonne heure.
pi prŭc prâhéan, de grand matin.
pi khang na, de quel côté.
pi khang nĕ, de ce côté.
pi nĕ tŏu mŭc, dorénavant.
pibac, difficile.
pĭc, pĭc năs, extrêmement, excessivement.
pica, khvĕn, infirme, estropié.
píca (*menús*), infirme (individu).
picharna, interroger.
picrŏ, consulter.
piéch, aplati.
piléa, temps, climat.
ping pă, tomate.
ping péang, araignée.
piphăl, doute, douter.
pir, deux, deuxième.
pir tŏndăp, douze.
pirŏ, agréable à écouter.
pisa, bon à manger, exquis, manger (se dit en parlant des mandarins).
pĭt, certain.
pĭt trăng, vérité.
plan, panne d'un toit.
plăn, pirater.
pléam, subitement.
plêc, méconnaissable.
plét, chhăp, inopinément.
ploc, vessie.
pô, op, porter sur le bras (un enfant, un panier).
pŏ, ventre.
pŏ vién, boyau.
pŏ cŏmpong, ventru.
pŏ hóm, ventre enflé.
pŏ muéy (*bâng pŏôn*), frère du même père et de la même mère.
pŏ maí, veuf.
poc, son (pareil à celui que donne le choc de deux morceaux de bois).
pôc (*chhŭ*), nœud (de bois).
pŏc (*rosey*), nom de l'espèce de bambou qui a les cloisons transversales très-espacées.
pôc câ, goître.
pŏl, toucher.
pŏl, prisonniers de guerre laissés libres pour faire des travaux d'utilité publique.
pomăt, fiel.

pŏmbăc, briser, casser (un objet long par rapport à la grosseur).
pŏmbat, tricher, duper.
pŏmbat kĭ (*menŭs*), tricheur.
pŏmbêc, casser, briser.
pŏmbêc khnéa, écarter quelqu'un.
pŏmbêc ăcsâr, épeler.
pŏmbĕt pŏmbăng, dissimuler.
pŏmlăs, changé (en parlant des effets que l'on a pris en remplacement d'autres sales ou usés).
pŏmnăc, fraction d'un objet brisé (lorsque le corps brisé était plus long que gros).
pŏmnhór, objet envoyé, ou à envoyer.
pŏmpĕnh, remplir.
pŏmphlanh, préjudice.
pŏmphŏt, terme (la fin).
pŏmpŏc, fumigation.
pŏmpŏc phsêng mus, enfumer les moustiques.
pŏmpray, saler.
pŏmpray săch, saler de la viande.
pŏn, *dôch*, semblable, même grosseur, — grandeur.
pŏn tê, mais, cependant.
pŏn nŏ hói, *lemôm hói*, ça suffit.
pŏn khnéa, égal, pareil (en grosseur).
pŏn, *pŏn da*, tribut.
pŏn khluôn, capitation, impôt personnel.
pŏnchăm, engager, mettre en gage.
pŏnchhot, tromper.
pŏnchhô, mettre debout.
pŏnchhô trăng, vertical.
pŏnchhú chŏt, provoquer.
pŏndă asăn, provisoire.
pŏndăch chĕnh, casser (se dit des cordes, fil.....).
pŏndŏ, semer.
pŏndŏ lóng tiét, ressemer.
pŏndoi (*oi thú*), laisser faire.
pŏndoi (*khsăltŭc*), favorable.
pŏndoi (*khse*), choquer une corde.
pŏndôl, moelle (végétale).
pŏndôn, objet lourd que l'on amarre à un autre plus léger pour le faire couler.
pŏndôn stŏng tŭc, sonde (marine).
pong, enflé, soufflé.
pŏng âs, finir, achever (se dit de la nourriture).
pŏng êc, point d'appui.
pŏng ŏch, *pŏnyŭ*, exciter, insister.
pông, œuf.
pông (*cŏmpŭng*), pondre.
pông sŏŏy, œuf pourri.
pông rolut, œuf avorté.
pông chay, lente de pou.
pông khdâ, testicule.
pŏng (*rŏléac*), enflure, gonflé — (suite de brûlures).
pŏngeăch, calomnier, calomnie.
pŏngcâng, chevrette, crevette.
pŏngeâng sremŏt, homard.
pŏngcăng, latte.
pŏngcăt, filet (pour prendre le gros gibier).
pŏngcăt (*lúc*), lever le filet précédent.
pŏngcăt phlúng, allumer le feu en soufflant.
pŏngcŏn, latrines.
pŏngcong, recourber.
pŏngcŭl, pieu, piquet.
pŏnghiér, bride de cheval.
pŏngkéa, chevrette (de mer).
pŏnghói, finir, terminer.
ponghór, faire voler (un oiseau, un cerf-volant).
pŏngkhăm, exiger.
pŏngkhŏch, *pŏngkhôs*, nuire.
pŏngrĭl, user, faire usage.
pŏngon, obliger quelqu'un à s'incliner.
pŏngrul (*săt*), pangolin (famille des édentés).
pŏnguôch, croisée, fenêtre.

pŏnguŏt, ostentation.
pŏngvĕng, différer, retarder (avec intention).
pŏnjŏl, bănjŏl, démontrer.
pŏnla, épine.
pŏnlai, prolonger.
pŏnlĕ, légume.
pŏnleă, peler (les animaux).
pŏnléac, ciseau de charpentier.
pŏnlĭch, immerger.
pŏnlú, moment.
pŏnnĕ, tant.
pŏnsăc tuc, trou de vidange d'une barque.
pŏntăc (*tăc, tăc*), faire couler goutte à goutte.
pŏntăt, règle (à rayer).
pŏntéap, baisser, se baisser, rabaisser.
pŏntéap thlay, rabaisser (un prix).
pontéap khluŏn, s'avilir.
pŏnthôm, agrandir.
pŏnthu (*khsĕ*), desserrer, relâcher les liens.
pŏntŏng (*cruôch teatea*), filet à perdrix et à cailles.
pŏntŏp, deuxième.
pŏntrét, incliner (se dit des objets longs par rapport à leur grosseur).
pŏntŭc, phtŭc, chargement.
pŏntŭm, mûrir, faire mûrir.
popăch, babiller.
popé chhmûl, bouc.
popé nhi, chèvre.
popéay néay, vendre à la criée.
pŏpĕch (*săt*), colibri.
popleăc, varié.
popôc, nuage.
popŭ tŭc, écume, mousse.
popŭ mŏt, bave.
popŭc phnéc, chassie (humeur des yeux).
pôr (*dĕl oi*), bénédiction.
pôr (*oi*), bénir.
pôr tuc, enduire une barque de mastic délayé.
pŏs, serpent.
pŏs thlăn, boa (serpent).
pŏs véc, vipère.
pŏs pŭs, serpent venimeux.
pŏs sâc, changement de peau (se dit pour les serpents).
pôt, maïs.
pŏt, changer la forme d'un objet courbé, dresser.
pŏt khluŏn, contorsion du corps.
pŏu, dernier né (le plus jeune des enfants d'une famille).
pŏy, mèche à feu (en papier).
prâăp, boîte (en bois ou métal).
prâăp sla, boîte à bétel.
prăc, argent, monnaie.
prăc duŏng, tical (monnaie siamoise).
prăc riél, piastre.
prăc plĕng, fausse monnaie.
prăc dóm, capital, valeur.
prăc dăl day, au comptant.
prăc crelay méas, vermeil, argent doré.
prăc, faire le toit d'une maison, d'une barque, d'un char.
prâcăp khnéa, se battre à coups de couteau.
prâcăt, sûr, certain.
prâcăt cheăc, positif.
prâcâdey, quotidien.
prâcar, article (d'un livre...)
prâcar, vut, verset.
prach, science.
prach nha, génie, intelligence.
prach nha sruéch, le plus intelligent.
prâchăn, jalousie (en amour).
prâchăn (*menŭs*), jaloux.
prâchhlŏ khnéa, se disputer, se quereller.
prâcŏl oi, donner, transmettre, livrer.
prâdăp, outil, instrument.
prâdăp sŏl, canule.

prâdêc prâcŭn, excellence, vous (à un grand mandarin).
prâdĕnh péac, discuter raisonner.
prâhat mŏt, insipide.
prâhong, trou.
prâhong khdâ, canal de l'urèthre.
prâhong cŏmphlúng, âme d'un canon.
prâhún, insolemment.
prâhún (menŭs), insolent.
prâjoch, utile.
prâjoch (ăt), inutile.
prâkêc (tha mŭn mén).
prâkêc (jôc chhnea), réfuter.
prâkêc khnéa, se disputer.
prâkhăm, se mordre.
prâlăc, sale.
prâlăc (thú), salir, tacher.
prâlăc dŏmdŏm, tacheté.
prâlăc ămbĕl, salé.
prăm, cinq.
prăm muéy, six.
prăm pĭl, sept.
prăm bey, huit.
prăm buôn, neuf.
prâmĕ, gonorrhée.
prâmĕ crŏp, maladie de la pierre.
prânăm, s'accroupir (position des Cambodgiens devant leur chef).
prânăng, jouter.
prânăng (ŏm), jouter (les barques à pagaïe).
prăng (khê), saison sèche.
prânibăt, humblement.
prăp, avertir, dire.
prăp chhmŏ khluôn, dire son nom.
prăp dŏmnŏng, donner des nouvelles.
prăp côi, déclarer à la douane.
prâp, près, voisin, objet, lieu rapproché.
prâpŏn, épouse.
prâpŏn thŏm, femme légitime, première femme des Khmer.
prâpŏn chŏng, concubine.
pras creching, ramer (le dos tourné vers l'avant).
prâs trey, mettre des poissons dans un vivier.
prâsa (khê), saison des pluies.
prâsat, pyramide, tour, colonne (forme conique ou pyramidale).
prâsat nocôr, monument, ruine du pays.
prâsrey khmău, prunelle de l'œil.
prăt (khsê), courroie (corde cylindrique en cuir).
prât (khnéa), séparés (choses ou personnes).
prâthna, băn, faire un vœu.
prâthŏi, s'exposer, se risquer.
prâthŏi khluôn slăp, exposer sa vie.
prâvai khnéa, se battre (comme les femmes en griffant).
pray, salé.
pré (sŏt), soie.
prê, bâc (phéassa), traduire.
prê (tuc prê căbal), éviter, changer de cap (marine).
prê (trelăp), tourner un objet sens dessus dessous.
prê rŭc, s'amender, ou se corrompre (se dit d'un changement en bien ou en mal chez l'individu).
prê khluôn, se tourner.
prê cŏmnŭt, se convertir.
prê ruônh, crépon, soie crépée.
prê phéassa, interpréter.
prê phéassa (neac), interprète.
preă, preă ăng, Dieu, divinité.
preă pŭt, le Boudha.
preă creja preă ăng, Saint-Sacrement.
preă ăng tras rŏs lóng vĭnh, résurrection (catholique).
preă ăng téang bey (bŏn), trinité (catholique).
preă vihéar, église, temple.
preă lŭng, âme.

preă săng khareach (*sŏmdăch*), chef supérieur des bonzes du royaume.
preă socŏn, évêque (position équivalente), (se dit des évêques de la religion du Christ).
preă (*băng ê* —), nier Dieu.
preă nŭc, médaille (objet de dévotion).
preă bâr mey, providence.
preă bŏntul, *preă réach chéa ăngca*, édit, lettre, parole du roi.
preă réach chéa trŏp, gouvernement, objets appartenant au gouvernement.
preă khlăs, parasol du roi, ou des princes.
preă vŏng, famille royale.
preă atŭt, *thngay*, soleil (le 2e est le mot vulgaire).
preă chăn, *khê*, lune (le 2e est le mot vulgaire).
préan, chasseur.
préap, pigeon.
préc, arrojo.
préc chic, canal.
prechiéu, petite chauve-souris.
predău, instruire, enseigner.
predău oi cuŏr, donner de l'éducation.
prehĕl, à peu près, peut-être.
prehĕl dôch nŏ, à peu près comme cela.
prehŏc, poisson salé et puant.
prejăt, faire attention, prendre garde.
prekén, donner à un bonze.
prelai, passe, chenal.
prelŏp, crépuscule.
preney, *ăt oi*, pardonner par pitié.
preng, huile (se dit de toutes les huiles).
preng khăt, vernis.
préng, *sŏmnang*, destin, sort.
prêng, brosse.
prenhăp, s'empresser, se presser, pressée (affaire).
prenhăp môc, se hâter de revenir.
prés, fente, crevasse, fêlé, gerçure.
presăp (*neăc*), habile.
presŏn, par hasard.
presór (*robăs*), art (objet d' —).
prevéc, petit canard sauvage gris et blanc.
prevŏc, sarcelle.
préy, forêt.
préy chhŭ, forêt boisée de gros arbres.
préy srong, forêt dégagée, sans broussailles.
préy robă, forêt à arbres rares.
préy sdŏc, forêt épaisse.
prién, *băngrién*, apprendre, enseigner.
prĭl, grêle.
prŏ, cause.
pró, envoyer exprès.
pró (*robăs*), se servir, faire usage.
pró tŏu tiét, renvoyer, envoyer de nouveau.
pró chăc (*chĕnh capăl*), appareiller (marine).
prôm, consentir.
prôm oi, accorder.
prŏm, limite.
proman, *sman*, croire, se figurer.
proman, *téai*, présager, conjecturer, prophétiser.
promma charey, vierge, pucelle.
promoi dŏmrey, bout de la trompe d'un éléphant.
prŏng, *prejăt*, faire attention.
prŏng priép oi lăâ, orner, embellir.
prŏng trechiéc, prêter l'oreille pour mieux entendre.
prŏng, forcer, faire un effort.
prŏng, *prâhong*, trou.
prŏng chremŏ, marine.
prophĕ, gris, cendré.
pros, exil, déportation.
pros tŏu hói, exilé, déporté.
prŏs (*cŏn*), garçon (se dit pour désigner le sexe d'un enfant).

prós, cerf (dit cheval), (la plus grosse espèce).
provêng, longueur d'une chose.
prŭ (*chkkê*), aboyer.
prŭc, matin.
prŭc nĕ, ce matin (temps présent).
prŭc mĕnh, ce matin (temps passé).
prŭc lóng, lendemain matin.
prŭc mosŏl, hier matin.
prŭc mosŏl mŏ ngay, avant hier matin.
prŭcsa, consulter.
prun, ver dit ascaride lombricoïde.
pruôi lŏmbac, peine, difficulté.
pruôi chŏt, inquiéter.
pruôl, barrage pour prendre le poisson.
pruôl bă prâs trey, parc ou réservoir de poissons.
pruônh, flèche.
pruônh léap chór, flèche empoisonnée.
pruôs crŏp, semer, ensemencer.
pŭ (*tŭc*), bouillonner (ébullition).
pŭ (*pŏmbĕc*), fendre.
pŭ chéa pir, fendre en deux.
pŭ ŏs, fendre du bois à brûler.
puc, matelas.
pŭc (*chhŭ*), pourri (ne se dit que du bois).
pŭc mŏt, moustache.
pŭc chŏngca, barbe.
puch, race, sang.
puch crŏp, semence, graine.
puéi, lancer, jeter (ne se dit que des objets longs).
pŭl, empoisonné.
pŭm, moule.
pŭm (*bă*), pierre lithographique, caractères d'imprimerie.
pŭm (*mŭn*), ne, ne pas.
pŭm nŏm, moule à gâteaux.
pŭm sêntĭs, camphre purifié.
pun, faire une petite montagne artificielle (pagodes).
pŭn, porter un fardeau derrière le dos.
pŭng, avoir recours.
puôc, personnes attachées à un chef quelconque.
puŏc capăl, équipage d'un navire.
puôc lăkhon, comédien combodgien.
puôn, se cacher.
puŏr, câble.
pŭs, venin, venimeux.
put (*tŭc chĕnh*), tordre une étoffe mouillée.
pŭt (*thŭ*), simuler, feindre.

Q

Pas de mot combodgien commençant par cette initiale.

R

rŏm, danser.
rŏm âng, flammèche.
rŏm âng phsêng, suie.
ramăs, gale.
ramăs (*oi ĕ*), démanger, démangeaison.
rŏmbăl, peste, épidémie.
răpŭs, dissipé, polisson.
rât, palan, poulie.
ré (*tuc*), louvoyer.
réa, *chăp*, *chăn*, éclipse de lune.
reă, lever (se dit des astres).
reă (*khê*), lever de la lune.
reă (*thngay*), lever du soleil.
réăc (*tŭc*), haut fond.
réăc bat, hémorroïdes.
réăc thmĕnh, scorbut.
réăc smey, splendeur, éclat des astres.
réach, règne, royal.
réach (*soi-*), régner.

réach chéa car, service public.
réach chéa sar, cadeau d'un roi vassal.
réacsa, conserver, avoir soin, garder, entretenir.
réăcsa (*neăc*), gardien.
réăcsa khluôn, s'observer.
réăcsa tŭc, réserver
réai, épars.
réan, claie.
réang, *chal*, s'amender, se corriger.
réang dór, allure, démarche, maintien.
réang sdóng, paille fine.
réăng (*thvéa*), fermer.
réâng (*phliéng*), cesser (la pluie).
réăng (*robâng*), clore.
réap, *smó*, plan, aplani, plat, uni.
réap (*nocôr*), tranquille (pays, royaume).
réas, peuple, population.
réau (*chéa tŭc*), liquide.
réau rôc, explorer.
rebăng muôc, visière de casquette.
rebâng, barrière, clôture, palissade.
rebăp, ordre, arrangement.
rebắs (*trŏp*), bien, fortune.
rebắs pró, objet d'usage ordinaire.
rebắs băt, objet perdu.
reboi phlê, dernière saison des fruits.
rebuôs, blessure.
réc, porter sur l'épaule avec un levier.
redŏu, saison.
redŏu chrôt, moisson.
rehot, pénétrer, traverser.
reléa căbal, crâne.
reléa khuôr, cerveau.
reléac, brûlé, être brûlé.
reléăc, secouer (des liquides ou des matières).
reléay, dissoudre, fondre, fondu.
reléay chômney, digérer, digestion.
reliép pruônh, fer d'une flèche.
reling, poli, uni.
relŏ, consommé.
relông (*huôs*), surpasser.
relông pi khnat, dépasser la mesure, déborder.
relông cŏmlăng, au-dessus des forces.
relŏs, brandir, secouer (linge, vêtements, nattes....).
relŏt, s'écorcher.
relŏt, éteint.
relŭc, languir.
reluéy, corrompu, gâté (se dit des vivres, feuilles, fleurs).
relŭng, trop gros, trop grand.
relúng, tombé en entier, éboulé, écroulé en entier.
relut, avorter par suite d'accident non prémédité.
remiét, safran.
remul pŏ, malaise produit par la faim.
remuôl, détordre (naturellement, sans y aider).
renéal, grande grue,
renéam, broussaille.
renéap, plancher en bambous taillés en lames.
réng (*cŏnchrêng*), tamiser, cribler.
réng (*lăey*), tisser (jonc, bambous, ne se dit que pour les paniers, corbeilles).
rengéa, froid.
rengéau, chant du coq et de la tourterelle.
rengúc, braise.
renŭc (*cŏmphlúng*), baguette de fusil.
renŭc thvéa, traverse, verrou (pour fermer).
renŭc cŏmphlúng thŏm, refouloir d'un canon.
renut (*phteà*), lambourde d'un plancher.

renut dêc (*chŭngcrăn*), grille de fourneau en fer.
reôm, rebutant, dégoûtant.
repŏu, citrouille.
réy, cigale.
réy (*sămrêc*), chant de la cigale.
ric (*khnŏng tŭc*), dilater, gonfler (par imbibition).
ric (*phcar*), épanouir.
riél (*prăc*), piastre.
rién, étudier, apprendre.
rién hói, appris, chose apprise.
rién oi chăm pi chŏt, apprendre par cœur.
riéng khang, environs, dans les environs.
riêng tŏu, en continuant, en suivant.
riép, arrimer, arranger, préparer.
riép khluôn, s'apprêter, se préparer.
riép bai, *riép tŏc*, mettre la table.
riép tŏu, se préparer à partir.
riép oi trŏu chuôr, arranger, mettre en ordre.
riép nŭng chbăng, s'apprêter à combattre.
rĭl, usé.
ring (*chhú*), épuisé par la maladie.
ring, *huôt*, dessécher, assécher.
ring snguôt, asséché, desséché.
roba khsăt, annales.
robâ, état, fonction, métier.
robăng, barrière.
robĕ, ébréché.
rôc, chercher.
rôc tiét, *rôc vĭnh*, rechercher.
rôc suôr, s'enquérir, s'informer.
rôc oi, procurer.
rôc ban, *rôc khúnh*, trouver.
rôc khúnh vĭnh, retrouver.
rôc khúnh hói, *rôc ban hói*, trouvé.
rodŏu, époque.
rohăs, leste, vif.
rohăt, *bămpŏng*, fuseau.
rohêc, déchiré.
roi, cent.
roi chhnăm, siècle.
rokéăng, cloche.
rŏl, *săp*, tout, tous.
rŏl ngay, tous les jours.
rôl, flamber (brûler la plume, l'écorce, ou pour noircir simplement une surface).
rolôc, vague, lame.
rolŏm, s'écrouler.
rolŭm, pluie fine.
rolúp, luire, luisant.
rŏm uôi, *chŏt tŏn*, sensible, impressionnable.
rŏmcăch, copeau, éclat.
romeăng, daim.
rŏméas, rhinocéros.
rŏmhoc, découper à jour.
rŏmjûl, frange.
rŏmléac tŏmbău, brûler une plaie.
rŏmléap, abuser.
rŏmléay, dissoudre, fondre.
rŏmléay lóng vĭnh, refondre.
rŏmléc, transborder.
rŏmliéng tuc, délester.
rŏmling, unir, polir, aplanir.
rŏmlúc, rappeler, faire souvenir.
rŏmlúng, faire tomber en entier (maison, arbre).
rŏmlut, avorter, avortement forcé par des remèdes, des violences.
rŏmpeăc, petit rotin de la grosseur d'un porte-plume.
rŏmpĕch, de suite.
rŏmpéas, copieux.
rŏmpông, écho, transmission du son.
rŏmpŏng, tube, tuyau.
rŏmpŏt, rotin coupé en vue de la flagellation.
rŏmpŏt (*bach*), faisceau de rotins (emblème de puissance).
rŏmpŏt bâr rŏt, jouet.

rŏmpŏt sĕ, cravache.
rŏn, trou creusé dans la terre, ou dans le bois par des animaux.
rŏnchuî, ébranler (par le vent ou une force naturelle).
rŏndăp, goût (pour décorer, embellir).
rŏndăp chéa lăâ, homme de goût.
rŏndău, trou pour enterrer, cacher des objets.
rŏndău khmoch, fosse.
rông, supporter, soutenir, endurer.
rông dap, véranda.
rông tŭc, égout, gouttière, conduit d'eau.
rŏng, gomme-gutte.
rŏngcŏ thmĕnh, édenté.
rongĭt, ngo ngĭt, obscurité, ténèbres.
rongĭt sôn, profondes ténèbres.
rŏngké, crasse blanche de la tête.
rŏngvŏl, mesure pour les capacités.
rŏngvŏn, récompense, gratification.
rŏngvŏn (oi), récompenser, donner en gratification.
ronŏs, rateau.
ronŏs day, rateau à main.
rŏntéa, échafaudage.
rŏnteă, foudre.
rŏnteă bănh, foudroyer, chute de la foudre.
rŏp, compter.
rŏp lóng vĭnh, recompter.
rŏp an, considérer, estimer.
rŏp riép prap, raconter.
rŏp mŭn ăs, innombrable.
rŏp réas, recensement de la population.
rŏs dey, labourer avec un rateau.
rŏs, vivre.
rŏs lóng vĭnh, ressusciter.
rosai, délié, détaché, démarré.
rosóp (menŭs), chatouilleux.
rŏt, courir, fuir, se sauver.
rŏt (roteă), voiture.
rŏt côi, contrebande, fraude.
rŏt tŏp, fuir à la guerre.
rŏt môc, accourir, venir.
rŏt mŏc chuôp, se rencontrer en courant.
rŏt chla, courir çà et là.
rŏt tam, courir après.
rŏt tŏu, accourir (aller).
rŏt puôn, s'esquiver.
rŏt băt, s'échapper.
roteă, char, charrette.
roteă crâbey, char à buffles.
rovŏl, être occupé.
rú, ou, ou bien.
rú té, ou non.
rŭ (mŭl), fouiller, se fouiller, faire une perquisition.
rŭ robăs chĕnh, déballer.
rŭ dăc ĕtiét, transposer, changer de place.
rŭc, donner un coup droit.
rŭc phlúng, attiser le feu.
rŭc, air, apparence, aspect, caractère.
rŭc acrăc, défaut (se dit des mauvais caractères).
rŭch, ronŭch, décroissant, te (se dit de la lune).
rŭi, fatigué (d'une partie du corps seulement).
rŭi day, fatigué des bras.
rŭi chúng, fatigué des jambes.
rŭi chŏngkĕ, fatigué des reins.
rŭl phlúng, passer à la fumée, ou à la flamme.
rŭm, enrouler.
rŭm tŏmbău, bander une plaie.
rúm, vitiligo (maladie de la peau).
rŭm sva, duvet (se dit des barbes fines).
rŭn, jonc (servant à faire des liens).
rung, caverne, antre, souterrain.
rŭng, hangar.
rŭng téahéan, camp, caserne.

rûng car dêc, atelier à métaux.
rûng dăc rŏt, remise (pour voitures).
rûng ngiu, spectacle, théâtre.
rŭng, dur.
ruŏch, *ruôch hói*, *ruôch sràch*, fini, achevé.
ruôch pi nê, ensuite, après ceci.
rúói, souvent.
ruônh, se retirer, se rétrécir, se raccourcir.
rup, statue, portrait.
rup preă pŭt, statue de Bouddha.
rup dôch, portrait ressemblant.
rup chhlăc, portrait gravé.
rŭp (*chŏn*), confisquer, exproprier.
rŭs (*nŭng dêc ăngrus*), limer.
rŭs pŏmphlang, démolir, détruire, défaire.
rŭs thner, découdre.
rus dêc, limer du fer.
rús (*chhû*), racine.
rús (*phteă*), fondation.
rŭs, choisir, ramasser.
rŭs (*pachruy*), durillon.
rŭt (*oi tŏng*), serrer, comprimer.
rŭt (*jôc day*), frictionner avec la main.
rŭt khsê ŏc, sangler.
ruy, mouche.
ruy soa, cantharide.

S

sa (*chŏmngú săt*), maladie interne des bêtes.
sa (*mông*), lever des filets (ceux que l'on tend à poste fixe).
să, *să hói*, cicatrisé.
sâ, blanc.
sâ măt, blanc (se dit de surfaces blanches, unies, polies).
să, du tout.
săâc, rauque.
săang khluôn, faire la toilette.
săăp, détester.
săat, propre.
sâbbârâs, charitable.
sabu, *sabeăng*, savon.
săc, grade, galon.
săc tôch, *jŏs tôch*, inférieur, subordonné.
săc khluôn, tatouer.
sâc (*pŏnlê*), éplucher.
sâc sbêc (*phlăs sbêc*), changer de peau (les serpents...).
săc, cheveu.
săc rosai, cheveux épars.
săc buông, chignon.
săc sŏmjai, chevelure pendante.
săc căntrúng, cheveux mal peignés.
săc slôt, cheveux lisses.
săc crânhănh, cheveux crêpés, frisés, tortillés.
sâcer, écrire.
săch, chair, viande.
săch crŏn, callosité.
săch chéo, viande fumée.
săch cheŏn, viande cuite.
săch pray, viande salée.
săçh rosey, entre-nœud de bambou.
săch nhéat, parent.
sachu, alun.
saclat, drap, flanelle.
sacréy, citronnelle.
sacu, sagou.
săêc, demain.
săêc prŭc, demain matin.
sahai, amant, amante, amour caché.
sahau, féroce.
săl (*sâmnăl*), le reste, le restant, les restes.
săl nŏu lói, il en reste encore.
săl phăl, superflu.
săl sên, *rŏp mŭn âs*, innombrable.
săl sês, reste en plus.

sala, maison de repos pour les voyageurs.
sala riên, école, collége.
sala chŭmnŭm, salle de justice.
salăng căng, déconcerté.
saliéng, loucher.
saliéng (***menŭs***), individu qui louche, louche.
sâm, fourchette.
săm, qui va bien.
săm khnéa, qui vont bien ensemble, appareillé.
săm cuôr (***lemôm***), digne de.....
săm ang, toilette.
săm ap, aversion.
sămbâc, écorce.
sămbâc pông mŏn, coque de l'œuf.
sămbăt, biens, fortune, richesse.
sămbăt chrón, opulence.
sănbăt (***neăc méan***), opulent.
sămbăt (***sbăt***), serment.
sămbóm, paraître méchant, cruel.
sămbor, ***ăch chremŏ***, morve.
sămbor, ***pŏr***, couleur.
sămbor khiéu, bleu, couleur bleue.
sămbor svai, couleur violette.
sămbor smăch, couleur rousse.
sămbor pâphĕ, gris (couleur cendre).
sămbor popleăc, couleur variée.
sămbor khmău relúp, couleur noir luisant.
sămbor crehâm chhĕ, couleur rouge-feu.
sămbor crehâm slêt, couleur rouge de minium.
sămbor srâs, ***sămbor phlú***, clair (se dit pour toutes les couleurs.
sămbor lovéng, cannelle.
sămcăng, pièce de bois en croix, ou les bras étendus horizontalement.
sămcŏl, accent, signe.
sămcuôr, ***jang cŏndal***, médiocre.
sămcuôr (***menŭs dŏng***), homme raisonnable.
sămdêng, apparaître, se manifester (comme Dieu).
sămdey, discours, paroles.
sămdey tĕeh, timide, peu parleur.
sămdey curŏm, beau discours, belles paroles.
sămleng, son de la voix (hommes et bêtes).
sămleng sâăc, voix rauque.
sămleng khpŏ, voix haute.
sămleng téap, voix basse.
sămleng khlăng, voix forte.
sămleng sriéc, belle voix.
sămleng pirŏ, voix douce.
sămley, coton égrené.
sămliéc, habillement.
sămliéng, aiguiser.
sămlŏng, regarder fixement.
sămnâ phŏc, plomb.
sămnâ pahăng, étain.
sămnăc, repos, être logé.
sămnâc, écorce, peau (tombée, ou la peau dont un animal s'est débarrassé).
sămnâc pŏs, peau de serpent (quittée par l'animal).
sămnam, ***sămlac***, cicatrice.
sămnam khăm, morsure.
sămnang, chance, sort.
sămnang lâă, bonne chance.
sămnêr, enfant de chœur (catholique), un enfant de la suite des bonzes.
sămngăt, silencieux.
sămnŏm, paquet.
sămnŏm khmŭm, rayon de miel.
sămpeă, saluer.
sămpeă prânibăt, saluer humblement.
sămpéay, besace.
sămpŏt, étoffe (en général).
sămpŏt sâ, étoffe blanche.

sămpŏt sliéc, pagne.
sămpŏt hôl, pagne en soie à fleurs.
sămpŏt phamnông, pagne en soie uni.
sămpŏt khmău, pagne noir.
sămpŏt crehâm, pagne rouge.
sămpŏt chăntabô, pagne en coton (dit de chautabun).
sămpŏt khién, pagne en coton à dessins, étoffe en coton à dessins.
sămpŏt sâng păc, langouti de grande tenue des mandarins (dit langouti double).
sămpŏt tis êc, calicot.
sămpŏt laisăng, toile.
sămpŏt rŭm khmoch, suaire.
sămral, *sămral côn*, accoucher, enfanter, mettre bas.
sămran, dormir, être couché (en parlant d'un supérieur ou d'une personne considérée).
sămrat, dépouiller, déshabiller quelqu'un.
sămrĕc, cri, chant des bêtes.
sămsê, épée.
sâmsŏp, trente.
sânâmăt, promesse, promettre.
sânâmăt (*thú tam péac*), faire suivant promesse.
săndêc, haricot, fayol, pois, fève.
săndêc pareăng, petits pois (dits français).
săndêc siéng, haricot du pays blanc,
săndêc bai, lentilles du pays.
săndêc dey, pistache, arrachide.
sang, *chbôc*, trident pour harponner le poisson.
săng, privé, apprivoisé.
sâng, rendre, restituer, payer, s'acquitter.
sâng pŏndór, payer en à-compte, donner un à-compte.
sâng (*oi*), dédommager, indemniser.
sâng hói, rendu.
săng cŭn, rendre le bien pour le bien.
sângsŏc, rendre le mal pour le mal.
săng, bâtir, construire.
săng phteă, construire une maison.
săng lông vĭnh, reconstruire.
săng ăn, tiède.
săngcăt, peser avec force, pressurer.
săngcăt chŏt, *ăt*, patienter, patience, se contenir, s'apaiser.
săngcăt pŭmniér, persécuter.
săngcăt srŏc, apaiser un pays.
săngcóch, punaise.
săngkhang, des deux côtés.
săngkhréach, *săngcréach*, missionnaire, prêtre, curé, c'est aussi le titre d'un chef de bonzes.
săngkhŭm, espérer.
săngkiér thmĕnh, agacer les dents.
săngkiét thmĕnh, grincer des dents.
săngruôm (*neăc*), médiateur.
săngsa, amoureux.
sănhya, *sanha*, traité, contrat, pacte.
sănhya (*thú*), traiter, faire un traité.
sămlăp, s'évanouir, évanouissement.
sănta pap (*eŭc*), le Saint-Père, le pape (catholiques).
sănthŭng, allonger (dans le sens de la longueur).
sănthŭng khsé, allonger une corde.
săŏi, pourri, puant.
sap, fade, insipide.
sap reléap, peu de chose.
săp (*ŏm*), pagayer à coup rapides.
săp, tout, tous.
săp (*dêc khŭnh*), rêve, songe.
săp dâng, toutes les fois, en général, ordinairement.
săp ănlŭ, partout, en tous lieux.
săp thngay, tous les jours.
săp tŭc, pomper.

săp snăp, souffler avec un instrument.
săp suôn, poli, bien élevé.
sâprâthŏn, parasol d'un mondarin.
sarthéa, générosité.
sas, *sassêna*, religion.
sas pareăng, religion catholique, catholicisme.
sas preă Pŭt, religion du Bouddha, Boudhisme.
sas mahamăt, religion mahométane.
sâsĕ (*săt*), pic (oiseau).
săt, animal (en général), gibier....
săt hór, *băcsey*, oiseau.
sât chŭngbuôn, *ămrŏc*, quadrupède.
săt thŏm, gros gibier.
săt préy, bête sauvage.
săt sahau, bête féroce.
săt ĕntri, aigle.
săt ôt, chameau.
săt cŭc, chat-huant.
săt khtĕt dey, alouette.
săt lun, reptile.
săt ăndêt, dériver, aller en dérive.
săt ăndêt (*menŭs*), errant (individu).
său sămbor, couleur sombre.
sau chéy, prostituée.
saukê, fille âgée, non mariée.
saulŏc, servante du Roi, des princes..
săuvada, descendant (d'une famille..)
sbăng, *chipôr*, vêtement des bonzes.
sbăt, jurer, affirmer, prêter serment.
sbăt trăng, tenir son serment.
sbăt viĕch, violer son serment.
sbăt chéa câhăc, parjurer (se).
sbay (*sômpŏt*), étoffes tissées clair, en filet (comme celle employée pour les moustiquaires).
sbay mŭc, voile (couvrant le visage).
sbêc, peau, cuir.
sbêc khdâ, prépuce.
sbêc sdóng hiér, pellicule.
sbêc chúng, soulier, sandale.
sbêc chúng véng, botte.
sbêc chúng ngôr, sandale à pointe recourbée des Chinois.
sbêng, sappan (bois de teinture).
sbiéng, vivres, provisions.
sbiéng dŏmnór, provisions de voyage.
sbong, *carŏng*, sac.
sbŏu, paille pour toiture, chaume.
sbŏu ămbêng, tuile plate.
scăn, *chhcuôt chruc*, épilepsie.
scar, chat tigre (de la plus petite espèce).
scâr, sucre.
scâr sâ, cassonnade, sucre blanc.
scâr cram, sucre candi.
scâr ămpŏu, sucre de canne.
scâr thnot, sucre de palmier.
scâr phên, sucre en petit pain.
scâr dŏm phên pareăng, sucre en pain d'Europe.
scăt, couper le chemin à quelqu'un.
scăt péac, interrompre quelqu'un pour changer la conversation.
scŏl, connaître (quelqu'un ou quelque chose).
scŏl cun, reconnaître un bienfait.
scôm, maigrir.
scôm, *săngcôm*, maigre.
scôm prâdâc, décharné, très-maigre.
scôr, tam-tam en peau, tambour, caisse.
scôr thŏm, grosse caisse.
scŏu, *săc scŏu*, cheveux blancs.
scŏu bŏndór, cheveux grisonnants.
sda cŏmphlúng, décharger une arme à feu.
sda tuc, vider une barque (qui fait eau).
sdă, cracher.
sdăch, Roi, Empereur.
sdăch crông réach, successeur (se dit du trône).
sdăch crŭng chĕn, Empereur de Chine.

sday, regretter.
sdăm, droite, à droite.
sdăp, ouïr, écouter.
sdăp lú, entendu.
sdăp, ban, pénétrer, comprendre.
sdêng, miracle.
sdiéu, svelt, fluet.
sdóng, mince.
sdóng (sŏmpŏt), clair (se dit des étoffes non serrées).
sĕ, cheval.
sĕ ba, étalon.
sĕ nhi, jument.
sĕ criéu, cheval hongre.
sĕ cro criec, cheval fourbu.
sĕ cach, cheval vicieux.
sĕ bach, un cheval qui se cabre.
sĕ srêc, hennir.
sĕ (neăc thêr. —), palefrenier.
sec, sós, disciple.
sec, sec jéar, perruche, perroquet.
sec som, petite perruche.
sĕl, căn sĕn, dévotion.
sĕl (thngay), jour de fête (4 fois par mois).
sĕl thŏm, grand jour de fête.
sĕm sĕm, petit à petit.
sên, immoler.
sên dônta, sacrifier aux ancêtres.
sêna, chef militaire (en sous-ordre).
sêng, porter un objet à plusieurs.
sêng tŏu, emporter (un objet à plusieurs personnes).
sĕnjap, proche, contigu.
seŏt, gluant.
sêp sămphŏp, coïter.
ser, crête (coq).
ser mŏn, crête de coq.
sês (mŭn cŏt cu), impair.
sês they, richesse.
sesăl, boucle d'oreille en bois ou en ivoire.
sesay, nerf.
sesay sôt, fil de soie simple.
sesay ămbăs, fil de coton simple.
sêsŏp, quarante.
sesór, louer, flatter, glorifier.
sĕt, couler, fondre.
sĕt săc, peigner, se peigner.
sêt (sŏmbor), jaunâtre.
sey, boule (en osier, rotin, ou plume) avec laquelle on joue en se la renvoyant avec le pied.
sey (tăt), jouer avec cette boule.
si, manger.
si prăc, repas du matin, déjeuner.
si longéach, repas du soir.
si jŏp, souper, repas de nuit.
si chôl, appétit.
si smău, broutter, paître.
si chăêt, se rassasier.
si hói, mangé, avoir mangé.
si buôs, jeûner.
si car, liéng, festin.
si lŭp, lemŭp, intempérance.
si car prăc, prendre l'intérêt de l'argent.
si chŏmnĕnh, faire l'usure.
si sŏmnôc, prévarication.
siém, Siamois.
siém (srŏc), Siam.
sla, noix d'arèque.
sla khchey, arèque verte.
sla tŏmpŭl, arèque mûre.
sla smêng, régime d'arèque.
sla slŏng, arèque sèche écossée.
slâ, cuire en sauce.
slăc câ, arête, corps dur ou piquant engagé au gosier.
slăc, pâle, blême.
slăng (căntê), pâlir.
slap, aile, plume.
slap préa, cuillère.
slăp, băt băng, décéder, mourir, mort.
slăp (day, chúng), paralysie.

slăp lebai, *slăp téang tŏmhŏt*, mort subite.
slăt (*srŏc*), Sincapoore.
slê, mousse qui s'attache aux carènes des barques.
slês, humeur, crachat épais.
slêt, *slăng*, blême, pâle.
sliéc, *péăc*, s'habiller.
sliéc oi kê, habiller, vêtir quelqu'un.
sliéc kho, mettre son pantalon.
sloc, inflammation.
slŏc, feuille.
slŏc rŭt, feuille de palmier sur laquelle on écrit.
slŏc chec, feuille de bananier.
slŏc chac, feuille du palmier d'eau servant à couvrir les maisons.
slŏc trechiéc, lobe de l'oreille.
slôt, doux, sage.
sma, épaule.
smăc chŏt, convenir, plaire.
smakhdey, sorte d'avocat assistant un prévenu.
sman, croire, se figurer.
smâng chúng, tibia.
smardey, mémoire, connaissance.
smardey (*méan*), avoir sa connaissance.
smardey chăm, bonne mémoire.
smău, herbe.
smău lebas, gazon, herbe fine et tendre.
smău snguôt, foin, herbe sèche.
smién, secrétaire, écrivain.
smó, *smó khnéa*, égal, également.
smó trĕm, parallèle.
smŏc, petite malle en feuilles de palmier.
smonh, plongeon gris clair, long cou et long bec.
smŭc crŭc, sale, malpropre (se dit des individus).
sna, arbalette.
sna păng (*cŏmphlúng*), fusil à un coup.
snach (*bach tŭc*), petit vase servant à vider l'eau des barques.
snach rông tŭc, gouttière.
snach chruc, *snôc chruc*, auge de porc.
snam, empreinte, trace, cicatrice, tache.
snam dan chúng, trace des pieds, empreinte des pieds.
snam day, empreinte des mains.
snam crechău, égratignure.
snam căp, coupure.
snam prês, fêlure.
snâng (*chaufai srŏc*), sous-gouverneur.
snâng ayôs, peine du talion.
snăp, soufflet (pour le feu).
snăp tŭc, pompe.
snâr, harpon pour la pêche.
snâr (*sâ*), harponner.
snĕm, rouille.
snĕm spŏn, vert de gris.
snêng, corne, bois de cerf.
snêng tŏn, corne molle des jeunes cerfs.
snĕt (*sĕt săc*), peigne fin, démêloir.
snĕt sĕ, étrille.
snĕt nŭng khnéa, familier.
sngap, bailler.
sngăp, calme (le vent, la mer).
sngăp khjăl, accalmie, arrêt brusque du vent.
sngăt, isolé, désert.
sngiém, tranquille.
sngiém (*cŏm mŏt*), chut! silence!
sngiém (*nŏu oi*), rester tranquille.
sngor, cuire en faisant bouillir.
snguôt, sec.
sniét, coin, outil pour fendre le bois.
sniét săc, épingle à cheveux.
snôc ăndóc, carapace de tortue.
snôc cŏmphlúng, bois de fusil, crosse de fusil.
snôc cŏmphlúng thŏm, affût d'un canon.
snôl, axe, pivot.
snôl phlŏu roteă, essieu d'une voiture.

so, serrure.
so trechiéc, cadenas.
sŏ (*dŏt*), tout brûlé, consumé.
sŏ sai (*dŏng*), divulgué, connu, répandu.
sô, tinter, résonner.
sô cŏmphlŭng thŏm, détonnation d'un canon.
sô băc, craquer.
sŏc (*côn*), matrice.
sŏc sabay, bonne santé.
soc sabay chéa té (*neăc*), êtes-vous bien portant ?
sŏc, *tŏp*, guerre, la guerre.
sŏc (*lŭc săng*), se défroquer.
sóch, rire.
sóch kakăac, éclater de rire.
sŏch, moucheron.
sôcŏn (*preă*), évêque, le deuxième chef des bonzes.
sohuy, *chŏmnai*, frais, dépenses.
sŏl, lavement.
sŏm, demander (pour avoir, pour posséder).
sŏm vĭnh, redemander.
sŏm téan, mendier.
sŏm téan (*neăc*), mendiant.
sŏm tŭs, s'excuser.
sŏm ăngvâr, prier.
sŏm chéa mitrey, demander la paix.
sŏmbŏc, nid.
sŏmbŏc nŏc, nid d'hirondelle.
sŏmbŏc chhkê nheăng, guêpier.
sŏmbŏc căt, cocon.
sŏmbŏc srémoch, fourmilière.
sŏmbŏt, *sămbŏt*, livre, lettre, écrit.
sŏmbŏt, *cŏmnăt*, registre, cahier de notes.
sŏmbŏt sŏmnuŏr, lettre, correspondance.
sŏmbŏt bă pŭm, livre imprimé.
sŏmbŏt ăcsâr day, livre, manuscrit.
sŏmbŏt préang, brouillon d'une lettre.
sŏmbŏt kha tăng, brevet d'un titre, grade.
sŏmbŏt bóc côi, passe-port, laissez-passer.
sŏmbŏt khsê luŏs, dépêche télégraphique.
sŏmbŏt băngcăn day, quittance, reçu.
sŏmcŏl, signe, signal.
sŏmcŏl (*oi scŏl*), remarquer.
sŏmdăch preă vôr meada, mère d'un Roi.
sŏmdăch preă vôr beyda, père d'un Roi.
sŏmdăch preă vôr meada preă, Sainte-Vierge (des chrétiens).
sŏmdăch preă vôr meada (*au*), scapulaire (des chrétiens).
sŏmlănh, ami.
sŏmlăp, *sămlăp*, tuer.
sŏmlăp kĭ, assassiner quelqu'un.
sŏmlăp (*bănh*), fusiller.
sŏmlăp (*căp*), exécuter.
sŏmlăp khluôn êng, se suicider.
sŏmlăp côn, infanticide.
sŏmlăp sbêc, tonner.
sŏmnănh, épervier (filet).
sŏmnănh (*băng*), lancer l'épervier.
sŏmnănh (*téanh*), lever l'épervier.
sŏmnap, riz en semis prêt à être repiqué.
sŏmnuôn, nombre, quantité.
sŏmpŏu chĕn, jonque chinoise.
sŏmpuŏch, fouine.
sŏmrăch, achever (des travaux).
sŏmram, brin de paille, fétu.
sŏmruôch, apointir, rendre pointu.
sŏndôc khluôn, s'allonger.
sŏndong, remorquer.
sŏng (*săt*), lion.
sŏngkiér thmĕnh, dents agacées.
sŏnteă leu, boutonnière.
sŏnthŏp, boucher un trou.
sŏnthŭc, son (ne se dit pas de la voix).

sŏnthŭc sŏnthăp năs, terrible.
sŏnthŭc khmŭm hór, bourdonner, bourdonnement.
sŏntuch, hameçon.
sôrcan (*bŏn*), cérémonie de la tonte du toupet d'un prince ou d'une princesse.
sós, élève, écolier.
sŏt, pur (métaux, liquides...).
sôt (*pré*), soie grége.
sôt (*neăc srau-*), fileur.
sôt thór, dire des prières.
sôt sŏmbŏt, lire à haute voix.
sŏt (*chăc*), verser (liquides).
sŏt (*crúóng dêc, spŏn*), couler la fonte de fer ou de cuivre dans un moule.
sŏu (*mŭn-*), pas souvent, pas autant.
spéan, pont.
spéan mitrey, alliance des nations.
spéay, porter une besace passée au bras jusqu'à l'épaule,
spéay chhiéng, *spéay liéng*, en bandoulière.
spéy pareăng, choux.
spéy nhăm, salade.
spéy múm, radis.
spôc, table indigène (sans pieds).
spŏn, cuivre jaune.
spŏn thór, soufre.
spŏn crap, or faux.
spú, carambole.
spŭc, insensibilité de la chair, anesthésie.
sra, tous les liquides alcooliques.
sra sŏt, liquide alcoolique pur.
sra kăkâr, lie de vin.
sra bŏt, *sra chĕn*, eau-de-vie de riz.
sra tompeăng chu, vin,
sra khlăng, vin généreux, boisson forte.
srâc (*tŭc*), baisser (se dit des eaux).
srâc hóm, désenfler.
srăc, *srăc tăc tăc*, dégoutter, tomber goutte à goutte.
srăch, achevé, fini.
srai, détacher, dénouer, démarrer.
srai chŏmnâng, défaire un nœud.
srai bap, se confesser.
srai kêp sĕ, desceller.
srai chhŭ, aubier.
srâjal, chose à faire non pressée, soulagement d'une douleur physique ou morale.
sral. léger.
srăl (*dóm*), sapin.
srâlănh, aimer, affectionner.
srâmŏm, barbu.
srang (*prŭc*), au point du jour.
srăng (*ngut tŭc*), se baigner (en parlant du Roi ou des bonzes).
srăng (*chuéy*), sauver (se dit des personnes, des animaux).
srăng ayôs, sauver la vie.
srâng câ, *câ au*, col de chemise.
srâpŭn, *svĕt*, se faner, se flétrir.
srâpŭn hói svĕt hói, fané, flétri.
sras (*tŭc*), bassin, réservoir d'eau.
sras (*phlŏu*), obstruer un chemin.
sras pŏnla, clôturer avec des plantes piquantes.
srâs, frais (se dit du poisson, des fleurs, des couleurs).
srat, se déshabiller entièrement.
srâtŏm (*mĭc*), sombre.
srau (*khsê*), touer, se touer.
srau jĭtthca, lever l'ancre.
srau sôt, filer.
srâvăng (*phnéc*), myope.
srâvŏng, ivre, soûl.
srê, champ, rizière.
srê ămbĕl, saline.
srê thú hói, champ cultivé.
srê (*neăc thú* —), cultivateur de rizière.
sréăng, grosse abeille (ne faisant pas

de miel et dont la morsure est mauvaise).
srec, *srec tŭc*, avoir soif.
srêc, crier.
srêc tha, crier en parlant.
srêc hău, appeler haut.
srêc acros, appeler, crier au secours.
srêc lŏn, bruit de plusieurs voix qui crient.
sreca crebey, merle noir à bec jaune.
sreca kêu vông, merle noir (plus gros que le précédent, à bec jaune aussi, apprend facilement à parler).
sreca trey, écaille de poisson.
sredey, parler, dire.
sredey păilăm, parler avec une mauvaise prononciation.
sredey chbas, parler clairement, bonne prononciation.
sredey nhŏp, parler vite.
sredey prap, dire, raconter.
sredey totŭng, contredire.
sredey roleăc rolŭ, parler à tort et à travers.
sredey tĕch, parler peu, parler bas.
sredey revŭ revéay, délier, déraisonner.
sredey dóm, diffamer.
srey, femme.
srey khmău, négresse.
srey chŏmriéng, chanteuse, cantatrice.
srey méan tŏmngŏn, femme enceinte.
srey chor, femme de mauvaise vie.
srey ar, femme stérile.
srekey trey, ouïe de poisson.
srelă, dégagé (se dit du temps et du non encombrement).
srelay, flûte en bois.
sremay, se tromper, prendre un individu pour un autre.
sremŏc, ronfler en dormant.
sremoch, fourmi.
sremol, ombre d'un objet, ou d'un corps.
sremŏt, mer, la mer.
sremŏt sngăp relôc, mer tranquille.
sremŏt méan relôc, mer agitée.
srêng, dartre.
srengê, riz sauvage.
srenŏc, *srenan*, agréable.
srepŏn, engourdir, engourdissement d'une partie du corps.
srepŏn chúng, pied engourdi.
sreva rôc, chercher à tâtons.
srieu, frémir.
srieu săch (*khlach*), effrayé.
srieu sranh chăng crŭn, état fiévreux, symptôme de fièvre.
srŏc, pays.
srŏc chĕn, Chine.
srŏc juôn, Cochinchine.
srŏc calapa, Batavia.
srŏc khlŏng, Inde.
srŏc chvéa, Malaisie.
srŏc chŭmnŭm, capitale.
srŏc srê, campagne.
srŏc cŏmnót, patrie, pays natal.
srŏc chănh, *dey tŭc chănh*, pays malsain.
srŏc réap, pays tranquille.
sroch, *sroch tŭc*, arroser.
srom, enveloppe, fourreau.
srom sŏmbŏt, enveloppe de lettre.
srom day, gant.
srom chúng, chaussettes.
srom chúng véng, bas (vêtement).
srom khnói, taie d'oreiller.
srom khmeng, placenta.
sros, cuire en trempant un instant dans l'eau bouillante.
srŏt, s'affaisser.
srŏt, *relŭm*, crouler.
srŏt ăngcâr, *bŏc ăngcâr*, piler le riz.
srŏu, paddy, riz non décortiqué.
srŏu saley, froment, blé.

srŏu sral, riz hâtif.
srŏu thngŏn, dernier riz.
srŏu dŏmnŏp, riz avec lequel on fait des gâteaux.
sruéch, pointu.
sruéy, fragile.
sruôl, commode.
stéap, tâter, tâtonner.
stĭm, *cŏmhai phlŭng*, vapeur.
stŏ sŏmbâc, enlever l'écorce d'un arbre.
stŏn, brosse à dents.
stông, régime.
stŏng tăc, sonder, mesurer la hauteur de l'eau.
stŭ tŏu, aller, partir tout à coup.
stuch trey, pêcher à l'hameçon.
stung srŏu, repiquer (le riz).
stŭng, ruisseau.
suéy, tribut fixe non proportionnel à la production.
suhăp, Majesté.
suhăp (menŭs méan-), majestueux.
sŭn, *huôs*, dépassé.
sŭn mŏt, dépasser l'intention en parlant.
sŭn day, dépasser l'intention en agissant.
sŭn nŭng, presque.
súng momúng, stupide, abruti.
suôn, *chbar*, jardin, parterre.
suŏr, demander.
suôt, poumon.
suphéa, juge.
suphéap, aimable.
sva, singe.
sva ŏu, gros singe à barbe noire.
sva khol, singe de la plus grosse espèce.
svai, mangue.
svai (sŏmbor), violet (couleur).
svai căbal dŏmrey, mangue dite tête d'éléphant.
svai ahuôt, mangue de la plus grosse espèce.
svan, forer (avec une mèche à vilebrequin).
svan (predăp), vilebrequin à mèche.
svang sra, désenivré.
svêng, *khăm*, s'efforcer.
svĕt, fané, flétri.

T

ta, vous (en parlant à son grand père ou à un vieillard).
ta chas, vieillard.
ta luôt, trisaïeul.
tâ, ajouter, joindre.
tâ (tuc, sŏmpŏu), construire (barques, navires).
tâ puch, propager.
tâ thlay, marchander, discuter le prix.
tâ day (vay vĭnh), défendre une place.
tăc kê, caméléon.
tăc têng, diriger un travail, une exploitation.
tăc tăc, goutte à goutte.
tâdă, démêler, débrouiller.
tâdă săc, démêler les cheveux.
tadŏs khluôn, se frotter.
tăihong, rhubarbe.
tam, suivre, poursuivre, par, selon.
tam, *tam chŏt*, selon, à volonté, à l'aise.
tam chŏt neăc, selon notre désir.
tam chbăp, légal, selon les lois.
tam tŏmniém, tradition.
tam khbuôn, insister.
tam kĭ, suivre quelqu'un.
tam hê, *hê tam*, escorte, suite.
tam săt, suivre, poursuivre une bête.
tam tŏn, atteindre (en poursuivant).
tam pi croi, suivre derrière.
tam (phlŏu), par (lorsqu'il s'agit d'un chemin.

tam thnăc, par degré.
tam prĕc nĭ, par cet arrojo.
tâm, s'abstenir.
tâm si săch, s'abstenir de viande, faire maigre.
tâm thú car, s'abstenir de travail.
tămbâng, *dŏmbâng*, bâton.
tămbâng hêu, longue canne des Cambodgiens.
tămbê, levain.
tămlăs, débander (un arc, une corde).
tămlăn (*nyéay*), bègue.
tămlóng, bander un arc.....
tămlóng thlay, renchérir, mettre aux enchères.
tămlŏng, taël (poids).
tâmnăc, maison du roi ou des princes.
tămnăc, goutte, une goutte.
tămpéăng, bourgeon de bambou.
tămpéăng chu, raisin.
tămpéăng chu prey, raisin sauvage.
tămrĕ, prudence.
tămrĕ (*menŭs méan* —), homme prudent.
tăng, *tŏc*, table.
tăng, *tăng pi*, depuis que, à partir de...
tăng pi dóm chăp chŏng, depuis le commencement jusqu'à la fin.
tănghê, *hê*, escorter.
tăngkéa (*srŏc*), Tonkin.
tăngkhău, chef, propriétaire d'une barque.
tăngvai, présent fait au roi.
tănlăp, petite boîte pour mettre la cire dont les Cambodgiens se frottent les lèvres pour éviter les gerçures.
tăóc, hoquet.
tăp chruc, saucisse.
tasâr, poteau, colonne.
tasay (*săt*), tortue d'eau à carapace bombée.
tay cŏng, patron, celui qui tient la barre.
té, non.
té să, non, du tout.
te tê, excepté.
tê, seulement.
tê (*phŏc-*), thé.
tê ănh, moi seul (à un inférieur).
tê êng, seul.
tê căl na, sitôt que.
tê mŏ neăc êng, tout seul.
tê mŏ dâng, une seule fois.
tê muéy, unique, un seul.
tê pŏnnŏng, *âs hói*, c'est tout.
tê bó, mais si.....
téa (*săt*), canard domestique.
téa crâlapa, canard dinde.
téa (*dêl kĭ chŏmpeăc*), réclamer ce qui est dû.
téa bŏmnŏl, réclamer une dette.
teă, frapper la main grande ouverte.
teă cŏmphliéng, souffleter.
teă day, battre des mains.
teă day sesór, applaudir avec les mains.
téăc, placer appeau.
téahéan (*mŭn khlach*), audace, hardiesse, bravoure, témérité.
téahéan (*pŏl*), militaire, soldat.
téahéan chúng cŭc, fantassin.
téahéan sĕ, cavalier (sol dat).
téahéan cŏmphlúng thŏm, artilleur.
téahéan thmey, recrue, jeune soldat.
téan, aumône.
téan (*oi*), donner l'aumône, faire l'aumône.
téang, *téang âs*, *téang lai*, tout, tous, toutes.....
téang mul, entier, tout entier, entièrement.
téang véng, en long.
téang thvip, universel.
téang jŏp téang thngay, jour et nuit.

téang lủ téang crom, dessus et dessous.
téang ju, parapluie, parasol, ombrelle.
téanh, tirer, haler à soi.
téanh lóng, hisser.
téanh rât, palanquer.
téanh oi tŏng, raidir (en tirant).
téap, bas, peu élevé.
téay, deviner, prédire, prophétiser.
téay (*hor*), prédicateur.
tchiét khliéc, porter sous l'aisselle.
tĕch, peu.
tĕch méan, rare, guère.
tĕch chéang, moins.
tĕch năs, très-peu.
tĕch năs (*bó*), au moins.
tĕch tĕch, peu à peu.
tĕch sŏmdey (*menŭs*), taciturne.
tedoc, cloche en bois que l'on met au cou des animaux, on appelle ainsi l'instrument en bambou sur lequel les gardiens annamites frappent pour indiquer qu'ils veillent bien.
tedoc lŭc săng, crecelle des bonzes.
teté, vide.
teté (*oi*), donner gratis, donner pour rien.
tetéa, perdrix.
tetĭm, grenade.
tetĭm (*dóm*), grenadier.
tetĭm (*thbông*), grenat (pierre précieuse).
tetrét tetrŭt, *trét trŭt*, chanceler.
tetŭc, mouillé.
tetŭc chŭng, mouvoir sans cesse le pied.
tetuch, persister, persistance.
téy, besace des Cambodgiens.
tha, dire.
tha chéa, signifier, vouloir dire.
tha ki, parler d'un autre.
tha tĕ pŏnnŏng, *âs hói*, c'est tout (parlant de choses).
thă (*chhnăm*), lièvre (nom d'une année).
thâi, culer, reculer.
thâi thlay, rabais.
thâi chéang, moindre.
thâi (*chbăng*), battre en retraite.
thâng, coudoyer.
thăng, poche.
thăng prăc, bourse, porte-monnaie.
thăp, s'étouffer.
thas, bassin, plateau en cuivre sur lequel on sert les mets.
thât (*tu*), tiroir d'une armoire.
thât rup, photographier.
thât rup (*neăc*), photographe.
thbăl bŏc, mortier à piler.
thbăl kĕn, moulin.
thbăl băc, ventilateur.
thbanh, tisser.
thbông, pierre précieuse.
thbông piteay, rubis.
thcâ trey, scie (poisson).
théăc, donner un coup de pied (avec la plante du pied).
théat, ossements provenant d'une incinération.
théat arahăn, reliques d'un saint.
thêm, ajouter, donner en plus.
thêr, surveiller.
they, *ŏy*, quoi?...
they bó, quoique.
thjung, charbon.
thjung thmâ, charbon de terre.
thjung ŏs, charbon de bois.
thkéam, mâchoire, os maxillaire.
thkiép, pincer avec un instrument.
thla, clair.
thla jŏng, limpide.
thlang, grande marmite en terre.
thlăng, surdité.
thlăng (*menŭs*), sourd.
thlăng hói cô, sourd-muet.
thlay (*dŏmlay*), prix, valeur, coûter.

thlày, thlay chrón, cher, haut prix.
thlay pŏnman, combien est-ce ?...
thlay năs, très-cher.
thlay lemôm, assez cher.
thlay dôch, même prix, équivalent.
thléa, lieu de promenade.
thléa mŏt tŏnlî, quai.
thleăc, tomber.
thleăc pi, tomber de.....
thléăc trŏu căm pir, tomber dans le malheur.
thléay, *bĕc*, éclater, faire explosion, crever.
thléay capăl, navire crevé.
thlŏc (*crebey*), petite mare à buffles.
thlŏc (*neăc cŏmplêng*), bouffon, comique, acteur.
thlóm, foie.
thlŏng, peser.
thlŏng oi trăng, peser juste.
thlŏp, habitué, accoutumé.
thlŏp pi khmĕng, habitué dès l'enfance...
thlŭ, percé, troué.
thlŭ rohôt, percé, traversé.
thmâ, pierre, roche, rocher.
thmâ da, *thmâ phnŏm*, granit.
thmâ bai criém, concrétion ferrugineuse, dite pierre de Bieuhou.
thmâ sŏmliéng, pierre à aiguiser.
thmâ dĕc phlúng, silex, pierre à feu.
thmâ cŏmbor, calcaire, pierre à chaux.
thmâ kêu, talc.
thmâ day akiém, cornaline.
thmâ (*phcar* —), corail.
thmâ thbăl kĕn, meule en pierre.
thmâ kêu sâ thú tŏc, marbre.
thmâ dŏ khmău, encrier chinois, petite palette en pierre sur laquelle on délaye l'encre de Chine.
thmâ cré, grès.
thmat, vautour.
thmĕch, fermer (se dit des yeux).
thméy, chanvre, ortie de Chine.
thmĕnh, dent.
thmĕnh thkéam, mollaire.
thmĕnh chŏng côm, canine.
thmŭng, nageoire supérieure de tous les poissons.
thnăc, degré, intervalle.
thnăc chŏndór, degré d'une échelle.
thnăc day, rampe, garde-fou.
thnăc băngêc cŏmphlúng, ratelier d'armes, panoplie.
thnăm (*chŏc*), tabac.
thnăm (*phŏc*), remède, médicament.
thnăm bănh, carotte de tabac.
thnăm dŏm, tablette de tabac.
thnăm collica, pilule.
thnăm căujŏc, cérat.
thnăm léap, onguent.
thnăm bŏnchŏ, purge, purgatif.
thnăm phŏc, potion médicinale.
thnăm că uôt, vomitif.
thnăm tŏp, astringent.
thnăm sŏndăm, somnifère.
thnăm pŭl, poison.
thnăm pŏnsap pŭl, contre-poison.
thnăm câp, efficace (se dit des remèdes).
thnăm cŏmnur, *thnăm leap*, peinture.
thâm ăngêl), caresser.
thnăng (*day chúng*), phalange, os.
thnăng rosey, nœud de bambou.
thneăc, appeau.
thner, couture (de vêtement).
thngay, jour, soleil.
thngay, *ngay*, jour.
thngay hói, il est jour.
thngay reă, *thngay lĕch*, lever du soleil.
thngay pĕnh pŏnlú tôch, de huit à neuf heures du matin (moment).
thngay pĕnh pŏnlú thŏm, moment compris entre dix et onze heures du matin.

thngay trăng, midi.
thngay trăng cheăc, midi vrai.
thngay rosiél, après-midi.
thngay, công phnŏm, de cinq à six heures du soir.
thngay chŏs srŏu, une heure avant le coucher du soleil.
thngay lĭch, coucher du soleil.
thngay bŏn, jour de fête.
thngay bŏn thŏm, jour de grande fête.
thngay réay, jour ordinaire de la semaine.
thngay sĕl, fêtes cambodgiennes se renouvelant quatre fois par mois.
thngay si sŏmbor, basané.
thngas, front.
thngŏn, lourd, pesant.
thngôr, gémissement, plainte.
thnol, gaffe ou longue perche en tenant lieu.
thnu, arc.
thnu crŏp, arc lançant des balles en terre.
thnu pruénh, arc portant flèche.
thnŭm, poutre.
thoc, bon marché.
thŏm, grand, gros.
thŏm lóng, grandir.
thŏm năs, immense, très-grand, très-gros.
thŏm crăanh, obèse.
thŏm sŏmrăch réach chéa car, présider.
thóp, baiser, embrasser.
thór, prière.
thór (sôt), dire des prières.
thŏt, gras.
thôrnéa, responsable.
thpŏc, crocher, accrocher.
thpŏl, joue.
thpŏl creméam, joufflu.
thu, lâche, floche.
thú, faire, fabriquer, agir.
thú car, travailler.
thú baicăl, ourdir, tramer.
thú cŭn, privilége, faire une faveur.
thú bŏn, faire fête.
thú óy, faire quoi? quoi faire?...
thú chéa, faire semblant.
thú sŏmcŏl, faire signe.
thú vôr, faire du bruit.
thú mŭn trŏu, mal faire.
thú phdas, thú khŏs, bêtise.
thú rŭc, affecter, ostentation.
thú khôch brâlôch, bouleverser.
thú lóng vĭnh, refaire.
thú chéa thmey, refaire à neuf, renouveler.
thú chhăp, faire vite, agir vite.
thú huôs, excéder, outre-passer.
thú căm, supplice.
thú tŭc, faire de la peine, molester.
thú bap, pécher, faillir.
thú chŏmpeăc (khsê, ches), embrouiller.
thú bŏmnŏl, s'endetter.
thú oi sabai, contenter.
thú oi malŏp, ombrage.
thú oi mul, arrondir.
thú oi chăngiét, rétrécir.
thú oi chŏp, consolider.
thú oi cót tŭc, attrister.
thú oi pruôi chŏt, inquiéter.
thú oi ăn chŏt, ăc chŏt, blesser, vexer, offenser.
thú mŭc cŏnchŏu, faire mauvaise figure.
thú khŏs chbăp, enfreindre, transgresser la loi, l'usage.
thú chéa cŏmbăng, agir en secret.
thup, bâtons odoriférants qu'on brûle dans les pagodes.
thuléay, vaste, spacieux.
thuli, poussière.
thŭm, sentir, odeur.
thŭm pidor, crăôp, sentir bon.

thŭm chăap, odeur rance.
thŭm châĕs, odeur de l'urine.
thŭm khloch, odeur de brûlé.
thŭm sâŏy, odeur de pourri.
thurièn (phlê), durion (fruit).
thvai, donner, offrir (à Dieu, au Roi).
thvai băngcŏm, adorer, saluer le Roi.
thvai pŏn, imposer.
thvéa, porte, entrée.
thvéa chămha, entrée ouverte.
thvéa thŏm, portail.
thvéa (neăc chăm thvéa), portier, concierge.
thvéa tŭc, arche d'un pont.
thvip, monde, globe.
ti, place, lieu, endroit.
ti srelă, lieu vaste, spacieux.
ti sngăt, lieu désert.
ti cŏmbăng sngăt, solitude.
ti ăt kĭ nŏu, inhabité.
ti puôn, refuge.
ti chŏmbăng, champ de bataille.
ti cŏmnót, lieu de naissance.
ti dêl pros, lieu d'exil.
ti thú, *lŏmnŏu thú*, fabrique.
tĭch, piqué, piquer (par une abeille, scorpion, cent pied).
tién (ŏch), bougie.
tién thŏm, cierge.
tién (cas), taillant (monnaie du pays).
tiéng, exact, exactitude.
tiéng trăng, justice.
tiép, pomme, pomme-cannelle.
tiép (dóm), pommier-cannellier.
tiét, encore.
tĭm, atteler.
tĭnh, acheter.
tĭnh prăc dăl day, acheter au comptant.
tĭnh chúa, acheter à crédit.
tiphva, immortel.
tĭs (săng créach), sermon.
tĭc êc (sŏmpŏt), calicot.
tĭssna, prêcher.
titéy, différent.
titŏl, embarrassé.
tituy, hibou.
tivada, ange.
to (credas), cahier de papier.
toc, assiette en bois montée sur un pied.
tôch, petit.
tôch năs, très-petit, bien petit.
tŏl, résister.
tŏl tŏp, résister à une attaque.
tŏl chŏng khnéa, bout à bout.
tŏmbău, plaie.
tŏmbău pôc, pian (maladie).
tŏmbău rĭc, gangrène.
tŏmbău roléac, brûlure.
tômbôl, toit de maison, de barque, de char.
tŏmbŏt, *chŏng ó*, broche de cuisine, gril.
tŏmhŏm, grandeur, grosseur, volume.
tŏmhŏm thŏm, volumineux.
tŏmhŏt, subit, subitement.
tŏmhŏt (slăp téang), mort subite.
tŏmhŭng, vitesse.
tŏmhŭng (âs), toute vitesse.
tŏmlay, prix.
tŏmleăc, laisser tomber, rejeter.
tŏmleăc khluôn, se précipiter.
tŏmleăc tŭs, rejeter une faute sur autrui.
tŏmloc, précoce, plus grand, plus gros que son âge.
tŏmlŭ, percer, perforer, défoncer.
tŏmnâ, jointure.
tŏmnăm, plante, culture.
tŏmnăp, confitures.
tŏmnăp khnhey, confiture de gingembre.
tŏmnăp (thú), faire des confitures.
tŏmnéai, prédiction.
tŏmngŏn, poids.

tŏmnĭch, sŏmnam tĭch, piqûre.
tŏmniél, insulte.
tŏmniém, proverbe.
tŏmnŭc ămrŏng, chuéy, protéger, défendre.
tŏmnúp, récent, nouveau.
tŏmpéa, mâcher.
tŏmpéc, chauve.
tŏmpŏc, croc.
tŏmrâng (*dél trâng*), vase, récipient.
tŏmrâng tŭc, philtre.
tŏmrăng, en joue.
tŏmrăng cŏmphlúng, pointer un canon.
tŏmrĕm, égaliser.
tŏn, mou, tendre, souple.
tŏn, à temps.
tŏn (*dăl*), arriver à temps.
tŏndăm, dăm, faire cuire.
tŏndăm bai, faire cuire le riz.
tŏndăp, couvrir, se couvrir (avec une couverture).
tŏndóm, usurper.
tŏndóm réach, usurper la couronne.
tŏndóm (*menŭs*), usurpateur.
tŏndŏng côn kĭ, demander une fille en mariage.
tong (*chăp*), attirer à soi quelqu'un ou quelque chose.
tong, tongcan, thureăc, avoir besoin.
tŏng (*dăc sra, mesău*), barrique.
tông (*phlê*), tige d'un fruit.
tông srŏu, tige et épis du paddy.
tông cŏntray trechiéc, bord du trou pratiqué pour les pendants d'oreilles.
tông tra, plénipotentiaire.
tŏng, tendu, roide.
tŏngcăp, tenaille.
tŏngchéy, tŏng, pavillon, drapeau.
tŏngcŏu, chenille.
tŏngcŭc, tŏngkĭch, heurter, choquer.
tŏngdêng, cuivre rouge.
tŏngféa, chrysocale.
tŏngkiép, pince, pincette.
tŏnlâng, degré de parenté entre les père et mère de deux époux.
tŏnlĕ, fleuve, rivière.
tŏnlĕ sap, fleuve d'eau douce (c'est ainsi que l'on désigne le grand lac du Cambodge).
tŏnlĕ chrŏu, fleuve profond.
tŏnlĕ presăp, confluent de deux fleuves.
tŏntĕnh, répéter souvent la même chose.
tŏntĭm, en face, vis-à-vis.
tŏp, troupe armée, armée.
tŏp chúng cŭc, infanterie.
tŏp chúng tŭc, marine, armée navale.
tŏp sĕ, cavalerie.
tŏp cŏmphlúng thŏm, artillerie.
tŏp chor, brigands, bande de brigands.
tŏp, étancher.
tŏp chhéam, arrêter l'écoulement du sang.
tŏp nŭm, rétention d'urine.
tŏs khnéa, zizanie, être en désaccord.
tŏs chŏt, contre la volonté.
tŏs thvéa, fermer une porte au verrou.
tŏs thnŏs, fermer un passage, le barrer pour prendre le poisson.
tôt, voir, regarder (se dit de Dieu et du Roi).
tŏt, donner un coup de pied.
totŭng (*tŏmhŏm*), largeur.
totŭng (*phlŏu*), en travers.
totŭng (*chras*), contraire, opposé, à rebours.
totŭng nŭng băngcŏp, résister à un ordre.
totŭng chbăp, illicite.

totuôl, recevoir (dans le sens le plus général).
totuôl, *totuôl jôc*, accepter.
totuôl phnhiéu, recevoir des visiteurs.
totuôl preă, communier (les chrétiens).
totuôl ngéar, accepter un titre, un grade.
totuôl tam, se résigner, se soumettre.
totuôl căm lŏmbac, se résigner au malheur.
tŏu, aller.
tŏu ê, aller à....
tŏu chhăp, aller vite.
tŏu suôr, aller voir quelqu'un, aller demander un renseignement.
tŏu múl, visiter quelque chose, aller voir quelque chose.
tŏu préy phsay, *tŏu chŭ*, aller à la selle.
tŏu mŭc, *tŏu mŭn*, aller devant, passer devant.
tŏu phteă vĭnh, retourner à la maison.
tŏu totuôl, aller au-devant.
tŏu bănh, aller chasser (au fusil).
tŏu chŏ, dire à quelqu'un de partir, renvoyer poliment.
tŏu chéa, devenir (transformation en mal).
tŏu mŭc (*darap*), perpétuel.
tra, cachet.
tra thŏm, sceau.
tra luông, sceau royal.
trâbăc (*si*), dévorer.
trâbĕc, goyave.
trâbêc (*dóm*), goyavier.
trâbĕt chhung, pourpier.
trâchiéc thvéa, charnière de porte.
trachu (*ănching*), balance à deux bassins.
trâdăc (*săt*), marabout (espèce de cigogne à sac).
trâkéac, hanche.
trăl, navette pour tisser.
trâloc, vase (fait en noix de coco).
tram (*phteă*), poste, maison de poste, maison de repos pour les courriers.
trăm, macérer.
trăm, impartial.
trămtrâi, dépérir.
trânăp (*trăp*), pièce qu'on met en-dessous....
trânâp kêp, tapis de selle.
trânăp (*dămdêc*), enclume.
trâng, *rông*, recevoir (choses).
trâng tŭc (*nŭng tŏmrâng*), philtrer l'eau.
trăng, adroit, droit, juste, endroit.
trăng nĕ, cet endroit, en cet endroit.
trăng (*bănh*), adroit (se dit pour le tir).
trângol, dénudé (la tête).
trânĭch, dard, aiguillon (d'abeille, de scorpion).
trânĭch khtuéy, dard de scorpion.
trap, singer, imiter, contrefaire.
trâpŭc, anus.
tray (*lŭc săng*), habillement complet d'un bonze.
tray phum, *lŭccăc sŏnthan*, géographie.
trê, clairon.
trê (*neăc phlŏm*), clairon (instrumentiste).
trêbăc phnéc, paupière.
trebăng băs, porte à faux.
trebănh, faire tourner.
trebănh cas, faire tourner une pièce de monnaie sur un point de la circonférence.
trebêng day, signe indiquant une douane.

trecheăc, frais, fraicheur (température).
trechiéc, oreille.
trechiéc jéar, oreille pendante percée d'un grand trou.
trechiéc căm, hirondelle.
trecuônh, tordre.
trecuônh khsê, tordre une corde.
trehŭng, tumulte, bruit.
trelach, courge verte dont on fait des confitures.
trelăp, retourner.
trelăp môc, revenir.
trĕm, précis.
tremŭng, *thmŭng*, nageoire de la ligne médiane du dos.
trêng, grandes herbes sauvages.
trengĕl, terrain dénudé.
trenot, ligature, liasse de petite monnaie de zinc de la valeur de 90 centimes.
trepeăng, marais.
tresăc, concombre.
tresăc srŏu, melon.
tresór, ovation.
trét, incliné, incliner (se dit des objets longs qui ne sont pas d'aplomb).
trét (*phteă*), maison inclinée.
trey, *michha*, poisson (en général).
trey crĕm, poisson de combat.
trey hór, poisson volant.
trey pabĕl, raie.
trey ngiét, poisson sec.
trey pray, poisson salé.
trey (*neăc lŏc*), poissonnière.
trey (*neăc thŭ* —), pêcheur.
trey visay, boussole.
trô, soutenir, supporter, étayer.
trô (*dĕl cŏt*), violon.
trói, la côte, la terre (vue de loin à la mer ou dans une plaine).
trói mŏ khang, de l'autre côté (de la baie, du fleuve...)
trŏm, indigo (la plante).
trôm, abattu (individu ayant reçu des coups).
trŏng, *réang*, forme.
trŏng réach, succéder au trône.
trŏp, *sŏmbăt*, bien, richesse, fortune.
trŏp (*phlê*), aubergine.
trŏu, bien, être pris, être atteint (dans un lacet, un piége....)
trŏu chŏmngú, atteint d'une maladie.
trŏu rebuŏs, blessé, atteint d'une blessure.
trŏu prâphŏt, effleurer.
trŏu lemôm, assez bien.
trŏu chŏt, *pĕnh chŏt*, apprécier, estimer.
trŏu khnéa, accord, union, être bien ensemble.
trŏu mŭc ngéar, concerner.
trŏu car pró, nécessaire.
trŏu vŏng (*bănh*), toucher le but.
trŏu rŏnteă bănh, foudroyé.
trŭm (*dŏmrey*), s'accroupir (se dit des éléphants).
trŭng, cage.
trŭng mŏn, poulailler.
trŭng chap, volière.
trŭng chruc, étable de porc.
tu, armoire.
tuc, bateau, barque.
tuc cŏmrol, pirogue.
tuc kebŏu, jonque de mer.
tuc casai, bateau de mandarin (petit).
tuc cahŏu, bateau de mandarin (grand).
tuc thvê, barque cambodgienne de commerce).
tuc bănh lŏng, barque de commerce annamite.
tuc dâ, bac.

tuc tŏmbŏl, bateau avec toit.
tuc cúóng, bateau échoué.
tuc lĕch, voie d'eau.
tuc roteă, brancard.
tŭc, garder (se dit des choses non animées).
tŭc oi, garder quelque chose pour le donner ou le rendre à quelqu'un.
tŭc cŭmnŭm, garder rancune.
tŭc chéa chŏmnăm, garder en note.
tŭc sămchay, épargner, réserver, économiser.
tŭc vĭnh, remettre un objet à sa place.
tŭc chŏt, avoir confiance, se fier.
tŭc (*pruôi chŏt*), chagrin.
tŭc (*cót*), se chagriner.
tŭc, eau.
tŭc dă, lait.
tŭc dă cŭ, lait de vache, beurre, fromage.
tŭc sămlâ, sauce.
tŭc pabâr, bouillon.
tŭc trey, sauce de poisson (en flacon conservée).
tŭc khmŭm, miel.
tŭc khmĕ, vinaigre.
tŭc mŏt, salive.
thŭc phnéc, larmes.
tŭc câc, glace.
tŭ : sap, eau douce.
tŭc bănh, jaillir.
tŭc pray, eau salée.
tŭc mŭng, eau étale, mer étale.
tŭc hôr, courant.
tŭc hôr pŏndoi, courant favorable.
tŭc hôr chras, courant contraire.
tŭc hôr chrâs, cataracte.
tŭc chŭ, flot, flux.
tŭc néach, reflux, jusant.
tŭc cuôch, remou (dans l'eau).
tŭc chŏn, inondation subite d'un torrent.
tŭc lĭch, inondé, débordé.
tŭc (*chremŭch*), noyer.
tŭc chănh (*dey*), malsain, insalubre.
tŭc mŭn chănh, salubre, sain.
tul, porter sur la tête.
tul luông, *crap tul*, dire au roi.
tŭm, mûr, maturité.
tŭm lŭ dóm, mûr sur pied.
tûm (*săt*), poule sultane.
tŭng (*săt*), pélican.
tŭng (*sô*), son du canon, ou du tamtam énorme et à peau comme une grosse caisse.
tŭng, balançoire.
tŭng (*jôl*), se balancer.
tuôl, terrasse élevée, plateaux dans les plaines élevées au-dessus de l'inondation.
tuôn (*prê*), soie noire très-douce au toucher, soie satinée.
túôn (*prenhăp*), presser quelqu'un.
túôn car, presser, activer une affaire.
tuônh, se lamenter.
tŭp (*thmey*), moderne, nouveau.
tŭp thú, commencer.
tŭp dăl, ne fait que d'arriver, vient d'arriver.
tŭp rién, apprenti.
turcŏt, malheureux.
tŭs, peine (condamnation).
tŭs dăl slăp, peine de mort.
tŭs khnhŏm hói, c'est ma faute.
tŭs (*neăc*), captif.
tŭs, direction, orientation.
tŭs téang buôn, les quatre points cardinaux.

U

u (*thủ capàl*), dock, bassin de radoub.
udăm, essentiel.
ulŏc, *oŭlŏc*, pastèque.
ulŏc phŏ, pastèque trop mûre, tournée en eau.
ŭngcŏm tŏch, étau à main.
ŭngcŏm thŏm, étau à pied.
uôn, filet, sorte de seine en usage au Cambodge.
uôn (*téanh*), lever le filet précédent.

V

văn, entourer, enrouler.
văn khsê crâvăt, mettre une ceinture sans la nouer.
vànsuy, persil.
vay, frapper, battre.
vay khnéa, se battre.
vay slăp, battre à mort, tuer à coups de poings ou à coups de bâton, assommer.
vay pŏntŏt, tirer une ligne.
vay dêc phlúng, *dăm dêc phlúng*, tirer le briquet pour avoir du feu.
vay mesău, pétrir.
vay ăngruôn, sonner.
vay cŏndŏng, sonner la cloche.
vay lec, calculer avec des chiffres.
voy khsê luós, télégraphier.
véa, il, lui, elle (à un inférieur).
véa hói, c'est lui, c'est elle.
veà pŏ, éventrer.
veă pŏ trey, éventrer, vider un poisson.
véal, plaine.
véal loheu, grande plaine (à perte de vue).
véal smau, prairie.
véang, détour (une route).
veăng, palais d'un roi.
véar, marcher en rampant comme les Cambodgiens devant leurs chefs.
véar lóng, grimper.
véat, *sdăm* (*tuc*), tribord.
vĕch, empaqueter, faire un paquet.
vén, tour, rang.
vén mŏ neăc mŏ dâng, à tour de rôle.
véng, long.
vicês, *bŏngcŏl*, précieux.
viéch, sinueux.
viél, agrandir (se dit des trous).
viér, se corriger, s'amender, promettre de ne plus faire une faute.
viér bap, se corriger de ses fautes, de ses péchés.
vĭl, tourner sans effort apparent.
vĭl mŭc, tourner la tête.
vĭnh, de nouveau.
vivôr, *thû vivôr*, faire du bruit.
vôc (*chhnăm*), singe (nom d'une année).
vŏc, excès, accès (de fièvre, de folie).
vŏc chăng, tentation.
vŏc chhcuôt, accès de folie.
vŏc nŭng srey, luxure, abus de femme.
vói, hé!
vói (*mĕch*), hé bien!
vŏl, mesurer (les choses de capacité).
vŏng, circonférence.
vŏng bănh. butte pour le tir, cible.

vŏng reăcsmey, halo (lunaire ou solaire.

vŏng nŭc, circonférence de l'horizon.

vŏngvéng, s'égarer, se perdre.

vór, liane.

vôr, bruit, tapage.

vôr vŭc, désordre, bruit.

vôr chŏt, préoccupé, être préoccupé.

vŏs, mesurer (se dit des longueurs et des surfaces).

vŏs dey, arpenter.

vŏt, pagode.

vŏt (*crebey*), buffle donnant des coups de corne.

vu, toupie.

vu (*vay*), faire tourner une toupie.

vum, cri de l'éléphant.

FIN DU VOCABULAIRE CAMBODGIEN-FRANÇAIS.

VOCABULAIRE

FRANÇAIS-CAMBODGIEN

A

a (verbe), *méan.*
a, il y a, *méan.*
a, il n'y a pas, *khméan.*
à cheval, *chĭ sĕ.*
à-compte, *sâng pĕn dór.*
à jour, *căt ngay.*
à peu près, *prohêl.*
à présent, *eylŏu nĕ.*
abaissement, affaissement, *srŏt.*
abaisser, *pĕn téap, oi téap.*
abandonner, *léng chol.*
abattre, renverser, *vay phduôl.*
abcès, *bôs.*
abdiquer, *dăc réach, dăc mocŏt.*
abeille, *khmŭm.*
abîme, *ănlŏng.*
abîmer, abîmé, *khôch, pŏng khôch.*
abolir, *lúc, léng.*
abondance, *bârbôr, hô hiér.*
abord (d'abord), *ê dóm lói, dôm, mŭn teăng âs.*
aborder, *tŏngcŭc, tŏngkăch.*
aboyer, *prŭ.*
abréger, *ruóm oi khley, oi khley.*
abreuver, *oi săt phŏc tŭc.*
abri (pour l'affût), *khtom.*
abriter (s'abriter), *chrôc molŏp.*
abruti, *súng momúng, sóng momúng.*
absent, *mŭn nŏu.*
absenter (s'absenter), *mŭn nŏu.*
abstenir (s'abstenir), *tâm.*
absurde, *trâtŭng tŭs.*
abus (d'autorité, de la force...), *rŏm-léap.*
abuser, être indiscret, *jôc lús, rŏm-léap.*
abuser, tromper, *pŏnchhot.*
abuser (s'abuser), *khŏs khluôn êng.*
accablé (par la chaleur, la maladie), *khdău khnŏng khluôn.*
accélérer, *oi rehăs, oi chhăp.*
accent, signe, *sămcŏl.*
accepter, *totuôl, totuôl jôc.*
accepter (un titre, un grade), *totuôl ngéar.*
accès, entrée, *mŏt phlŏu, mŏt thvéa.*
accès de fièvre, *pél crŭn.*
accès de folie, *vŏc chhcuôt:*
accident, *crŏ.*
accompagner, *chun tŏu.*
accomplir, finir, *pŏng hói.*
accord, union, *trŏu khnéa.*
accord (d'un commun accord), *prôm mul khnéa.*
accord, contrat, *sanhja.*

accord (musique), *phlĕng trŏu vŏng.*
accorder, *prôm oi.*
accoster, *chât chĭt khang.*
accoucher, *sămral côn.*
accoucheuse, *chhmâp.*
accoupler, appareiller, *phtĭm.*
accoupler (s'accoupler), *chŏn khnéa, chŏy.*
accourir (venir), *rŏt môc.*
accourir (aller), *rŏt tŏu.*
accoutumé (être accoutumé), *thlŏp.*
accoutumer (s'accoutumer), *dămlŏp khluôn êng.*
accrocher, *thpŏc.*
accroupi, *ŏng cŏnh.*
accroupi, s'accroupir (se dit des éléphants), *trôm.*
accroupir (s'accroupir, position des Cambodgiens devant leur chef), *prânăm.*
accueillir, recevoir, *totuŏl.*
accumuler, *cŏmpŭng.*
accumuler du riz, *ăngcâ cŏmpŭng.*
accusateur, *neăc dóm săch kedey.*
accusé, *neăc chŏng săch kedey.*
accuser, porter plainte, *phdŏng.*
accuser à faux, *phdŏng pŏng kăch.*
acheter, *tĭnh.*
acheter et revendre, *lolŏc tŏn tĭnh.*
acheter à crédit, *tĭnh chúa.*
acheter au comptant, *tĭnh prăc dăl day.*
achevé (se dit des vivres, des objets que l'on transporte), *âs.*
achevé (se dit des travaux), *ruôch, srăch.*
achever (nourriture et finir de transporter...), *pŏng âs.*
achever des travaux, *sŏmrăch, pŏng hói.*
acide, *chu.*
acier, *dêc thêp.*
acquitter, payer, *săng.*
acquitter, absoudre, *léng.*
âcre, *chăt.*
acte, action, *ămpú.*
actif, *asa, osa.*
action horrible, *ămpú asrŏu.*
actuellement, *eylŏu nĕ.*
additionner, *bôc.*
adhérent, attaché à..., *chăt sér.*
adhérer, coller, *seŏt chŏp.*
adhérer, consentir, *prôm khnéa.*
adieu, *léa.*
adieu (à un supérieur), *chŏmréap léa.*
adjoint, aide, *neăc chuéy car, chŏmtŏp.*
administrer, *nyéay réach car.*
admirable, *chŏmlêc.*
admirer, *phéăng.*
adolescent, *côn khméng.*
adonner (s'adonner), *nhiém, vŏc.*
adopter, *chănchĕm.*
adoptif (enfant —), *côn chănchĕm.*
adorer, *thvai băng cŏm.*
adoucir, *thú oi păêm.*
adresse, dextérité, *presăp.*
adroit, *trăng* (se dit pour le tir).
adultère (le mari), *phĕt prâpŏn.*
adultère (l'épouse), *phĕt phdey.*
adversaire, *totŭng, săt trŏu.*
aérolithe, *thleăc thmâr pi lú mîc.*
affable, doux, *anuphéap, slôt.*
affaibli, s'affaiblir (étant malade), *lângiéc.*
affaiblissement de la vue, *phnéc ngo ngĭt.*
affaire, procès, *dŏmnór, săch kedey.*
affaire conclue, finie, *phdăch hói.*
affaire, occupation, *car.*
affaissé, s'affaisser, *srŏt.*
affamé, être affamé, *khléan năs.*
affecter (ostentation), *thú rŭc.*
affecter (être affecté de...), *asôr.*
affection, *salanh.*
affectionner, *salanh srelănh.*

affermer, *chuôl.*
affiche, *pŏng rain.*
affiché, *pram, pau pram.*
affilé, affûté, *mŭt.*
affirmer, soutenir, *nyéay prăcăt.*
affliger, *thú tŭc.*
affliger (s'affliger), *méan tŭc, ăpsŏc.*
affranchir (un esclave..), *léng khnhŏm.*
affréter, *chuôl.*
affront, *diél.*
affût (lieu où l'on attend le gibier), *bănh cha.*
affût de canon, *snôc, comphlúng thŏm.*
agacer (les dents), *săng kiér thmĕnh.*
âge, *ajôs.*
âge, du même âge, *dămnal, srâcâ, srebal.*
âgé, plus âgé, *chas chhnăm.*
agenouiller (s'agenouiller), *lŭt chúng công.*
agent, mandataire, *neăc prejăt car.*
agile, *rohăs rohuôn.*
agir, *thú.*
agir secrètement, *thú chéa cŏmbăng.*
agité (être agité), *nhóc cŏmróc.*
agiter, ébranler, *ăngruôn.*
agiter l'eau, troubler l'eau, *lăm ăc tŭc.*
agneau, *côn chiém.*
agonie, *dâc chŏngca mŏn.*
agonisant, *menŭs dêl dâc chŏngca mŏn.*
agoniser, *dâc chŏngca mŏn.*
agrandir, *pĕn thŏm.*
agréable, *srenŏc, srenan, sruôl.*
agréablement, *srenŏc, srenan, sruôl.*
agresseur, *neăc vay mŭn.*
agriculteur, *neăc srê.*
ah! aie! *aja!*
aide, concours, *chămnuei.*
aide, venir en aide, *môc chuéi.*
aide-de-camp, *chŏm tŏp.*
aider, secourir, *chuéi.*
aider, s'aider, s'entr'aider, *chuéi khnéa.*
aïeul, *chita.*
aïeule, *chidôn.*
aigle, *săt dôntri.*
aigle pêcheur (presque rouge, très-commun ici), *khlêng.*
aigle pêcheur (grosse espèce, à plastron blanc), *âc.*
aigre, *chu.*
aigrette (oiseau), *cŏc crâc.*
aigri, moisi, *său, dŏ phsĕt.*
aigu, pointu, *sruôch.*
aigu, perçant, éclatant (la voix), *phtŭ.*
aiguille, *mŏchŭl.*
aiguille de montre, *mŏchŭl norica.*
aiguillon (pour piquer les bêtes), *chŏnluénh.*
aiguillon (pour piquer l'éléphant), *cŏngve.*
aiguillon (des guêpes, frelons, abeilles), *trânĭch.*
aiguillonner, *chăc chŏluénh.*
aiguiser, *sămliéng.*
ail, *khtĭm sâ, mún khtĭm.*
aile, *slap.*
ailleurs, *crau.*
aimable, *suphéap.*
aimant, pierre aimantée, *mê dêc.*
aimer, affectionner, *salănh, srelănh, alay.*
aimer (ne se dit pas dans un sens sentimental), *chôl chŏt.*
aimer, s'aimer, *salănh khnéa, alay khnéa.*
aimer mieux, préférer, *salănh chéang.*
aimer mieux, préférer (nourriture, jeu...), *chôl chŏt chéang.*
aine, *crelien.*
aîné, fils aîné, *côn bâng.*
ainsi, *dôch nĕ, ichĕ.*
air, espace infini, *acas.*
air, apparence, aspect, *rŭc.*

aire, surface, *mŭc.*
aire à battre, *léan bên.*
aisance, bien-être, *crŏn si.*
aisance, lieux d'aisance, *pŏng cŏn.*
aise, à l'aise, *tam chŏt.*
aisé, facile, *ngéay.*
aisselle, *khliéc.*
ajouter, *thêm.*
ajouter, joindre deux bouts, écrire à la suite..., *tâ.*
ajust, *tŏmnâ.*
ajusté, assemblé, *chŭt sér.*
ajuster, assembler, *phchŭt.*
alambic, *khsiér ta ŏs.*
alarme, *khlach năs.*
alarmer, *cŏm lach.*
alarmer, s'alarmer, *khlach khluôn êng.*
albâtre, *thmâ kêo.*
alêne, *dĕc cŏndar.*
alentour, *chŭm vĭnh.*
allaiter, *oi bău.*
allée, *phlŏu.*
alléger, *oi sral.*
alléger (ne se dit que pour les navires, barques), *rŏmliéng tuc.*
aller, *tŏu.*
aller vite, *tŏu chhâp.*
aller à cheval, monter à cheval, *chĭ sĕ.*
aller à pied, marcher à pied, *dór chŭng cŭc.*
aller au-devant, *tŏu totuôl.*
aller à la selle, *chŭ, tŏu chŭ.*
aller voir, aller regarder, *tŏu múl, dór múl.*
aller autour, *dór chŭm.*
aller voir, aller faire visite, *tŏu suŏr.*
aller plusieurs de front, *dór smór.*
aller devant, *tŏu mŭc, tŏu mŭn.*
aller nu-pieds, *dór chŭng tété.*
aller à..., *tŏu ê.*
aller à Phnôm-Penh, *tŏu ê Phnôm-Penh.*
alliage (de métaux), *rŏmléay léay.*
alliance (de familles), *phchŏp nhéat.*
alliance (de nations), *mitrey, spéan mitrey.*
allié (parent), *nhéat.*
alliée (nation alliée), *mitrey, spéan mitrey.*
allonger, étirer (du fer, du cuivre...), *thú oi vénh.*
allonger (sens ordinaire), *săn thŭng.*
allonger (s'allonger), *sŏndôc khluôn.*
allumer (sens général), *ŏch, dŏt.*
allumer en prenant de la braise et en soufflant, *pŏngcăt phlúng.*
allumette, *chhú cus phlúng, chhú khĕt.*
almanach, *maha săngeran.*
aloës, *jadăm.*
alors, alors que, en ce temps, *cal nŏ.*
alouette, *săt khlĭt dey.*
altéré, *khă câ.*
alternativement, *thú bŏntĕch nĕ bŏntĕch nŭ.*
alun, *săchu.*
amadou, *pŏy.*
amande de coco, *cŏmping dông.*
amant, te, *sahai.*
amarante (fleur), *phcar sermŏn.*
amarrer, lier, *châng.*
amas, *cŏmnôr.*
amasser, *phdŏm, pâmôl.*
ambassadeur, *kha luông.*
ambassadeur envoyé dans un État tributaire, *tông tra.*
ambassadeur d'un roi vassal allant porter le tribut, *neăc năm sar.*
ambitieux, *menŭs lûp.*
ambition, *lûp.*
ambre, *ăngcăm tŭc khmŭm.*
âme, *preă lŭng.*
âme d'un canon, *prâhong cŏmphlúng thŏm.*
améliorer, *riĕp lóng vĭnh, oi lăâ.*

amende, condamnation, *creja piney*, *mârdăc.*
amender (s'amender), *réang.*
amener, *năm môc.*
amener le pavillon (sens de rentrer les couleurs), *dăc tŏng chŏ.*
amer, *loving.*
ami, amis, *sŏmlănh.*
amidon, *mesău băc.*
amie, amies, *sŏmlănh, mereăc.*
amincir, *pat oi sdóng.*
amitié, *sŏmlănh.*
amnistie, *ăt tŭs teăng âs.*
amoindrir, *bŏnthâi, oi tôch, bănthâi.*
amorce, capsule, *lât.*
amorcer, *dăc lât.*
amorcer (une ligne de pêche), *bŏt sŏntuch.*
amour, *sahai, mĭt sŏmlănh.*
amoureux, *săngsa.*
ample, *relŭng.*
ampoule (suite de brûlures), *roléac, pông.*
ampoule (suite de travail), *pông.*
amputé d'un bras, *neăc cŏmbŏt day.*
amputé d'une jambe, *neăc cŏmbŏt chúng.*
amputer un bras, *căt day.*
amputer une jambe, *cât chúng.*
amulette, *catha acŏm.*
amusement, *lebêng lîng.*
amuser, s'amuser, *lîng.*
an, année, *chhnăm.*
an, jour de l'an, *chôl chhnăm.*
ananas, *manŏs.*
ananas, pied d'ananas, *dóm manŏs.*
ancêtre, *chas tŭm (menŭs).*
ancien, *chas, tŭm.*
anciennement, *pi dóm.*
ancre, *jĭt thca.*
âne, *săt léa.*
anesthésie (insensibilité de la chair en un point du corps), *spŭc.*
ange, *tivada, tévada.*
anglais, *ăngcris.*
angle, *chrŭng.*
anguille, *ăntŏng.*
anguleux, *méan chrŭng.*
animal, *săt.*
anis étoilé, *chăc chbŏs, phcarchăn.*
annales, *roba khsăt.*
annam, pays d'annam, *srŏc juôn.*
annamite, *juôn.*
anneau, bague, *ănchién, chĕnchién.*
anneau (porté au-dessus de la cheville), *câng chúng.*
anneau (avec pierre précieuse), *ănchién thbông.*
année, *chhnăm.*
année prochaine, *chhnăm phnéc.*
année passée, *chhnăm tŏu.*
anniversaire, *ngay cŏmnót.*
annoncer, *prap (tŏmnŏng).*
annuler, *chol, mŭn pró tiét.*
anse, *day ŭi.*
antérieur, *mŭn.*
antérieurement, *mŭn.*
antiquité, âge très-avancé, *chŏmnas.*
antre, *rung.*
anus, *trâpŭc.*
apaiser, calmer, *cŏmsan.*
apaiser (s'apaiser), *săngcăt chŏt, ăt.*
apaiser (se dit du diable et des génies malfaisants), *liéng.*
apaiser une contrée, un pays, *săngcăt srŏc.*
apercevoir, *khúnh.*
apercevoir, s'apercevoir, *dŏng khluôn.*
aplanir, *pĕng réap, oi réap.*
aplati, *piéch.*
aplatir, *thú oi piéch.*
aplomb, d'aplomb, *chăm.*
apostat, *kebăt sas.*
apothicaire, *cru thnăm.*
apparaître, *lĕch.*

appareil d'alimentation d'une machine, *snăp pĕn chôl tŭc.*
appareiller (un navire), *pró chăc, riép chĕnh.*
apparent, visible, *chbas lŏs.*
appât, *nŭi.*
appeau, *thnéăc.*
appeau, placer un appeau, *téăc.*
appeler, faire venir, *hău.*
appeler en criant, *srêc hău.*
appétit, *si chôl.*
applaudir, *teă day sesór.*
application à l'étude, *khăm rién.*
appointement, solde, *biér văt.*
appointer, *sŏm ruôch.*
apporter, *jôc môc.*
apporter (lorsqu'il y a plusieurs objets), *ănchun môc.*
apposer le cachet, le sceau, *bă tra.*
âpre, acerbe, *chăt.*
apprécier, mettre un prix, *căt thlay.*
apprécier, estimer, *salănh, trŏu chŏt.*
apprendre, *rién.*
apprendre, enseigner, *predàu, pŏng rién.*
apprendre par cœur, *rién oi chăm pi chŏt.*
apprenti, *tŭp rién.*
apprêter, *riép.*
apprêter, s'apprêter, *riép khluôn.*
apprivoisé, *săng.*
apprivoiser, *pĕn săng, phsăng.*
approcher, *khĕt chĭt.*
approcher (dire à quelqu'un d'approcher), *khĕt môc, biét môc.*
approcher, s'approcher, *khĭt tŏu, biét tŏu.*
approfondir, creuser, *thú oi chrŏu.*
approuver, *trŏu, pĕnh chŏt.*
approvisionner, *phnhór pŏn nhór si.*
approximativement, *lebúón.*
appui, point d'appui, *pŏng êc.*
appuyer, secourir, *oi cŏmlăng.*
appuyer, s'appuyer, *pă êc.*
après, derrière, après que, *croi, écroi.*
après ceci, après cela, *croi nĕ.*
après (indiquant la fin d'une chose), *ruôch.*
après cela, après ceci, *ruôch pi nĕ, croi nĕ.*
aqueduc, *chŏng hô tŭc.*
arachide, *săndêc dey.*
araignée, *ping peang.*
arbalète, *sna.*
arbre, *dóm chhú.*
arbre tinctorial (c'est dans une décoction de l'écorce de cet arbre que l'on trempe les filets de pêche), *dóm smăch.*
arbre de couche d'une machine, *phlŏu chăc.*
arbuste, *dóm chhú tôch.*
arc, *thnu.*
arc pour balles en terre cuite, *thnu crŏp.*
arc-en-ciel, *antenu, ĕntenu.*
arche, *thvéa tŭc.*
archet en crins, *chhac.*
ardoise, *khdar chhnuón.*
arec, *sla.*
arec verte, *sla khchey.*
arec mûre, *sla tŏmpŭl.*
arec sèche, écossée, *sla slŏng.*
arec, régime d'arec, *sla smêng.*
aréquier, *dóm sla.*
arête, *cheŏng.*
argent, monnaie, *prăc.*
argenter, *calay prac.*
argile, *dey crâhâm.*
aride, *dey ar.*
arme, *crúóng, crúóng sŏc, avŭt.*
arme à feu, *cŏmphlúng.*
armée, troupe, *tŏp.*
armoire, *tu.*
armurier, *chéang thú cŏmphlúng.*
arpenter, *vŏs dey.*

arracher, *dâc.*
arranger, mettre de l'ordre, *riép.*
arrêter, saisir, *chăp, că.*
arrêter le sang d'une blessure, *tŏp chhéam.*
arrêter, s'arrêter, *chhŏp.*
arrêter, s'arrêter avec une barque, *chât.*
arrhes, *oi prăc mŭn.*
arrière, *êcroi.*
arrière d'une barque, *cănsay.*
arrimer, *riép.*
arrivé, *dăl hói.*
arriver, *dăl.*
arrogant, *menŭs chhmóng.*
arrondir, *thú oi mul.*
arroser, *sroch tŭc, sroch.*
arroyo, *prêc.*
arsenic, *janŏu.*
art, *rebă lââ, rebă presór.*
article (d'un livre), *prâcar.*
article (d'un livre de religion), *lebă.*
articulation, *kĕnléăc.*
artillerie, *tŏp cŏmphlúng thŏm.*
artilleur, *teahéan cŏmphlúng thŏm.*
artimon (mât d'artimon), *dâng kdong croi.*
ascaride lombricoïde (ver intestinal), *prun.*
aspect, *mŭc.*
assaisonner, *băng sŏm lâ.*
assassin, *neăc sŏmlap kĕ.*
assassiner, *sŏmlăp.*
asséché, *ring snguôt kéăng.*
assécher, *ring, huôt.*
asseoir, *oi ăng cŭi.*
asseoir, s'asseoir, *ăngcŭi.*
assez, *lemôm.*
assez bien, *trŏu lemôm.*
assez, c'est assez, *lemôm hói.*
assez, c'est déjà trop, il y en a assez, *crêl.*
assez, finissez, cessez, *cŏm al.*
assez, juste assez, ce qu'il faut, *crŏn.*
assidu, *asa, osa.*
assiéger une citadelle, *chom bŏntéay, păt bŏntéay.*
assiette, *chantiép.*
assiette (grande et plat), *chanchéam.*
assister, être présent, *ban tŏu, nŏu mŭc.*
assister, secourir, *chuéy.*
association, *neăc chôl khnéa.*
associer, s'associer, *chôl khnéa, chôl.*
assommer, *vay sŏmlăp.*
assoupir, s'assoupir, *decphlĕch khluôn.*
assurément, certainement, *prâcăt.*
assurer, affirmer, *nyéay prâcăt.*
assurer, s'assurer, vérifier, *pisot.*
asthmatique, *neăc cót chŏmngú hót.*
asthme, *chŏmngú hót.*
astringent, *thnăm tŏp.*
astrologue, *hora.*
astronome, *nĕac prach.*
atelier, *rông car dêc.*
âtre, foyer, *chŏng cran.*
attacher, *châng.*
attaque de nerfs, *sesay tŏng.*
attaquer, *lŭc.*
atteindre un but, *bănh trŏu vŏng.*
atteindre (en poursuivant), *tam tŏn.*
atteindre (être atteint d'une maladie, de.....), *trŏu chŏmngú.*
atteler, *tĭm.*
attendant, en attendant, *bŏndór dŏmrŏm, sŏn.*
attendre, *chăm.*
attendre au même endroit, *chăm nŏu cŏnlêng dedêl.*
attention, faire attention, *prejăt.*
attraper, *chăp.*
attirer, *bŏn chhot lĭng.*
attiser le feu, *rŭc phlúng, rŭnh phlúng.*
attrister, affliger, *thú oi pruôi chŏt, thú oi chhú chŏt.*
attrister, s'attrister, s'affliger, *chhú chŏt, pruôi chŏt.*

aube, aurore, crépuscule, *crâhâm ê cót.*
auberge, hôtel, *hotĕl.*
aubergine, *trŏp (phlê).*
aubier, *srai chhú.*
aucun, *khméan muéy să.*
aucun, personne, *khméan nó na muéy să.*
audace, *téahéan.*
audacieux, *menŭs téahéan, neăc téahéan.*
au dedans, *nŏu khnŏng.*
au dehors, *nŏu ĕcrau.*
au dela, *nŏu ĕnŏs.*
au-dessus, *nŏu ĕlú.*
au-devant, *nŏu ĕmŭc.*
auge, *snôc chruc, snach chruc.*
augmenter, *bŏnthêm.*
augure, *hĕtléay.*
aujourd'hui, *thngaynĕ.*
au moins, *bŏ tĕch năs.*
aumône, *tĕan.*
aumône, donner l'aumône, *oi téan.*
aumône faite aux bonzes spécialement, *prekén.*
auparavant, *pi mŭn.*
auprès, *chĭt.*
aurore, *crâhâm ê cót.*
aussi, *dêl.*
aussitôt que, sur-le-champ, *ămpĕch, rŏmpĕch.*
autant, *pŏnŏng dêl.*
autant, pas autant, *mŭn sŏu.*
autel, *as preă.*
autoriser, *bóc ămnach.*
autorité, pouvoir, *ămnach.*
autour, *chŭm vĭnh.*
autre, un autre, *muéy tiét, ĕtiét.*
autre, autres, les autres, *âs téang.*
autrefois, *pi dóm, căl mŭn.*
autrement, *bŏ chhnŏ.*
avaler, *lĭp.*
avaler, à la cuillère, par bouchées, *hŏt.*
avancer, pousser, activer, *khŏt lóng, khŏt tŏu mŭc.*
avancer, donner par avance, *oi prăc mŭn.*
avant, *mŭn, pi mŭn.*
avant tout, *mŭn âs.*
avant d'un navire, *cabal capăl.*
avantage, bénéfice, *chŏmnĕnh.*
avant-hier, *mosŏl mŏ ngay.*
avare, *ménŭs cŏmnănh.*
avarice, *cŏmnănh.*
avec, ensemble, *nŭng, phâng.*
avec toi, *nŭng, ĕng.*
avec lui, avec eux, *nŭng réa.*
avenir, *mŭc tŏu.*
averse, *phliéng chăc, phliéng khlăng.*
aversion, *sŏm ăp.*
avertir (vulgaire), *prap.*
aversion (poli), *chŏmréap.*
aveugle, *khvâc.*
aveugle (aux yeux entièrement blancs), *khvâc lóng bai.*
avide, *neăc lŭpphŭ.*
avidité, *lŭpphŭ.*
avidité (se dit de la nourriture), *lemŭb, nham.*
avilir, s'avilir, *pĕntéap khluôn.*
aviron, *chêu.*
avis, *chŏt.*
avoir, pouvoir, *ban.*
avoir, ne pas avoir, ne pas pouvoir, *mŭn ban.*
avoir (sens de posséder), *mĕan*
avoir (ne pas avoir en sa possession), *khméan.*
avortement, *relut.*
avorter, *relut.*
avorter, se faire avorter, *rŏmlut.*
avorton, *côn lolut.*
avouer, *totuôl tŭs, lŏn tŭs.*
axe, *snôl.*

B

babiller, *popăch.*
babord, *chhveng.*
babord, venir sur babord, *bê môc khang chhveng.*
bac, *tuc dâ.*
badinage, *cŏmplêng.*
badiner, *cŏmplêng ling.*
bagage, *eyvan.*
bague, *ănchien, chenchién.*
baguette de fusil, *renŭc cŏmphlúng.*
baguettes odoriférantes brûlées dans les pagodes, *thuc.*
baguettes servant de fourchette aux indigènes, *chŏng cŏ.*
baie, *chhung sremôt.*
baigner, faire baigner... un cheval, un bœuf... *ngut tŭc oi sĕ...*
baigner, se baigner, *ngut tŭc.*
baigner, se baigner (le roi, les bonzes), *srăng.*
baignoire, *ang ngut tŭc.*
bail, fermage, *chŏmnuôl.*
bâiller, *sngap.*
bâillon, *chang nang.*
bâillonner, *dăc chang nang.*
bain, *ngut tŭc.*
bain-marie, faire cuire au bain-marie, *chŏmhŏy.*
baïonnette, *chŏmpŭs tŭng.*
baisé, *thóp.*
baiser, *thóp.*
baisser, abaisser, *pŏntéap.*
baisser, se baisser, *on.*
baisser la tête, *on căbal.*
baisser (l'eau), *srâc.*
baisser un objet suspendu, *băng hôtchŏ.*
balai, *ămbos.*
balance, *ănching, chŏnching.*
balance à deux bassins, *ănching tra chu.*
balancer, *jŭl.*
balançoire, *tŭng.*
balayer, *bos.*
balbutier, *nyeay mŭn chbas, nyéay chŏp.*
balcon, *rabâng, thnăc day.*
bali (langue ancienne de l'Inde), *baley.*
balise, *tŏmrŏy, dămrŏy.*
baliser, *bă dămrŏy.*
balle, *crŏp.*
balle conique, *crŏp sruôch.*
balle explosible, *crŏp bêc.*
balle tressée en rotin avec laquelle les Cambodgiens jouent, *sey.*
balle, jouer avec cette balle, *tăt sey.*
ballon (petit), *côm hă.*
ballon (grande dimension pouvant porter voyageurs), *jŏn.*
banane, *chec.*
banane à chair rouge, *chec leăc.*
banane longue, grosse et verte quoique mûre, *chec ămbông.*
banane, petite, jaune, très-bonne, *chec pông mŏn.*
banane, commune, dite banane de cochon, *chec namava.*
banane, de la plus grosse espèce, jaune à points noirs, forte écorce, *chec nuôn.*
bananier, *dóm chec.*
banc, *chúng ma.*
banc (forme canapé), *cău ey véng.*
banc de sable, *khsăch dŏ.*
bande de malfaiteurs, *chômnom.*
bande, bandage, *sŏmpŏt rŭm.*
bande encadrant une étoffe, *pebôr.*
bander un arc, *tămlóng thnu.*
bander une plaie, *rŭm tŏmbău.*
bander les yeux, *bŏt phnéc.*
bandit, *chor phlăn.*
bandouillère, en bandouillère, *spéay chhiéng.*

banian, *dóm pû.*
bannière, *tŏng.*
bannir, exiler, *bă băng.*
banquet, *liéngcar.*
banquier, *băngkiér.*
baptême, *bŏn léang bap.*
baptiser, *léang bap*, *bŏn chôl sas.*
baraque, hangar, *rûng.*
barbare, *menŭs préycach.*
barbe, *pŭc chŏng ca.*
barbier, *neăc cor pŭc mŏt*, *say hu.*
barbu, *sramôm.*
baril, *tŏng tôch.*
barque, *tuc.*
barque, aller en barque, *chĭ tuc tŏu.*
barque échouée, *tuc cúóng.*
barrage pour prendre le poisson, *pruôl.*
barre de fer, *dĕc crepû.*
barre de bois pour fermer la porte, *renŭc thvéa.*
barre de gouvernail, *day chŏngcôt.*
barrique, *tŏng.*
barrique vide, *tŏng toté.*
bas, peu élevé, *téap.*
bas, à bas, *chŏ.*
bas, en bas, *cron.*
bas prix, *thoc.*
bas-fond, *réăc.*
bas (vêtement), *srom chúng véng.*
basané, *thngay si.*
base, *trenŏp* (*tasâr*).
bassin, *srăs.*
bassin de cuivre, *clăm spŏn.*
bassin, dock, *u.*
bastion, *pâm.*
bât d'un éléphant, *côp dŏmrey.*
bataille, *chbăng*, *chămbăng.*
bataille, champ de bataille, *ti chŏmbăng.*
bataillon, chef de bataillon, *mî câng tŏp*, *mîtŏp.*
bâtard, *côn préy*, *côn sahay.*
batavia, *srŏc calapa.*
bateau, *tuc.*
bateau avec toit, *tuc tŏmbôl.*
bateau à vapeur, *capăl phlúng.*
bateau de mandarin (petit), *tuc kasai.*
bateau de mandarin (grand), *tuc kahŏu.*
batelier, *neăc chêu tuc.*
bâtiment, navire, *capăl.*
bâtir, *săng.*
bâtir une maison, *săng phteă.*
bâton, *tămbâng.*
bâtonner, *vay nŭng tŏmbâng.*
batracien anoure (animal aquatique), *ăt.*
battant de porte, *thvéa băc*
battement de cœur, *bĕ dông lôt pâŏc pâŏc.*
battre, *vay.*
battre (se battre), *vay khnéa.*
battre (se battre comme les femmes en se griffant), *prâvai khnéa.*
battre (se battre à coups de poings), *dăl khnéa.*
battre (se battre à coups de couteau), *prâcăp khnéa.*
battre (se battre à bras le corps), *chŏmbăp khnéa.*
battre le fer, *dăm dĕc.*
battre des mains, *teă day.*
baudrier, *khsê spéai dau.*
bavard, *neăc nijéay chrón.*
bavarder, *nijéay chrón.*
bave, *popŭ mŏt.*
baver, *bĕc popŭ mŏt.*
beau, *lăâ.*
beau (dans la nature), *lăâ laăch.*
beau-fils, *côn pasa.*
beau-frère (moins âgé que soi), *phăôn thlay.*
beau-frère (plus âgé que soi), *bâng thlay.*
beau-père, *apŭc khmec.*
beaucoup, *chrón.*

beaucoup plus, *chrón lús.*
beaucoup moins, *tĕch chéang chrón.*
beaucoup trop, *chrón năs, chrón huôs.*
beaucoup, pas beaucoup, *tĕch, mŭn sŏu.*
beaupré d'un navire, *jĭp mŭc.*
beauté, *lăm âr.*
bec, *chămpŭ.*
bec allongé d'une théière, aiguière...., *chămpuéij.*
becassine, *prâchiéch, pachiéch.*
bêche, *châp căp.*
bêcher, *căp dey, chîc dey.*
becqueter, *chŏc.*
bégayer, *nijéay chŏp, nijéay tămlăn.*
bègue, *neăc nyeay chŏp, menŭs nyéay tămlăn.*
belette, *khla trey.*
belle-mère, *medai khmec.*
belle-fille, *côn pasa.*
belle-sœur (plus âgée que l'épouse), *bâng thlay.*
belle-sœur (plus jeune que l'épouse), *phăôn thlay.*
bélier (mâle de la brebis), *chiém chhmûl.*
belliqueux, *neăc hay chămbàng.*
bénéfice, *chŏmnĕnh, chôl prăc.*
béquille, *chhú chrăt.*
bercer, *jûl.*
berger, *cŏngvéal, khvéal.*
besace des Cambodgiens, *téy, sămpéay.*
bésicle, lunettes, lorgnon, *mŏnta, venta.*
besoin, *thureăc, tong can.*
besoin d'uriner, *chhú nûm.*
besoin d'aller à la selle, *chhú chŭ.*
besoins, faire ses besoins, *bŏt chúng, chŭ.*
bétail, troupeau, *fông.*
bête, *săt.*
bête féroce, *săt sahau.*
bétel, *melu.*
bêtise, *thú khŏs, thú phdas.*
beurre, *tŭc dă cŭ câc.*
bibliothèque, meuble, *tu sŏmbŏt.*
bibliothèque, livres, *sŏmbŏt, creăng.*
biche, *khdăn.*
bielle d'une machine à vapeur, *day snăp phlúng.*
bien, fortune, *trŏp, sămbăt, rebăs.*
bien, *trŏu.*
bien, assez bien, *trŏu lemôm.*
bien, pas bien, *mŭn trŏu.*
bienfaisance, *méan thór.*
bienfait, *cŭn.*
bienfait, reconnaître un bienfait, *scŏl cŭn, dŏng cŭn.*
bienfaiteur, *neăc thú cŭn.*
bien portant, *chéa.*
bientôt, *chĭt hói.*
bienveillance, bonté, *chŏt chéa.*
bière, cercueil, *machhus, lông.*
bière (boisson), *sra popŭ, biêr.*
bigarré, *popléăc.*
bijou (or), *crúóng méas.*
bijou (argent), *crúóng prăc.*
bijou (pierre précieuse), *crúóng thbông.*
bijoutier, *chéang thú crúóng méas, chéang tông.*
bille de bois, *dŏl chhú.*
billet, *sŏmbŏt tôch, dica, deica.*
billot, *chrŏnh.*
binocle, *kêo chhlŏ.*
bisaïeul, *chita tuôt.*
bisaïeule, *chidôn tuôt.*
biscuit, *nŏm biscuit.*
bison (poil rouge, petit), *en song, tŏnsong.*
bison (poil noir, énorme), *khting.*
bison (poil noir, un peu plus petit que le précédent et qui se nourrit, dit-on, de serpents), *khting pŏs.*
blâmer, *diél.*
blanc, *sâ.*
blanc, bien blanc, *sâ măt.*

blanchir, *léap oi sâ.*
blanchir du linge, *léang kho au.*
blanchir à la chaux, *léap cŏmbor sâ.*
blanchisseur, *neăc léang kho au.*
blasphème, *péac chî, chŏmnî.*
blasphémer, *chî preă.*
blatte (insecte), *cŏnlat.*
blé, *srôu saley.*
blême, pâle, *slăc.*
blêmir de peur, *khlach mŭc slăc.*
blessé, froissé, offensé, *chŏt ăc thnăc.*
blessé, atteint de blessures, *trŏu rebuŏs.*
blesser, faire une plaie, *trŏu rebuŏs, thú oi trŏu rebuŏs.*
blesser avec un instrument tranchant, *căp.*
blesser, offenser, *thú oi ăc thnôc.*
blessure, *rebuôs.*
bleu, *khiéu.*
bleu de ciel, *khiéu sămbor mîc.*
bleu foncé, *khiéu chas.*
bloc de bois, *cŏl chhú, dŏl.*
bloc de pierre, *dŏm thmâ.*
bloc de fer, *dŏm dêc.*
blocus, *săngcăt.*
bloquer, entourer, *chom.*
blottir, se blottir, *crap chrôc.*
bluteau ou blutoir, *cŏn chrêng rêng.*
bluter, *rêng.*
boa (serpent), *pŏs thlăn.*
bobine, *khna.*
bocal, *phóng.*
bœuf, *cû, cû siém.*
bœuf sauvage, *cû préy.*
bœuf croisé (de sauvage et domestique), *cû khmêr.*
boire, *phŏc.*
boire une gorgée, *crep.*
bois, *chhú.*
bois, forêt, *préy chhú.*
bois de charpente, *crúóng chhú.*
bois à brûler, *ŏs.*
bois de fusil, *snôc cŏmphlúng.*
bois d'un cerf, chevreuil, *snêng.*
bois naissants d'un jeune cerf, *snêng tŏn.*
boisson spiritueuse et forte, *sra khlăng.*
boîte (bois ou métal), *prâăp.*
boîte à bétel, *prâăp sla.*
boîte en feuilles, à couvercle, *smŏc.*
boiter, *dór chŏmtŭt, khchâc.*
boiteux, *cŏmchâc.*
bol, *chan.*
bol moyen, *chan côm.*
bol très-grand, *chan chúng dămrey.*
bol en cuivre, *phtĕl.*
bombarder, *bănh pŏntăc.*
bombe, *crŏp bêc.*
bon, *lăâ.*
bon, très-bon, *chéa năs, lăâ năs.*
bonbon, *chŏmney pŏng êm.*
bon marché, *thoc.*
bond, *lôt mŏ dâng,*
bondir, *lôt.*
bonheur, *phăp.*
bonjour, *chŏmréap suôr.*
bonnet, *muôc.*
bonté, *méan chŏt chéa.*
bonze, *luc săng.*
bonze, se faire bonze, *buôs.*
bonzerie, *cŏt.*
bonzesse, *dôn chi.*
bord, *kebêr.*
bord, bordure des étoffes, *chéay.*
bord, rivage, *mŏt (tŏnlî).*
bord de la mer, *mŏt sremŏt.*
bord du fleuve, *mŏt tŏnlî.*
bordage d'un navire, d'une barque, *cadar tuc.*
border un habit, *chăm chéay.*
borgne, *khvăc mŏ khang.*
borne, *cûl.*
bosse, *bôc.*
bossu, *côm.*

botte, *sbêc chúng vêng.*
botte de paille, *sŏmnŏm chŏmbóng.*
bouc, *popé chhmŭl.*
bouche, *mŏt.*
bouchée, *mŭt.*
boucher (subst.), *neăc lŏc săch.*
boucher (verbe), *chŏc chhnŏc.*
boucher une fente, *nhŏt crâhêng.*
boucher un trou, *sŏnthŏp.*
boucher, obstruer un chemin, *stră phlŏu.*
boucherie, *phsar lŏc săch.*
bouchon, *chhnŏc.*
boucle, *mochŭl khtŏs.*
boucle d'oreilles (bijou), *cau, cŏntuŏt.*
boucle d'oreilles en ivoire ou bambou, en usage au Cambodge, *sesăl.*
bouclier, *khêl.*
bouder, *cŏnchŏu.*
boudha, *preă pŭt.*
boudhisme, *sas preă pŭt.*
boue, *phŏc.*
bouée, *cŏmsuŏl.*
boueux, terrain boueux, *dey lebăp.*
bouffon, *thlŏc.*
bouger, remuer, *cŏmróc.*
bougie, *tién.*
bouillant, en ébullition, *pŭ.*
bouilli, cuit, *cheŏn.*
bouillir, faire bouillir, *sngor.*
bouillon, *tŭc pabâr, tŭc sŏmlâ.*
bouillonner (mouvement de l'eau à 100°); *pŭ.*
boulanger, *neăc thú nŏm păng.*
boulangerie, *phteă thú nŏm păng.*
boule, *crŏp.*
boulet, *crŏp thŏm.*
bouleverser, *thú phdes phdas.*
bouquet, *phcar.*
bourbouilles, *chêng thngay.*
bourdonnement, *sŏnthăc khmŭm hór.*
bourdonner, *hó vu vu.*
bourgeon, *pĕch chhú, lŏs.*
bourrasque, *khyăl khlăng.*
bourreau, *ăngcôr-ban, srey nocôr bal.*
bourrer, entasser, *nhŏt.*
bourrer, refouler la charge d'une arme à feu, *bŏc, nhŏt.*
bourse, porte-monnaie, *thăng prăc.*
bourse d'animal, *ăch săt.*
boussole, *trey visay.*
bout, *chŏng.*
bout-à-bout, *tŏl chŏng khnéa.*
bouteille, *dâp, dâp kêu, saphdŏc.*
bouteille (grès, terre), *dâp, cŏmpŏc.*
bouteille (en grès dans laquelle les Chinois mettent l'eau-de-vie), *cămpŏc.*
boutique, magasin, *hăng (phteă).*
boutiquier, marchand, *mi hăng.*
bouton, bourgeon, *phcar crâpŭm.*
bouton d'habit, *leu.*
bouton, furoncle, *bŏs.*
boutonner un habit, *dăc leu au.*
boutonnière, *sŏnteă leu.*
bouture, *căt pŏmbêc dăm.*
bouvier, *neăc khvéal cŭ.*
boyau, *pŏ vien.*
bracelet, *câng day.*
braise, brasier, *rengúc.*
brancard, *tuc roteă.*
branche, *méc.*
brandir, *rolŏs.*
bras, *day.*
braser les métaux, *phsar spŏn.*
brasse, *phiéam.*
brave, courageux, *menŭs téâhéan.*
brave, bon, généreux, *menŭs chéa.*
bravoure, *téâhéan.*
brebis, *chiém nhi.*
bref, court, *cŏmbŏt.*
brevet (d'un titre, grade), *sŏmbŏt kha tâng.*
brevet de décoration, *sŏmbŏt kha tăng crúóng eiserigŏs.*
bride, *pŏng hiĕr.*

brider, *pŏng khăm pŏng hiér.*
brigand, *chor plăn.*
brigandage, *trŏp chor.*
briguer, *lúp ngéar.*
brillant, luisant, *phlú.*
briller, *phlú.*
brin d'herbe, de paille, *sesay smău.*
brique, *ĕt.*
briquet, *dêc phlúng.*
briquet (battre le briquet), *vay dêc phlúng.*
briqueterie, *căc ĕt.*
brise, *khsăl tĕch.*
brisé, *bêc.*
brisé (un objet long par rapport à la grosseur), *băc.*
briser, *pŏmbêc.*
briser (un objet long par rapport à la grosseur), *pŏm băc.*
broche de cuisine, *tŏmbŏt.*
broderie, *crúóng păc.*
brodeuse, *neăc păc.*
brosse à habits, *prêng.*
brosse à dents, *stŏn.*
brosser, *chras.*
brouilland, *phsêng ăp, chŏ ăp.*
brouiller, se brouiller, *ănchŏt.*
brouillon de lettre,... etc., *sŏmbŏt préang.*
broussailles, *renéam.*
brouter, paître, *si smău.*
bruit, *vôr, tréhŭug.*
bruit de voix, *lălê lălâ.*
bruit, faire du bruit, *thú vôr, vivôr.*
bruit du tonnerre, *phcor lŏn.*
bruit du canon, *sô cŏmphlúng thŏm.*
bruit uniforme, agaçant, *cacris cacrus.*
brûlé, *chhĕ hói.*
brûlé, trop cuit, *khloch.*
brûler, *chhĕ.*
brûler une plaie, *rŏmleac tŏmbău.*
brûler un cadavre, *dŏt khmoch.*
brûlure, *roléac, tŏmbău roléac.*
brume, *ănsóm phsêng.*
brutal, *cach cŏmnach.*
bubon, *hóm calién, cót svai.*
bûche, *cŏmnăt.*
bûcheron, *neăc căp ŏs.*
buffle, *crebey.*
buffle (nom d'une année), *chhnam chhlŏu.*
buffle sauvage, *crebey préy, crebey utéam.*
buffle blanc, *crebey khliéch.*
bufflesse, *mî crebey.*
bufflesse (jeune), *mî cremŏm.*
buisson, *cŏm pŏnla.*
bureau (meuble ou cabinet de travail), *burô, ti thú car (sâcer).*
burette à huile des mécaniciens, *chŏmpuéy preng.*
burin en acier, *dêc săngcăt.*
buste, *rup peăc cŏndal khluôn.*
but pour le tir, *vŏng bănh.*
but, intention, projet, *chŏt.*

C

ça, cela, *nĕ, nĭ, nŏ, nŭ.*
çà et là, aller çà et là, *tŏu nĕ tŏu nŏ.*
ça, c'est ça, *nĕ hói, nŏ hói, nŭ hói.*
cabane, *khtôm.*
cabaret, *phsa sra bai.*
cabaretier, *neăc lŏc sra bai.*
cabestan, *cŏngha.*
cabestan, virer au cabestan, *kha.*
cabinet, *cabiné (ti sâcer).*
cable, *puo.*
cabrer, se cabrer (un cheval), *sĕ bach, sĕ lút.*
caché, couvert, *cŏmbăng.*
cacher, dissimuler, *leăc, pŏm puôn.*
cacher, masquer, mettre un objet devant un autre, *băng.*
cacher, se cacher, *puôn.*

cachet, *tra.*
cacheter, *bŏt sŏmbŏt.*
cachot, *cŭc.*
cadavre, *khmoch.*
cadeau. *chŭmnun.*
cadeau fait au roi, *tăngvai.*
cadenas, *so trechiéc.*
cadet, te, *phăôn, păôn.*
cadran solaire, *norica thngay.*
cadre, *crâp.*
café, *cafê.*
café (établissement), *phteă, cafê.*
caféier, *dóm cafê.*
cafetière, *dâp dăc tŭc cafê.*
cage, *trŭng.*
cage, en cage, *khnŏng trŭng.*
cage d'éléphant, *côp.*
cage à piége pour prendre les oiseaux, *lŏp.*
cahier de papier, *to credas.*
caille, *cruôch.*
caillou, *thmâ.*
cailloux (petits mêlés de sable), *cruôs.*
caïman, *crepŭ.*
caisse, *hĕp.*
caisse, tambour, *scôr.*
caisse, grosse caisse (musique), *scôr thŏm.*
calamité, *lŏmbac, crâ thŏm.*
calao à casque en croissant, *phu véăng.*
calcaire (pierre à chaux), *thmâ cŏmbor.*
calcul, *kebăch.*
calculer avec les chiffres, *vay lec.*
calculer à l'aide de la règle à calcul chinoise, *vay kebăch.*
cale d'un navire, *bat capăl.*
caleçon, *kho khnŏng.*
calendrier, *maha săngcran.*
caler un mât, *pŏntéap dâng kdong.*
calfat, *neăc bĕt, péăm péăng.*
calfater, *bĕt, péăm péăng.*
calibre d'une arme à feu, *tŏmhŏm prâhong cŏmphlŭng.*
calicot, *tĭs êc.*
calme, temps calme, *sngăp.*
calme (individu), *nŭng.*
calmer quelqu'un, *lŭm, cŏmsan.*
calmer, se calmer, *băntŏn chŏt, cŏmsan, săngcăt.*
calomniateur, *neăc nijéay pŏng câch kĭ.*
calomnie, *pŏng căch.*
calomnier, *nijéay pŏng căch.*
calotter, *teă cŏmphliéng.*
callosité, *crŏn, săch crŏn.*
camard, *chremŏ piéch.*
camarade, *khló, cló.*
cambodge, *srŏc khmêr.*
cambodgien, *khmêr.*
caméléon, *tăc kê.*
camp, *rŭng téahéan.*
campagnard, *neăc srê, neăc chŏmca.*
campagne, *srŏc srê, srŏc chŏmca.*
campêche (bois), *chhú smêng.*
camper, *bă tŏp.*
camphre brut, *cârbô.*
camphre purifié, *pŭm sên tĭs.*
canaille, *menŭs khôch.*
canal, *préc chic.*
canard, *téa.*
canard sauvage (gris et blanc, grosseur d'une sarcelle), *provéc.*
canard sauvage (gris et blanc, très-petite espèce), *cŏmpur tŭc.*
canard d'Inde, *téa crâlapa.*
cancrelas, *cŏnlat, cănlat.*
candélabre, *chúng tién.*
candi, sucre candi, *scâr cram, scâr tŏng sĭn.*
cannelle, *sămbor lovéng.*
cangue, *khnéang.*
cangue, mettre la cangue au cou, *dăc knéang.*
cangue, mettre la cangue aux pieds, *dăc khnăs.*

canif, *combĕt băt tŏch.*
canine (dent), *thmĕnh chŏng cŏm.*
canne, bâton, *chhú chrăt.*
canne à sucre, *ămpŏu.*
canon, *cŏmphlúng thŏm.*
canon de fusil, *dĕc cŏmphlŭng.*
canon, tirer du canon, *bănh cŏmphlŭng thŏm.*
canonnier, *téahĕan cŏmphlŭng thŏm.*
canot, *lŏngbŏt, sămpan.*
cantatrice, *srey chŏmriĕng.*
cantharide, *ruy soa.*
canule, *prâdăp sŏl.*
caoutchouc, *chŏr ăngchŏt.*
cap, *chrûi.*
capable, *chĕ, presăp.*
capacité, habileté, *presăp, chĕ.*
capacité, contenance, *chămnŏ.*
capitaine d'un navire de commerce, *néay sămpŏu.*
capital, valeur, *prăc dŏm.*
capitale, capital, *srŏc chŭmnŭm.*
capitation, impôt personnel, *pŏn khluôn.*
capituler, *chŏ chŏl.*
capsule, *lât.*
captif, *neăc tŭs.*
car, *bŏ.*
caracoler, *chĭ sĕ lŏt.*
caractère, naturel, *rŭc.*
caractère, lettre alphabétique, *ăcsâr.*
caractère d'imprimerie, *pŭm.*
carafe, *dâp kĕu.*
carambole, *spú.*
carambolier, *dŏm spú.*
carapace de tortue, *snôc ăndŏc.*
carapace ou peau abandonnée par l'animal, *sămnăc.*
cardamome, *crâvanh.*
cardamome sauvage, *carco.*
carène, *bat crom capăl.*
caresser, *thnâm ăng ĕl.*
cargaison, *bŏntŭc capăl, băntŭc capăl.*
carotte de tabac, *bănh thnăm.*
carquois, *ămpŏng pruĕnh.*
carré, *buôn chrŭng.*
carreau, *ĕt buôn chrŭng.*
carrefour, *phlŏu bêc.*
carreler, *riĕp ĕt buôn chrŭng.*
carte géographique, *cŏmnur phĕn thi.*
cartes à jouer, *biĕr.*
carton, *credas cras thŭ crâp.*
cartouche, *culan.*
cas, *créa.*
cas, en ce cas, *créa nĭ.*
case, maison, *phteă.*
case d'échecs, de dames, *crâla chéa trăng.*
caserne, *rŭng téahĕan.*
casier, *thnăc kdar hŭng.*
casque, *căs.*
casquette, *caskĕt. (muôc).*
cassé, *bêc.*
cassé (un objet long par rapport à la grosseur), *băc.*
cassé (se dit des cordes, des fils), *dăch.*
casser, *pŏmbêc.*
casser (un objet long par rapport à la grosseur), *pŏmbăc, căch.*
casser (cordes, fils), *pŏndăch, pdăch.*
casserole, *khteă.*
cassonade, *scâr sâ.*
catalogue, *cămnăt sŏmbŏt.*
cataplasme, *thnăm bŏt.*
cataracte, *tŭc hôr chrăs.*
cataracte des yeux, *phnéc dŏ cŏntuy thlĕn.*
catholicisme, *sas parĕăng.*
catholique, *méan sas parĕăng.*
cause, *pi prŏ.*
causer, parler, *nijĕay.*
cautériser, *rŏmléac tŏmbău.*
caution, *thŏrnéa.*
cavalerie, *tŏp sĕ.*
cavalier (soldat), *téahĕan sĕ.*
caverne, *rung.*

ce, cette, voici, *nĕ, nĭ.*
ceci, *nĭ.*
céder, laisser au même prix, *chĕc (lŏc oi).*
céder dans une discussion, un différend, *băng.*
ceindre (un sabre, une épée), *crâvăt dau.*
ceinture, *khsê crâvăt.*
ceinture (partie du corps), *chŏngkĕ.*
ceinture du pantalon, *chŏngkĕ kho.*
cela, *nŏ.*
cela même, *nŏ êng.*
cela, pour cela, *hêt nĕ.*
célèbre, homme célèbre, *neăc méan chhmŏ.*
céleri, *phlŏu ăng kêp.*
célibataire (homme), *liu, ĕt prâpŏn.*
célibataire (la femme), *ăt phdey.*
celle (en bonne part), *neăc dêl.*
celle (en mauvaise part), *mî dêng.*
celle-ci (en bonne part), *neăc nĕ.*
celle-ci (en mauvaise part), *mî nĕ.*
celle-là (en bonne part), *neăc nŏ.*
celle-là (en mauvaise part), *mî nŏ.*
celui (en bonne part), *neăc dêl.*
celui (en mauvaise part), *a dêng.*
celui-ci (en bonne part), *neăc nĕ.*
celui-ci (en mauvaise part), *a nĕ.*
celui-là (en bonne part), *neăc nŏ.*
celui-là (en mauvaise part), *a nŏ.*
celui-ci, celui-là, celle-ci, celle-là, lorsqu'on désigne ainsi un animal ou un objet, on énonce le nom de l'animal ou de l'objet et on ajoute simplement le mot *nĕ,* ou *nŏ.*
cendre, *phĕ.*
cendre, couleur de cendre, *sămbor pâphĕ.*
cendres d'un mort, *théat.*
cent, *roi.*
cent pieds, *kăêp.*
centenaire, *ayôs roi chhnăm.*
centre, *cŏndal.*
cependant, *pŏntê.*
ceps, fers, *khnŏs.*
cérat, *thnăm cău jŏc.*
cercle (géométrie), *mul sŏmpêt.*
cercle (de barrique,...), *cŏndăp.*
cercler, *dăc cŏndăp.*
cercueil, *machhus.*
cérémonie, *bŏn.*
cérémonie, grande cérémonie, *bŏn thŏm.*
cérémonie diabolique, *acŏm arăc.*
cerf (en annamite *connai* et en français cerf, cheval), *prós.*
cerf, axis, très-rapide, *romăng.*
cerf-volant, *khlêng.*
cerné, environné, *chom chŭm.*
cerner, entourer, *chom.*
certain, évident, *chéăc, prâcăt, pĭt.*
certainement, *chéăc, prâcăt, pĭt.*
cerveau, *reléa căbal.*
cervelle, *khuôr căbal.*
cesse, sans cesse, *darap.*
cesser, discontinuer, *chhŏp, cŏm al, pŏng ăng.*
cesser (par ordre), *băng khan.*
cesser les hostilités, *léng chbăng.*
cesser (la pluie), *réăng phliéng.*
cesser (le vent), *sngăp khjăl.*
chacun, *muéy neăc.*
chagrin, *tŭc.*
chagrin, avoir du chagrin, *méan tŭc.*
chagriner, *oi méan tŭc.*
chagriner (se), *oi chéa tŭc khluôn êng.*
chaîne, *chrevăc.*
chaîne de montre, *chrevăc norica.*
chaînon, anneau de chaîne, *cravêl chrevăc.*
chair (des animaux, des fruits), *săch.*
chaire à prêcher, *crê tissna.*
chaise, siége, *cau ey.*
chaise à porteur, *crê snêng.*
chaland (bateau), *sămpan dŏc.*

chaleur, *cŏmhai khvau.*
chaleur du soleil, *cômhai thngay.*
chaleur (animal en chaleur), *doi chhmûl.*
chaloupe, *sămpan thŏm, lŏngbŏt thŏm.*
chaloupe à vapeur, *capăl phlúng.*
chalumeau, *pey.*
chambre, *chóntŏp, băntŏp.*
chameau, *săt ôt.*
champ, *srê.*
champ cultivé, *srê thú hói.*
champ ensemencé, *srê pruôs hói.*
champ de bataille, *ti chŏmbăng.*
champ, sur-le-champ, *nŏu ti, rŏmpĕch.*
champignon, *phsĕt.*
chance, sort, *sămnang, préng, phŏp.*
chance, bonne chance, *préng, lăâ sămnang lăâ, phŏp lăâ.*
chanceler, *trét trût, tetrét tetrût.*
chanceler en marchant, *dór trét trût.*
chancre, *tŏmbău kdâr.*
chandelier, *chúng tién.*
chandelle, *chŏng kiéng.*
changé, remplacé (objet ou personne que l'on remplace), *bămlàs, bănlàs.*
changer, remplacer, *phlàs.*
changer, échanger, traquer, *dôr, phdôr.*
changer, devenir autre, *prè rŭc.*
chanson, *tŏmnŭc.*
chant (hommes), *chŏmriéng.*
chant (animaux), *sămrêc.*
chanter (hommes), *chrieng.*
chanter (animaux), *srêc, jŏm (săt), rongéau.*
chanter (les poules), *mŏn khtéat.*
chanter (les coqs et les tourterelles), *rengéau.*
chanteuse, *neăc chŏmriéng.*
chanvre du pays, *thméy.*
chapeau du pays en paille ou bambou, *duôn.*
chapeau (toute coiffure européenne) *muôc.*
chapeau (porter, mettre un chapeau), *peăc muŏc.*
chapeau, ôter son chapeau, *dà muôc.*
chapelet, *phcŏm.*
chapelle, *préâ vihier tôch.*
chapitre, *chŏmpuc.*
chapon, *mŏn criéu.*
chaque, *muéy.*
chaque jour, *muéy ngay.*
chaque mois, *muéy khè.*
char, *rotéă.*
char à buffles, *roteă cabey.*
charançon, *khmôt.*
charbon, *thyung.*
charbon de terre, *thyung thmâr.*
charbon de bois, *thyung ŏs.*
charcutier, *neăc thú chruc lòc.*
charge, fardeau, *pŏntŭc.*
charge, emploi, grade, *ngéar.*
chargement, *pŏntŭc.*
charger, *phtŭc, chŏmnŏs.*
charger un animal, *preneăc sat.*
charger (arme ou sac), *chrâc.*
charitable, *neăc méan thór, săbbârâs.*
charité, *méan thór.*
charnière de porte, *trâchiéc thvéa.*
charnière de boîte, *trâchiéc prâăp.*
charpente, *crúóng chhú.*
charpentier, *chéang chhú.*
charretier, *neăc băr roteă.*
charrette, *roteă.*
charrier, *dŏc.*
charrue, *ăngcŏl.*
chasser au fusil, *tŏu bành.*
chasser (avec rabatteurs, avec lances, bâtons), *dĕnh.*
chasser, pousser devant soi des bestiaux, *dènh sàt.*
chasser, renvoyer, *dènh.*
chasser les ennemis, *dĕnh khmàng.*
chasseur, *préan.*

chassie (humeur des yeux), *papŭc phnéc.*
chasteté, *méan leăc.*
chat, *chhma.*
chat-huant, *săt cŭc.*
chat-tigre, *khle trey* (petit).
châtier, *thú tûs, yóc tûs.*
châtiment, *tûs.*
chatouiller, *chăc khliéc.*
chatouilleux, *menŭs rosóp.*
châtré, *criéu hói.*
châtrer, *criéu.*
chaud, *cădău.*
chaudière à vapeur, ou de cuisine, *chhnăng khteă.*
chaudière de cuisine en terre, *chhnăng.*
chaudron, *chhnăng khteă thŏm.*
chauffer, *cŏmdău.*
chauffer (se), *ăng phlúng.*
chauffer dans un vase, *dăm.*
chauffer, brûler comme en repassant, *al.*
chauffeur, *neăc dŏt phlúng* (capăl).
chaume, *sbŏu.*
chaussée, *phlŏu lúc, thnăl.*
chausser, se chausser, *peăc sbêc chúng.*
chaussette, *srom chúng.*
chauve, *tŏmpéc.*
chauve-souris (grosse espèce ou roussette), *chrŭng.*
chauve-souris (ordinaire), *prechiéu.*
chaux, *cămbor, cŏmbor.*
chaux de pierre, *cămbor thmâ.*
chaux de coquillage, *cămbor liés.*
chaux vive, *cămbor chhău.*
chaux pour le bétel, *cămbor biéc.*
chaviré, *phcăp hói.*
chavirer, *phcăp.*
chef, *mî, néai.*
chef de bonzerie, *mî văt.*
chef de douane, *mî coi.*
chef militaire (en sous-ordre), *sênd.*
chef militaire, *mitŏp.*
chef de brigands, *mî chor, mî phlăn.*
chef d'une administration, d'un corps quelconque ; ajouter au mot qui indique la fonction, le mot cambodgien *changvang*, qui veut dire directeur d'un service public.
chemin, *phlŏu.*
cheminée, *ămpŏng phlúng.*
chemise, *au khnŏng.*
chenal, passage profond, *prelay.*
chenille, *tŏngkŏu.*
cher, haut prix, *thlay.*
cher, très-cher, *thlay năs.*
cher, assez cher, *thlay lemôn.*
cher, chéri, aimé, *salanh, srâlănh.*
chercher, rechercher, *rôc.*
chercher à tâtons, *stéap rôc, srâva rôc.*
chercher, aller prendre un objet désigné, *jôc.*
chétif, *scôm prâdâc.*
cheval, *sĕ.*
cheval hongre, *sĕ criéu.*
cheval (nom d'une année), *chhnăm mŏmi.*
chevaucher, *bâr sĕ.*
cheveu, *săc.*
cheveux blancs, *săc scŏu, scŏu.*
cheveux grisonnants, *scŏu bŏndór.*
cheveux lisses, *săc slôt.*
cheveux frisés, *săc căn chrănh, săc crâ nhănh.*
cheveux mal peignés, *săc căntrúng.*
cheveux épars, *săc rosay.*
cheveux pendants, *săc sŏmjai.*
cheville du pied, *phnéc câ.*
cheville, clavette, *cŏnlăs.*
chèvre, *popé nhi.*
chèvre (nom d'une année), *chhnăm mŏmé.*
chevrette, *pŏng kâng.*
chevrette sèche de mer, *pŏng kéa.*
chevreuil, *khdăn.*

chevrotain-meminna (famille des cervidés), *phyâng*, *kdăn ngéang*.
chez, *phteă*.
chez nous, *phteă neăc*.
chez qui? *phteă neăc na*.
chien, *chhkê chhmŭl*.
chien (nom d'une année), *chhnăm chŭ*.
chien enragé, *chhkê chhcuôt*.
chien de fusil, *cay cŏmphlúng*.
chienne, *chhkê nhi*.
chier, *chŭ*.
chiffon, *cŏmnăt sŏmpŏt*.
chiffre, *lec*.
chignon, *săc buông*.
Chine, *srŏc chĕn*.
chinois, *chĕn*.
chiquenaude, *phtăt*.
chirurgien, *crupét*.
choc, *tŏngcuc*.
choisir, *rŭs*.
choléra, *chŏmngú ămbăl*.
choquer, heurter, *tŏngcŭc khnéa*.
choquer, offenser, *oi ăn chŏt*.
choquer une amarre, *pŏndoi*, *pŏnlai*.
chose, une chose, quelque chose, *eyran*.
chose, chose à faire, occupation, travail à faire, *car*.
chose, peu de chose, *sap réléap*.
chose, la même chose, *dôch khnéa*, *dôch dêl*.
chou, *spey parăng*.
chouette, *chhma ba*.
chrétien, *méan sas*, *cristăng*.
christianisme, *sas parăng*.
chrysocale, *tŏng féa*.
chuchoter, *khsŏp*.
chut! silence, *sngiém*.
chute, *chrŭs*.
chute des feuilles, *chămrŭs*.
ci, ici, *nĕ*, *ênĕ*.
cible, *vŏng bănh*.
cicatrice, *snam*, *sămnam*.
cicatrisé, *să*.
cicatriser, *phsă*.
ciel, *mĭc*.
ciel, dans le ciel, *lú mĭc*.
ciel nuageux, *mĭc srotŏm*.
ciel obscur, *mĭc ăp*.
ciel clair, serein, *mĭc srelă*.
cierge, *tién thŏm*.
cigale, *réy*.
cigale, chant de la cigale, *sămrêc réy*.
cigare, *barey*.
cigarette, *barey*.
cil, *memis phnec*.
cime, *cŏmpul*.
ciment, *simăng*.
cimetière, *dey preă pôr*.
cinq, *prăm*.
cinquante, *hasŏp*.
cinquantième, *hasŏp phéac*.
cinquième, *prăm phéac*.
circoncision, *bŏn căt sbêc*.
circonférence, *vŏng*.
circonstance, *créa*.
circonstance, dans cette circonstance, *créa nĕ*.
cire, *cremuôn*.
cire, pain de cire, *cremuôn chan*.
cire végétale, *cremuôn chămbăc*.
cisaille, *cŏntray thŏm*.
cisaille à couper le fer, le fer-blanc, *cŏntray căt dêc*.
ciseaux, *cŏntray*.
ciseau de charpentier, *pŏnléac*.
ciseler, *chhlăc*, *dăp*.
citadelle, *bŏnteay*, *pŏnteay*.
citer, assigner, *că*, *hău*.
citerne, *ăndông*.
citron, *crôch chhmar*.
citron cédrat, *crôch phléa*.
citronnelle, *sacréy*.
citronnier, *dóm crôch chhmar*.
citrouille, *repŏu*.
claie, *réan*.

clair, distinct, *chbas*.
clair, limpide, *thla*.
clair, transparent comme les étoffes, *múl thlŭ, sdóng*.
clair, éclairé par la lune, le soleil, la lumière, *phlú*.
clair de lune, *khê phlú*.
clairement, *chbas, phlú*.
clairon, *trê*.
clairon (l'instrumentiste), *neăc phlŏm trê*.
clairvoyant, pénétrant, sagace, *chhvéng*.
clarifier, *thú oi thla*.
clarté, *phlú*.
clause d'un contrat, *khâ sanya*.
clavicule, *cheŏng sma*.
clef, *cônso*.
clef, fermer à clef, *chăc so*.
clémence, *mita pros*.
clément, *neăc mita pros*.
cligner des yeux, *paprĕch phnéc*.
climat, *pilea*.
clin d'œil, en un clin d'œil, *múl mo prĕch phnec*.
cloche, *rokéăng*.
clochette, *cŏndŏng*.
cloison, *ănchéăng, khăn*.
cloison mobile, *ănchéăng phói*.
clore, *réăng*.
clos, *réăng hói*.
clôture, *rebâng*.
clôture avec plantes à épines, *srăs pŏnla*.
clou, *dêc cŭl*.
clou, furoncle, *bôs*.
clou de girofle, *phca chăn*.
clouer, *bă dêc cŭl*.
clystère, *sŏl*.
coaguler, *câc*.
coasser, *sămleng ăngkêp*.
cocher, *neăc bâr roteă*.
Cochinchine, *srŏc yuôn*.
cochon, *chruc*.
cochon de lait, *côn chruc*.
cochon d'Inde, *cŏndor tĭs*.
cochon (nom d'une année), *chhnăm cor*.
coco, *dông*.
cocon, *sŏmbŏc néang*.
cocotier, *dóm dông*.
code, *créăng chbăp*.
cœur, sentiment, *chŏt*.
cœur, bon cœur, *chŏt chéa, chŏt lââ*.
cœur (de tout), *âs pi chŏt*.
cœur (partie du corps), *bĕ dông*.
cœur d'un arbre, *khlĕm*.
coffre, *hĕp*.
cognac, *sra conhac*.
coiffer, se coiffer, *péăc muôc*.
coiffure, *muôc*.
coin, enfoncement, *kién, chrŭng*.
coin (outil), *sniét*.
coin de mire d'un canon, *cŏmnăl cŏmphlúng thŏm*.
coïter, *sêp sămphŏp, chŏy* (vulgaire).
col de chemise, *câ au, srăng câ*.
colère, *khŏng*.
colibri, *săt popéch*.
colique, *chhú pŏ, chhú phtéy*.
cólle, *cao*.
colle faite avec de la farine, *bâr man*.
collecteur, *neăc yôc pŏn*.
collége, *sala rién*.
coller, *bŏt, phchŏp*.
collet d'habit, *câ au*.
collier, *cângcâ*.
collier au pied, *câng-chúng*.
colline, *phnŏm tôch, tuôl*.
colombe, *préap*.
colombier, *phteă préap, trŭng préap*.
colonne, *tâsâr*.
colorer, *oi sŏmbor*.
colorier, *léap sŏmbor, cur pór*.
combat (de deux personnes, ou de peu de monde), *pachhlŏ padăl*.

combat (de deux armées), *chămbăng.*
combat naval, *chămbăng chŭng tŭc.*
combat à bras le corps, *chămbăp.*
combat d'animaux à cornes ou à bec, *chŏl.*
combat d'animaux qui mordent, *pâ khăm.*
combattant, *neăc chămbăng.*
combattre, *chbăng, chămbăng.*
combien, *pâman.*
combien, quelle quantité, *sŏmnuôn pâman.*
combien est-ce? *thlay pâman.*
combiner, *cŭt khnéa.*
combler, remplir, *pŏmpĕnh.*
combler de bienfaits, *thú cŭn chrón.*
comédie chinoise, *hi, ngiu.*
comédie chinoise, jouer cette comédie, *lĭng hĭ, lĭng ngieu.*
comédie annamite, *hăt boi.*
comédie annamite, jouer cette comédie, *lĭng hăt boi.*
comédie cambodgienne, *lakhon.*
comédie cambodgienne, jouer cette comédie, *răm.*
comédien chinois, *cŏn hi.*
comédien annamite, *côn hăt boi.*
comédien cambodgien, *puôc lakhon.*
comestibles, *sbiéng.*
comète, *phcai dŏ cŏntuy.*
comique (acteur), *thlŏc.*
commandant, *commandang, micâng.*
commander, *băngcap.*
comme, de même que, *dôch, bey dôch.*
comme moi, *dôch khnhŏm.*
comme ça, *ichĕ, dôch nĕ.*
commencement, avant tout, *mŭn dămbông, dóm, mŭn âs, dómlói.*
commencer, *chăp dóm.*
comment, *mĕch, dôch medĕch.*
commerçant, *neăc chŏmnuônh, chhmuônh.*
commerce, *chŏmnuônh.*
commercer, *chuônh, lelŏc.*
commettre, *chôl day.*
commission, message, *phnhór oi, phdăm oi.*
commode, aisé, *sruôl.*
commode, armoire, *hĕp thât, tu.*
commun, abondant, *méan chrón.*
communier (les catholiques), *totuôl preă.*
communion, *bŏn totuôl preă.*
communiquer, *lĕch.*
compacte, *khăp.*
compagnie, association, *chôl mul khnéa, cŏmpanhi.*
compagnon, ami, *sŏmlănh.*
comparer, *phtĭm múl, lô múl.*
compas, *mŏt săt, khnat pŏngvĕl.*
compassion, *anŏt.*
compatir, *anŏt.*
compatriote, *cót nŏu srŏc müey.*
compenser, *sâng chuôs.*
complaisance, *méan chŏt lăâ.*
complaisant, *chéa, neăc méan chŏt lăâ.*
complet, *crŏp.*
compléter, *băngcrŏp.*
complice, *chôl day khnéa, cânbân.*
compliment, *sesór ămnâr.*
complimenter, *nijéay sesór.*
complot, *cŭt cach.*
comploter, *thú cach.*
comprendre, *jŏl.*
comprendre (faire), *bămjŏl, bănjŏl.*
compresse, *sŏmpŏt rŭm tŏmbău.*
comprimer, serrer, *rŭt.*
compromettre (se), *chôl khang khôch.*
comptant, au comptant, *prăc dăl day.*
compte, *cŏmnăt, banh chi.*
compter, *rŏp.*
comptoir, maison de commerce européenne, *hang.*
concave, *không.*

concéder, *oi.*
concerner, *trŏu mŭc ngéar.*
concerter, délibérer, *chŭm cŭt car.*
concevoir, devenir enceinte, *phŏm.*
concevoir, comprendre, *jŏl.*
concierge, *neăc reăcsa phteă.*
concilier, *phcŭm oi chéa khnéa.*
concis, précis, *khley.*
conclure un traité, un marché, *băng hŏi, phdăch.*
concombre, *tresăc.*
concorde, *trŏu khnéa.*
concorder, *trŏu nŭng khnéa.*
concourir, être en concurrence, en lutte, *prenăng.*
concourir, aider, *chuéy.*
concubinage, *sahai.*
concubine d'un mandarin, *mî kha.*
concubine d'un homme du peuple, *propŏn chŏng.*
concurrence, *phchănh khnéa.*
concussion, *pŏmbat, săngcat, réas.*
condamner, *trŏu tûs.*
condamner à l'amende, *trŏu tûs lŏc, creja piney.*
condamner à la mort, *jôc tûs slâp.*
condisciple, ami d'enfance, *khnéa.*
conduire, accompagner, *chŭn tŏu.*
conduire des animaux (à la voiture, la selle...), *băr.*
conduire (un navire, une barque, ou des animaux lorsqu'on n'est pas dessus, ni sur l'objet qu'ils traînent), *năm dŏc.*
conduit, rigole, *ô.*
conduit d'eau des toits, *rông tŭc.*
conduite, manière d'agir, *meajeat.*
confesser, *oi srai bap.*
confesser (se), *srai bap, lŏn tûs.*
confession, *bŏn srai bap.*
confiance, *chŏt chúa, tŭc chŏt.*
confier (objets ou secrets), *oi reăcsa tŭc.*
confire, *thú tŏmnăp.*
confisquer, exproprier, *rŭp.*
confiture, *tŏmnăp.*
confluent de deux fleuves, *tŏnlî presăp.*
confondre, se tromper, *chrelăm.*
confondre un imposteur, *phchănh.*
confondre, mêler, *léai.*
conforme à... *dôch tam.*
conformer (se), *sdăp băngcăp.*
confus, brouillé, *mŭn chbăs, phdas.*
confus, honteux, *neăc khmas.*
confusion, désordre, *phdes phdas.*
confusion, honte, *khmas.*
congédier, inviter à sortir, *ănchŭnh tŏu.*
congeler, *câc.*
conjecturer, *proman.*
connaissance, avoir sa connaissance, *méan smar dey.*
connaissance, avoir connaissance de... *dŏng khdey.*
connaissance, une connaissance, *scŏl (kî).*
conique, *mul sruôch.*
connaître, savoir, *dŏng.*
connaître quelqu'un, *scŏl (kî).*
conquérir, *jôc srŏc.*
connu, ue (chose que chacun sait), *dŏng sŏ sai hói.*
consacrer aux idoles, *thvai preă pŭt.*
consanguin, *bâng phôôn apŭc chéa muéy.*
conseil, *dŏmnŏng.*
conseiller, *bontun méan.*
consentir, *chôl, prôm, sŏc chŏt.*
conserver, *reăcsa tŭc, reăcsa.*
considérer, *rŏp an.*
consoler, *lôm, luông, tun méan.*
consolider, *oi chăp.*
consommer, *relŏ.*
consommer, achever, *băng âs, rŏmlŏ.*
conspirer, *bă.*

constance, persévérance, *chŏt nŭng.*
constant, *neăc chŏt nŭng.*
consterné, *neăc cŏmlach.*
constipation, *tŏp chŭ, kedién.*
construire (sens général), *thú.*
construire (maison), *săng.*
construire (navires, barques), *tâ sămpŏu.*
consul, *cŏngsul.*
consulter, *prŭcsa, picrŏ.*
contagieux, *chhlâng.*
conte, *car lúc nyeay.*
contempler, *chhngăl phéăng.*
contenance, maintien, *rŭc.*
contenir, *chŏ, chămnŏ.*
contenir, retenir, *săngcăt chŏt.*
contenir (se), *săngcăt chŏt êng.*
content, *sabai, âv, trec âr.*
content, très-content, *sabai năs, âr nas.*
contentement, *ămnâr.*
contenter, *thú oi sabai, thú oi âr.*
contenter (se), *thú oi khluôn sabai, thú oi khluôn âr.*
conter, *nyeay dŏmnór réam ke.*
contester, *prâkêc.*
contigu, *prâp chĭt.*
contigu (ne se dit que des maisons), *sĕnjap.*
continuel, *jún.*
continuellement, *achentray.*
continuer, *tâ tŏu.*
contorsion du corps, *pŏt khluôn.*
contour, *băt.*
contourner, *dór chŭm vĭnh*
contracter, traiter, *thú sanja.*
contracter une habitude, *jôc tŏmlăp*
contraindre, forcer, *băng khăm.*
contraire, *tetŭng, chras.*
contraire, vent contraire, *khsăl chras.*
contraire, courant contraire, *tŭc chras.*
contrarié, *tetŭng hói.*
contrarier, *thú tetŭng.*
contrat, traité, *sanh-ja.*
contravention, *khŏ chbăp.*
contre, auprès, *phtăp.*
contre, contraire, *tetŭng.*
contre (signifiant avec), *nŭng.*
contre (se battre contre), *chbăng nŭng.*
contrebande, *rŏt coi.*
contrebandier, *neăc rŏt coi.*
contre-coup, répercussion, *khtŏr.*
contredire, *nyeay tetŭng.*
contre-façon, *clĕng.*
contrefaire, imiter, *trap.*
contrefait, difforme, *menŭs pica.*
contre-ordre, *băngcăp etiĕt.*
contre-poids, *cón ănching.*
contre-poil, *memis dŏchras.*
contre-poison, *thnăm pŏnsap pŭl.*
contre-vent, volet, *slap phteăng pŏng uôch.*
contribution, impôt, *pŏn.*
contrôler, vérifier, *phinĭt.*
controleur, *neăc phinĭt.*
contusion, *chăm (duôl).*
convaincre, persuader, *atticăt.*
convalescent, *neăc crenbó.*
convenable, *cuôr.*
convenir, être d'accord pour... *trŏu khnéa nŭng...*
convenir, plaire, *smăc chŏt, trŏu chŏt.*
convenu, *prôm hói, smăc chŏt hói.*
converger, *chuôp.*
conversation, *car nyéay.*
converser, *nyeay cur.*
conversion, changement, *phlăs.*
convertir, se convertir, *prê cŏmnŭt.*
convier, inviter, *ănchúnh.*
convive, *phnhiéu.*
convoi funèbre, *hê khmoch.*
convoiter, désirer, *lûp.*
convoquer, *phchŭm khnéa.*
convoyer, *hê capăl.*
convulsion, *cŏntréăc khlúôn.*

coopérer, *chuéy khnéa.*
coordonner, *riép.*
copeau, *rŏmcăch, chŏmnăng.*
copie, imitation, *sŏmbŏt chămbâng.*
copier, *chămlâng.*
copieux, *rŏmpéas.*
copiste, *neăc chămlâng.*
copuler, *sêp sŏmphŏp, chŏy.*
coq, *mŏn chhmŭl.*
coq de combat, *mŏn côc.*
coq ou poule (croisés de la race de combat et de l'espèce ordinaire), *mŏn téang.*
coq sauvage, *mŏn préy.*
coque d'œuf, *sŏmbâc pông mŏn.*
coquette, *thú khluôn.*
coquille pour faire de la chaux, *liés cŏmbor.*
coquin, *a-chor, a-khôch.*
corail, *thmâ phcar.*
corbeau, *kêêc.*
corbeille, *chŏnge.*
cordage, *prédap khsê.*
corde, *khsê.*
corde faite avec des lanières de cuir, *prăt.*
corde de violon, *khsê trô.*
cordeau de charpentier, *bŏntŏt.*
cordon, *sesaý (sôt khsê).*
cordonnier, *chéang thú sbêc chúng.*
cornac, *tramac, cŏngveal dŏmrey, neăc tramac.*
cornaline, *thmâ day akiém.*
corne (de tous les animaux, sauf du rhinocéros), *snêng.*
corne de rhinocéros, *cŏi roméas.*
corne molle des jeunes cerfs, *snêng tŏn.*
corne, ongle du pied des bêtes, *crechâc.*
corossol (fruit), *mabat.*
corossol (arbre), *dóm mabat.*
corps, *khluôn, rup ăng.*
corpulent, *menŭs cŏmpong, neăc thŏm.*
correction, châtiment, *bănchal, bŏnchal.*
corriger (une erreur...), *kè.*
corriger, punir, *bănchal, phchal.*
corriger (se), *réang, chal.*
corrompre, gâter, *khôch.*
corrompu, gâté, *khôch hôi reluey.*
corrompu, perverti, *menŭs khôch.*
corset, *yém, iém.*
cortége, *hê.*
corvée, *réach chéa car.*
costume, *sămliéc.*
côte (os), *cheŏng chŏmnir.*
côte, bord de la mer, *mŏt sremŏt.*
côté, flanc, *chŏmhiéng khluôn, khang.*
côté, point de côté, *chŏc siét.*
côté, *khang.*
côté, un côté, *mŏ khang.*
côté, de l'autre côté, *mŏ khang nŏ, trói mŏ khang.*
côté, de quel côté? *pi khang na.*
côté, de ce côté, *khang nĕ.*
côté, des deux côtés, *téang săng khang.*
côté, de l'autre côté du fleuve, *trói mŏ khang.*
côtelette, *cheŏng chŏmnir.*
cotiser, se cotiser, *pâmôl khnéa.*
coton brut non égrené, *crebas.*
coton du fromager (arbre), *cô.*
coton égrené, *sămley.*
coton filé, *ămbăs, ămbă*
coton en étoffe, *sŏmpŏt sâ.*
cotonnier (l'arbre), *dóm cô.*
côtoyer, *prâp mŏt sremŏt.*
cou, *câ.*
cou-de-pied (partie du corps), *khnâng chúng.*
cou de travers, *câ cangĕch.*
couchant, côté du couchant, *khang thngay lĭch.*

couche (de peinture, de chaux...), *léap thnăm pŏr sămbor mŏ tŭc.*
coucher (se) (se dit des hommes et des animaux), *dec, phdec khluŏn.*
coucher, se coucher sur le dos, *dec phnga.*
coucher, se coucher sur le côté, *dec piéng.*
coucher, se coucher sur le ventre, *dec phcăp.*
coucher du soleil, *thngay lĭch.*
coucher un objet à terre, déposer à terre, *phdec.*
coude (partie du corps), *kêng day, dŏm day.*
coude (tournant d'un fleuve), *băt.*
coudée (mesure du pays), *hăt.*
coudoyer, *thâng.*
coudre, *der.*
coulé, *lĭch, lŏng.*
couler à fond (sans effort pour obtenir ce résultat), *lŏng lĭch.*
couler, faire couler, *pŏnlĭch.*
couler, fondre, *sĕt.*
couler, répandre, *lĕch.*
couler goutte à goutte, *lĕch tăc tăc, srăc.*
couleur, *sămbor, pŏr.*
couleur claire, *sămbor phlú, sămbor thla.*
couleur noir luisant, *sămbor khmău relúp.*
couleur rouge de feu, *sămbor crehâm chhĕ.*
couleur rouge de minium, *sămbor creham slêt.*
couleur vive, *sămbor srăs.*
couleur rouge luisant, *sămbor crehâm rŏntéal.*
couleur bleu luisant, *sămbor khiéu lemuôt.*
couleurs diverses, *sămbor popléăc.*
couleur violette, *sămbor svai.*
couleur jaunâtre, *sămbor sêt.*
couleuvre, *pŏs thlăn.*
coup de vent, *khsăl ma hŭc.*
coups de poing, petits coups répétés que se font appliquer les indigènes pour calmer une douleur, *cŏc.*
coup de poing donné horizontalement, *dăl.*
coup de bâton, donner un coup de bâton, *vay.*
coup de bâton droit, *rŭc.*
coup de soleil, *thngay chăng.*
coup de fusil, *bănh mŏ cŏmphlŭng.*
coup de pied, donner un coup de pied, *tăt.*
coupable, *khŏs, neăc méan tŏs.*
coupe, petite tasse, *péng.*
coupé, *cŏmbŏt dăch.*
couper en petits morceaux, *chĕt.*
couper (se dit des gros travaux, des amputations), *căp.*
couper de même longueur, de même largeur, *dămrĕm.*
couper (les petits objets), *căt.*
couper du bois à brûler, *crebêl os.*
couper net, *căt măt, phdăch măt.*
couper, défricher, *chămras.*
couper la parole à quelqu'un, *sçăt péac.*
couple, paire, *cu.*
coupure, *snam dăch, snam căp.*
cour d'une maison, *thléa.*
cour d'un roi, *mŭc mŏntrey.*
cour, faire la cour à une fille, *nyéay chăng srey.*
courage, *méan chŏt.*
courageux, *neăc méan chŏt.*
courant, *tŭc hôr.*
courant fort, *tŭc hôr khlăng.*
courant favorable, *tŭc hôr pŏndoi.*
courant contraire, *tŭc hôr chras.*
courbe, ligne courbe, *cong.*
courbe, bois courbe, *chhú cong.*

courbe, membrure de barque, *cŏng.*
courbé, *cong.*
courbé (se dit des nez et des becs recourbés), *khŏp.*
courbé, voûté, *khnâng cong.*
courber, *pŏng cong.*
courber, se courber, se baisser, *on.*
courge, *khlŭc.*
courir, *rŏt.*
courir (pour les bêtes), *bol.*
courir, aller çà et là, *rŏt tŏu nĕ tŏu nŏ, rŏt crevĕl tŏu mŏc.*
courir après, *rŏt tam.*
courir, partir subitement pour exécuter un ordre, ou une idée à soi, *rŏt stŭ tŏu.*
couronne, *mocŏt.*
couronner, *ăppisĕc.*
courrier, facteur, *neăc prâchăm chun.*
courroie plate en cuir, *khsê sbĕc.*
courroie, corde cylindrique en cuir, *prăt.*
cours d'eau, *ô.*
course d'hommes, d'animaux, de barques, *prenăng.*
court, *khley.*
courtilière, *chŏngrĕt dĕc.*
courtisan, *menŭs phsăm si.*
cousin germain, *bâng phŏôn chi dôn muey.*
cousin au deuxième degré, *bâng phôôn chi tuôt muey.*
coussin, *khnŏi.*
coussin plat, *kĕp.*
couteau, *cŏmbĕt.*
couteau, gros couteau, sorte de hachoir, *cŏmbĕt préa.*
couteau avec gaine, *cŏmbĕt sniĕt.*
couter, *thlay.*
coutume, *tŏnlŏp, dămlŏp.*
couture, *thner.*
couver, *crap pông.*
couvercle, *crŏp.*
couvert, à l'abri, *molŏp, cŏmbăng.*
couverture, *phuéy.*
couverture d'un livre, *crâp sŏmbŏt.*
couvrir, *crŏp.*
couvrir le toit d'une maison, d'une barque, *prăc.*
couvrir, se couvrir, *tŏndăp khlŭôn.*
couvrir, se couvrir la figure avec les mains, *khtŏp mŭc.*
couvrir de terre, *dey lŏp.*
couvrir, se couvrir, se coiffer, *peăc muôc.*
couvrir, coït des animaux, *chŏn khnéa.*
crabe, *khdam.*
crachat, *cŏmhac.*
crachat épais, *slĕs.*
cracher, *sdă.*
crachoir, *cŏntho.*
craie, blanc pour écrire sur un tableau, *dey sâ.*
craindre, appréhender, *crĕng.*
craindre, crainte, *nhe nhŭt, arăm.*
craintif (un homme), *neăc cŏmlach.*
craintif (animal), *păól, phlang.*
cramoisi, *crehâm chăm.*
crampe, *khdam căch.*
crâne, *roléa căbal.*
crapeau, *king cŏc.*
craquer, *sô băc.*
crasse, *cŏmĕl, kăĕl.*
crasseux, *menŭs smŭc crŭc.*
cravache, *rŏmpŏt sĕ.*
cravate, *khsê châng câ (pareăng).*
crayon, *chhŭ cus, chhŭ sâcer.*
créancier, *mechas bŏmnŏl.*
crécelle des bonzes, *tedoc luc săng.*
crédit, à crédit, *chŭa (tinh, lŏc).*
crédule, *hay chŭa.*
crédulité, *chămnŭa.*
créer, *băngcŏt.*
crêpé, cheveux tortillés, *săc crânhănh.*
crêpes, gâteaux, *nŏm criĕp.*
crépon, *prê ruŏnh.*

crépuscule, *prelŏp.*
crête, *ser.*
crête, cime, *cŏmpul.*
creuser, *chic.*
creuser du bois, *lŭng.*
creuset, *chhnăng nŭng rŏmléay, bau.*
creux, *không.*
crevasse (dans le sol), *bêc crahêng dey.*
crevasser, *prĕ.*
crever, *thleay.*
crevette, *pŏng câng.*
cri (arraché par une surprise), *phnhéăc srêc, ă.*
cri (hommes et animaux), *sămrêc.*
crible, tamis, *cănchrêng réng.*
cribler, tamiser, *réng.*
criée, à la criée, *pram, paupram.*
crier, publier, *pram, paupram.*
crier (hommes et quadrupèdes), *srêc.*
crier en parlant, *srêc tha.*
crieur public, *neăc pram, neăc paupram.*
crime, *sŏmlăp ki.*
criminel, *neăc tŭs.*
crin, *săc sĕ, cŏntuy sĕ.*
crinière (de cheval), *săc cŏlcâ sĕ.*
crinière (de lion), *săc cŏlcâ sŏng.*
crise (dans la maladie), *pél vŏc chhú.*
cristal, *chăr nay.*
critiquer, *bĕ bucy.*
croasser, *sŏmleng kăêc srêc.*
croc, *tŏmpŏc.*
croc-en-jambes, *tŏt chúng phduôl.*
croc de sanglier, *khnai chruc.*
croche, *thpŏc.*
crochet, *tŏmpŏc tôch.*
crochu, recourbé, *khvêu.*
crocodile, *crepú.*
croire, ajouter foi, *chúa.*
croire, espérer, se figurer, *proman, prohêl, sman.*
croire (sens de craindre, soupçonner), *crêng.*
croisée, *pŏng uôch.*
croiser les bras sur la poitrine, *op dŏm trung, op day.*
croiser les mains derrière le dos, *crepŏt day.*
croiser les jambes, *păn chúng.*
croître, grandir, *thŏm lóng.*
croix, *crus, chhú crus.*
croix (tout ce qui a cette forme et aussi la position d'un homme ayant les bras étendus horizontalement), *sămcăng.*
croix, décoration, *crúóng eiserijŏs.*
crosse de fusil, *snôc cŏmphlúng.*
crotte (boue), *phŏc.*
crotte (fiente), *ăch.*
crouler, *srŏt, relŭm.*
croupière, *khsê hang.*
croupion, *cŏntut ông.*
croûte de pain, *sŏmbâc nŏm păng.*
croûte d'une plaie, *cramâ tŏmbău.*
cru, *chhău.*
cruauté, *cŏmnach.*
cruche, *căâm.*
cruel, *menŭs cŏmnach.*
cueillir, *bĕ.*
cuillère, *slap préa.*
cuir, *sbêc.*
cuire l'eau, faire chauffer l'eau, *dăm tŭc.*
cuire dans l'eau sans assaisonnement, *sngor.*
cuire par l'ébullition, *dăm.*
cuire, rôtir, *ăng.*
cuire sur le feu directement, sur les charbons, *dŏt.*
cuire le vin pour faire de l'alcool, *bŏt sra.*
cuire le riz, *dăm bai, tŏndăm bai.*

cuire en trempant un instant dans l'eau bouillante, *sros.*
cuire en sauce, *slâ.*
cuire dans la cendre chaude, *căp phĕ kadău.*
cuire, frire dans la graisse, *chién, chha, chămhiéu.*
cuire (douleur d'une inflammation), *phsa, chhú.*
cuisine, *phteă bay.*
cuisinier, *neăc thú bay, chŏng phŏn, cŭc.*
cuisse, *phlŏu.*
cuit, *cheŏn.*
cuit à point, *cheŏn lemôm lăâ.*
cuivre rouge, *tŏng dêng.*
cuivre jaune, *spŏn.*
cul (postérieur, cul de verre, de bouteille.....), *kdĕt.*
culasse d'un canon, *kdĕt cŏmphlúng thŏm.*
culbuter, *dăm dông.*
cultivateur (de rizières), *neăc thú srê.*
cultivateur (autres cultures), *neăc thú chŏmea.*
cultiver, *dăm.*
culture, *tŏmnăm.*
cupide, accapareur, *at véat.*
cure-dent, *chhú chăc thmĕnh.*
curé, creusé, *chic.*
curé catholique, *săng créach.*
curer les dents, *chăc thmĕnh.*
curer les oreilles, *chkiél trâchiéc.*
curieux, *chŏmlêc-*
cuvette, *clăm, chan léang muc.*
cylindre, cylindrique, *mul trâvéng.*
cylindre d'une machine à vapeur, *snăp phlúng.*
cymbale, *chhŭng chhap.*

D

dame (femme d'un mandarin), *lŭc srey.*
dame (femme d'un individu bien posé, mais sans position officielle), *neăc.*
daim, *roméăng.*
damné, *chŏ norŏc.*
danger, en danger, *créa ŏrâ*
dangereux, *lŏm bac.*
dans, *khnŏng.*
danser, *răm.*
danseuse, *lakhon.*
dard, *trânĭch.*
dartre, *srêng.*
date, quantième, *ngay khê, khnót, ronŭch.*
déballer, *rŭ robăs chĕnh.*
débander (un arc, une corde.....), *tăm lăs.*
débarquer (personnel), *chŏ pi capăl.*
débarquer (du matériel), *năm tŏmnĭnh lóng.*
débat, *prokêc, phchănh.*
débattre, *dĕnh péac.*
débauché, corrompu, *a, khôch.*
débile, *cŏmsoi, khsoi.*
débit (petit magasin), *hang tôch.*
débiter, *lŏc.*
débiteur, *neăc chŏmpeăc bŏmnŏl.*
déborder (un fleuve), *tŭc lahach.*
débouché *chrehâ, cherhâ.*
déboucher, *dâc chhnŏc.*
débourrer une pipe, *crocai khsiér.*
debout (être), *chhô.*
debout (se mettre), *chhô.*
débrider, *dă pénghier.*
débris, *cŏmtĕch.*
débris (se dit des porcelaines,

faïences, tuiles et poteries en général), *ămbêng.*

débrouiller (cheveux, cordes, fil...), *tâdă.*

deçà, en deçà, de ce côté-ci, *khang ai.*

décacheter, *bóc.*

décagone, *dăp chrŭng.*

décamper, se sauver, *rŏt.*

décapiter, *căp câ.*

décéder, *slăp nŭng chŏmngú.*

décent, décemment, *săat bat.*

décès, *khmoch slăp nŭng chŏmngú.*

décharger une arme à feu, *sda cŏmphlúng.*

décharger (marchandises), *jôc tŏmnĭnh chĕnh.*

décharné, très-maigre, *scôm pradâc.*

déchausser (se), *dă sbêc chúng.*

déchiré, *rohêc.*

déchirer, *hêc.*

décidé (chose), *car cŭt hói.*

décider, *cŭt.*

déclarer, notifier, *chŏmréap, prap.*

déclarer la guerre, *prap oi riép tŏp chbăng khnéa.*

déclarer à la douane, *prap côi.*

déclouer, *dâc dêc cŭl.*

décoller, *bâc.*

déconcerté, *salang căng.*

décoration, *crúóng eiserijŏs.*

décorer, *oi crúóng eiserijŏs.*

décortiquer (avec un grand marteau en bois et à pédale), *chŏn ăngcâ.*

décortiquer (avec un marteau en bois, à main; ou avec un morceau de bois), *bŏc ăngcâ.*

découcher, *dec phdas.*

découdre, *căt thner, rus thner.*

découper, *căt dŏm.*

découper (à jour, du bois, des métaux, du papier...), *căt rŏmhoc.*

découragé (être), *ăt smar dey hói.*

décourager quelqu'un, *thú oi ăt smar dey, oi khlach.*

décourager (se), *ăt smar dey.*

décousu, *dăch thner.*

découvert, *chrehâ.*

découvrir, ôter le couvercle, *bóc crôp.*

découvrir, trouver, *khúnh.*

découvrir (se), *dă muôc.*

décrasser, *săm at, thú oi săat.*

décrépit (vieillard), *chas pradâc.*

décret, *chbăp lŭc.*

décréter, *lŭc chbăp.*

décrire, *răp riép prap.*

décroître, *bŏn thâi.*

décroître (les eaux), *tŭc srâc.*

dédaigner, *sâăp, mún rŏp an.*

dédaigneux, *mŭn rŏp an, menŭs dêl kĭ săâp.*

dedans, *nŏu khnŏng, khang khnŏng.*

dédire, *phlâs péac, nyéay phsŏng.*

dédommager, *sâng, oi sâng.*

déduire, diminuer, *bŏnthâi.*

défaire, détruire, *rus.*

défaite, déroute, *băc tŏp.*

défaut, mauvaise passion, *méajéat acrăc.*

défaut naturel (se dit des mauvais caractères), *rŭc acrăc.*

défaut, tache, avarie dans un objet, *snam khôch.*

défaut, manque, faire défaut, *khôch să, khva să.*

défendeur (en justice), *neăc chŏng kdey.*

défendre (se), *car khluôn êng.*

défendre (se défendre par la parole), *dă sar tŭs.*

défendre, interdire, *khăt.*

défendre, protéger, *chuôi, car.*

défense d'une place, *tâ day.*

défense d'éléphant, *phlŭc dŏmrey.*

défense, ergot, *chhnăl.*

défenseur, protecteur, *neăc chuôi car.*

défeuiller, *bĕ sŏnlŏc.*
défi, provocation, *nyeay pŏn chhú chŏt.*
défiance, *mŭn chúa chŏt.*
défier (se), *mŭn tŭc chŏt, mŏntĭl.*
défier quelqu'un, *pŏn chhú chŏt kĭ.*
défilé (de montagne), *chrâc phnŏm.*
définitif, **définitivement**, *phdăc, pŏnghói.*
défoncé, *thlŭ.*
défoncer, *tŏmlŭ.*
déformé, *khôch trŏng hói.*
déformer, *băng khôch trŏng.*
défricher, *chămrăs.*
défroquer un bonze par punition, *phsŏc.*
défroquer (se), *sŏc.*
défunt, *khmoch.*
dégagé (se dit du temps, ou des choses d'encombrement), *srelă.*
dégager (sens d'écarter, faire place), *chiés.*
dégager (se), *chiés khluôn.*
dégraisser (se), *hôt dau.*
dégât, *băng khôch.*
dégonfler, *srâc hóm.*
dégoût, *cheóm.*
dégoûtant, *reóm.*
dégoûté, *cheóm.*
dégoûter, *cheóm.*
dégoutter, tomber goutte à goutte, *srăc tăc tăc.*
dégradé (être), *nôc ngéar.*
dégrader, destituer, *hôt ngéar.*
dégrader, abîmer, *băng khôch.*
dégraisser, *chut khlănh chĕnh.*
degré d'échelle, *thnăc chŏndór.*
degré en pierre, *thnăc pi thmâ.*
degré, par degré, *tam thnăc.*
degré de parenté, *tâ, nhéat.*
degré de mandarinat, *thnăc săc jŏs.*
déguiser (se), *plêng sŏmliéc.*
déguster, *phlŏc sra.*
dehors, en dehors, à part, *crau.*
dehors, en dehors de cela, *crau pi nĕ.*
déjà, *hói dêl.*
déjeuné, *crâja prŭc.*
déjeuner, *si bai prŭc, si prŭc.*
delà, au delà, *khang néay, enéay.*
delà là, d'ici là, *pi nŏ, ămpi nŏ.*
délabré, *khôch bâlôch.*
délaisser, *léngchol.*
délasser (se), *jôc cŏmlăng.*
délater, *fâng, prap.*
délateur, *menŭs fâng, menŭs prap.*
délation, *car dêl fâng, car dêl prap.*
délayer, *léay chrâbăl.*
délégué, envoyé, *bŏngró.*
délégué pour demander une fille en mariage, *neăc maha.*
déléguer (pouvoirs), *oi bŏmró, neăc bŏmró.*
délester, *rŏmliéng.*
délibération, *car chŭm cŭt.*
délibérer, *chŭm cŭt.*
délicat, bon, proprement préparé, *chhngănh.*
délicieux (se dit des bonnes choses et des choses agréables), *chŏmnăp, ĕc.*
délié (fin, mince), *chhmar, sdóng.*
délié (détaché), *srai, rosai.*
délimiter, *bă prŏm.*
délire, *băt smar dey, nyeay phdas, sredey revú revéay.*
délirer, *băt smar dey, nyéay phdas.*
délit, *tŭs thngŏn.*
délivré, *léng hói, bóc hói.*
délivrer, *bóc, léng.*
délivrer de la chaîne, *dă chervăc.*
déluge, *tŭc thŏm lahach crom thvip.*
demain, *săêc.*
demain matin, *săêc prŭc.*
demain au soir, *longeach săêc.*
demain (après), *khan săéc.*
demander (pour posséder), *sŏm.*
demander (avec instance), *sŏm ăngvâr.*

demander en mariage, *tŏndŏng côn kŏ.*
demander inutilement, *sŏm ăt prâjoch.*
demander (renseignements), *suôr.*
demander quelqu'un, appeler quelqu'un, *hău.*
demandeur (justice), *neăc dóm kdey.*
démangeaison, *ramŏs, ramăs.*
démanger, *ramŏs.*
démarche, allure, *réang dór.*
démarrer, *srai.*
démâter, *lŭc dâng kdong chĕnh.*
démâter par accident, *băc dâng kdong.*
démêler, *tâdă, dă.*
démêloir, *snĕt.*
de même que, *bey dôch chéa.*
déménager, *phlăs phtéă.*
démence, *lilea.*
démentir, *prokêc.*
démettre (se), *léa ngéar.*
demeure, *lŏmnŏu.*
demeurer, *nŏu.*
demeurer à côté, *nŏu khang.*
demi, et demie (se dit des mesures de capacité), *cŏnlă, cănlă.*
demi, et demie (pour les longueurs), *peăc cŏndal.*
demi-heure, *cŏnlă mong.*
démission, *léa ngéar.*
démissionnaire, *nôc ngéar.*
demoiselle, *cremŏm.*
demoiselle (insecte), *cŏntŏm ruy.*
démoli, *pŏmphlanh, rŭs hói.*
démolir, *rŭs, pŏmphlanh.*
démon, *arăc.*
démonter, désassembler, *dă.*
démontrer, *ponjŏl.*
dénigrer, *nyéay dóm.*
dénoncer, *prap.*
dénonciateur, *neăc prap.*
dénonciation, *péac dĕl prap.*
dénouer, démarrer, *srai, rŏmsai.*
denrée, *ahar.*
dense, *khăp.*
dent, *thmĕnh.*
dent canine, *thmĕnh chŏng côm.*
dent molaire, *thmĕnh thkéam.*
dent (cure), *chhŭ chăc thmĕnh.*
dents agacées, *sŏngkiér thmĕnh.*
dénudé (la tête), *trângol.*
dénué, sans ressources, *crâ pibac.*
départ, *chĕnh.*
dépassé, *huôs, rolông.*
dépasser, *huôs, dór huôs.*
dépecer, *căt.*
dépêche télégraphique, *sŏmbŏt khsê luôs.*
dépêcher (se), *oi chhăp.*
dépendance, subordination, *lóng (sdăp momón).*
dépendre, *jôc eyvan dĕl phjuôr, chĕnh.*
dépendre (être subordonné), *lóng (sdăp momón).*
dépense, *chŏmnai chai.*
dépenser, *chai.*
dépérir, *trăm trâi.*
dépeuplé, *ăt réas.*
dépeupler, chasser la population, *dĕnh réas.*
de peur que, *crêng.*
dépiquer, *cŏs dăm.*
déplacé, *phlăs cŏnlêng hói.*
déplacer, *phlăs cŏnlêng.*
déplaire, *mŭn trŏu chŏt.*
déplier, *rŭs phnăt.*
déplorable, *asôr.*
déplorer, regretter, *sdai.*
déployer (pavillon), *léa tŏng.*
déplumer, *boch.*
dépointé, *băc chŏng, téal.*
dépointer, *pŏmbăc chŏng, pŏntéal.*
déportation, *pros.*
déportation (lieu de), *lŏmnŏu pros.*
déporter, *jôc tŏu pros.*

déposer à terre, *dăc dey phdec.*
déposer en justice, *thú bŏntŏl.*
déposer, se débarrasser d'un objet qu'on porte, *dăc, phdec chol.*
déposer, donner à garder, *phnhór.*
dépôt, objet en garde, *phnhór.*
dépôt (consignation, garantie), *bŏn-chăm, bănchăm.*
dépôt, résidu, *cac.*
dépouiller, *dă sŏmliéc chĕnh.*
dépouiller, ôter la peau, *leă.*
dépravé, *menús khôch.*
déprécier, *pŏntéap robăs kĭ.*
déprimé, *ruônh.*
déprimer, *băng ruônh.*
dépuceler, *băng khôch srey prŏm ma ckarey.*
depuis, *ămpi, tăng pi.*
depuis que, *tăng pi.*
depuis le commencement jusqu'à la fin, *tăng pi dóm chăp chŏng.*
depuis lors, *tăng pi nŏ.*
déraciner, *cŏs, dâc teăng rús.*
déraisonner, *nyéay mŭn trŏu.*
déraper (marine), *srau jĭt thca.*
dernier, *croi, chŏng băng âs.*
dernier né, plus jeune frère, *pŏu.*
dernièrement, *mŭn nŭ.*
dérouillé, *cos âs snĕm hŏi.*
dérouiller, *cos snĕm.*
déroulé, *léa remu hói.*
dérouler, *léa remu.*
déroute (en), *chănh rŏt, băc tŏp.*
derrière, après, après que, *croi, ĕcroi.*
derrière, postérieur, *khdĕt.*
dès que, *cal na, ăngcal na.*
désabuser, *thú cŏm oi phăn.*
désaccord (être en), *tŏs khnéa.*
désaccoutumer (se), *phlĕch tŏnlŏp, chol tŏnlŏp.*
désagréable (hommes), *mŭn srenŏc.*
désagréable (choses, odeurs...), *mŭn lăâ.*
désagrément, *mŭn trŏu chŏt.*
désaltérer (se), *phŏc oi âs srec.*
désarmer quelqu'un, *jôc crúóng sŏc chĕnh.*
désarmer, poser les armes, *chol crúóng sŏc chĕnh.*
désastre, *crŏ thŏm.*
désavouer, *prâkéc.*
descendant, *puch, tâ môc.*
descendre, *chŏ.*
descendre, abaissement de niveau, *tŭc srâc.*
déséchouer, *ruôch pi cúóng.*
désenfler, *srâc hóm.*
désenivré, *svang sra.*
désenivrer, *srac savŏng.*
désennuyer (se), *oi âs apphsŏc.*
désert, *sngăt.*
désert (lieu), *ti sngăt.*
déserter, *rŏt pi réach chéa car.*
déserteur, *menŭs rŏt pi réach chéa car.*
déshabiller quelqu'un, *dă sŏmliéc, sămrat.*
déshabiller (se), *dă sŏmliéc.*
déshabiller, se mettre nu, *srat.*
déshabituer, *chol tŏnlŏp.*
déshonneur, *ăt cuŏr.*
déshonorer quelqu'un, *băng khôch kĭ.*
déshonorer (se), *băng khôch khluôn êng.*
désigner, *băng hanh.*
désigner quelqu'un pour l'envoyer quelque part, *hăn pró.*
désintéressé, *mŭn trŏu pró.*
désir, *chăng, chăng ban.*
désirer, *chăng, chăng ban.*
désireux, *menŭs at véat.*
désister (se), *khan.*
désobéir, *mŭn sdăp băngcŏp.*
désœuvré, *tŏmné.*
désolation, *ăpphsŏc.*
désoler, *pŏnlĭch kĭ.*

désordre, manque d'ordre, *phéay léay*, *ĕt robiép*.
désordre, bruit, *vôr vŭc*.
désormais, *pi ngay nĕ tŏu*.
désossé, *hôt cheŏng hói*.
désosser, *hôt cheŏng*.
dessaisir (se), *chol*.
desséché, *snguôt kéăng*.
dessécher, *hal*, *huôt*.
desseller, *srai kêp sĕ*.
desserrer, donner du mou, *bănthu*.
dessert, *băng êm*.
dessin, *cŏmnur*.
dessin à l'huile de couleurs variées, *lôn*.
dessin géographique, *cŏmnur phên thi*.
dessinateur, *neăc cur cŏmnur*.
dessiner, *cur*.
dessous, sous, en bas, *crom*.
dessous et dessus, *teăng crom teăng lŭ*.
dessus, au-dessus, *lŭ*, *élŭ*.
dessus et dessous, *teăng lŭ teăng crom*.
dessus (sens dessus dessous), *phcăp*.
destin, *préng*.
destinée, *préng*.
destiner, garder, réserver quelque chose pour quelqu'un, *tŭc oi*.
destitué, *nôc ngéar*.
destituer, *hôt ngéar*.
désunir (se dit au physique et au moral), *pŏng rŏt*.
détaché, *srai hói*.
détacher, *srai*.
détail, au détail, *lŏc réay*.
détailler, *lŏc réay*.
dételer (chevaux), *dă sĕ pi nĭm chĕnh*.
dételer (bœufs), *dă cŭ pi nĭm chĕnh*.
dételer (buffles), *dă crebey pi nĭm chĕnh*.
détenir (prisonnier), *chăp dăc cŭc*.
détenu, *menŭs khnŏng cŭc*.
déterrer, *cŏs pi dey*.
détestable (hommes et choses), *sâăp*.
détester, *sâăp*.
détonation, *sô cŏmphlúng*.
détordre, *léa cremiéu*, *léa khsê vĕnh*.
détour, sinuosité, *băt*, *véang*.
détourner, voler, *luôch*.
détourner la tête, *pŏngvĕl mŭc*.
détourner les yeux, *múl phdas*.
détourner (se), *prê croi*.
détresse (être en), *cămpir*, *căm lŏmbac ăt khléan*.
détriment, préjudice, *tŭc tŭs*.
détroit (marine), *day sremŏt*,
détruire, *băm phlanh*.
détruit, *băm phlanh hói*.
dette, *bŏmnŏl*.
deuil, habit de deuil, *au căn tŭc*.
deux, *pir*.
deuxième, *pŏntŏp*.
dévaliser, *luôch âs*.
devancer, *dăl mŭn*.
devant, au-devant, *mŭc*, *émŭc*, *mŭn*.
devant (de), *pi mŭc*.
devant, en présence, *mŭc*.
dévaster, *bămphlanh*.
développé, *léa hói*, *bóc hói*.
développer (cordes, étoffes...), *léa*.
développer (l'intelligence, l'industrie...), *bêc prach nha*.
devenir, *clai chéa*.
devenir riche, *méan lóng*.
devenir (transformation en bien), *ban chéa*.
devenir (transformation en mal), *tŏu chéa*.
déverser, *hiér*.
dévider, *chhvai*.
dévidoir, *ăc*.
devin, *hora*, *hor*, *achar*, *mahasăngcran*.
deviner, *teay*.
devoir (dette), *chŏmpeăc*.
devoir (falloir), *tong*, *méan tê*.
devoir (obligation morale), *tong*.
dévorer, *trâbăc si*.

dévot, *neăc căn sĕl.*
dévotion, *sĕl.*
dévoué, *cŏp.*
diable, *arăc.*
diachilon, *thnăm bŏt.*
diamant, *pĕch.*
diarrhée, *muôl pŏ, chŏ phtĕy.*
dictionnaire, *sŏmbŏt srai predău pasa.*
Dieu, *Preă ăng, Preă, ămmechas suôr.*
diffamer, *băng căch ker kĭ.*
différend, *tŏs khnéa.*
différent, *titey.*
différer, *pŏng vĕng.*
difficile, *pibac, crâ, cŏmra.*
difficilement, *chéa crâ.*
difficulté, *dŏmnór tŏs.*
difforme, *cre nhăng, mŭn trŏu mŭng kĭ.*
digérer, *roleay chămney.*
digestion, *chămney roleay.*
digne, *chéa.*
dignitaire, *dŏc sdăm, chec dŏc sdăm.*
dignité, mérite, *méan rŭc, rŭc chéa.*
dignité, titre, *ngéar.*
digue de rizière, *thnăl kbêr srê, phlú srê.*
dilapider, *băng hĕn.*
dilater (par la chaleur, en soufflant...), *bămpong.*
dilater (par imbibition), *rĭc.*
diligent, actif, assidu, *asa, osa.*
dimanche, *thngay atŭt.*
diminué, *relŏ.*
diminuer, *bŏnthâi, băng ăn, rŏmlŏ.*
dîner, *si bai longéach, si longéach.*
dire (envoyer ou faire dire, par un intermédiaire, quelque chose à un inférieur ou à une personne peu considérée), *prap.*
dire (même cas que le précédent lorsque l'individu à qui l'on veut faire parler est un égal, ou un supérieur), *chŏmréap.*
dire (lorsqu'on répète, ou que l'on traduit ce qu'une autre personne dit), *tha, sredey tha.*
dire des prières, *sôt thór.*
dire des sottises, *nyéay khŏs phdas.*
dire vrai, *nyéay prâcăt.*
direct, *trăng.*
directement, *chăm (trăng).*
direction, orientation, *tŭs.*
diriger (instruire), *predău.*
diriger (un travail, une exploitation...), *dămrăng, tăc tĕng.*
disciple, *sec, sós.*
discorde, *mŭn trŏu théat.*
discours, *sămdey.*
discours (beau discours, parole élégante), *sămdey curŏm.*
discussion, *car chechéc.*
discuter, *chechéc.*
discuter le prix, *tâ thlay.*
disette, *âs sbiéng.*
diseur de bonne aventure, *achar, hor.*
disparaître, *băt.*
dispenser, exempter, *oi léng.*
dispenser, *khchăt, khchai, réay.*
disponible, *dŏmné.*
disposé, prêt, *srăch.*
disposer, mettre en ordre, *riép dăc tŭc.*
dispute, *chhlŏ, prâkéc.*
dispute de jalousie entre époux, *prâchăn.*
disputer (se), *prâchhlŏ, khnéa, prâkéc khnéa.*
dissimuler, *pŏmbĕt pŏmbăng.*
dissipé, polisson, *rapŭs.*
dissiper, disperser, *cŏmchăt.*
dissoudre, *rŏmléay.*
dissous, *roleay.*
dissuader, *băng khan chŏt.*
distance, *chăm ngai.*
distendre, *rŭt tŏng.*
distiller, *bŏt sra.*
distinctement, *chbas.*

distinguer, *sŏmcŏl, khúnh chbas.*
distraire (se), *lîng.*
distrait, *ăt bó cŭt, căbal sral.*
distribuer, *chêc.*
distribuer les rations, *chêc sbiéng.*
divaguer, *nyéay phdas.*
divers, *chrón mŭc.*
divertir (se), *lîng.*
diviser, *bêng, chêc, har.*
diviser en parties égales, *bêng chêc smór.*
divorcer, *lêng chas jôc thméy.*
divulgué, *dóng sŏ sai hói.*
divulguer, *cŏmchai péac.*
dix, *dăp.*
dixième, *dăp.*
dizaine, *dăp.*
docile, *ngéay băngcŏp, ngéay predău.*
docteur, médecin, *crupét, pét.*
doigt, *meréam.*
doigt (de la main), *meréam day.*
doigt (du pied), *meréam chúng.*
doigt (gros du pied), *mî chúng.*
doigt (gros de la main), *mî day.*
doigt majeur, *meréam cŏndal.*
doigt annulaire, *néang day.*
doigt auriculaire, *côn day.*
domestique, *neăc bŏmró, boi.*
domestique volontaire, non payé (ces sortes de serviteurs existent au Cambodge), *bau.*
domicile, *phteă, lŏmnŏu.*
dommage, préjudice, *căm cras.*
dompter, *pĕnghăt, hăt.*
don, cadeau, *chŭmnun.*
donc, ainsi, *ichĕ.*
donner, *oi.*
donner en gage, *pŏn chăm.*
donner l'aumône, *oi téan, dăc téan.*
donner l'aumône aux bonzes, *dăc bat.*
donner des nouvelles, *oi dŏmnŏng, prap dŏmnŏng.*
donner la main, *oi day.*
donner la main, secourir, *oi day, chuéy.*
donner le modèle, *oi cŏmru.*
donner caution, *thôrnéa oi.*
donner un nom, *oi chhmŏ.*
donner l'hospitalité, *totuŏl neăc sŏmnăc, oi sŏmnăc.*
donner raison, *oi hét.*
donner l'exemple, *oi sŏndăp, oi khbuôn.*
donner le prix, *oi thlay.*
donner le fil à une lame, *oi mŭt.*
donner plus, *oi lús, oi chéang.*
donnez-moi (à un supérieur), *oi khnhŏm.*
donnez-moi (à un inférieur), *oi ănh.*
doré (bois et papier), *bŏt méas hói.*
doré (métal), *crâlay méas hói.*
dorénavant, *pi nĕ tŏu mŭc.*
dorer (sur bois et papier), *bŏt méas.*
dorer (sur métaux), *crâlay méas.*
dormeur, *neăc hay déc.*
dormir, *dec.*
dormir profondément, *dec lŏc.*
dorsale (épine), *cheŏng khnâng.*
dos, *khnâng.*
dos (derrière les épaules), *chămlâc.*
dossier de siége, *khnâng cău ey, păng êc cău ey.*
dot, *robăs châng day, chŏmnâng day.*
doter, *châng day (car).*
douane, *côi.*
douanier, *neăc châm côi.*
double, le double, *pir.*
double, à deux coups, deux jumeaux, *phlŏ.*
doubler (multiplier par deux), *cuôp chéa pir.*
double (mettre en double), *cuôp pir chŏn.*
doubler (la carène d'un navire en cuivre, zinc...), *péas.*
doubler (un habit), *cuôp pir chŏn.*

doublure d'un habit, *au pir chŏn.*
doucement, *muey muey, bŏntĕch bŏntĕch.*
douceur, sucrerie, *băng ĕm.*
douceur de caractère, *chéa, slôt.*
douleur, souffrance, *chhú chăp.*
douleur à la suite de coups reçus, *crăm chhú, dămnăm.*
douleur provenant d'une brûlure, *crehai.*
douleur morale, *pruôi chŏt, méan tŭc.*
doute, *piphăl, mŏntĭl.*
doute, sans doute, *ăt mŏntĭl.*
douter, *piphăl, mŏntĭl.*
douteux, *piphăl, mŏntĭl.*
doux, sucré, *păĕm.*
doux au toucher, *lemuôt.*
doux, paisible, *slôt, suphéap.*
douzaine, *pir tŏndăp.*
douze, *pir tŏndăp.*
douzième, *pir tŏndăp phéac.*
dragon, *néac.*
dragon (nom d'une année), *chhnăm rŭng.*
drap (étoffe), *saclat.*
drapeau, *tŏng chéy, tŏng.*
dresser (mettre droit), *pŏt.*
dresser (les cheveux), *pŏt săc.*
dresser, élever un animal, *pŏngrién, pŏnghăt.*
dresser les oreilles, *băc trăchiéc.*
dresser des embûches, *bŏn chhot.*
drisse (marine), *khsê hôt kdong.*
drisse de pavillon, *khsê hôt tŏng.*
driver, *săt.*
drogue, *thnăm.*
droguiste, *neăc lŏc thnăm.*
droit, non courbé, *trăng.*
droit (en justice), *ămnach, mŭc ngéar.*
droit, debout, *chhô trăng.*
droit, tribut, taxe, *pŏn.*
droite, main droite, *day sdăm.*
droite, à droite, sur la droite, *sdăm.*
drôle, plaisant, original, *chŏmlĕc.*
drôle, polisson, *menŭs khôch.*
drosse de gouvernail (en chaîne), *chrevăc chŏng côt.*
drosse de gouvernail (en filin), *khsê chŏng côt.*
dupe, *neăc dĕl kĭ bŏnchhot.*
duper, *bŏnchhot, pŏmbăt.*
duquel, de laquelle, *pi na na.*
dur, *rŭng.*
dur, homme dur, *menŭs rŭng rus.*
durable, *chŏp jŭn.*
durant ce temps, *cŏmpŭng piléa.*
durci, *rŭng hói.*
durcir, *oi rŭng.*
durée, *piléa.*
durée, de longue durée, *chŏp jur.*
durer, *chŏp jur, săng vêng.*
durillon, *rŭs (menŭs).*
du tout, pas du tout, *té să.*
duvet, *memis mesău.*
duvet (premier poil), *rŭm sva.*
dynastie, *preă vŏng sdăch.*
dyspepsie (mauvaise digestion), *cheăl bai.*
dyssenterie, *muôl.*
dyssentérique, *menŭs chhú muôl.*

E

eau, *tŭc.*
eau douce, *tŭc sap.*
eau salée, *tŭc pray.*
eau de mer, *tŭc sremŏt.*
eau trouble, *tŭc lăăc.*
eau claire, *tŭc thla.*
eau tiède, *tŭc cadău săng ăn.*
eau-de-vie européenne, *sra khleăng, sra conhac.*
eau-de-vie de riz, *sra chĕn, sra bŏt, sra bai.*
ébahi, *phéăng.*

ébène, *chhŭ khmău.*
ébénier, *dóm chhŭ khmău.*
éblouir, *sravăng phnéc, khvăc.*
éboulement, *dey băc.*
ébouler, *băc dey.*
ébrancher, *căt méc căt théang.*
ébranler (à la main), *ăngruôn.*
ébranler (par le vent, ou une force invisible), *rŏnchŭi, senchŭi, ănchŭi.*
ébréché, *robĕ.*
ébrécher, *thú oi robĕ.*
ébruité, *dŏng sai.*
ébruiter, *oi kĭ dŏng săp.*
ébullition, *pŭ.*
écaille de poisson, *sreca trey.*
écaille de tortue, *sreca snôc ăndóc.*
écaille de crabe, *sŏmbâc kdam.*
écarlate, *crehâm cha ău.*
écart, à l'écart, *chiés, nŏu chhngai.*
écarter quelqu'un, *pŏmbêc khnéa.*
écarter (s'), *chiés, bê chĕnh.*
écarter les jambes, *cănthéc.*
échafaudage, *rŏntéa.*
échange, *dôr, dŏmnôr.*
échanger, *dôr.*
échanger des denrées, *dôr, lolŏc, tŏn tĭnh.*
échantillon, *cŏmru (eyvăn).*
échappé, *dă ruéch, ruéch, rŏt ruéch.*
échapper (s'), *rŏt.*
échasser, *tâ chúng.*
échaudé, *sroch tŭc cădău hói.*
échauder, *sroch tŭc cădău.*
échauffer, *cŏmdău.*
échéance, *dăl sânâmăt.*
échec (d'une armée), *băc tŏp.*
échecs (jeu), *chéa trăng.*
échecs (jouer aux échecs), *lĭng chéa trăng.*
échelle, *chŏndór.*
échelon, *căm chŏndór.*
écheveau, *chŏngvai.*
échine, *cheŏng khnâng.*
échiquier, *cadar chéa trăng.*
écho, *rŏmpông.*
échouer (toucher le fond), *cŭóng.*
éclair, *chŏntŭl, phnéc chŏntŭl.*
éclaircir une affaire, *rôc oi chbas.*
éclairer, *bămphlú.*
éclat, pétillement du feu, *rangŭc phtŭ.*
éclat de lumière, *phlŭ, rŏnchai.*
éclat de lumière solaire, *reăc smey.*
éclat de foudre, *phlú rŏnteă.*
éclat (fragment de très-petite dimension), *cŏmtĕch.*
éclat (gros), *rŏmcăh.*
éclat de vernis, de placage, *lebâc.*
éclater, *thléay, bêc.*
éclipse de soleil, *sôcreăs.*
éclipse de lune, *réa chăp chăn.*
éclore, épanouir, *ric.*
éclore (œufs), *nhŏs.*
école, *sala rién.*
écolier, élève des bonzes, *sec.*
écolier (en général), *sós, neăc rién.*
économe, *sămchay.*
économie, *sămchay.*
économiser, *tŭc sămchay.*
écorce, *sămbâc.*
écorcer (sens général, ne se dit pas pour le paddy), *bâc.*
écorcher, *bâc sbêc.*
écorcher (s'), *relŏt.*
écouler (l'eau), *lĕch tŭc.*
écouler (le temps), *piléa chĕ tê huŏs tŏu.*
écouter, *sdăp.*
écraser, *kĕn.*
écrevisse, *pŏngcâng.*
écrevisse de mer, *pŏngcâng sremŏt.*
écrier (s'), *srêc.*
écrire, *sâcer.*
écrit, *sămbŏt, sŏmbŏt.*
écriteau, affiche, *băng ram.*
écritoire, *dăp tŭc khmău.*
écriture, *ăcsâr.*
écrivain, secrétaire, *smién.*

écrouler (s'), *rôlŏm.*
écueil, *dey dŏ.*
écuelle, *chan.*
écume, *popŭ.*
écumer, *bĕc popŭ, hiér popŭ tŭc mŏt.*
écureuil, *cŏmprŏc.*
écurie, *crol.*
édifice public, *phteă réach chéa car lầâ.*
édit du roi, *preă bŏntul.*
édenté, *rŏngcŏ thmĕnh.*
éducation, *predau oi cuôr.*
éduqué, bien élevé, *cŏmnuôr.*
effacé, *lŏp hói.*
effacer, *lŏp.*
effet, résultat, *cót.*
effets, bagage, *trŏp rebẳs.*
effeuiller, *bĕ sŏnlŏc.*
efficace (se dit des remèdes), *thnămcâp.*
effigie, *rup.*
effilé, pointu, *sruôch.*
effleurer, *trŏu prâphŏt.*
efforcer (s'), *khẳm.*
effort (force), *cẳmlăng.*
effort pour vomir, *chŏng-o.*
effrayant, *khlach rŏnthŏt, sriéu săch.*
effrayé, *khlach rŏnthŏt, sriéu săch.*
effrayer, *bẳng khlach.*
effronté, *ĕt khmas.*
égal (sens général), *pŏn khnéa, smó khnéa, trĕm smó.*
égal en grosseur, *pŏn khnéa.*
également, *smó khnéa.*
égaler, égaliser, *oi smó, tŏmrĕm.*
égard, *cuôr phâng, cot khlach.*
égarer (s'), *vŏngvéng, khŏs.*
égarer, perdre, *băt.*
église catholique, *preă vihéar.*
église boudhique, *vŏt.*
égoïste, *chŏt ĕt thór.*
égorger, *căp câ, chăc câ.*
égout (cloaque), *thlŏc.*
égout (des toits), *rông tŭc.*
égoutter, faire écouler, *put tŭc chĕnh.*
égoutter, s'écouler peu à peu, *srăc tĕch tĕch.*
égratigner, *crâchău.*
égratignure, *snam crâchău.*
égrener, *jôc crŏp chĕnh.*
égrener le coton, *bă crebas.*
eh! *ji, aja.*
élan, *jôl jôc cŏmlăng.*
élancé, effilé, *chhmar, sdóng.*
élancer (s'), *lût lóng, lût.*
élargir, *pŏnthŏm.*
élastique, *jút ruônh.*
élégant, *lầâ.*
éléphant, *dŏmrey, tŏmrey.*
éléphant (défense d'), *phlŭc.*
éléphant mâle sans ivoire, *tŏmrey sdâ.*
éléphant (jeune), *tŏmrey bară.*
éléphantiasis (maladie de la peau), *rúm.*
élève, écolier, *sós, neăc rién.*
élève, disciple (se dit des élèves des bonzes), *sec, côn sós.*
élevé, haut, *khpŏs.*
élevé (bien), *méan chbăp.*
élevé (mal), *ĕt chbăp.*
élever, hausser, *lŭc.*
élever, instruire, éduquer, *predău.*
élever, s'élever sur la pointe des pieds, *ót, chŏng ót.*
élire, choisir, *pi cros rŭs mŏntrey.*
elle, *véa.*
ellipse, ovale, *mul pông crâpú.*
éloge, *sesór.*
éloigné, *chhngay.*
éloigné à perte de vue, *ẳnlŭm, sẳnlĕm, lŏnlĭm.*
éloigner, s'éloigner, *bĕ chhngay, thú oi chhngay.*
éloquence, *sẳmdey pirŏ.*
éloquent, *chĕ sẳmdey.*
émanation, *khlĕn.*
emballer, *riép dăc.*
embarcation, *tuc.*

embarqué (être), *chŏ sŏmpŏu hói, chĭ sŏmpŏu.*
embarquer des objets, des animaux, *năm eyvan chŏ.*
embarquer (s'), *chŏ sŏmpŏu.*
embarras, *tŏs.*
embarrassé, *tŏs, tăl, ti tăl.*
embarrasser, causer de l'embarras, *thú oi tŏs, thú oi tăl, thú oi revŏl.*
embaumer, *bŏc cŏl.*
embellir, *săang.*
embellissement, *săm ang.*
embouchure d'un fleuve, *day sremŏt.*
embouchure d'un arroyo dans un fleuve, *mŏt péam.*
embourber (s'), *căp phŏc, phŏng.*
embranchement, *phlŏu chuŏp.*
embraser, *dŏt.*
embrasser, baiser, *thóp.*
embrasser, envelopper avec les bras, *op.*
embrasser une religion, *chôl sas.*
embrasser une profession, *chôl thú.*
embrouiller (cordes, fil...), *thú chŏmpeăc.*
embrouiller, mettre de la confusion, *thú oi tŏs.*
embryon, *côn mŭn crŏp ngay.*
embûche, *bŏnchhot.*
embûche (tomber dans une), *trŏu oi kĭ bŏnchhot.*
embûche (tendre des), *cŭt bŏnchhot.*
émeraude, *méaracăt.*
émigré, *neăc dór chol srŏc.*
émigrer, *dór chol srŏc.*
éminence, élévation, *dămbôc.*
éminent (homme), *neăc prach thŏm.*
emmener, *năm tŏu.*
émoussé, *téal.*
émousser, *pŏntéal, thú oi téal.*
émouvoir (s'), *ăndót ăndăc.*
empan (mesure cambodgienne), *chăm am.*
empaqueter, *vĕch.*
emparer (s'), *jôc, chăp jôc.*
empêché (être), *khăt.*
empêcher, *khăt.*
empereur, *sdăch.*
empereur de Chine, *sdăch crŭng chĕn.*
empire, *nocôr.*
emplacement, *ti, cŏnlêng.*
emplâtre, *thnăm popŭc.*
emplette, *robăs tĭnh.*
emplir, *bŏmpĕnh.*
emploi, fonction, *ngéar.*
emploi, dépense, *chŏmnai.*
employer, dépenser, *chai.*
employer, se servir, *pró.*
empoisonné, *pŭl.*
empoisonner, *bămpŭl.*
empoisonneur, *menŭs bămpŭl kĭ.*
emporter (objets légers ne nécessitant qu'un voyage), *jôc tŏu.*
emporter (un objet très-lourd qu'il faut porter à plusieurs), *sêng tŏu.*
emporter (petits objets nécessitant plusieurs voyages), *ănchun tŏu.*
empreinte, *dan, snam.*
empreinte des pieds, *dan chúng.*
empreinte des mains, *snam day.*
empresser (s'), *prânhăp.*
emprisonner, *dăc cŭc.*
emprunt, *khchey.*
emprunter, *sŏm khchey.*
ému (être), *tŏn chŏt.*
émulation, *chhneă.*
en, dans, *khnŏng.*
en (employé pour désigner l'espèce. Ex : en bois, en fer), *pi.*
enceinte, grosse, *phóm.*
enceinte (subst.), *robâng.*
encens, *cŏmnhan.*
enchaîner, *dăc chrevăc.*
enclin, *vŏc, nhién.*
enclore, *bă robâng.*

enclouer un canon, *bă dêc khnŏng hiếu cŏmphlúng.*
enclume, *trânăp* (*dăm dêc*).
encombré, *péas pĕnh.*
encombrer, *réai péas pĕnh.*
encore, *tiét, nŏu.*
encore, pas encore, *nŏu lói.*
encore, pas encore (avant ou après les verbes aller ou venir), *mŭn tŏn.*
encre, *khmău sâcer, tŭc khmău.*
encre de Chine, *khmău chĕn, khmău dŏm.*
encrier, *dâp tŭc khmău.*
encrier chinois (petite palette en pierre dans laquelle on délaye l'encre de Chine), *thmâ dŏ khmău sâcer.*
endetté (individu), *chŏmpeăc bŏmnŏl.*
endetter (s'), *thú chŏmpeăc bŏmnŏl.*
endommagé, *khôch.*
endommager, *băngkhôch.*
endormi (être), *dec lŏc.*
endormir (un enfant), *oi dec.*
endormir (s'), *dec.*
endormir un enfant en chantant, *pămpî khméng, bămpé khmeng.*
endroit, lieu, *lŏmnŏu, ănlú, cŏnlêng, ti.*
endroit, à quel endroit, *lŏmnŏu êna.*
endroit, en cet endroit, *trăng nĕ, lŏmnŏu nĕ.*
enduire, *prelăc.*
endurcir, *chŏt rŭng, oi rŭng.*
endurer, *ăt.*
énergie, *méan chŏt.*
energique, *méan chŏt.*
enfant, *khmeng.*
enfant non sevré, *khmeng nŏu bău.*
enfant légitime, *côn méan khăn sla.*
enfant (le plus jeune des frères), *pŏu.*
enfant (dans le sens de fils), *côn.*
enfant de chœur catholique, *sămnêr chuéy missa.*
enfant des écoles des bonzes, *sămnêr.*
enfantement, *chhú pŏs sŏmral côn.*
enfanter, *sŏmral côn.*
enfer, *norŏc.*
enfermé, *khăng hói.*
enfermer, *băng khăng, khăng.*
enfiler, *dot.*
enfiler une aiguille, *dot ches, dot mochŭl.*
enfin, *nahói.*
enflammé, *chhĕ.*
enflammer, *dŏt chhĕ.*
enflé (tumeur), *hóm.*
enflé (de vent, d'air comprimé), *pong.*
enfler (tumeur qui se forme), *hóm.*
enfler (par le vent.....), *pong.*
enflure, *hóm, dêl hóm.*
enfoncer, rompre, *tŏmlŭs.*
enfoncer (pieu, clou.....), *bă.*
enfoncer (s'), *phŏng.*
enfouir, *căp.*
enfreindre, *thú khŏs chbăp.*
enfui, *rŏt ruéch, ruéch.*
enfuir (s'), *rŏt.*
enfumer, sécher à la fumée, *pŏmpŏc phsêng.*
enfumer les moustiques, *pŏmpŏc mus.*
engager, mettre en gage, *pŏnchăm, bănchăm.*
engager des travailleurs, *chuŏl.*
engager, conseiller, *bŏntun méan.*
engager (s'), promettre, *sânâmăt.*
engendrer, *băng cót.*
engloutir, avaler gloutonnement, *lĭp.*
engloutir dans l'eau, *chremŭch.*
engorgement de l'aine, *hóm calién.*
engourdir (par le froid), *srepŏn.*
engourdissement, *srepŏn.*
engrais, *chi.*
engraissé (animal), *lóng khlănh, thŏt.*
engraisser (homme), *thŏt, lóng cŏmlăng.*
engraisser (animaux), *bămpâng săt, chănchĕm oi thŏt.*
engrosser une femme, *bămphóm.*

enivrer, faire trop boire quelqu'un, *bămphŏc.*
enivrer (s'), *phŏc sra.*
enjamber, *cănlâng.*
enlever, *lúc tŏu.*
enlever (grade, dignité), *hôt ngéar.*
enlever (sens de voler), *luéch.*
ennemi (particulier ou de guerre), *săt trŏu, khmăng.*
ennui, *ăpsŏc, srenă.*
ennuyer (s'), *ăpsŏc, srenă.*
ennuyeux (individu), *menŭs ăpsŏc.*
enorgueillir (s'), *căn khluôn lóng.*
enquérir (s'), *rôc suôr.*
enraciné, *chăc rús.*
enragé, *chhcuôt.*
enrager, se mettre fort en colère, *khŏng khlăng năs.*
enrhumé, *phdas say.*
enrhumer (s'), *phdas say.*
enrichir (s'), *méan lóng.*
enrôler des hommes pour un service public, *kên menŭs.*
enroué, *phdas say.*
enroulé, *rŭm hói.*
enrouler, *rŭm vŏn.*
ensanglanter, *prâlăc chhéam.*
enseigne de magasin, *chhmŏ, prap eyvan dăc lŏc.*
enseigner, *predău, pŏng rién, prién.*
ensemble, *chéa muéy khnéa.*
ensemencer, *pŏndŏs, pruŏs crŏp.*
ensevelir, *bŏnchŏ.*
ensorceler, *mî ap.*
ensuite, *ruôch pi nĕ.*
entamé (chose à manger), *chăp si hói.*
entamer (choses à manger), *tŭp chăp si.*
entamer (commencer une affaire), *chăp thú.*
entassé, *truôt, dăc truôt hói.*
entasser, *truôt, dăc truôt.*
entendre, ouïr, *lú.*
entendre (s'), s'accorder, *cŭt khnéa.*
entendre, agréable à écouter, *pirŏs sdăp.*
entendu (avoir), *sdăp lú.*
entendu, habile à....., *pen pao.*
entendu, bien entendu, *ichŏng hói.*
enterrement, *bŏn căp khmoch.*
enterrer, *căp khmoch.*
enterrer (objets), *căp.*
entêté, *rŭng rus, cabal rŭng, mŭc rŭng, chăng oi ban.*
entier, complet, *teăng mul.*
entièrement, *teăng mul.*
entonnoir, *lău.*
entorse, *crĕch.*
entortillé, *chŏmpéăc, săm.*
entortiller, *thú chŏmpeăc.*
entourer, cerner, *chom.*
entourer d'une barrière, *robâng chŭm.*
entourer avec les bras, *op.*
entrailles, *pŏ tăng.*
entraîner, *chăp téanh tŏu, ŏs téanh.*
entraves (liens aux jambes), *khnăs.*
entre, *nŏu cŏndal.*
entre-nœud de bambou, *săch thnăng rosey.*
entre-deux, *nŏu cŏndal săng khang.*
entrée, porte, *thvéa.*
entremetteur de mariages, *neăc maha.*
entrepôt, *khléăng dăc eyvan lŏc.*
entrer, *chôl.*
entrer en conseil, *pi crŏ.*
entreprise, *măo, mău.*
entreprendre, *măo thú.*
entrepreneur, *neăc totuôl mao.*
entretenir, soigner, *reăcsa, thê tăm.*
entretenir (s'), *nyeay nŭng khnéa.*
entretien, conservation, *reàcsa.*
entretien, conversation, *car nyeay.*
envahir un pays, *jôc srŏc, chăp srŏc.*
enveloppe, *srom.*
enveloppe de lettre, *srom sŏmbŏt.*
envelopper, plier des objets, faire un paquet, *vĕch.*

envers, à l'égard de....., *nŭng.*
envers, à l'envers, *jôc khnŏng chéa crau, jôc crom chéa lú.*
envie, avoir envie, *méan chót, chăng.*
envier, *chrânên, chhnéa nĭs.*
envieux, *menŭs chrânên, menŭs chhnéa nĭs.*
environ, à peu près, *riéng.*
environ (dans les.....), *khang, riéng.*
envoyé, ambassadeur, *kha luông.*
envoyer, *phnhór.*
envoyer exprès pour faire une chose, *pró.*
épais, *cras.*
épaisseur, *cŏmrăs.*
épanoui, *rîc hói.*
épanouir (s'), *rîc.*
épargner, avoir égard, *ăt tasray.*
épargner, économiser, *sămchay, tŭc sămchay.*
épars, *réai, khsăt, khchai.*
épaule, *sma.*
épaulette, *intanu.*
épée, *sămsê.*
épeler, *pŏmbêc ăcsâr.*
éperon, *chhnal sbêc chúng.*
épervier (filet). *sŏmnănh.*
épervier, lancer l'épervier, *băng sŏm nănh.*
épi de riz, *phca srŏu, tông srŏu.*
épicer, *băng sŏmlâ.*
épices, *crúóng băng sŏmlâ.*
épidémie, *rămbăl.*
épier, *khlăm.*
épilepsie, *scăn, chhcuôt chruc.*
épileptique, *neăc scăn chăn.*
épiler, *dâc mamis.*
épine, *pŏnla, bănla.*
épine dorsale, *cheŏng khnâng.*
épineux, *méan pŏnla péas.*
épingle, *mochŭl.*
épingle à cheveux, *sniét săc.*
éplucher, *sâc pŏnlê, bâc pŏnlê.*
éponge, *sarai rŏmhuôt.*
époque, *rodŏu.*
époque (à l'époque où.....), *căl na, dăl rodŏu dêl.*
épouse, *prâpŏn.*
épouse légitime, *prâpŏn, méan khăn sla.*
épouser, *jôc prâpŏn.*
épouvante, émoi, *păól.*
épouvanter, *thú oi khlach nhór.*
épouvantable, *acrăc acray.*
époux, *phdey.*
épreuve, faire l'épreuve, *lô, thú lô.*
éprouver, ressentir, *dŏng khnŏng khluôn.*
éprouver, essayer, mettre à l'épreuve, *lô.*
épuisé, fatigué par excès de travail, *ăs cŏmlăng.*
épuisé par la maladie, *ring, scôm.*
épuiser, mettre à sec, *huôt snguôt.*
épurer, *thú oi ban sŏt, phsŏt.*
équerre, *khnat kêng,*
équilibre (en), *múng, smór.*
équipage d'un navire, *puôc capal.*
équivalent, *thlay dôch.*
ergot, *chhnal, chhnăr.*
ermite, *neăc smat.*
errant, *săt (ăndêt).*
errer, rôder, *dór sâ srăc.*
erreur, *khŏs, phăn.*
éruption (du sang), *léch pŭs.*
escabeau, *chúng ma.*
escalier, *chŏndór.*
escalier tournant, *chŏn dór căch.*
escamoter, *leăc plét.*
escamoteur, *menŭs chĕ leăc.*
escargot, *khjâng, khchău.*
escarpe, *chot.*
esclave, *khnhŏm.*
esclave non rachetable, *khnhŏm phdăch.*
esclave affranchi, *khnhŏm léng.*

escorte, *tam*, *hê*.
escorter, *tam*, *hê*, *tănghê*, *dănghê*.
espace, *chŏnlă*.
espacer, *dăc tiley pi khnéa*.
espèce, qualité, *jang*.
espérance, *car săng khŭm*.
espérer, désirer, *săng khŭm*.
espérer, attendre, *chăm*.
espion, *menús lôp sdăp*.
espionner, *khlăm*, *lôp sdăp*.
esprit, intelligence, *prachnha*.
esquiver, s'esquiver, *rŏt puôn*.
essayer, *lô*.
essentiel, *udăm*.
essieu, *snôl*, *phlŏu roteă*.
essouffler, *hăt*.
essuie-mains, *cŏnsêng chut day*.
essuyer, *chut*.
est, orient, *ê cót*, *bô*.
estimer, *rŏp an*.
estimer le prix, *tâ thlay*.
estuaire, *mŏt péam*.
estomac, *crepeă*.
estropié, *khvĕn*.
et, *hói*, *nŏu*, *ri-ê*.
et (dans les phrases interrogatives), *ê*, *ê trăng*.
étable (sens général), *crol*.
étable à porcs, *trŭng chruc*.
établir (s'), *nŏu*.
étage, *thnăc*, *chăn*.
étagère, *khdar hŭng*.
étain, *sămnâ pahăng*.
étai (marine), *jĭp mŭc*.
étale (eau), *nŭng* (*tŭc*).
étaler, exposer en vente, *riép dăc hê lŏc*.
étaler, déployer, *léa*.
étaler (marine), *nŭng*, *mŭn lúón mŭn thâi*.
étalon, *sĕ ba*.
étamer, *péas sămnâ pahăng*.
étancher, *tŏp*.
étancher la soif, *oi băt srêc*.
étang, *bŏng*.
état, situation, *jang na*.
état, profession, *robâ*.
état, royaume, *nocôr*.
étau à pied, *ŭngcŏm thŏm*, *rŏngcŏm thŏm*.
étau à main, *ŭngcŏm tôch*, *rŏngcŏm tôch*.
étayer, *trô*.
éteindre, *rŏmlŏt*, *lŏt*.
éteindre un incendie, *rŏmlŏt phlúng*.
éteint, *relŏt hói*.
étendard, *tŏng chéy*.
étendre, allonger, déployer, *léa*, *cral*.
étendre (s'étendre de son long), *déc sŏndôc*.
étendre (s'étendre : le feu, une plaie), *réal*.
étendre les bras, *léa day*.
étendre les ailes, *léa slap*.
étendue, superficie de terrain, *véal*.
éternel, infini, *darap riêng tŏu*, *jún*.
étincelle, *răm âng phlúng*.
étiquette, cérémonial, *bŏn*.
étiquette, écriteau, *ca khnâng*.
étirer du fer, du cuivre, *hôt luôs*.
étoffe, *sămpŏt*.
étoffe à raies parallèles, *sămpŏt chhnôt*.
étoile, *phcai*,
étoile polaire, *phcai êchúng*.
étonné (être), *chhngăl*.
étonner, *chhngăl*.
étouffer quelqu'un, *pŏnthăp*.
étouffer (s'), *thăp*.
étouffer (s'étouffer sous l'eau), *chhlŏc*.
étourdi, léger, *phang*.
étourdi (par suite d'une chute, ou de coups reçus), *lengê lengú*.
étourdissement, *chrŏp mŭc*, *lengê lengú*, *vĭl mŭc*.
étourdissement de l'oreille, *nŭng*.
étranger, *tĭs*, *neăc prâtĭs crau*.

étrangler (avec les mains), *chrébăch câ.*
étrangler (à l'aide d'une corde), *phjuôr câ.*
être (combiné avec les verbes aller, venir), *dêl.*
être (demeurer, rester), *nŏu.*
étrenne du jour de l'an, *chŭmnun ngay chôl chhnăm.*
étrenner (premier usage d'un objet), *prô mŭn teang âs.*
étrier, *chhnŏn.*
étrille, *snĕt sĕ.*
étriller, *cos sĕ nŭng snĕt.*
étroit, *chăng iét.*
étudier, *rién.*
étui, *khlăc, clăc.*
eunuque, *criéu.*
Europe, *srŏc Europe, srŏc paréăng.*
européen, *pareăng, Oropin.*
eux, *véa.*
évacué, *chĕnh tŏu hói.*
évacuer, *chĕnh tŏu.*
évader (s'), *rŏt ruéch.*
évaluer, *căt thlay.*
évanouir (s'), *sănlăp.*
évanouissement, *sănlăp.*
éveillé (être), *phnhéăc.*
éveiller, *dăs.*
éveiller (s'), *phnheăc.*
éventail, *phlĕt.*
éventail en papier, *phlĕt credas.*
éventail en plumes, *phlĕt slap.*
éventer (s'), *băc.*
éventrer, *veă pŏ.*
évêque, *preă sôcŏn.*
évidemment, *chéăc léăc.*
évident, c'est évident, *chbas.*
éviter, *chiés.*
éviter (marine), *prê.*
exact, juste, *prâcăt.*
exact, régulier, *tiéng.*
exactitude, *tiéng.*
exagéré, *bămphlós.*
exagérer, *bămphlós.*
exagone, *prăm muéy chrŭng.*
examiner, *picharna, chŏmreă.*
exaspéré (être), *khŏng năs.*
exaspérer, *khŏng năs.*
excéder, outre-passer, *thú huôs.*
excéder, fatiguer, *huôs cŏmlăng.*
excellence (grande dignité), *lûc, prâ dêc prâ cŭn.*
excellent, *chŏmnăp.*
exceller, *êc chéang téang âs.*
excepté, *té, té tê.*
excès de femme, *vŏc srey.*
excès d'opium, *nhién aphién.*
excès (dans le boire ou le manger), *chăc chras.*
excessivement, *huôs khnat, pĭc năs.*
exciter, *pŏng ŏch, pĕn jŭ.*
exciter, pousser quelqu'un à être votre complice, *lebuông.*
exclure, *chol chĕnh.*
excrément, *ăch.*
excuser, *sŏm tûs.*
excuser (s'), *dă sar.*
exécrer, *sâăp năs.*
exécuter, effectuer (volontairement), *thú tam chămnăng.*
exécuter (par ordre), *sdăp băngcăp, thú tam băngcăp.*
exécuter, mettre à mort, *sŏmlăp.*
exemple, *kebuôn, sŏndăp.*
exemple (donner l'), *oi kebuôn.*
exempter, dispenser, *leng, b ôc.*
exercer, *pănghăt.*
exercer (s'), *dămlŏp khluôn, hăt.*
exercice, *hăt.*
exhiber, *băng hanh.*
exhorter, *bŏntun méan oi thú.*
exhumer, *cŏs khmoch.*
exiger, *pŏng khăm.*
exil, *pros.*
exil (lieu d'), *ti dêl pros.*
exilé (être), *pros hói.*

exilé (individu), *menŭs pros hói.*
exiler, *jôc tŏu pros.*
exister, *rŏs nŏu, nŏu lói.*
expectorer, *khac.*
expédier, envoyer, *phnhór.*
expédition militaire, *lúc tŏp.*
expérience, *ponpao.*
expérimenté, *menŭs ponpao.*
expérimenté, essayé, *lô hói.*
expérimenter, *lô.*
expert, habile, *presăp, chĕ.*
expirer, *phŏt dŏnghóm.*
expliquer, *srai, oi jŏl.*
explorer, *réau rôc.*
explosion, *thléay.*
exposer, risquer, *prâthŏy.*
exposer (s'), *prâthŏy khluôn.*
exposer la vie, *prâthŏy ayôs.*
exposer, mettre en vue pour vendre, *tăng lŏc, dăc lŏc.*
exprès, à dessein, *méan chŏt thú.*
exprès, messager, *pró tê pŏnnŏng.*
exprimer (pensée), *nyéay dôch chŏt nŭc.*
expulser, *dĕnh.*
exquis, *pisa năs, chhngănh năs.*
extérieur, *crau.*
exterminer, *sŏmlăp âs.*
extraire, *téanh chĕnh, phús.*
extraordinaire, *chŏmlêc.*
extrême, excessif, *huôs khnat, cruy pîc.*
extrêmement, *pîc năs.*
extrémité, *chŏng pŏmphŏt.*

F

fabricant, *neăc thú.*
fabrique, *ti thú, lŏmnŏu thú.*
fabriquer, *thú.*
façade, *mŭc phteă, mŭc.*
face, *mŭc.*
face (en), *tŏntĭm.*
face à face, *chhom mŭc khnéa.*
fâché, *khŏng.*
fâcher (se), *khŏng.*
fâcheux, *chéa căm.*
facile, *ngéay.*
facile (de caractère), *chŏt ngéay, chŏt lăâ.*
facilement, *ngéay.*
façon, manière, *rŭc, yang.*
façon (de cette), *yang nĭ.*
façon (de toute), *crŏp yang.*
façon, à la façon européenne, *yang parcăng.*
façon (sans), *cŏm căn chbăp.*
façon, main d'œuvre, *chhnuŏl thú.*
facteur (des postes), *neăc năm sŏmbŏt oi kî.*
faction, *jéam.*
faction (être en), *chăm jéam.*
factionnaire, *neăc chăm jéam.*
facture (commerce), *sŏmbŏt tua.*
fade, *sap.*
fagot, *băch.*
faible, impuissant, *cŏmsoi, khsoi.*
faïence, *péang.*
faillir (avoir été sur le point de tomber, de mourir.....), *prâphŏt.*
faillir (agir contre le devoir), *thú khŏs chbăp.*
faim, *khléan.*
fainéant, *khchĭl.*
faire, *thú.*
faire (quoi), *thú óy.*
faire faire, *oi thú.*
faire suivant promesse, *thú tam sâmăt.*
faisan, *mŏn tô.*
faisceau de rotins (emblème de puissance), *băch rŏmpŏt.*
fait (mal), *thú mŭn trŏu.*
faîtage, *mî tŏmbôl.*
falloir, *méan tê.*
falsificateur, *menŭs léay bŏnchhot, clêng.*

falsifier (liquides, métaux), *léay.*
falsifier (écritures), *clêng sŏmbŏt.*
fameux, célèbre, *menŭs méan chhmŏ.*
familiariser (se), *scŏl khnéa.*
familier, *snĕt nŭng khnéa.*
famille, parent, *nhéat, ămbôr, puch.*
famille nombreuse, *nhéat chrón.*
famille royale, *preă vŏng.*
famine, *ămnăt, ăt bai.*
famine (année de), *chhnăm ămnăt.*
fanal, *cûm.*
fané, *sarpûn hói, svĕt hói.*
faner (se), *sarpûn, svĕt.*
fanfaron, *menŭs cakhô.*
fange, *phŏc.*
fantassin, *téahéan chúng cûc.*
fantôme, *khmoch.*
faon, *côn kdăn.*
farceur, *cremăch.*
fard, *mesău creôp.*
farder (se), *léap mesău creôp.*
fardeau (sur la tête), *tul.*
fardeau (sur l'épaule, avec un levier), *réc.*
fardeau (sur l'épaule directement), *li.*
farine, *mesău.*
fat, sot, *liléa.*
fatigant (travail), *car thngŏn, car núói.*
fatigue, *núói.*
fatigué, *âs cŏmlăng, hăt.*
fatigué (très-), *âs cŏmlăng năs, hăt năs, lohĕt.*
fatigué d'une partie du corps, *rûi.*
fatigué des bras, *rûi day.*
fatigué des jambes, *rûi chúng.*
fatigué des reins, *rûi chŏngkĕ.*
fatiguer, *ăs cŏmlăng, hăt.*
faucher, *chŏmréăs smau.*
faucille, *cŏndiéu.*
faucon, *pâmăng.*
faufiler, *dan (sŏmpŏt).*
fausseté, *cŏmhăc.*
faute, délit, *cŏmhŏs, khŏs.*
faute, erreur, *cŏmhŏs, khŏs.*
faute (commettre une), *chôl tûs.*
faute (avouer sa), *lŏntûs, totuôl tûs.*
faute (c'est ma), *tûs khnhŏm hói.*
faute (pris en), *chăp tûs.*
faute (sans faute, sans erreur), *ĕt tûs (khméantûs).*
faute (sans faute, sans manquer, avec exactitude), *cŏm khan.*
fauteuil, *cău ey thŏm.*
faux, drogué (or, argent, liquides), *clêng.*
faux (erreurs de calcul ou autres), *khŏs.*
faux (à faux, injustement), *căch, pŏngcăch.*
faux, mensonge, mauvais renseignement, *phdar, mŭn mén.*
faux (porte à...), *băs, trebăng băs.*
faux monnayeur, *menŭs thú prăc clêng.*
faux pas, *phlŏt chŭng.*
faux pli, *khŏs phnăt.*
faux à faucher, *cŏndiéu thŏm.*
faux témoin, *bŏntăl căch.*
faveur, grâce, *oi cŭn.*
faveur, privilége, *mita.*
faveur (faire une), *thú cŭn.*
favorable, *pŏndoi.*
favorable (vent), *khjăl pŏndoi.*
favorable (courant), *tŭc hôr pŏndoi.*
favoris (barbe), *âm kéang.*
favoriser, *asôr, căn.*
fayol, *săndêc.*
fayottier (la plante), *dóm săndêc.*
fayottier (arbre très-commun en Cochinchine et au Cambodge), *dóm ăngkéas dey.*
fécond, *băngcót sai.*
féconder, *băngcót sai.*
fécondité, *cót sai, cót bârbôr.*
feindre, *leăc cŏmnŭt, phut.*
fêlé, *prĕs, prĕ.*

félicité, *préng lăâ.*
féliciter, *chuéy âr.*
fêlure, *snam prĕs.*
femelle, *nhi.*
femme, *srey.*
femme, épouse, *prâpŏn.*
femme enceinte, *srey méan tŏmngŏn.*
femme (en lui parlant ou l'appelant), *néang, neăc.*
femme stérile, *srey ar.*
femme (sage..), accoucheuse, *chhmâp.*
fémur, *chĕŏng phlŏu.*
fendre, *pŭ, pĕm bêc.*
fendre en deux, *pŭ chéa pir.*
fendre (petits objets), *chriéc.*
fendre du bois à brûler, *pŭ ŏs.*
fendu, *bêc.*
fenêtre, *pŏnguéch.*
fente, *prês, prĕ.*
fente, crevasse, *prês.*
fer, *dêc.*
fer plat en barres, *dêc crepû.*
fer d'une flèche, *reliép sna.*
fer aciéré, *dêc thêp.*
fer-blanc, *dêc sivilat, dêc vilat.*
fer à repasser, *ŭt tao, dêc kên kho au.*
ferme de volonté, *chŏt nŭng.*
ferme, solide, *chŏp rŭng.*
fermentation, *lóng bai sra.*
fermenter, *lóng bai sra.*
fermer (porte, fenêtre), *réăng.*
fermer, boucher (bouche, bouteille), barrer un ruisseau), *khtŏp.*
fermer hermétiquement, *hăp.*
fermer un œil pour viser ou mieux voir de l'autre, *srengiéu phnéc.*
fermer les yeux, *thmĕch phnéc.*
fermer une porte à l'aide d'un verrou ou d'une traverse, *khtŏs, tŏs thvéa.*
fermer la main, *kdăp day.*
fermer une plaie, *bĕt tŏmbău.*
fermier de l'opium brut, *cŏngsi aphién dŏm.*
fermier de l'opium bouilli et des jeux, *lotiér.*
fermier d'une douane, *néay côi, mî côi.*
féroce, *sahau.*
ferrer, *bă dêc phchăp.*
fers des prisonniers, *chrevăc.*
fers (être aux), *nŏu khnŏng chrevăc.*
fertile, *dey lăâ.*
fesse, *khdĕt, kâkut.*
festin, *car si, si car.*
festin (donner un), *liéng.*
fête, *bŏn.*
fête (jour de), *ngay bŏn.*
fêter, faire fête, *thú bŏn.*
fétide, *chăap cheóm.*
fétu, brin de paille, *sŏmram.*
feu, *phlúng.*
feu (mettre le), *dŏt.*
feu couvert, *phnŏc.*
feu, allumer un feu de cuisine, un tas de bois pour se chauffer ou enfumer les moustiques, *pŏngcăt phlúng.*
feu, allumer une bougie, un cigare, une forêt, des broussailles, une maison, *ŏch.*
feuille d'arbre, de plante....., *slŏc.*
feuille d'un livre, *sŏnlŏc sŏmbŏt.*
feuille de papier, *sŏnlŏc crâdas.*
feuille de palmier, très-blanche sur laquelle on écrit, *slŏc rŭt.*
feuille (la même que la précédente servant à construire les cases), *phchŏl.*
feuille d'une plante de la famille des graminées, grande dimension, employée à couvrir les maisons, *sbŏu.*
feuille de palmier servant aussi à couvrir les maisons, ou à faire des cloisons à l'intérieur, *slŏc chac.*
feuille de bananier, *théang, slŏc chec.*
feuille de cuivre, *spŏn pŏnteă.*
fève, *sŏndêc paréăng (thŏm).*
fiançailles, *cŏmchŏp péac.*

fiancée, *srey cŏmchóp péac.*
fiancer, *cŏmchóp péac.*
ficelle, *khsê.*
fidèle, *chŏt trăng.*
fidélité, *chŏt trăng.*
fiel, *pomăt, prâmăt.*
fiente, *ăch, chi.*
fier, hautain, *cŏmuôc, căn khluôn.*
fier (se), avoir confiance, *tŭc chŏt.*
fièvre, avoir la fièvre, *crŭn.*
fièvre (accès de), *cŏmnăt crŭn.*
fièvre (symptômes de...), *sriéu sranh.*
fièvre intermittente, *crŭn lŏ.*
figer, *câc.*
figue, *lovéa pareăng.*
figure, *mŭc.*
figure (faire mauvaise), *thú mŭc cŏnchŏu.*
figure réjouie, *mŭc ric.*
figurer (se), *proman, sman.*
fil, *ches.*
fil d'une ligne de pêche, *khsê sŏntuôch.*
fil (tranchant d'un couteau), *mŭc cŏmbĕt.*
fil de soie simple, non tordu, *sesay sôt.*
fil de coton simple, non tordu, *sesay ămbŏs.*
fil (soie ou coton), préparé, tordu pour coudre, *ches.*
fil doré, *khsê sâi méas.*
fil de fer, *luôs dêc.*
fil d'or, *luôs méas.*
fil de cuivre, *luôs spŏn.*
file, à la file (marcher à...), *dór chuôr.*
filer, *srao ches, srau sôt.*
filet (grand, sorte de seine en usage dans le Lac), *uôn.*
filet (lever le filet précédent), *téanh uôn.*
filet (comme le précédent, plus large et à poche, sert pour les grandes profondeurs), *mănh.*
filet (lever le filet précédent), *téanh mănh.*
filet rectangulaire traîné sur le fond par deux hommes jusqu'à terre), *ănchâng.*
filet (lever le filet précédent), *dŏc ănchâng.*
filet tendu à poste fixe, *mông.*
filet (lever le filet précédent), *sa mông.*
filet dit épervier, *sŏmnănh.*
filet (lancer le filet précédent), *băng sŏmnănh.*
filet pour le gros gibier et le lièvre, *pŏngcăt.*
filet (lever le filet précédent), *lŭc pŏngcăt.*
filet pour les cailles, les perdrix, *pŏntŏng.*
filet (lever le filet précédent), *sa pŏntŏng.*
fileur, *neăc srau ches, neăc srau sôt.*
fille (jeune), *cremŏm.*
fille âgée, non mariée, *său kê.*
fille (enfant dont on désigne le sexe), *côn srey.*
fille, belle-fille, *côn prâsa.*
fille de mauvaise vie, *srey chor.*
filleul, *côn thór.*
filou, *lemuôch.*
fils, *côn prŏs.*
fils (aîné), *côn bâng.*
fils, beau-fils ou belle-fille, *côn prâsa.*
fils (petit), *chău.*
fils (arrière petit-), *chău luôt.*
fils unique, *côn tê muéy.*
fils légitime, *côn băngcót.*
fils naturel, *côn préy.*
fils, dernier fils, le plus jeune, *côn pŏu.*
fils adoptif, *côn chĕnchĕm.*
filtre, *tŏm râng tŭc.*
filtrer, *trâng.*
fin, la fin, *pŏng hói, pŏmphŏt.*

fin (adjectif) (se dit des grains, des objets brisés très-menu), *lăĕt.*
fin (adjectif) (se dit du fil, des étoffes), *sdóng, măt.*
fin du mois, de la lune, *dăch khê.*
fin du monde, *phlúng chhĕ cal.*
fin de la vie, *phŏt dăng hóm, phŏt chivĭt.*
fini, *ruôch hói, âs hói.*
finir (ne se dit pas des travaux), *băng âs.*
finir, achever, terminer quelque chose, *băng hói.*
fiole (en verre blanc surtout), *dâp kêu.*
firmament, *mîc êlú.*
fixe, immobile, *nŭng, nŭng thcăl.*
fixer, consolider, *thú oi khchŏp.*
fixer, regarder fixement, *múl oi nŭng phnéc.*
fixer, arrêter une date, *năt ngay.*
fixer (se), *nŏu.*
flacon, *dâp.*
flageller, *vay.*
flairer, *thŭm khlĕn.*
flambeau, *chŭng kiéng, chŏngkiéng.*
flamber, *chhĕ, lĕch ăndat phlúng.*
flamber, passer à la flamme, *rûl phlúng.*
flamber un fusil, *sda cŏmphlúng lô.*
flamme, *ăndat phlúng.*
flammèche, *răm âng.*
flanc, *chŏmhiéng khluôn.*
flanelle, *flanel, saclat sdóng.*
flatter, *trasór, sesór.*
flatter (se), *uôt.*
flatteur, *menŭs hay sesór, chăc pŏndoi.*
fléau, grand malheur, *căm pir.*
fléau d'une balance, *dâng ănching.*
fléau, levier pour porter les fardeaux, *dâng rêc.*
flèche, *pruônh.*
flèche empoisonnée, *pruộnh léap chăr chhăc.*
flèche très-longue pour piquer le poisson, *snâr.*
fléchir, ployer, *cong tŏn.*
flétri, fané, *srâpûn hói, svĕt hói.*
flétrir (se), *srâpûn svĕt.*
fleur, *phca.*
fleur, bouton de fleur, *phca crepŭm.*
fleur de rosier, rose, *phca culap.*
fleur du grenadier, *phca tetĭm.*
fleur d'oranger, *phca crôch.*
fleurir, *phca.*
fleuve, *tŏnlî, tŏnly.*
fleuve profond, *tŏnlî chrŏu.*
flexible, *tŏn (cong).*
florissant, en prospérité, *dey tŭc cót méan ban.*
flôt, *chôr.*
flotter, *ăndêt.*
flotteur, bouée de filet, *cŏmsuôl.*
fluet, *sdieu.*
flûte, *khlŏy.*
flûte avec une embouchure rapportée, *pey.*
flûte en bois avec embouchure en bambou rapportée, *srelay.*
flux, *chûr.*
flux et reflux, *chûr néach.*
fluxion, *hóm, pong.*
fluxion des gencives, *reăc thmĕnh, hóm chúng thmĕnh.*
fogne, trident pour la pêche, *chbôc.*
foi, croyance, *chúa.*
foie, *thlóm.*
foin, *smău snguôt.*
foire, marché, *phsa thŏm.*
fois, *dâng.*
fois (toutes les), *săp dâng.*
fois (plusieurs), *chrón dâng.*
fois (une ou deux), *mŏ dâng pir.*
fois (cette), *dâng nĕ, mŏ dâng nĕ.*
fois (une seule), *tê mŏ dâng.*
fois (une autre), *mŏ dâng tiét.*
fol, fou, *chhcuôt.*

folie, démence, *chhcuôt, chăngcuôt.*
folie (accès de), *vŏc chhcuôt.*
fonction, emploi, *ngéar.*
fond (endroit le plus bas), *bat.*
fond, hauteur de l'eau, *chŏmrŏu.*
fond (au), *nŏu bat.*
fond (haut fond), *reăc.*
fondation, *rús phteă.*
fonder, commencer à bâtir, *tŭp chăp thú.*
fonder, créer, *băngcót thú.*
fondeur, *chéang sŏt.*
fondre, *rŏmléay.*
fondre, couler dans un moule, *sŏt.*
fondre la graisse, *chŏmrănh khlănh.*
fondu, *roleay.*
fontaine, *fonten, cŏnchrôch tŭc.*
force physique, ou mécanique, *cămlâng, cŏmlăng.*
forces (de toutes ses), *âs pi cŏmlăng.*
force (par), *băng khăm, thú nŭng ămnach.*
forcer, *băng khăm.*
forcer (se), *khăm, prŏng.*
forer (percer avec un foret que l'on roule dans les deux mains), *cadar.*
forer (avec un vilebrequin), *svan.*
forêt, *préy.*
forêt à arbres rares, *préy lebă.*
forêt épaisse, *préy sdŏc.*
forge, (*snăp*) *chŭngcran.*
forger, *dăm* (*dĕc*).
forgeron, *chéang dĕc.*
format d'un livre, *tŏmhŏm sŏmbŏt.*
forme, modèle, *cŏmru.*
forme (figure qu'un corps affecte extérieurement), *trŏng.*
former, donner la forme, *thú oi méan trŏng.*
fornication, *săngsa.*
forniquer, *chŏy.*
fort, force, *khlăng.*
fort (très-), *khlăng năs.*
fort, fortification, *pŏntéay, bănteay.*
fortifier, *thú pŏnteay.*
fortune, *trŏp, sămbăt.*
fortune, bonne fortune, bonne chance, *méan léap.*
fosse (pour enterrement), *rŏndău khmoch.*
fossé, *ăndông.*
fou, *chhcuôt, chŏngcuôt.*
foudre, *rŏnteă.*
foudroyé, *trŏu rŏnteă bănh.*
foudroyer, *rŏnteă bănh.*
foudroyer avec du canon, *bănh nŭng cŏmphlúng thŏm.*
fouet, *rŏmpŏt bâr rŏt.*
fouiller, *rŭ.*
fouine, *sŏmpuôch.*
foulard, *cŏnsêng prê.*
foule, *chŭm phdŏm.*
fouler, *chŏn.*
foulure, *crĕch, thlă.*
four, *cŭc.*
four à chaux, *cŭc cămbor.*
fourbe, *menŭs bŏn chhot kt.*
fourbi, poli, *khăt spŏn, khăt dĕc.*
fourbu (un cheval), *sĕ cacriu.*
fourchette, *sâm.*
fourmi, *sremoch.*
fourmi blanche, *cŏndiér.*
fourmi rouge, *ăngcrâng.*
fourmi ailée, *khmŏl, khmŏr.*
fourmilière, *sŏmbŏc sremoch.*
fourneau de cuisine ordinaire, ou petit fourneau en terre portatif, *chŏngcran.*
fourneau d'une chaudière à vapeur, *chŭngcran chăc.*
fournir, donner, *oi, chun.*
fourrage, *smău.*
fourreau, *srom.*
foyer, *chŭngcran, chŏngcran.*
fracas, *lŏn trâhŭng.*

fracasser, *pŏmbăc, pŏmbêc.*
fracture, *băc cheŏng.*
fragile, *sruéy.*
fragment, *chŏmriéc.*
fraîcheur (se dit surtout lorsqu'elle est produite par la brise), *lehói.*
frais, temps agréable, *trâchéăc.*
frais (il fait), *trâchéăc lâă.*
frais, non altéré (se dit de la viande, du poisson, des couleurs d'un tableau), *srâs.*
frais, dépense, *sohuy.*
franc, loyal, *prâcăt, trăng.*
franc (monnaie), *frăng.*
Français, *pareăng sês.*
France, *srŏc pareăng sês.*
franchement, *prâcăt.*
franchir, dépasser en marchant, *dór huôs.*
franchir, dépasser en montant, *lóng huôs.*
frange, *rŏmjŭl.*
frapper, se frapper la poitrine, *cŏc dŏmtrung.*
frapper la main ouverte, *teă.*
frapper avec le poing ou un bâton, *vay, véay.*
frapper du poing horizontalement, *dăl.*
frapper avec le poing, *cŏc.*
frapper pour ramolir, *dăm oi tŏc.*
frapper à la porte, *cŏ thvéar.*
frapper monnaie, *bă prăc.*
fraternité, *salănh khnéa.*
fraude, *leăc luôch.*
fraudeur, *menŭs luôch leăc.*
frelon, *oŭmăl.*
frémir, *sriéu săch.*
fréquemment, *chrón dâng, chrón créa.*
fréquenter, *tŏu suôr rúói.*
frère (plus âgé que soi ou que celui de qui l'on parle), *bâng.*
frère (plus jeune que celui qui parle ou que celui de qui l'on parle), *phŏôn, pŏôn.*
frère du même lit, *bâng phŏôn pŏ muéy.*
frère (beau-) (plus âgé que la femme de celui qui parle ou de qui l'on parle), *bâng thlay.*
frère (beau-) (plus jeune que la femme de celui qui parle ou de qui l'on parle), *phŏôn thlay.*
fret, *chŏmnuôl sŏmpŏu.*
fréter un navire, *chuôl capăl.*
friand, *menŭs chăng si lâă, chhngănh.*
fricasser, *chăc khlănh.*
frictionner à la main, *rŭt.*
frileux, *menŭs khlach longéar.*
fripon, *lemuôch.*
frire, *chămhiéu, chién, chha.*
friser, boucler les cheveux, *trecuônh săc.*
frisson, *sriéu nhór.*
frissonner (par suite d'une forte émotion), *nhór khlach.*
frissonner (dans la fièvre), *nhór sriéu.*
frissonner (de froid), *rongéa nhór.*
froid, *rongéa.*
fromage, *tŭc dă cŭ.*
fromager (arbre à coton), *dóm cô.*
froment, *srŏu saley.*
froncer le sourcil, *nhéăc ănchóm.*
front, *thngas.*
frontière, *prâtŏl dên, dên.*
frotter, *chali, dŏs.*
frotter (se), *tâdŏs khluôn.*
frugal, *menŭs si tĕch.*
fruit, *phlé.*
fruit vert non mûr, *khchey.*
fruit demi-mûr, *phlê srekéal.*
fruit cueilli trop tôt pour pouvoir mûrir hors de l'arbre, *phlê crŏn.*
fruit (espèce orange, citron, pamplemousse), *crôch.*
fruits (dernière saison des), *reboi phlé.*

fugitif, *menŭs rŏt ruôch.*
fuir, *rŏt.*
fuir à la guerre, *rŏt tŏp.*
fuite, *rŏt.*
fumée, *phsêng.*
fumer, *chŏc.*
fumer l'opium, *chŏc aphién.*
fumer la terre, *léai chi.*
fumier, engrais, *chi, dey chi.*
fumigation, *bămpŏc, pŏmpŏc.*
funérailles, *bŏn khmoch.*
funérailles (faire les), *căp khmoch.*
furieux (homme), *menŭs khŏng năs.*
furieux (animal), *sahau năs.*
furoncle, *bôs.*
furtivement, *luôch léăc.*
fuseau, *rohăt (rŏmpŏng).*
fusée, *cŏn chrôch.*
fusil, *cŏmphlúng.*
fusil à mèche, *cŏmphlúng pachhĕ.*
fusil à pierre, *cŏmphlúng cay thmâ.*
fusil à vent, à air comprimé, *cŏmphlúng khjăl.*
fusil à piston, *cŏmphlúng lât.*
fusil Lefaucheux, *cŏmphlúng căch chrăc.*
fusil à aiguille, *cŏmphlúng mochŭl.*
fusil à deux coups, *cŏmphlúng phlŏ.*
fusil à un coup, *cŏmphlúng sna păng.*
fusilier (soldat), *téahéan cŏmphlúng tôch.*
fusiller, *bănh sŏmlăp.*
futur, *tŏu mŭc, mŭc tŏu.*
fuyard, *menŭs rŏt.*

G

gaffe, *thnol.*
gage, salaire, *chhnuôl.*
gage (objet en garantie), *pŏn chăm.*
gager, parier, *phnăl,*
gagner (aux courses, au jeu, un procès...), *chhneă.*
gagner (guerre), *chbang chhneă.*
gagner (commerce, spéculation, appointements), *chŏmnĕnh.*
gai, *âr, ămnâr, sabai.*
gain, bénéfice, *chôl prăc, chŏmnĕnh.*
gale, *ramâs.*
gale (la plus purulente), *câm.*
galerie, souterrain, *rung.*
galeux, *neăc cót câm, neăc cót ramâs.*
galhauban (marine), *jĭp thŏm.*
galon, *săc.*
galop (cheval), *lŭn.*
galoper (cheval), *sĕ lŭn.*
galoper (homme), *ŏmprŏm.*
gangrène, *tŏmbău rĭc.*
gant, *srom day.*
garant, caution, *thornéa.*
garantie, *thornéa.*
garçon, *prŏs.*
garçon, célibataire, *liu.*
garde (prendre), *preiăt.*
garder (hommes, animaux), *réăcsa.*
garder (veiller, soigner), *precŏl.*
garder, conserver (objets, fruits, fleurs), *tŭc.*
gardien, *neăc réăcsa.*
gargariser (se), *khpul.*
gargarisme, *thnăm khpul.*
gargoulette, *dâp tŭc.*
garnir, doubler, superposer, *péas.*
garnir, meubler, *tăng têng phteă.*
garnir de fleurs, *tăng têng phca.*
garnison, *teahéan chhô reăcsa.*
garrotter, *châng rŭt.*
gâteau, *nŏm.*
gâté, *khôch.*
gâter, *băng khôch.*
gauche, à gauche, sur la gauche, *chveng.*
gazette, journal, *casêt.*
gazon, herbe fine et tendre, *smau lebă.*

gazouillement, *sămleng săt hór.*
géant, *jeăc.*
gecko des murailles, *ching chăc.*
gelée, glace, *căc.*
gelée, gélatine, *căc.*
geler, *căc.*
gémir, *tuônh, thngôr.*
gencive, *chúng thmĕnh.*
gendre, *côn pasa.*
généalogie, *mî ba.*
gêné, *chăng iét.*
gêner, *chăng iét.*
général (adjectif), *réapsa.*
général (en), *săp dâng.*
général (substantif), *général.*
généreux, *sar théar, chŏt thuléay.*
génie, *prachnha.*
génie (homme de), *néac prach.*
génisse, *cû cramŏm.*
genou, *chŏng cŏng, chŭngcŏng.*
genoux (à), *lŭt chúngcŏng.*
genre, espèce, *jang.*
gens, personnes, *menŭs.*
gentil, *lăâ.*
géographie, *tray phum, lŭccăcsonthan.*
geôlier, *néay cŭc.*
gerbe de riz, *băch srŏu, cŏndăp srŏu.*
germer, *lŏs, dŏs.*
gésier, *ké.*
geste, signe, *sămcăl.*
gibet, *cûl phjuôr cá menŭs.*
gibier, *săt.*
gibier (gros), *săt thŏm.*
gifle, *teă cŏmphliéng.*
gifler, *teă cŏmphlieng.*
gigot, *phlŏu.*
gilet, *au căc.*
gingembre, *khnhey.*
gingembre (confitures de), *tŏmnăp khnhey.*
girouette, *tŏng múl khjăl.*
glace, *tŭc căc.*
glacé, *căc.*
glace, miroir, verre en planche, *cŏnchăc.*
glacer, *căc.*
glaise (terre), *dey ĕt.*
glande, *dŏm dŏm, dŏp dŏp.*
glaner, *pabĕ chŏng rodŏu.*
glisser, *lăĕl.*
globe terrestre, *thvip.*
gloire, *ker jôs, ket dejŏs.*
gloire (en parlant de Dieu), *Preă bâr mey.*
glouton, *lemub.*
glu, *chŏr chhû.*
gluant, *seŏt.*
goître, *pôc câ, rúm.*
golfe, baie, *chhung sremŏt, kién sremŏt.*
gomme, *chór sŏmrong.*
gomme de sapin, *chór srăl.*
gomme-gutte, *rŏng.*
gond, *rŏmpŏng thvéa.*
gonflé, *pông.*
gonfler, *pông.*
gonfler (comme les œufs lorsqu'on les bat), *lóng.*
gonfler (par le vent), *pông.*
gonfler par imbibition, *ric.*
gonorrhée, *prâmĕ.*
gorge, *rŏmpŏng câ.*
gorgée, une gorgée, *crép.*
gosier, *rŏmpŏng câ.*
gosier (mal de), *cót khăn slăc.*
gouffre, *chŏng hŭc chrou.*
gourde, *dâp tŭc.*
gourmand, *lemub, nham.*
gourmandise, *bap lemub.*
gourmette, *chrevăc chŏngca sĕ.*
goût, *chéat chămney.*
goûter, *phlŏc.*
goutte, une goutte, *tămnăc.*
goutte à goutte, *tăc tăc.*
goutte à goutte (faire couler), *pŏntăc.*
gouttière, *snach rông tŭc.*
gouvernail, *chŏngcôt, chăngcôt.*

gouvernail (barre de), *day chŏngcôt.*
gouvernement, *preă réach chéa trŏp.*
gouverner, administrer, *nyéai réach chéa car.*
gouverner (une barque, un navire), *căn cănsay, chhkôt.*
gouverneur, *chăufai srŏc.*
gouverneur (sous-), *snâng.*
goyave, *trâbêc.*
goyavier, *dóm trâbêc.*
grâce, *dă tûs, ăt tûs.*
gracier, *ăt tus.*
gracieux, affable, *chŏt lăâ, mŭc ric.*
grade, *săc.*
gradin, *thnăc.*
grain, *crăp.*
grain de vent, de pluie, *phliéng khjăl mahŭc.*
grain de beauté, *pachruy.*
graine, *crăp.*
graisse, *khlănh.*
grand, *thŏm.*
grand (trop), *relŭng.*
grand (taille, élévation), *khpôs.*
grand, vaste, *thuléay.*
grand'mère (parlant d'elle), *chi dôn.*
grand'mère (lui parlant), *jéay.*
grand-père (parlant de lui), *chi ta.*
grand-père (lui parlant), *ta.*
grandeur, *tŏmhŏm.*
grandir (se dit aussi des arbres, des plantes), *thŏm lóng.*
granit, *thmâ da, thmâ phnŏm.*
grappe, *chŏngcom.*
gras, *thŏt.*
gras du bras, *cŏmphuôn day.*
gratis, *tété (oi).*
gratification, *rŏngvŏn.*
gratification (donner), *oi rŏngvŏn.*
gratter, *ĕ.*
gratter (se), *ĕ.*
gratter (avec un couteau, un grattoir), *cos.*
gratter (comme les poules), *cocai.*
gratuit, *tété.*
gratuitement (donner), *oi tété.*
grave, *thôm.*
gravelle, *promĕ crŏp.*
graver, *chhlăc.*
graveur, *chéang chhlăc.*
gravier, *cruôs.*
gravir, *lóng.*
gravure, *chŏmlăc.*
gré, *chŏt.*
gré, de bon gré, *âs pi chŏt.*
gré, de gré à gré, *oi âs pi chŏt doi khluôn.*
gré (à mon), *tam chŏt khnhŏm.*
gré (à votre gré), *tam chŏt neăc.*
greffer, *dăm truôt lú khnéa.*
grêle, *prĭl.*
grelot, *chŏng crăng.*
grenade (fruit), *tetĭm.*
grenadier (arbre), *dóm tetĭm.*
grenier, *khléăng chŏn lŭ.*
grenouille, *ăng kép.*
grenouille (très-petite espèce), *hing.*
grès, *thmâ cré.*
grever, *hôt jôc huôs khnat.*
griffe, *crâchâc.*
griffer, *crechău.*
gril, *tŏmbŏt, chŏng ó.*
grille en fer,
grille d'un fourneau de chaudière à vapeur, *renut chŏng cran.*
griller (au feu dans une poêle), *ling.*
griller (au feu directement), *ăng.*
grillon, *chŏng rĕt.*
grimace, *nhéăc mŭc.*
grimper, *véarlóng.*
grincer des dents, *săngkiét thmĕnh.*
gris, *prophĕ.*
gronder, *cŏmhôc.*
gros, *thŏm.*
gros (trop), *rolŭng.*
grossesse, *phóm.*

grossier, commun (étoffes), *sŏmpŏt sesay thŏm.*
grossier, impoli, *péac chŏt thŏm.*
grossir, *pŏnthŏm.*
grotte, *rung, rung thmâ, cuhéa.*
grouper, *phdŏm.*
grue (oiseau), *crâsa.*
grue (grande espèce), *renéal.*
grue (à collier rouge), *criél.*
gué, *cŭc tŭc.*
guêpe, *chhkê nhéăng.*
guêpe (la plus grosse espèce), *ŏumăl.*
guépier, *sŏmbŏc chhkê nheăng.*
guère, *tĕch.*
guéri, *chéa hói.*
guéri (se dit des plaies), *să, să hói.*
guérir (se dit d'une maladie), *phchéa.*
guérir d'une plaie, *pĕn să.*
guerre, *chbăng, chămbăng, sŏc.*
guerre (faire la), *chămbăng, chbăng.*
guerrier, *neăc chămbăng.*
guetter, *múl, thê tŏm.*
gueule, *mŏt.*
gueule d'un canon, *mŏt cŏmphlúng thŏm.*
gueux, *neăc sŏmtéan, neăc cŏmsăt.*
guide, *neăc năm phlŏu.*
guider, *năm phlŏu.*
guise, manière, façon, *tŏmlŏp, chŏt.*
guitare, *chapey.*

H

habile, *neăc presăp.*
habilement, *presăp.*
habillement (vêtement complet), *sâmliéc.*
habiller (vêtir quelqu'un), *sliéc oi kĕ.*
habiller (s'), *sliéc, péăc.*
habit (redingote, veste, blouse...), *au.*
habit de cérémonie des Cambodgiens (longue robe), *au phai.*
habit bien fait, commode, *săm.*
habit de bonze, *sbăng, chipôr.*
habitant, *réas nŏu, neăc srŏc.*
habitation, *phteă.*
habiter, *nŏu.*
habitude, *thlŏp.*
habitué, *thlŏp.*
habituer, *dămlŏp, tŏmlŏp.*
habituer (s'), *dămlŏp khluôn êng.*
hache (forme européenne), *pa thău, puthău.*
hache du pays avec manche et levier contre-poids en bois, *dŏng.*
hacher, *chănchrăm, hăn, căp, căt.*
hai! *aya!*
haie, *robâng.*
haillon, *cŏmnăt (rohêc).*
haïr, *sâăp.*
haleine, *hăt.*
haleine (prendre), *oi âs hăt.*
haleine (perdre), *hăt.*
haler, tirer à soi, *téanh.*
haler à coups, *cŏntrăc.*
halle, marché, *rŭng phsar.*
halo, *vŏng réăc smey.*
halo lunaire, *khê băngchhăt.*
halte! *chhŏp.*
hamac, *ăngrŭng.*
hamac portatif, *ăngrŭng snêng.*
hameçon, *sŏntuch.*
hanche, *trâkéac.*
hangar, *rŭng.*
haranguer, *nyéay, sredey.*
harassé, *lohĕt.*
hardi, *téahéan.*
haricot (sens général), *săndêc.*
haricot du pays, blanc, *săndêc siéng.*
haricot vert, d'Europe, *săndêc, pareăng.*
haricot à cosse longue, verte, dentelée, quadrangulaire, *papéai chrŭng.*
harnachement, *crúóng sĕ.*
harnacher, *châng crúóng sĕ.*

harnais, *crúóng sẽ.*
harpon pour la pêche, *snâz.*
hasard, *căm, boran.*
hasard (par), *presŏn.*
hâte, *rohăs, prânhăp, chhăp.*
hâter, *khăm oi rohăs, rohăs.*
hauban, *căbal toc pŏntŏt thŏm.*
hausser, *lúc.*
haut, *khpŏs.*
haut (en), *nŏu élŭ.*
haut en bas (du...), *ămpi lú tŏl crom.*
haut (d'en-), *pi êlŭ.*
hauteur, élévation, *cŏmpŏs.*
hé! *vói!*
hé bien! *mĕch!*
hélas! *ayă.*
héler, *pŏng côc.*
hélice (propulseur de navire), *chăc.*
hémorroïdes, *réăc bat, chŏ réăc.*
hennir, *sẽ srêc.*
herbe, *smău.*
herbes (grandes herbes sauvages), *trêng.*
hérissé (poils, cheveux), *dŏs chras.*
hérisson, *câm pâma.*
héritage, *sămbăt.*
hériter, *si sămbăt.*
héritier, *neăc totuôl sămbăt.*
hermaphrodite, *khtúói (menŭs).*
herminette, *dŏng chông.*
hermite, solitaire, *neăc smat.*
hernie, *theăc sesay.*
héron, *cŏc.*
héros, *néăc pukê, néăc khlăng pukê.*
hésiter, *crêng chŏt.*
heure, *mong.*
heure (demi-), *cŏnlă mong.*
heure et demie, *muéy mong cŏnlă.*
heure, de bonne heure, au jour, *pi prŭc.*
heure, de très-bonne heure, avant le jour, *pi prŭc praheam, pi prâ lŭm.*
heure, tout-à-l'heure, *bŏn tĕch tiét.*
heureusement, *băngcŏm, cŏm.*
heureux, satisfait, *âr.*
heureux (au jeu, à la chasse...), *sâm nang.*
heurter, *tŏngcŭc, tŏngkĭch.*
heurter du pied, *chŏmpŏp chúng.*
hibou, *tituy.*
hier, *mosŏl, mosŏl mĕnh.*
hier matin, *prŭc mosŏl.*
hier au soir, *longéach mĕnh.*
hier (avant-), *mosŏl mŏ ngay.*
hier, avant-hier matin, *prŭc mosŏl mŏ ngay.*
hier, avant-hier au soir, *longéach mosŏl mŏ ngay.*
hiérarchie, *săc, jŏs.*
hirondelle, *trechiéc căm.*
hirondelle de mer, *lŏmpi, rŏmpi.*
hirondelle (nid d'), *sŏmbŏc nŏc.*
hisser, *téanh lóng.*
histoire, *cŏmnap.*
hiver, *khê lŏngéar.*
homard, *pŏngcâng sremŏt.*
homicide, *tús sŏmlăp kĭ.*
homme, garçon (se dit surtout pour désigner le sexe d'un enfant), *prŏs.*
homme, *menŭs.*
homme (en bonne part), *neăc.*
homme fameux, célèbre par ses vertus ou par ses crimes), *lebey.*
homme fait, de 35 à 40 ans, *cŏndal menŭs.*
homme jeune, *cŏmlă.*
homme de levée pour la guerre ou la corvée, *pŏl.*
honnête, probe, *chéa, slôt.*
honnête, poli, *cŏmnuôr.*
honneur, *ker prejoch prânibăt.*
honorer, *thú cuôr.*
honte, *khmas.*
honte (faire honte à), *oi kĭ khmas.*
honte (ne pas avoir), *ĕt khmas.*
honte (avoir), *méan khmas.*

honteux, *khmas.*
hôpital,
hoquet, *tăóc.*
horizon, *chúng mîc.*
horizontal, *smór.*
horloge, *norica thŏm néalica.*
horloger, *chéang thú norica.*
horreur, qui fait horreur, *khpúm, cheóm.*
horrible, *cheóm, acrâc acray.*
hors, *crau.*
hospitalité, *totuôl phnhiéu.*
hostile, ennemi, *săt trŏu.*
hôte (celui qui loge), *neăc oi sŏmnăc.*
hôte (celui qui est logé), *phnhiéu.*
hôtel, *otĕl.*
houille, *khyung thmâr.*
houle, *ralôc tĕch.*
housse de coussin, *srom khnói.*
housse de cheval, *trânăp sĕ.*
housse d'éléphant (sorte de matelas composé de lanières d'écorce d'arbre que l'on place, par couches superposées, sur le dos de l'animal avant de placer la cage ou palanquin), *sŏmbâc cŏndol.*
huile (d'olive ou de graines), *preng.*
huile de coco, *preng dông.*
huile de pistache, *preng săndêc.*
huile de sésame, *preng longô.*
huile de ricin, *preng lahŏng.*
huile de bois, *chór tŭc.*
huiler, *léap preng.*
huilier, *dâp dăc preng.*
huit, *prăm bey.*
huitième, *prăm bey phéac.*
huître, *créng.*
humain, *chŏt lăâ, săpbârâs.*
humanité, *méan thór.*
humble, *cot khlach dăc khluôn, prânibăt.*
humecter, *trăm tŭc.*
humeur du corps, *slês.*
humeur (bonne), *mŭc rîc.*
humeur (mauvaise), *mŭc cŏnchŏu.*
humide, *sóm.*
humidité, *sóm.*
humilié, *khmas dŏmniél.*
humilier, *diél.*
humilier (s'), *dăc khluôn.*
huppe, *se.*
hurler, *lu.*
hurlement, *sămleng lu.*
hydrophobe, *chhcuôt dôch chhké, chhcuôt khăm.*
hydropique, *menŭs hóm khluôn.*
hydropisie, *chŏmngú hóm khluôn.*
hymne d'église, de pagode, *chŏmriéng sesór preă.*
symbole, exagération, *nyéay pŏmphlós.*
hypocrisie, *phut.*
hypocrite, *a-phut.*
hypothèse, *ăbbâma.*

I

ici, *inĕ, ênĕ.*
ici (d'), *pi nĕ.*
ici (jusques), *dăl môc nĕ.*
idée, pensée, opinion, *cŏmnŭt.*
idiot, *li léa.*
idolâtre, *thvai băng cŏm preă pŭt.*
idole (boudha), *preă pŭt.*
ignorant, *khlău, lengông.*
ignorer, *mŭn dŏng.*
il, lui, elle (parlant d'un inférieur), *véa.*
il, lui, elle (parlant d'une personne considérée, non gradée), *neăc,* et on fait suivre du nom de la personne.
il, lui, elle (parlant d'un mandarin ou de sa femme), *luc,* et on fait suivre du nom de la dignité dont jouit ce mandarin.

île, *cŏ*.
illégal, *mŭn smór*.
illettré, *mŭn chĕ ăc sâr*.
illicite, *totŭng chbăp*.
illuminé, *phlú*.
illuminer, éclairer, *bămphlú*.
ilôt, *cŏ tôch*.
image, *comnuq*.
imbécile, facile à tromper, *prúl*; *chhot*.
imberbe, *ăt pŭc mŏt*.
imbiber, *cherlŏc tŭc dap*.
imiter, *tam khbuôn*.
imiter quelqu'un dans ses travers, pour se moquer, *trap*.
immédiatement, *morŏm pĕch*.
immense, *thŏm năs*.
immergé, *lĭch*.
immerger, *pĕn lĭch*.
immeuble, *sămbăt*.
imminent, *sŭn*, *nŭng tiép*.
immobile, *nŭng*.
immoler, *sên arăc*.
immonde, *cheóm*, *acrăc acray*.
immondice, *cakhvăc*.
immoral, *khŏs nŭng chŏt*.
immortel, *tiphda*.
impair, *mŭn cŏt cu*, *sês*.
imparfait, *mŭn hói*.
impartial, *trăm*.
impatient, *mŭn săngcăt chŏt*, *mŭn chĕ ăt*.
impénétrable, *chôl mŭn thlŭ*, *chôl mŭn ban*.
impitoyable, *ăt thór*, *khméan chŏt anŏt*.
implorer, *ăngvâr sŏm*.
impoli, *ăt puch*.
important (affaire), *car săm khăn*.
importer, importation, *năm chôl*.
importer, être d'importance, *trŏu car*.
imposer, enjoindre, *băng cŏp*, *băngcăp*.
imposer, soumettre à l'impôt, *thvai pŏn*.
imposer (en), mentir, *cahăc*.
imposer, s'imposer des privations, *băng ăt*.
impossible, *pŭm dêl ban lói*.
imposteur, *menŭs cahăc*.
impôt, *pŏn*, *pŏn da*.
impôt personnel, *pŏn khluôn*.
imprimer, *bŏ pŭm*.
improviste (à l'), *mŏ rŏmpĕch*.
imprudent, *ăt cŏmnŭt*.
impudent, *prâhún*.
impunément, *ĕt bó khlach*.
inaccessible, *pibac tŏu*.
inaccoutumé, *chŏmlêc*.
inattentif, *lô dăl*.
incapable, *thú mŭn cót*.
incarcérer, *dăc cŭc*.
incendie, *chhĕ*.
incendié, brûlé, *chhĕ*.
incendier, allumer un incendie, *dŏt*.
incertain, *mŭn prâcăt*.
incessamment, *chăt*, *chhăp*.
incessamment, sans cesse, *mŭn chhŏp lói*.
inciter, exciter, *ŏch oi thú*.
inclination, *chŏt pyéng*.
incliné (se dit des objets longs inclinés, des murs non verticaux.....), *chhiéng*.
incliné (se dit surtout des barques et des navires à la bande), *trét*, *pâiéng*.
incliner, s'incliner, *on*.
incliner (se dit des objets longs par rapport à leur grosseur), *pŏn chhiéng*, *pŏntrét*.
incliner (se dit des barques et en général des objets creux placés obliquement), *pâiéng*.
incommode, *mŭn sruŏl*.
incomparable, *phtĭm mŭn ban*.
incomplet, *mŭn crŏp*.

inconnu, *mŭn scŏl.*
inconsolable, *tun méan mŭn ban.*
inconstant, *mŏt chrón.*
inconvenant, *mŭn cuôr.*
incorrigible, *mŭn chal.*
incrédule, *crâ chúa.*
incrustation en nacre, *dăm khsâng.*
incruster, *dăm.*
inculte, *dey préy.*
incurable, *mŭn chéa, oi chéa mŭn ban.*
Inde, *srŏc chhvéa, srŏc khlŏng.*
indécente (parole), *chŏm as.*
indécis, indécision, *ăt bó cŭt, cŭt mŭn lĕch.*
indemniser, *sâng, phnéy, oi sâng.*
indemnité, *sămnâng.*
index, *chŏng ol day.*
Indien, *khlŏng, clŏng.*
indigène, *menŭs khnŏng nôcôr ai.*
indigent, *neăc crâ, khsăt.*
indigestion, *chămney mŭn chŏ, chaăl.*
indigné, *khŏng năs.*
indigner (s'), *khŏng năs.*
indigo, *mô.*
indigo (la plante), *trŏm.*
indiquer, *băng hanh.*
indirect, *mŭn trăng, chhiéng, pŏnchiés.*
indirectement, *chhiéng, mŭn trăng, pŏnchiés.*
indiscret, *menŭs lôp sŭp.*
indiscrétion, *sŭp.*
indispensable, *tong.*
indisposé, malade, *mŭn srenŏc khluón, chhú.*
indisposition après avoir trop mangé, *chăc chras.*
individu, *menŭs.*
indocile, *menŭs rŭng rus.*
indomptable, *phsăng mŭn ban, predău mŭn ban.*
indulgence, *chéa.*
indulgent, *chŏt chéa, chŏt tŏn.*
inébranlable, *chŏp nŭng, mŭn nhór.*
inégal, *mŭn smó.*
inepte, *lengŏng.*
inévitable, *khan mŭn ban.*
inévitablement, *khan mŭn ban.*
infâme, *menŭs khôch.*
infanterie, *tŏp chúng cŭc.*
infanticide, *sămlăp côn.*
infatigable, *mŭn chĕ âs cŏmlăng.*
infect, *sâŏy lăp.*
inférieur, subordonné, *jŏs tôch.*
inférieur, plus bas, *téap.*
infidèle, *mŭn trăng, chŏt viéch.*
infini, *săl sên.*
infirme, *menŭs khvĕn.*
infirmité, *khvĕn.*
inflammation, *sloc.*
inflexible, *chŏt rŭng.*
influence, *cŏp.*
informer (s'), *rôc suôr, sóp suôr.*
infortune, *crŏs, căm, ĕt sŏmnang.*
infortuné, *menŭs méan crŏs, menŭs ĕt sŏmnang.*
ingénieur, *mî chéang.*
ingénieux, *pŏn pao.*
ingrat, *menŭs mŭn nŭc cŭn kî.*
ingratitude, *mŭn nŭc cŭn, ĕt cŭn.*
inhabité, *ti ăt kî nŏu.*
inhumain, *ĕt thór.*
inhumer, *căp.*
inimitié, *mŭn trŏu théat.*
inintelligent, *ăt prach nha.*
inique, *mŭn tiéng.*
injurier, *chî, promat.*
injuste, *mŭn tiéng, mŭn trăng.*
innocent, *mŭn khŏs, ĕt tûs, khméan tûs.*
innombrable, *rŏp mŭn âs.*
inoccupé, *dŏmnî.*
inoffensif, *menŭs chéa.*
inondation subite d'un torrent à la suite de fortes pluies, *tŭc chŏn.*
inondation régulière et périodique du fleuve, *tŭc lîch.*
inonder, *tŭc chŏn, tŭc lîch.*

inopinément, *plét*, *chhăp*.
inquiet, *pruôi chŏt*.
inquiéter, *thú oi pruôi chŏt*.
insaisissable, *chăp mŭn ban*.
insalubre, *tŭc chănh*, *dey tŭc mŭn lăâ*.
inscription, *ăcsâr chhlăc*.
insecte, *săt lăĕt*.
insensé, *liléa*.
insensibilité de la chair (paralysie), *spŭc*.
insensible, *ĕt bó cŭt*, *mŭn chĕ cŭt*.
insipide, *sap*, *prâhat mŏt*.
insister, *ngôch ngôch*.
insolemment, *prâhún*.
insolent, *menŭs prâhún*.
insomnie, *dec mŭn lŏc*.
inspecter, *mûl phinĭt*.
instant, *mŏ rŏmpĕch*, *bŏntĕch*.
instant, **à l'instant** (temps passé), *ămbănh mĕnh*.
instant, **à l'instant même**, *eilŏu nĕ*.
instruire, *predău*, *prién*, *băngrién*.
instruit, *rién chĕ hói*.
instrument, **outil**, *prâdăp*.
instrument de musique, *prâdăp phlĭng*.
insu (**à l'**), *leăc*, *mŭn oi dŏng*.
insulte, *tŏmniél*.
insulter, *chî*, *promat*.
insupportable, *ăt mŭn ban*.
insurrection, *bă*.
intact, *mul*, *teang âs*, *tê pŏn nŏng*.
intègre, *menŭs tiéng trăng*.
intelligence, *prach nha*, *jubăl*.
intelligent, *neăc méan prach nha*.
intelligent (le plus intelligent des individus dont on parle), *neăc méan prach nha sruéch*.
intempérant, *si lŭp*.
intention, *chŏt chăng*.
intercéder, *chuéi nyéay*, *chuéi sŏm*.
interdire, *khăt*.
intérêt de l'argent, *car prăc*.
intérieur, *khnŏng*.
intermédiaire (pour une demande en mariage), *neăc maha*.
interprétation, *néy srai*.
interprète, *neăc prê phéassa*.
interpréter, *prê phéassa*.
interroger, *picharna*, *dŏndŏng*.
interrompre, *căt cŏndal péac*.
interrompre (cesser de faire), *khan*.
intersection de chemins, *phlŏu chuôp*.
intervalle de temps ou de distance, *khléa*.
intervalle entre deux objets placés dans un plan horizontal, *khléa thnăc*.
intestin, *pŏ vién*.
intime (ami), *salănh khnéa năs*.
intimider, *băng khlach*, *thú oi khlach*.
intrépide, *méan chŏt*, *menŭs héan*.
intrigant, *neăc cŭt car léăc*.
intrigue, *car cŭt léăc*, *car sngăt*.
intriguer, *cŭt car léăc*, *cŭt sngăt*.
introduire, *bŏn chŏl*, *bŏn chŏs*.
inutile, *ăt prâjoch*.
inutilement, *ĕt thyéa sray*, *ĕt prâjoch să*.
inventaire, *căt robăs*.
inventer, *lebóc lŭc*, *cŭt lóng*.
investir, **cerner**, *hŭm*.
investir d'une dignité, *oi ngéar*.
inviter, *ănchúng*.
inviter (des bonzes, des prêtres), *nimŏn*.
inviter (mot familier), *pâbuôl*.
involontairement, *mŭn âs pi chŏt*.
invoquer, *hău chuéy*.
irascible, *hay khŏng*.
iris de l'œil, *pasrey phnéc*, *prâsrey phnéc*.
ironique (parole), *chăm âc*, *chăm ân*.
irréfléchi, *thú mŭn nŭc*.
irréligieux, *mŭn tam crŏt preă sassêna*.
irriter (s'), *khŏng*.

irriter, pousser quelqu'un à se mettre en colère, *ŏch.*
isolé (endroit), *ti sngăt.*
ivoire, *phlŭc.*
ivre, *srevŏng.*
ivrogne, *pamŏc.*
ivrognerie, *bap pamŏc.*

J

jabot (du pélican), *ké tŭng.*
jabot (de la grue), *jéam tâdăc.*
jachère (terre en), *dey sa.*
jadis, *pidóm.*
jaillir, *tŭc bănh.*
jalon, balise, *tŏmrŏy, dămrŏy.*
jalonner, *bă dămrŏy.*
jalouser, *chanên, chrânen.*
jalousie, *chanên, chhnéa nĭs.*
jaloux, *menŭs chanên.*
jaloux (en amour), *menŭs prâchăn.*
jamais, *mŭn dêl.*
jambe, *chúng.*
jambon, *phloŭ chruc.*
jante, *chúng rotéă.*
Japon, *srŏc Jipŭn.*
japper, *prŭ.*
jaque (fruit), *khno.*
jaquier, *dóm khno.*
jardin, parterre, *chbar, suôn.*
jardin potager, *chŏmcar, dămnăm.*
jardinier, *neăc thú chŏmcar.*
jarre, *péang.*
jarre (de la plus grande dimension), *lu.*
jarret, *kĕn leăc ăch.*
jarretière, *khsê châng srom chúng.*
jaspe, *day akiém.*
jauger, *vŏs pŏntŭc tuc.*
jaune, *lúóng.*
jaunir, *lóng sămbor lúóng.*
jaunisse, *chŏmngú lóng sămbor lúóng, chŏmngú lóng sămbor khiéu.*
javelot, *lŏmpéng lao.*
javelot (lancer le), *puŏi lŏmpéng lao.*
je (parlant à un inférieur ou à un enfant), *ănh.*
je (parlant à un égal ou supérieur), *khnhŏm.*
jet continu, *lĕch sesrăc.*
jeter, *chol.*
jeter à terre, jeter par terre, *chol tŏu dey.*
jeter avec colère, *crevăt.*
jeter l'ancre, *bă jŭ thca.*
jeu (sens général), *lebêng lĭng.*
jeu d'argent, *biér.*
jeu de dames, *châ trăng.*
jeu de cartes, *biér credas.*
jeu (maison de...), *phteă rông biér, phteă cóp thuôr.*
jeudi, *ngay prâhŏs.*
jeun (à), *pŏ tété, mŭn tŏn si bai.*
jeune, *khméng.*
jeune, plus jeune que..., *khméng chéang.*
jeune homme, *cŏmlă.*
jeune fille, *cremŏm.*
jeûne, *buôs.*
jeûner, *si buôs.*
jeunesse, *cŏmpŭng péal.*
joaillier, *chéang tông.*
joie, *âr, ămnâr.*
joindre, *tâ.*
joindre, se rencontrer, *chuôp khnéa.*
jointé, *kâbăng.*
jointure, *tŏmnâ.*
joli, *lăá.*
jonc, rotin, *phdău.*
jongler, *bă muey chăp muey.*
jonque, *tuc, sŏmpŏu chĕn.*
jonque de mer, *tuc kê bŏu.*
joue, *thpŏl.*
joue (en), *tŏmrăng.*
jouer (se dit des jeux, des distractions), *lĭng.*

jouer aux cartes, *lĭng biér.*
jouer aux dames, *lĭng chea trăng.*
jouer d'un instrument, faire de la musique, *lĭng phlĭng.*
jouer d'un instrument à cordes et à archet, *côt.*
jouer du violon, *côt trô.*
jouer d'un instrument à vent, *phlŏm.*
jouer d'un instrument que l'on frappe avec des baguettes, *vay.*
jouer d'un instrument à cordes que l'on agite avec les doigts, *dĕnh.*
jouer de la corne, *phlŏm snêng.*
jouer du clairon, *phlŏm trê.*
jouer à cache-cache, *lĭng puôn.*
jouet d'enfant, *lobêng khmeng.*
joufflu, *thpŏl crâméam.*
joug des bœufs, des buffles, *nĭm.*
joint, *phchĭt, tŏmnâ.*
jouir, *âr.*
jouir, se servir de..... *pró.*
jouissance, *âmnâr.*
jour (durée de 12 heures), *ngay.*
jour (clarté), *thngay.*
jour (au point du.....), *srang.*
jour d'abstinence, *ngay tâm.*
jour et nuit, *teăng jŏp teăng thngay.*
jour? (quel), *thngay na.*
jours (tous les), *săp thngay.*
jour de fête, *thngay bŏn.*
jour de grande fête, *thngay bŏn thŏm.*
jour ordinaire de la semaine, *thngay réay.*
journal, *casêt.*
journalier (de chaque jour), *rŏl ngay.*
journalier (homme de peine à la journée), *menŭs si chhnuŏl rŏp ngay.*
journée (de 12 heures), *ngay.*
journellement, *săp ngay.*
joute de barques à pagaïes, *ŏm prânăng.*
joutes de barques à l'aviron, *chêu prânăng.*
jouter, *prânăng.*
joyau, *crŭóng predăp srey.*
joyeux, *âr, sabai.*
juge (grand), *chăucrâm.*
juge (d'un rang inférieur au précédent), *suphéa.*
jugement, *khdey.*
juger, *chŭmnŭm, chămrăs.*
jugulaire, *khsê chŏngca muôc.*
jujube, *phlê patréa, phlê putréa.*
jujubier, *dóm patréa.*
jumeaux, *côn phlŏ.*
jument, *sĕ nhi.*
jurer, affirmer, *sbăt.*
jurer, blasphémer, *chi.*
jus, *tŭc.*
jusant, *néach.*
jusque, *dăl, tŏl.*
jusque-là, *dăl nŏ.*
jusqu'ici, *dăl nĕ.*
jusqu'où, *dăl na.*
juste, équitable, *trăng.*
juste, exact, *cŏt.*
justice, *tiéng trăng.*

K

képi, *muôc casquet.*
kiosque dans lequel on brûle le corps du roi, des princes, reines..., *mĭn.*
kiosque dans lequel on brûle le corps des mandarins, des particuliers, *phnŏm jŭng.*

L

là, en cet endroit, *nŏ.*
là (de), *pi nŏ.*
là? (qui est), *nona nŏ.*
là? (qui va), *nona tŏu nŏ.*
là-bas, *ênŏ.*

là-haut, *élû.*
là-dessous, *écrom.*
là contre, *phtăp nŏu nŏ.*
là (d'ici), *pi nĭ tŏu nŏ.*
là (c'est), *nŏ hói, nŭ hói.*
là (ce n'est pas), *mŭn mén nŭ té.*
là (par), *khang nĭ.*
là (jusque), *dăl nĭ.*
là (de), *pi nĭ.*
là (çà et), *énĕ ênŏ.*
là (au de), *crau pi nĭ.*
laborieux, *menŭs asa, neăc svêng.*
labourée (terre), *dey phjuôr hói.*
labourer, *phjuôr dey.*
laboureur, *neăc phjuôr dey.*
lac, *bŏng.*
lac (grand lac du Cambodge), *tŏnlî sap.*
lacérer, *hêc.*
lacet, piége, *ănteăc.*
lacet (tendre un.....), *dăc ănteăc.*
lacet (pris au.....), *trŏu ănteăc.*
lâche, poltron, *cŏmlach.*
lâche, floche, *thu.*
lâcher, *léng.*
lagune, *bŏng tôch.*
laid, vilain, *acrăc.*
laid de figure, *mŭc acrăc.*
laine, *memis chiém.*
laïque, *crehăs, basăc.*
laisser, *léng.*
laisser partir, *léng oi tŏu.*
laisser tomber, *tămléăc.*
laisser faire, *pŏndoi.*
lait, *tŭc dă.*
lait de vache, beurre, fromage, *tŭc dă cŭ.*
lambeau, *cŏmnăt sŏmpŏt.*
lambiner, *jút jao.*
lambourde (pièce de charpente), *renut.*
lame, *phlê (dau, cŏmbĕt).*
lame, vague, *rolôc.*
lame (dos d'une), *khnâng (cŏmbĕt).*
lame (taillant d'une), *mŭc (cŏmbĕt).*
lamenter (se), *tuônh.*
lampe, *chŏng kiéng, chŭng kiéng.*
lampe, godet à mêche des indigènes, *chŏng kiéng chan.*
lance, *lămpéng.*
lance à taillant, *phkeăc.*
lance à feu des chauffeurs, *dêc chrŭi phlúng.*
lancer (un objet court), *chol.*
lancer (un objet forme-flèche et à pointe), *puéi.*
langage, *phéassa.*
langouti (soie unie), *sămpŏt phamuông.*
langouti (coton dit de chantabun), *sămpŏt chantabô.*
langouti (coton à dessins), *sămpŏt khién.*
langouti du pays teint en noir, rouge....., *sămpŏt.*
langouti de grande tenue des mandarins, dit langouti double, *sămpŏt sâng păc.*
langoutie (soie à fleurs), *sămpŏt hôl.*
langue, *ăndat.*
langue (idiome), *phéassa.*
languette de flûte, *ăndat pey.*
languir, *relŭc.*
lanière de cuir, *khsê sbêc.*
lanterne, *cûm.*
Laos, *srŏc Léau.*
Laossien, *Léau.*
lapin, *ănsai, tŏnsai.*
lapin blanc, *ănsai tés.*
laquais, *neăc bâr roteă.*
laque rouge, *léăc.*
lard, *khlănh.*
large, *totŭng thŏm.*
large, au large (à la mer), *cŏndal sremŏt.*
large, au large (dans le fleuve), *cŏndal tŏnlî.*
largeur, *totŭng.*
larme, *tŭc phnéc.*

larynx, *bămpŏng cô.*
las, fatigué, *âs cŏmlăng.*
latin, *lating.*
latrines, *pŏngcŏn.*
latte, *pŏngcăng.*
lavé, nettoyé, propre, *chreă.*
lavement, *sŏl.*
laver, se laver, *léang.*
laver le linge, *léang sŏmpŏt.*
laver en frappant le linge sur le sol, une planche....., *boc sŏmpŏt.*
lécher, *lĭt.*
leçon (chose à apprendre), *mî rién.*
leçon (instruction, séance d'étude), *predău.*
légal, *tam chbăp.*
léger, *sral.*
léger de caractère, *càbal sral.*
légitime, *trŏu chbăp.*
légitime (enfant), *côn méan khăn sla.*
légitime (femme), *prâpŏn méan khăn sla, prâpŏn thŏm.*
legs, *robăs pŏndăm khmoch.*
léguer, *khmoch phdăm oi.*
légume, *pŏnlê.*
légume (tous ceux qui se mangent sans cuisson : salade, concombres....), *ănlŏc.*
légume sec, *pŏnlê snguôt.*
lendemain, *prĭc lóng.*
lent, lenteur, *nhŭp nhŭp, jút.*
lente de pou, *pông chay.*
lentement, *muéy muéy. jút, nhúp nhúp.*
lentille du pays, *săndêc bai.*
lèpre, *khlŏng.*
lépreux, *cŏmlŏng.*
lequel, laquelle, *na.*
les (signifiant tous), *téang âs, âs téang.*
léser, *bămphlanh, băngkhoch.*
leste, *rohăs.*
letchi (fruit de Chine), *culén (phlê).*
letchi à écorce lisse, *mién (phlê).*
lettre, correspondance, *sămbŏt sămnuôr*, et *sămbŏt* seulement lorsqu'il est entendu que l'on parle d'une lettre et non d'un livre, d'une brochure.......
lettre (caractère), *ăcsâr.*
lettré, *neăc chĕ ăcsâr.*
leur, *phâng véa.*
levain, *tămbê.*
levant, est, *êcót.*
levée (de soldats, d'hommes de corvée), *kên.*
lever, *lŭc.*
lever (un enfant, un malade.....), *pôr lŭc.*
lever, se lever, se mettre debout, *croc chhô, chhô.*
lever la tête (les yeux au ciel), *ngúi.*
lever (se), sortir du lit, *croc.*
lever des astres, *reă.*
lever l'ancre, *srau jĭt thca.*
lèvre supérieure, *pebôr mŏt.*
lèvre inférieure, *pepîr mŏt.*
lèvres (les), *pebôr mŏt*, ou *pepîr mŏt*, indifféremment.
lézard, *ching chăc, chechăc.*
lézarde, fente, *prês.*
liane, *vŏr.*
libéral, généreux, *neăc sathéa.*
libéralité, *sathéa, phéay léay.*
libérer, *léng.*
libraire, *neăc lŏc sŏmbŏt.*
libre (homme), *neăc chéa.*
lie, *cac sra, cacă sra.*
liége, *dóm chhnŏc dâp.*
lien, attache, *phdău.*
lien, union, *cu préng.*
lier, *châng băch.*
lieu, endroit, *ti, cŏnlêng, lŏmnŏu, ănlŭ.*
lieu (en tout), *săp ănlŭ.*
lieu (en dernier), *croi băng âs.*
lieu de naissance, *ti cŏmnót.*
lieue, *jŭch.*
lieux d'aisances, *pŏng cŏn.*

lieutenant, *mitŏp săc pir.*
lièvre, *ănsai, tŏnsai.*
lièvre (nom d'une année), *thă, chhnăm thă.*
ligature (monnaie du pays), *trenot.*
ligne (trait servant de marque), *chhnôt (chhôt).*
ligne (tracée sur le papier pour l'écriture, le dessin.....), *bŏntŏt.*
ligne de pêche, *khsê sŏntuch.*
ligne de sonde, *khsê stŏng tŭc.*
lignée, descendance, *ămbô.*
ligner, *chhôt.*
limaçon, *khjâng, khchău.*
limaille (des métaux en général), *cŏmtĕch.*
lime, *dêc ăngrus.*
lime à bois, *dêc ăngrus chhŭ.*
limer, *rus.*
limite, *prŏm, khăn.*
limon, *căndeng.*
limpide, *thla jŏng.*
lingot (d'argent), *prăc nên, nên.*
lingot (d'or), *méas chdor, nên méas.*
lion, *sŏng.*
liquéfier, *thú oi roléay, thú oi réau.*
liqueur, *sra păêm.*
liquide, *reau, chéa tŭc.*
liquide (se dit de tous les liquides alcooliques), *sra.*
lire, *mŭl sŏmbŏt, mŭl.*
lire à haute voix ou doucement en prononçant les mots, *sôt sŏmbŏt.*
lisse, poli, *réap.*
lisser les cheveux, *sĕt săc oi réap.*
liste, catalogue, *cŏmnăt.*
lit, *crê dec, dŏmnec.*
lit (du même), *băngcót, pô muéy.*
lit d'un fleuve, *bat tŏnlĕ.*
littoral, *cŏmpŏng, mŏt cŏmpŏng.*
livre, *sŏmbŏt.*
livre cambodgien se pliant comme un paravent, *créăng, crăng.*
livre imprimé, *sŏmbŏt bă pŭm.*
livre manuscrit, *sŏmbŏt ăcsăr day.*
livre de notes, registre de comptabilité, *sombŏt cŏmnăt.*
livre (poids), *néal.*
livrer, donner, *prâcŏl oi.*
lobe de l'oreille, *slŏc trechiéc.*
loger, demeurer, *nŏu.*
loger, hospitaliser, *oi nŏu, oi sŏmnăc.*
loi, *chbăp.*
loin, *chhngai.*
loin (de), *pi chhngai.*
loin (plus), *chhngai chéang, ênéay.*
loisir, *dŏmné.*
long, *véng.*
long (en), *teăng véng.*
longtemps, *jur.*
longtemps (très-), *ăngvêng.*
longtemps avant, *mŭn jur.*
longtemps après, *croi jur.*
longtemps (depuis), *pi jur.*
longueur, *pĕndoi, prâvêng, băndoi.*
longue-vue, *kêo jŭt.*
lorsque, *căl na, ăngcăl na.*
lot, portion, *chŏm nêc.*
loterie, *huôi, chăp chhnot.*
louche (qui a la vue de travers), *menŭs saliéng.*
loucher, *saliéng.*
louer (des barques, maisons, ouvriers.....), *chuŏl.*
loup, *chachâc.*
lourd, *thngŏn.*
loutre, *phé.*
louvoyer, *ré.*
lover, plier, *chhvai.*
loyal, *menŭs tiéng trăng, menŭs chéa.*
luciole, *ămpĭl ămpéc.*
luette, *cŏnlŏt.*
lui, elle (à un inférieur), *véa.*
luire, *phlú, rolúp.*
luisant, *phlú, rolúp.*
lumière, *chúng kiéng.*

lumière d'un canon, *hiéu cŏmphlúng thŏm.*
lumière d'un fusil, *hiéu cŏmphlúng mapăng.*
lundi, *ngay chăn.*
lune, *khê, preă chăn.*
lune (pleine), *khê pĕnh bor.*
lune (nouvelle), *cót, khnót.*
lune (clair de), *khê phlú.*
lune (lever de), *khê reă.*
lune (fin de), *khê dăch.*
lune (couché de la), *khê lĭch.*
lunettes, *mĕnta, vĕnta.*
lunette, à une seule branche, longue-vue, *kêo jŭt.*
lustre à branches, *cŭm roja.*
lutte (deux hommes corps à corps), *chŏmbăp.*
lutter (corps à corps), *chŏmbăp.*
lutteur, *neăc chŏmbăp.*
lutteur (à coups de poing), *neăc predal.*
luxation, *thlă, crĕch.*
luxe, *lăm âr.*
luxure, *vŏc săng sa, vŏc nŭng srey.*
luxuriante (végétation), *bĕc théang préat.*
luxurieux, *mĕnus vŏc săng sa, vŏc nŭng srey.*

M

ma, mon, *phâng khnhŏm.*
macaroni, *macaroni.*
macérer, *trăm.*
mâchefer, *ăch dêc.*
mâcher, *tŏmpéa.*
machine, *machine.*
mâchoire, *thkéam.*
maçon, *néăc riép ĕt, chéang cŏmbor.*
madame, *neăc (srey).*
mademoiselle, *néang cremŏm, neăc.*
magasin, boutique, *hang.*
magasin de l'État, *khléăng.*
magasin à argent, trésor royal, *khléăng prăc.*
magasinier, *neăc reăcsa khléăng, néay khléăng.*
magie, *cŏn.*
magicien, *menŭs thú cŏn.*
magistrat, *chău crăm.*
magnifique, *chŏmnăp.*
mahométan, *sas mahamăt.*
mai, *khê srap pareăng.*
maigre, *scôm, săngcôm.*
maigre (faire), *tâm săch.*
maigrir, *scôm.*
maille de filet, *crela mông, uôn.*
maillet (en bois), *ănlung.*
maillet, masse en fer, *nhĕnhuôr.*
main, *day.*
main (donner la), *hŏch day.*
main (dessus de la), *khnâng day.*
main (paume de la), *bat day.*
main droite, *day sdăm.*
main gauche, *day chhveng.*
main fermée, *day khdăp.*
mains jointes, *day păop.*
maintenant, *elŏu, eylŏu.*
maire d'un village, *mî srŏc.*
mais, *pŏntê.*
mais si....., *tê bó.*
maïs, *pôt.*
maison (sens général), *phteă.*
maison du roi, *tămnăc.*
maison d'un bonze, *kedey, cŏt.*
maison en maçonnerie, *phteă kbúóng, phteă thmâ.*
maison en bois, *phteă chhŭ.*
maison en chaume, *phteă slŏc.*
maison de repos pour les voyageurs, *sala.*
maître (chef hiérarchique), *néai.*
maître (possesseur d'objets, d'esclaves.....), *mechas.*

maître d'école, *cru băngrién sômbŏt.*
maîtresse, amante, *crua, sahai.*
maîtresse-poutre, *mî dŏmbôl.*
majesté, gravité, *suhăp.*
majestueux, *suhăp (menŭs).*
mal (maladie), *chhú.*
mal, pas bien, *mĭn trŏu.*
mal, faire mal sans mauvaise intention, *khŏs cŏmnŭt.*
Malabar, *khlŏng, clŏng.*
malade, *chhú.*
malade (être), *chhú.*
maladie, *chŏmngú.*
maladie grave, *chŏmngú dap.*
maladie vénérienne, *aphtŏng, aphtéanh.*
maladie interne des animaux, *sa.*
maladroit, *menŭs so, mŭn chĕ car.*
Malais, *chvéa.*
malaise (état maladif), *chhú, ănteâ sa.*
malaise produit par la faim, *remul.*
Malaisie, *srŏc chvéa.*
mâle, *chhmûl.*
malfaiteur, *menŭs khôch, menŭs thú car acrăc.*
malgré, *tŏs, tŏs chŏt.*
malheur, *căm, lŏmbac.*
malheureux, *cŏmsăt, trŏu lŏmbac.*
malhonnête, mal élevé, *ăt puch.*
malle, coffre, *hĕp.*
malsain (pays), *srŏc chănh, dey tŭc chănh.*
maltraiter, *thú tŭc, thú bap.*
malveillant, *menŭs chŏt acrăc.*
maman, *mê.*
mamelle, *dă.*
mamelle (bout de), *chŏng dă.*
manche d'habit, *day au.*
manche d'outil, *dâng.*
manchot, *cŏmbŏt day.*
mandarin, *namón, mŏntrey.*
mandarine (orange), *crôch quĭch, crôch juôn.*
mandarins (tous les), *âs mŭc mŏntrey.*
mander, *hău.*
mander devant la justice, *că, hâu.*
manger (fin du repas), *si hói.*
manger, *si.*
manger (pour les mandarins et les personnes considérées), *pisa caja.*
manger à la façon des animaux, *kâker si.*
manger, donner à manger, *oi si.*
manger (bon à), *pisa.*
mangeoire, *snach oi si.*
mangoustan, *mŏng khŭt.*
mangoustanier, *dóm mŏng khŭt.*
mangue, *svai, soai.*
mangue dite tête d'éléphant, *svai căbal dŏmrey.*
mangue de la plus grosse espèce, *svai ahuôt.*
manguier, *dóm svai.*
manie (mauvaise habitude), *rŭc khôch.*
manière, *jang.*
manières, belles manières, *jang lăâ.*
manière de faire, *jang thú.*
manivelle de machine à vapeur, *day khla.*
manne, panier, *chéal.*
manœuvre (mouvement de troupes de navires), *hăt.*
manomètre de chaudière à vapeur, *norica phlúng.*
manquer, ne pas être à son poste, à sa place, *khan.*
manquer, négliger, *khan, phlĕch.*
manquer, offenser, *diél, chî.*
manquer, ne pas toucher, *khŏs.*
manquer (être en moins), *khvă.*
manteau pour la pluie, *au phliéng.*
mappemonde (carte), *cŏmnur phên dey téang mul.*
maquerelle, *mî ăndóc.*
marabout (espèce de cigogne à sac), *trâdăc.*

marais, *trépeăng.*
marâtre, *meday chŏng.*
marbre, *thmâ kêu.*
marchand, *neăc chŏmnuônh.*
marchander, *tâ thlay.*
marchandise, *dŏmnĭnh, chŏmnuônh.*
marché, *phsa, phsar.*
marché (bon), *thoc.*
marché (conclure un...), *nyéay thlay.*
marcher, *dór.*
marcher lentement, *dór jút, dór nhúp nhúp.*
marcher vite, *dór roleă, dór chhăp.*
marcher l'un derrière l'autre, *dór hê.*
marcher à tâtons, *dór stéap.*
marcher sans bruit, afin de surprendre, *lôp.*
marcher vite (les chevaux, les navires, les chiens.....), *lúón.*
marcher en arrière, culer, *thâi.*
marcher en rampant comme les Cambodgiens devant leurs chefs, *lun, véar.*
mardi, *ngay ăngkéar.*
mare, *thlŏc.*
marée (flux et reflux), *tŭc chôr néach.*
marguerite (sorte de perle), *cĭch.*
mari, *phdey.*
mariage, noce, *ca, riép ca.*
marier (se), *jôc prâpŏn.*
marier (se), (la femme), *jôc phdey.*
marin (de l'État), *pŏl chúng tŭc.*
marin (du commerce), *côn chhnuôl capăl.*
marine (corps de la), *tŏp chúng tŭc.*
marmite, *chhnăng.*
marmite très-grande en terre, *thlang.*
marmite en fer, *chhnăng khteă déc.*
marmite en cuivre, *chhnăng khteă spŏn.*
marque, trait, *sŏmcŏl, chŏmnăm.*
marque, empreinte, *snam, dan.*
marraine, *meday thór.*
mars, *khê chĭs pareăng.*
marsouin, *phsot.*
marteau, *nhe nhuôr.*
marteau à devant du forgeron, *phnúm.*
marteau d'une cloche, *crŏp cŏndŏng, crŏp rokéăng.*
marteler (avec un marteau ou un morceau de fer, de bois.....), *dăm.*
martin-pêcheur, *câdâp.*
martyr (en religion), *slăp prŏs preă sassêna, arahăn matir.*
masquer, cacher, *bămbăng.*
masse en bois, *cŏp.*
masse (en), *lămpéas.*
masser (pétrir les membres pour les assouplir), *cŏc.*
massue, *dămbâng, prenŏng.*
mastic, *chŏr bŏt.*
mastiquer, *bŏt chŏr.*
mât de navire, *dâng khdong.*
mât de misaine, *dâng khdong mŭc.*
mât (grand), *dâng khdong cŏndal.*
mât d'artimon, *dâng khdong croi.*
mât de pavillon, *dâng tŏng.*
matelas, *puc.*
matelot, *pŏl capăl.*
mâter, *pŏn chhô dâng khdong.*
matériaux de construction, *crúóng săng phteă.*
matière, *eyvăn.*
matière (en poudre fine), *phăng, măt.*
matières vomies, *cŏm uôt.*
matin, *prŭc.*
matin (de grand), *pi prâhéam.*
matin (ce) (temps passé), *prŭc mĕnh.*
matin (ce) (temps présent), *prŭc nĕ.*
matinal, *phnheăc prŭc.*
matrice, *sŏc (côn).*
maudire, *phdassa, prâtĕch phdassa.*
mauvais, *acrăc.*
mauvais sujet, *menŭs aprey.*
mécanicien, *enthônéa.*
méchant, *cach.*

méchant (très-, le plus), *cach phdăch.*
mèche en corde pour allumer la pipe, *pachhĕ, prâchhĕ.*
mèche en papier, *pŏy.*
mèche de lampe, *pachhĕ, chŭng kiéng.*
mèche en acier pour percer, *dêc svan.*
méconnaissable, *plêc.*
mécontent, *mŭn sabai.*
médaille (objet de dévotion), *preă nŭc.*
médaille (décoration), *meday.*
médecin (européen, ou ceux des indigènes qui sont renommés), *crupét.*
médecin ordinaire de l'État (se dit des indigènes et aussi des médecins européens en sous-ordres), *pét, mâ.*
médecin civil (européen ou indigène), *cru thnăm.*
médecine (médicament), *thnăm.*
médiateur, *neăc săngruôm.*
médiocre, *jang cŏndal, sămcuôr.*
médire, *chŏmhŏu.*
médisant, *menŭs chŏmhŏu kĭ.*
méditer, penser, *nŭc, chŏnchŭng.*
méfiant, *prâjăt.*
méfier (se), *mŭn tŭc chŏt, prâjăt.*
meilleur, *lăâ chéang, lăâ lús.*
meilleur (un degré supérieur au précédent), *êc.*
meilleur (supérieur encore au précédent), *presór.*
mélange, *leai chrón mŭc.*.
mélanger, *leai.*
mélodie, *pirŏs.*
melon, *tresăc srŏu.*
membre viril, *khdâ.*
même, *dôch.*
même, de même que, *ămbăl.*
mémoire, *smar dey.*
mémoire (bonne), *smar dey chăm lăâ.*
mémoire (mauvaise), *ăt smar dey, smar dey mŭn chăm.*
menace, *cumnŭm.*
menacer, *cŭm.*
menacer (faire un geste pour frapper), *chŏnlô vay.*
ménage, *crua, mŏ crua.*
mendiant, *neăc sŏmtéan.*
mendier, *sŏmtéan.*
mener, *năm.*
menotter, *chrevăc day, so day.*
mensonge, *péac cahăc, péac cŏmhăc.*
menstrues, *môc ngéar, môc khê chhnăm.*
menteur, *menŭs câhăc, menŭs phut.*
mentir, *câhăc, cŏmphut.*
menton, *chŏngca.*
menu, *chăn chrăm loĕt.*
menuisier, *chéang chhû.*
méprendre (se), *phăn.*
mépriser, *mûl ngay.*
mer, *sremŏt.*
mer tranquille, *sremŏt sngăp rolôc.*
mer agitée, *sremŏt méan rolôc.*
mer (en pleine), *cŏndal sremŏt.*
merci, *âr năs.*
merci (à un supérieur), *âr prâ dêc prâ cŭn.*
mercredi, *ngay pŭt.*
mercure, *bârât.*
merde, *ăch.*
mère, *meday.*
mère adoptive, *meday chĕnchĕm.*
mère (belle), *meday khmec.*
mère (grand'), *chidôn.*
mère (grand') (mot par lequel un enfant appelle sa grand'mère), *jeay.*
mère (pour les animaux), *mî.*
mériter, *cun bămnach.*
merle noir à bec jaune, *sreca, sarica.*
merle (noir, plus gros que le précédent, apprend facilement à parler), *sreca kêu vông.*
merle gris-blanc, siffle constamment, *creléng crelúng.*

merveilleux, *chŏmnăp*.
messager, *neăc năm dŏmnŏng*.
mesure (quelconque pour les longueurs), *khnat*.
mesure (quelconque pour les capacités), *rŏng vŏl*.
mesure officielle (longueur ou capacité), *khnat luông*.
mesurer (les longueurs), *vŏs*.
mesurer (les capacités), *vŏl*.
métempsycose, *chéat croi*.
méthode, *dămlŏp*.
métier, profession, *robâ*.
métier à tisser, *key*.
mets, *mŭc (chŏmney)*.
mettre, *dăc*.
mettre (se dit pour appliquer le cachet, le sceau et aussi pour enfoncer les pieux), *bă*.
mettre le cachet, *bă tra*.
mettre en liberté, *bóc léng*.
mettre dans le but, toucher le but, *trŏu khnŏng vŏng*.
mettre bas, *sŏmral côn*.
meule à écraser le grain, *thbăl kĕn*, *thmâ kĕn*.
meule de foin, *cŏmnô smău*.
meule à aiguiser, *thmâ sămliéng*.
meule de riz, *cŏmnô srŏu*.
meurtre, *sŏmlăp kĭ*.
meurtrier, *menŭs sŏmlăp kĭ*.
miauler, *ngau (chhma)*.
midi, *thngay trăng*.
midi (après-), *thngay rosiél*.
mie de pain, *săch nŏm păng*.
miel, *tŭc khmŭm*.
miel (rayon de), *khmŭm*.
mien (poli), *phâng khnhŏm*.
mien (vulgaire), *phâng ănh*.
miette, *cŏmtĕch*.
mieux, plus parfait, *chéang*, *chéa chéang*, *chéa lús*.
mieux, moins malade, *crenbó*, *ăn*.
migraine, *chhú căbal*.
milieu, *cŏndal*.
milieu (au), *nŏu cŏndal*.
militaire, *téahéan*.
mille, *pŏn*.
mille (dix), *món*.
millet, maïs, *pôt*.
million, *léan*.
mince, *sdóng*.
mine de fer, *lŏmnŏu dĕc dŏ*.
mine d'or, *lŏmnŏu méas*.
mine d'argent, *lŏmnŏu prăc*.
ministre, *namón*.
minium, *dey léng*.
minuit, *cŏndal atréat*.
minute, *minŭt*.
miracle, *sdêng*.
mirador, *bănh cha*.
miroir, *cŏnchăc*
misérable, pauvre, *neăc cŏmsăt*.
misère, *căm*, *lŏmbac*.
missionnaire (prêtre), *săngcréach*.
mitraille, *crăp prai*.
mitre, *mocŏt lŭc preă socŏn*.
mobile, *mŭn nŭng*, *jôl*.
mode, usage, *dămlŏp*.
modèle, forme, exemplaire, *cŏmru*.
moderne, *túp*, *thmey*.
modeste, *menŭs méan meajéat*.
moelle (animal), *khuôr*.
moelle (végétal), *pŏn dôl*.
mœurs, coutumes, *dămlŏp*.
moi (un bonze parlant de lui), *atama*.
moi (à un enfant ou en mauvaise part), *ănh*.
moi (poli), *khnhŏm*.
moi (à), (poli), *phâng khnhŏm*.
moi (en parlant à quelqu'un que l'on veut flatter), *khnhŏm bat*.
moi seul, *tĕ ănh*.
moindre, *tôch chéang*, *thŏi chéang*.
moineau, *chap*.

moins, *tĕch năs*, *thâi*.
moins, au moins, *bó tĕch năs*.
mois, *khê*.
moisi, *dŏ phsĕt hói*, *său sŏmbor hói*.
moisir, *dŏ phsĕt*, *său sŏmbor*.
moisson, *redŏu chrôt srŏu*.
moissonner, *chrôt*.
moitié, la moitié, *peăc cŏndal*, *mŏ chŏmhiéng*.
moitié, la moitié (se dit des mesures de capacité), *cănlă*.
molaire, *thmĕnh thkéam*.
molester, *thú tŭc*.
mollet, *cămphuôn chúng*.
mollir, desserrer, *bănthur*.
moment, *piléa*, *pél*, *pŏnlú*.
moment (pour un), *bŏntĕch*.
moment (c'est le), *dăl pél*.
moment (dans un), *khnŏng mŏ pŏnlú*.
mon, ma, *phâng khnhŏm*.
monceau, *dŏm*, *phdŏm*.
monde (univers), *lukey*, *thvip*.
monde (réunion nombreuse d'individus), *menŭs*.
monde (fin du), *phlúng chhĕ cal*.
monnaie, *prăc cas*.
monnaie (fausse), *prăc plêng*.
monsieur (à un individu sans position officielle), *neăc*.
monsieur (à un mandarin), *lúc*.
monstrueux, *sămbóm năs*.
montagne, *phnŏm*.
montagne basse, *phnŏm téap*.
montagne escarpée, *phnŏm chot*.
montagne (cime de), *cŏmpul phnŏm*.
montagne (pente de), *chot*, *chŏmnot phnŏm*.
montagne (pied de), *chúng phnŏm*.
monter, *lóng*.
monter sur le trône, *lóng réach*.
monter à cheval, *chĭ sĕ*.
monter (le prix), *lóng thlay*.

monticule, *phnŏm tôch*, *dămbôc*.
montre, *norica*, *néalica*.
montre (cadran de), *mŭc norica*.
montrer, indiquer, *băng hanh*.
montrer la route, *băng hanh phlŏu*.
montrer au doigt, *chŏngol*.
moquer (se), *chăm ăc*.
morale, règle religieuse, *crŏt*.
morceau, *dŏm*.
morceau, fraction d'un objet, *pŏmnéc*.
morceau, fraction d'un objet long par rapport à sa grosseur, *pŏmnăc*.
morceaux, *dŏm dŏm*.
mordre, *khăm*.
mordre (se), *prâkhăm*.
mors, *dêc pŏnghiér*.
morsure, *sâmnam khăm*.
morsure mortelle, *khăm pŭs slăp*.
mort (la) (substantif), *slăp*, *ngăp*.
mort (adjectif), *slăp*, *ngăp* (en faisant précéder du nom de l'individu ou de l'espèce d'animal dont on veut parler).
mort (cadavre), *khmoch*.
mort subite, *slăp teăng tŏmhŏl*, *slăp lebai*.
mortier (maçonnerie), *băi-â*.
mortier à piler, *thbăl bŏc*.
mortier (pièce d'artillerie), *cŏmphlúng bănh pŏntăc*.
morve, *sămbor*.
mot, *péac*, *măt*.
mot (un), *mŏ măt*.
motif, *hét*.
mou, flexible, maniable, *tŏn*.
mou, pâteux, boueux, collant, *chréay*.
mou, faible, *băc cŏmlăng*.
mouche, *ruy*.
mouche noire et très-grosse, nichant dans le bois, *cănlăng*.
mouche blanche de nuit, *moméach*.
moucher, se moucher, *nhús sămbor*.

moucher une lampe, *kiés chŏngkiéng.*
moucheron, *sŏch.*
mouchoir, *cŏnsêng.*
moudre, *kĕn nŭng thbăl.*
mouillé, *te tŭc.*
mouiller, *chrâlŏc tŭc.*
mouiller, jeter l'ancre, *bă jĭt thca.*
moule à gâteaux, *pŭm nŭm.*
moulin à main, *thbăl kĕn.*
mourir, *slăp, ngăp, băt băng.*
mousse, écume, *pŏpŭ.*
mousser, écumer, *bêc pŏpŭ.*
moustaches, *pŭc mŏt.*
moustique, *mus.*
moustiquaire, *mŭng.*
moutarde, *mutard.*
mouton, *chiém.*
mouvoir, *cŏmrŏc.*
moyen, manière de....., *chŏmnĕ.*
moyen, ordinaire, entre deux, *jang cŏndal, réapsa, leméăc lemôm.*
moyeu de roues, *dŏm roteă.*
muet, *cô (menŭs).*
mugir, *srêc (săt).*
multiplier, multiplication, *cŭn (lec).*
multitude, *phdŏm.*
munitions de guerre, *crŏp meseu.*
munitions de bouche, *chŏmney.*
mur, *ănchéăng, chŏncheăng.*
mur de soutènement, *khŭón.*
mûr, *tŭm.*
muraille, *ănchéăng, chŏncheăng.*
mûre, *phlĕ môn.*
mûrier, *dóm môn, môn.*
mûrir sur pied, *tŭm dóm.*
mûrir, faire mûrir hors de la plante, *pŏntŭm.*
murmurer, *thngôr.*
musicien, *neăc lĭng phlĭng.*
musique, *phlĭng.*
mutuel, mutuellement, *khnéa.*
myope, *srâvăng.*

N

nacelle, *tuc tôch.*
nacre, *khjâng dăm.*
nacre (incrustation de nacre), *dăm khjâng.*
nageoires (placées de chaque côté de la tête), *thmŭng.*
nageoires (sous le ventre), *chŭng trey.*
nageoires (placées sur la ligne médiane du dos), *tremŭng.*
nager, *hêl.*
nager (ramer), *chêu tuc.*
naïf, *chhot.*
nain, *tŭa, căntĕl.*
naissance, *cŏmnót.*
naître, *cót.*
naître (pour les végétaux), *cót pi dey.*
nappe, *sămpŏt cral tŏc.*
narrine, *prŏng chamŏ.*
narrer, *nyéay rŏp riép prap.*
nasse d'osier (petite dimension), *chŭch.*
nasse longue, cylindrique, à petite ouverture, *lôp.*
nasse (sorte de panier que l'on manœuvre à la main), *ăngrŭt.*
natal (pays), *srŏc cŏmnót.*
nation, *nocôr.*
natte, *cŏntĭl.*
natte en rotin, *cŏntĭl phdău.*
naufrage, *lĭch.*
naufrager, *pŏnlĭch.*
nausées, *chŏngcuôt.*
navette pour tisser, *trăl.*
navigateur, *neăc dór sremŏt.*
naviguer, *dór sremŏt.*
navire, *capăl.*
navire à vapeur, *capăl phlŭng.*
navire à voiles, *capăl khdong, sămpŏu.*

navire de guerre, *capăl chŏmbăng.*
navire de commerce, *capăl chŏmnuônh.*
ne, ne pas, *cŏm, rŭm, mŭn.*
néant, rien, *khméan óy té.*
nécessaire, *trŏu car pró.*
nécessairement, *dâ trŏu car pró.*
négligence, *chreôs.*
négligent, *menŭs chreôs.*
négliger, *chreôs.*
négociant, *neăc chŏmnuônh.*
négocier, *chuônh, lelŏc.*
nègre, *menŭs khmău.*
négresse, *srey khmău.*
nénuphar (fleur du), *phca chhuc.*
néophyte, *menŭs tŭp chôl sas, menŭs chôl sas thmey.*
nerf, *sesay.*
net, propre, *săat.*
nettoyer, *dŏ, chut.*
neuf, nouveau, *thmey, tŏmnúp.*
neuf (nombre), *prâm buôn.*
neutre, *mŭn căn khang na.*
neuvième, *prăm buôn phéac.*
neveu, *khmuéy prŏs.*
nez, *chremŏ.*
ni, *côté.*
ni bien, ni mal, *mŭn lăă mŭn acrăc, jang cŏndal.*
niais, *lengŏng.*
niche (d'idoles), *ti dăc preă pŭt.*
nid, *sŏmbŏc.*
nièce, *khmuéy srey.*
nier, *mŭn lŏn, prâkêc.*
nier Dieu, *băng ê preă.*
niveau d'eau (tube en cristal servant à indiquer le niveau de l'eau dans une chaudière à vapeur), *kêu tŭc machhin.*
noce, mariage, *bar (prâpŏn).*
noce (cadeau de), *khăn sla.*
nocturne, *jŏp.*
Noël (fête catholique), *bŏn natàl.*
nœud, *chămnâng, khnuôch cuôch.*
nœud (défaire un), *srai chămnâng.*
noir, *khmău.*
noir (très-), *khmău năs, khmău jŏng.*
noircir, *thú oi khmău, léap khmău.*
noix d'arêque, *sla.*
noliser, *chuôl capăl.*
nom, *chhmŏ, néam.*
nom de baptême (les catholiques), *chhmŏ arahăn.*
nom célèbre, *ker chhmŏ thŏm.*
nom (dire son), *prap chhmŏ khluôn.*
nombre, *sŏmnuôn.*
nombre (sans), *rŏp mŭn âs.*
nombreux, *chrón.*
nombreux (très-), *chrón năs.*
nombril, *phchĕt.*
nomenclature, *doi lêc, doi khău.*
nommer (donner un nom), *oi chhmŏ.*
nommer à un emploi, *oi ngéar.*
nommer (se), *chhmŏ khluôn.*
non, *té.*
non, ne pas (sens d'ordonner ou de défendre), *cŏm.*
non plus, *té dêl, cô té dêl, câ té.*
nonchalant, *khchĭl.*
nord, *ê chúng, udâ.*
nord-est, *esan.*
nord-ouest, *nidey.*
notable, *phneăc ngéar.*
note, *cŏmnăt, bănhchi.*
noter, prendre note, *căt.*
notifier, *prap.*
notre, *phâng júng, phâng khnéa.*
nouer, *tâ, cuôch.*
nourrice, *srey pŏmbău.*
nourrir, *ănchĕm, chănchĕm.*
nourrisson, *khmeng nŏu bău.*
nourriture (vulgaire), *chămney.*
nourriture (langage élevé), *ahar, mahôp.*
nourriture des bonzes, *chŏnghăn.*
nous, *júng.*

nous (à), *phâng júng.*
nous autres, *júng khnhŏm.*
nouveau, *thmey, tŏmnúp.*
nouveau (de), *vĭnh.*
nouveau (rien de), *ĕt car chéa thmey.*
nouvelle (bruit public), *tŏm nŏng, lú rŏntú.*
nouvelle (quelle)? *tŏm nŏng mĕch.*
novembre, *khé méac thŏm pareăng.*
novice, *menŭs mŭn tŏn thlŏp.*
noyau, *crăp.*
noyer, *chremŭch tŭc.*
noyer (se), *lŏng tŭc.*
nu, *acrat.*
nuage, *popôc.*
nuageux, *ăp băng popôc.*
nubile, *chôl malŏp.*
nuire, *pŏng khŏch, pŏng khŏs.*
nuit, *jŏp.*
nuit (de), *jŏp.*
nuit (il fait), *jŏp hói.*
nuit noire, *jŏp ngo ngĭt.*
nul, *ăt, ĕt.*
nulle part, *khméan êna să.*
nullement, *té, mŭn mén.*
numéro, *lec, chhmŏ lec.*
nuque, *contut ông.*

O

o (interjection), *nê.*
obéir (se dit surtout de l'obéissance des enfants), *doi sŏndăp.*
obéir (à des ordres), *doi băngcăp, sdăp băngcăp.*
obéissant, *neăc sdăp băngcăp, neăc doi băngcăp.*
obéré, *chŏmpéăc bŏmnŏl.*
obèse, *thŏm crăanh.*
objet, *eyvăn, robăs.*
obligeant, *menŭs chhú chăal.*
obliger, rendre service, *chuôi, chhú chăal.*
obliger, contraindre, *pŏngkhăm.*
oblique, *trĕt, chhiéng.*
obliquement, *trĕt, chhiéng.*
oblong, *buôn chrŭng véng.*
obscène, *chŏm es, chŏm as.*
obscur, *ngo ngĭt, rongĭt.*
obscurité, *ngo ngĭt.*
obsèques, *bŏn căp khmoch.*
observer (la religion), *căn preă sassêna.*
observer (les lois), *căn chbăp.*
observer (s'), *reăcsa khluôn.*
obstacle, *khăn.*
obstiné, *menŭs rŭng rus.*
obstiner (s'), *rŭng rus.*
obstrué, *khtŏp hói, tŏp hói, khăn hói.*
obstruer, *khtŏp, tŏp, khăn.*
obtenir, posséder, pouvoir faire, *ban.*
obus, *crŏp bêc.*
occident, *êlĕch.*
occupation, *car rovŏl.*
occupé (être), *rovŏl.*
occuper (quelqu'un), *oi rovŏl.*
occuper (s'), *rovŏl, thêr.*
occuper un emploi, *thêr car.*
octobre, *khê bŏs paréăng.*
octogone, *prăm bey chrŭng.*
odeur, *khlĕn.*
odeur (bonne), *khlĕn pidor, crâôp.*
odeur (mauvaise), *khlĕn acrăc.*
odeur de pourri, *sôŏy, sâŏy.*
odeur de brûlé, *thŭm khloch, thŭm chhngiém.*
odeur rance, *thŭm chăap.*
odieux, *khnănh.*
œil, *phnéc.*
œil (coin de l'), *cŏntuy phnéc.*
œuf, *pông.*
œuf pourri, *pông sôŏy.*
œuf que l'on fait couver, *phnhŏs pông.*
œuf avorté, *pông rolut.*
œuf (coque de l'), *sŏmbăc pông.*

œuvre, ouvrage, *car.*
œuvre (bonne), *car cusăl.*
offense, *dŏmniél, chŏmnî.*
offenser, *chî, diél.*
officier, *mitŏp.*
offrir, *chun.*
offrir (à Dieu ou au roi), *thvai.*
oh! *o, jû, chû.*
oie, *căngan.*
oignon (gros et pommé), *khtĭm phlŏng.*
oignon (petit et long, du pays), *khtĭm.*
oiseau, *săt hór.*
oiseau du paradis, *hăng.*
oisif, *dŏmnî.*
oisiveté, *dŏmnî.*
olive, *oliu.*
olivier, *dóm oliu.*
ombrage, *mŏlŏp.*
ombrager, *thú oi mŏlŏp.*
ombre, *mŏlŏp.*
ombre portée d'un corps, *sremol.*
ombre (fantôme), *khmoch.*
ombrelle, *teăng ju.*
omelette, *pông chién.*
omettre, (*phlĕch*) *chŏnlă.*
omoplate, *cheŏng sma.*
on, *kî*
oncle (paternel), *méa băngcót khang apŭc.*
oncle (maternel), *méa băngcót khang meday.*
oncle (l'aîné du père ou de la mère du neveu), *apŭc thŏm.*
oncle (plus jeune que le père ou la mère du neveu), *méa, pu.*
onéreux,
ongle, *crechâc.*
onguent, *thnăm léap, cău jŏc.*
onze, *mŏtŏndăp.*
opaque, *àp.*
ophthalmie, *chhú phnéc.*
opiner, *prâman chéa.*
opiniâtre, *rŭng rus.*
opinion, *chŏt.*
opium, *aphién.*
opportun, *trŏu chuŏn, trŏu piléa.*
opposé, contraire, *totŭng tŭs, totŭng.*
oppression, étouffement, *chŏmngú hăl, hăl.*
opprimer, *cŏmhêng, pŏntŏng réas.*
opprobre, *khmas mŭc.*
opulence, *sămbăt chrón.*
opulent, *neăc méan sămbăt.*
or, *méas.*
or pur, *méas sŏt.*
or faux, *spŏn crap.*
orage, *phjŭ.*
orange, *crôch păêm, crôch pŭrsăt.*
orange mandarine, *crôch quĭch.*
orange de Chine, *crôch srŏc chĕn.*
oranger, *dóm crôch păêm.*
orbite de la terre, *thvip.*
orchite, *côp.*
ordinaire, *săp dâng.*
ordinaire (comme à l'), *dôch săp dâng, réap sa.*
ordinairement, *săp dâng.*
ordination d'un bonze, d'un prêtre, *buôs chéa săng, bămbuôs.*
ordonner, *băngcăp, băngcŏp, ham.*
ordre, arrangement, soin des choses, *rebâp.*
ordre, injonction, *băngcăp, băngcŏp.*
ordures, *ăch.*
ordures du nez, *sŏmbor, ăch chremŏ.*
ordures des oreilles, *ăch trechiéc.*
oreille, *trechiéc.*
oreille (lobe de l'), *slŏc trechiéc.*
oreille (cure-) *tŏmpŏc chhkiél trechiéc.*
oreiller, *khnói.*
orfèvre, *chéang tông.*
organiser, régler, disposer, *riép phtiéng.*
originairement, *dóm, dóm car.*
orgueil, vanité, *chhmóng, cŏm uôc.*

orgueilleux, *menŭs chhmóng, menŭs cŏm uôc.*
orient, *ê cót.*
origine, *dóm.*
orné, *riép chéa lăâ hói.*
orner, *prŏng priép oi lăâ.*
orphelin, *cŏmpréa.*
ortie de Chine (chanvre du pays), *thméy.*
os, *chcŏng.*
os cubitus, *chŏng smâng day.*
os maxillaire, *thkéam.*
osciller, *jûl.*
oser, *héan, han.*
osier (rotin du pays), *phdău.*
ostentation, *pŏng uôt.*
otage, *pŏnchăm menŭs.*
ôter, enlever, *jôc chĕnh.*
ôter les vêtements, *dă sŏmliéc.*
où? *êna?*
où, n'importe où, *êna êna cô doi.*
où (d'), *pi na?*
ou (conjonction), ou bien, *rú.*
ou non, *rú té.*
oublier, *phlĕch.*
oublier une offense, pardonner une, *bămphlĕch tŭs.*
ouest, *ê lĕch, bă chĭm.*
oui, *bat.*
oui (très-familier), *nŭng, ô, ú.*
ouïe des poissons, *srekey trey.*
ouïr, *sdăp.*
ouragan, *phjŭ săngkharéa.*
ourdir, tramer, *thú baicăl.*
ourler, *der chéai, lĭa chéai.*
ourlet, *der chéai mŏ chuôr.*
ours, *khla khmŭm.*
ourse (grande) (constellation), *phcai capŭ.*
outil, *prădăp.*
outrage, *chŏmnî chî.*
outrager, *chî.*
outre (adverbe), *crau.*
outre cela, *crau pi nĕ.*
ouvert, *chrchâ, bôc hói.*
ouvertement (agir), *pĕnh ăckharéă, mŭn léăc.*
ouverture d'une porte, *mŏt thvéa.*
ouverture d'une fenêtre, *mŏt pŏnguôch.*
ouvrage, *car.*
ouvrier, *chéang.*
ouvrir, *bóc.*
ouvrir (la bouche), *ha, ha mŏt.*
ovale, *mul pông capŭ.*
ovation, *tresór, sesór.*
oxyde (fer et cuivre), *snĕm.*
oxyde (d'or), *cac méas.*
oxyde (d'argent), *cac prăc.*

P

pacifié, *chéa khsan, réap, băng réap hói.*
pacifier, *băng réap, oi réap.*
pacifier (sens de calmer quelqu'un), *cŏmsan.*
pacte, *sănhja, sanha.*
paddy, *srŏu.*
paddy (son du), *ăngcam.*
pagaye, *chreva.*
pagayer, *ŏm.*
pagayer à coups rapides, *săp (ŏm).*
page (d'écriture, d'un livre), *credas mŏ tŏmpăl.*
page (serviteur d'un roi), *maha tlŏc.*
pagne, *sămpŏt sliéc.*
pagne en soie, à fleurs, *sămpŏt hŏl.*
pagne en soie unie, *sămpŏt phamuông.*
pagne en coton de chantabun, *sămpŏt chăntabô.*
pagne en coton, à dessins, *sămpŏt khién.*
pagne noir du pays, *sămpŏt khmău.*

pagne du pays, rouge, *sămpŏt crehâm.*
pagode, *vŏt.*
pagode (pour mettre la statue du Boudha ou l'Idole des ancêtres; c'est un tout petit réduit en paillettes presque toujours), *khtôm neăc ta.*
paye, solde, *chnuôl.*
païen, *menŭs crau sas pareăng.*
paille, chaume, *sbŏu.*
paille de riz, *chŏmbóng.*
pain, *nŏm păng.*
pair, *cu.*
paire, *cu.*
paisible, tranquille (parlant d'un individu), *chéa slôt.*
paître, *si, si smău.*
paix (entre deux pays), *mitrey.*
paix intérieure d'un pays, *réap.*
paix (faire la), *thú sanja chéa khnéa.*
paix (demander la), *sŏm chéa mitrey.*
palais, *veăng.*
palan, *rât.*
palanquer, *téanh rât.*
palanquin, *crê snêng.*
palanquin (royal), *preă seliéng.*
pâle, *slăng, slăc, slét.*
palefrenier, *neăc thêr sĕ.*
palétuvier, *dóm công cang.*
pâlir, *slăng, slăc, slét.*
palissade, *rebâng.*
palmier, *dóm thnot.*
palpitation, *bĕ dông, chip chăr.*
palpiter, *bĕ dông lût.*
pamplemousse, *crôch thlŏng.*
pan (vieille mesure française en usage au Cambodge), *chŏm am.*
pangolin (famille des édentés), *pŏng rul*
panier (grande dimension), *cŏn chû.*
panier (petite dimension), *lăĕy.*
panier (mesure en usage et officielle pour le riz), *khsŏc.*
panne (pièce de charpente), *plan.*
panser, *múl bŏt thnăm.*
pantalon, *kho.*
pantalon (mettre un), *sliéc kho.*
panteler, *hăt.*
panthère, *khla lemŭng.*
pantoufle, *sbêc chúng peăc nŏu phteă.*
paon, *cangoc.*
papa, *ŏu.*
papa (les chrétiens cambodgiens), *pay.*
papaye, *lahŏng.*
papayer, *dóm lahŏng.*
pape (les chrétiens), *santa pap.*
pape (chef supérieur des bonzes), *preă săng câréach.*
papier, *credas.*
papier à cigarette, *credas chŏc.*
papier d'or, *credas méas.*
papier d'argent, *credas prăc.*
papillon, *mî ămbău.*
paquebot, *păcbô, capăl chhnuôl.*
pâques (les chrétiens), *bŏn pas, bŏn preă ăng tras rŏs lóng vĭnh.*
paquet, *păng vĕch.*
par, *tam.*
paradis (toutes les religions du pays), *phiméan, than suôr, viméan.*
paraître, apparaître, *lĕch.*
paraître méchant, *sămbóm.*
parallèle, *smó, trĕm.*
paralysé, *menŭs khvĕn.*
paralysie, *khvĕn.*
parapluie, *teăng ju.*
parasol, *chhăt.*
parasol d'un mandarin, *saprâthŏn.*
parasol du roi, des princes, *preă khlăs.*
paratonnerre, *dêc rông rŏnteă.*
parc, *rŭng, crol.*
parce que, *debŏt, pi prŏ.*
parcimonieux, *menŭs cŏmnănh.*

parcourir, courir çà et là, *crevĕl tŏu môc, rŏt tŏu rŏt môe.*
par-dessus, dessus, *pi lŭ.*
par-devant, *pi mŭc.*
pardon, *dătŭs, ăt tŭs.*
pardon (demander), *sŏm tŭs, léa tŭs.*
pardonner, gracier, *ăt tŭs.*
pardonner (une offense personnelle), *bămphlĕch tŭs,*
pardonneur, *neăc dêl ât tŭs.*
pareil, *dôch, pŏn khnéa.*
pareil (sans), *mŭn dôch.*
parenté (degré de — entre père et mère de deux époux), *tŏnlâng.*
parents (s'il s'agit des père et mère), *apŭc meday.*
parents (tous les parents hors les père et mère), *nhéat.*
parents (si ce sont des frères et sœurs, on dit quelquefois), *bâng phăôn.*
parents (proches), *săch nhéat.*
parer, orner, embellir, *riép phtiéng.*
paresseux, *khchĭl, cŏmchĭl.*
parfait, excellent (se dit des choses à manger), *pisa ĕc.*
parfait, perfection (se dit des qualités de l'homme), *pĕnh leăc.*
parfait, complet, *mul, crŏp.*
parfois, *doi chuôn.*
parfum, *crăôp, pidor.*
parfumer, *thú oi crăôp.*
pari, gageure, *phnăl.*
parier, *phnăl.*
Paris, *srŏc Paris.*
Parisien, *menŭs nŏu srŏc Paris.*
parjurer (se), *sbăt chéa cahăc.*
parler, *sredey, nyéay, tha.*
parler à voix haute, *nyéay khlăng.*
parler à voix basse, *sredey tĕch tĕch.*
parler en dormant, rêver fort, *momú.*
parler à tort et à travers, *sredey raleăc ralú.*
parler du nez, ou d'une manière inintelligible, *nyéay cângua.*
parler avec douceur, *nyéay péac păêm.*
parler peu, *sredey tĕch, tĕch mŏt péac.*
parler avec colère, *nyéay chéa khŏng.*
parler vite, *sredey nhŏp.*
parler de quelqu'un, *tha kî, nyéai pi kî.*
parler lentement, *nyéay muéy muéy.*
parler en prononçant bien, *nyéay chbas.*
parler en prononçant mal, *sredey pay lăm.*
parler clairement, *sredey chbas.*
parler bas à l'oreille, *khsŏch, khsŏp.*
parmi, *nŏu cŏndal, khnŏng fông.*
parole, *péac, sămdey.*
parole (couper la), *căt péac, scăt péac.*
parole douce, *péac păêm.*
parrain, *apŭc thór.*
parricide, *tŭs sŏmlăp apŭc meday.*
parsemer, *chol phdas.*
part, portion, partie, *chămnêc.*
part (à), *phsŏng, doi lêc, doi khăn.*
part (de toute), *săp ănlŭ.*
partager, diviser, *bêng.*
partager, donner à chacun sa part, *chêc.*
parti, *tŏu hói, chĕnh tŏu hói.*
participer, prendre part à..., *ban tŏu.*
particulier (en), *phsŏng, sngăt.*
partie, portion, *phéac, chămnêc.*
parties honteuses, *khmas (nŏu khnŏng khluôn).*
partir, *chĕnh, tŏu.*
partir (à — de), *tăng pi.*
partir (dire à quelqu'un de —, renvoyer poliment), *tŏu chŏ.*
partir (même sens que le précédent, mais moins poli), *chĕnh, dĕnh.*
partisan, *chôl day phâng, cân bân.*
partout, *săp ănlú, săp téang âs.*
parvenir, arriver, *dăl, tŏn.*

pas, un pas (substantif), *chŭng héan.*
pas à pas, *chhéan muey muey.*
pas (faux), *phlŏt chúng.*
pas (négation), *mŭn.*
pas, ne pas, ne pas faire (lorsqu'on commande ou que l'on défend), *cŏm.*
pas (ce n'est), *mŭn mén.*
passage, *phlŏu.*
passager, *doi sar.*
passant (un), *menŭs dór tŏu môc.*
passé, *huôs, relông.*
passe-port, *sŏmbŏt bóc coi.*
passe, chenal, *prelai.*
passer, marcher, *dór.*
passer devant, *tŏu mŭc, tŏu mŭn.*
passer de main en main, *hŏch pŏntâr day khnéa.*
passion, *rŭc péal.*
pastèque, *oŭlŏc, ulŏc.*
pastèque trop mûre, tournée en eau, *ulŏc phŏs.*
pasteur, berger, *neăc cŏngvéal.*
patate grosse, peu sucrée, de forme ronde, *dŏmlông dông.*
patate ordinaire, forme radis, plus sucrée que la précédente, *dŏmlông chhvéa.*
pâte de farine, *mesău léai.*
pâté, *paté, nŏm thú nŭng săch, nŏm pray.*
patiemment, *ăt, săngcăt chŏt.*
patience, *ăt, săngcăt chŏt.*
patient, *neăc ăt.*
patienter, *khăm ăt.*
pâtir, *ăt chŏmngú.*
pâtisserie, *nŏm băng êm.*
pâtissier, *neăc thú nŏm băng êm.*
patrie, *srŏc cŏmnót.*
patrimoine, *sŏmbăt pi apŭc meday.*
patron (chef, propriétaire d'une barque), *tăng khău,*
patron, l'homme qui tient la barre, *taycŏng.*
patron, chef d'une maison, *mî phteă.*
patron, maître ouvrier, *mî chéang.*
patrouille, *lebat.*
patte, *chúng săt.*
pâturage, *chămney săt.*
paume de la main, *bat day.*
paupière, *trebâc phnéc.*
pauvre, *neăc crâ, khsăt.*
pauvre (très-), *khsăt turcŏt.*
pavillon, *tŏng chéy, tŏng.*
paye, solde, *chhnuôl.*
payer, *sâng.*
payer le tribut, l'impôt, *oi pŏn, sâng pŏn.*
payeur, *neăc oi chhnuôl.*
pays, *srŏc.*
pays tranquille, *srŏc réap.*
paysan, *neăc srê.*
peau, *sbêc.*
peau du porc (exceptionnellement), *phnăng.*
peau (celle dont un animal s'est débarrassé lui-même), *sâmnâc.*
peau (changer de), *sâc sbêc.*
pêche, *car thú trey, car chăp trey.*
péché, *bap.*
pécher, faillir, *thú bap.*
pêcher (le poisson), *thú trey, chăp trey.*
pêcher à l'hameçon, *stuch trey.*
pécheur (en religion), *neăc bap.*
pêcheur, *neăc thú trey.*
peigne (à grands intervalles de pointes), *cras.*
peigne fin pour décrasser la tête, *snĕt.*
peigner, *sĕt.*
peigner (se), *sĕt.*
peindre, *léap cur.*
peine, difficulté, fatigue, *pruôi lombac.*
peine, punition, *tŭs.*
peine de mort, *tŭs dăl slăp.*

peine (faire de la), *thú tŭc.*
peintre, dessinateur, *neăc cur cŏmnur.*
peinture, *thnăm léap, thnăm cŏmnur.*
peinture noire du pays, luisante, espèce de laque, *mereăc.*
peinture, tableau, aquarelle....., *cŏmnur.*
pêle-mêle, *châlăm phdés phdas, léaî vôr vŭc.*
peler (un animal), *pŏnleă sbêc, bâc sbêc.*
peler (un fruit), *bâc.*
pélican, *tŭng.*
pellicule, *sbêc sdóng hiér.*
pelle, *châp chîc.*
peloton de fil, *ches hŏng.*
penché, incliné, *trét hói.*
pencher, *trét pŏntrét.*
pencher la tête en avant, *on.*
pencher la tête en arrière, *ngŭi.*
pencher la tête de côté, *cangech căbal.*
pendant d'oreilles, *cao.*
pendant, *cŏmpŭng.*
pendant que, *cŏmpŭng tê.*
pendre, suspendre, *phjuôr.*
pendre, se pendre, *phjuôr khluôn êng.*
pendu (un homme, des objets), *phjuôr hói.*
pendule, *norica thŏm, néalica thŏm.*
pénétrer, entrer, *thlŭ, rehôt.*
pénétrer, comprendre, *jŏl, sdăp ban.*
pénible (travail), *car thngŏn.*
pénitence, repentir, *chhú chŏt sŏm tŭs.*
pensée, idée, *cŏmnŭt.*
penser, réfléchir, *cŭt nŭc.*
pente, *chréal, chot, chŏmnot.*
pente douce, *chréal réap.*
pépin, *crŏp puch.*
percé, *thlŭ.*
percer, *tŏmlŭ.*
percer avec un burin, un ciseau, *dăp.*
percer, piquer (avec un instrument pointu et par un coup droit), *chăc.*
percer (avec un foret à l'archet, avec une vrille.....), *svan.*
percer les oreilles, *chă trechiéc.*
percevoir, recevoir, *totuôl.*
percevoir (les impôts), *hôt pŏn.*
perclus, impotent, *cŏngvĕn.*
perdre, égarer, *băt.*
perdre au jeu, aux courses, *chănh.*
perdre (se), s'égarer, *vŏngvéng.*
perdre en spéculant, en commerçant, *khat.*
perdrix, *tetéa.*
perdu, égaré, *băt hói.*
père, *apŭc.*
père (grand-), *chita.*
père adoptif, *apŭc chĕnchĕm.*
père (beau-), *apŭc khmec.*
père (parlant des animaux), *ba.*
perfection, grandes qualités, *pĕnh léăc.*
perfectionner, *băng crŏp.*
perforé, *thlŭ.*
perforer, *tŏmlŭ.*
péril, danger, *crŏs căm.*
périlleux, *lŏmbac.*
périr, *slăp, băt băng.*
perle, *cŭch, thbông.*
permettre, *oi ămnach.*
permis (laissez-passer), *sŏmbŏt bóc cŏi.*
permission, *ămnach.*
perpendiculaire, *trăng smó,*
perpétuel, *darap tŏu mŭc.*
perroquet, *sec jéar, sec.*
perruche, *sec.*
perruche, très-petite à cou noir, *sec som.*
persécuter, *săngcăt pŭmniér.*
persécuter, martyriser (se dit des choses de la religion), *chăp sas.*
persévérer, *tetuch.*
persil, *vănsuy.*
persistance, *tetuch.*
persister, *tetuch.*

personne (individu), *menŭs.*
personne (il n'y a.....), *ăt nana.*
personnellement, *doi ăng êng.*
perspicace, *menŭs chhléas prachnha.*
persuader (être sûr de...), *chúa, chúa cheăc.*
perte, *băt.*
pertes séminales, *reăc bat.*
pervers, *menŭs khôch.*
pervertir, *băng khôch.*
pesant, lourd, *thngŏn.*
peser, *thlŏng.*
peser juste, *thlŏng oi trăng.*
peser, exercer une pression, *săngcăt.*
peste, *rŏmbăl, chŏmngú rŏmbăl.*
pet, *phom.*
pétard, *phau.*
péter, *phom.*
pétiller (le feu), *phtŭ.*
petit, *tôch.*
petit (très-), *tôch năs.*
petit d'un animal, *côn săt.*
petit-fils, *chău.*
petit à petit, *sĕm sĕm.*
pétition, *phdŏng, chŏmréap.*
pétrin, *snach léay mesău.*
pétrir, *vay mesău.*
peu, *tĕch.*
peu (un), *bŏn tĕch.*
peu (très-), *tĕch năs.*
peu (tant soit), *bŏn tĕch muéy.*
peu à peu, *tĕch tĕch.*
peuple, *réas.*
peuple (homme du), *menŭs réas.*
peuplé, *réas chrón.*
peur, *khlach.*
peur que, *khlach crêng.*
peur (dans les grandes occasions, à la guerre, par exemple), *phĭt, phéy.*
peur que (de), *crêng chéa.*
peureux, *cŏmlach.*
peut-être, *prâhêl.*
phalange (os), *thnăng day.*
pharmacie, *phteă lŏc thnăm (chhú).*
pharmacien, *neăc lŏc thnăm (chhú).*
philtre, *tŏmrâng tŭc.*
photographie, *neăc thât rup.*
photographier, *thât rup.*
phrase, *mî, săch khdey sŏmbŏt.*
pian (éruption cutanée de tubercules fongueux), *tŏmbău pôc.*
piastre (monnaie), *riél.*
pic, à pic, *chot.*
pic (oiseau), *sâsĕ.*
picotement, *chhú chăp.*
picul (mesure du pays), *hap.*
picul (demi), *mŏ chŏng.*
pièce (fragment, partie), *cŏmnăt.*
pièce de coton, *phăp.*
pièce de bois, *dŏl, dóm, hŏp.*
pied, *chúng.*
pied d'animal, *chúng săt.*
pied à pied, *dór chúng cŭc.*
pied (nu), *chúng tété, ăt sbêc chúng.*
pieds (à pieds joints), *lôt chúng tŏn tĭm khnéa.*
piége (sens général), *ănteac.*
piége (embûche), *bay căl.*
piége (placer, tendre un.....), *dăc ănteăc.*
piége pour les rats, *ăngcŏp cŏndor, rŏngcŏp cŏndor.*
piége à tigre, *trŭng téăckhla, rŏngcŏp khla.*
pierre, *thmâ.*
pierre de Bienhoa, *thmâ bai criém.*
pierre à feu, *thmâ dêc phlúng.*
pierre à aiguiser, *thmâ sămliéng, thmâ lăĕt.*
pierre précieuse, *thbông.*
pierre (maladie de la), *prâmĕ crŏp.*
pierre lithographique, *pŭm băs ăcsâr.*
pierrier, *cŏmphlúng moriém, cŏmphlúng bănh chrăng.*
pieu, borne, *pŏngcŭl, cŭl.*
pigeon, *préap.*

pentagone, *prăm chrŭng.*
pigeonnier, *trŭng préap, phteă préap.*
piler, *bŏc.*
piler (le riz), *srŏt ăngcâ, bŏc ăngcâ.*
pillard, *chor plăn.*
piller, *plăn jôc.*
pilon à main, *ăngrê.*
pilon à levier mu avec le pied, *ăngrê chŏn.*
pilote, *neăc năm phlŏu capăl.*
piloter, *năm phlŏu capăl.*
pilule, *cŏllica.*
piment, *metĭs.*
pin, sapin, *srăl.*
pince, pincette, *tŏngkiép, chŏntéas.*
pinceau, *chŏc.*
pinceau (dont les Chinois se servent pour écrire), *chŏc sâcer, pĭt.*
pincer (avec un outil), *kiép, thkiép.*
pincer (avec les doigts), *khdĕch.*
pioche, *châp căp.*
piocher, *căp mŭng châp căp.*
pipe, *khsiér.*
piquant (à la bouche), *hór.*
piquer (par un serpent), *chŏc.*
piquer (abeille, cent-pieds, scorpions), *tĭch.*
piquer (les moustiques et tous les animaux qui mordent), *kham.*
piquet, *pŏngcâl.*
piqueter (pour indiquer une limite), *bă prŏm.*
piqûre (se dit de celle du serpent), *snam chŏc, sŏmnam chŏc.*
piqûre (des abeilles, scorpions, cent-pieds....), *sŏmnam tĭch, tŏmnĭch.*
piqûre (des animaux qui mordent), *sŏmnam khăm, snam khăm.*
pirate, *chor plăn.*
pirater, *plăn.*
pirogue, *tuc cŏmrol.*
pis, tant pis, *léanh tŏu.*
pisser, uriner, *nŭm.*
pistache, *săndêc dey.*
piste, trace, *dan.*
pistolet, *cŏmphlúng day.*
piston d'un cylindre à vapeur, *slap snăp phlúng.*
pitié (avoir), *anŏt, mita côrna.*
pivot, *snôl.*
pivoter, *vĭl lŭ snôl.*
place, lieu, endroit, *ti.*
place (vaste lieu public dans une ville), *ti srelă.*
place, emploi, *ngéar.*
placenta, *srom khmeng.*
placer, mettre, *dăc.*
plage, *cŏmpŏng dey chréal.*
plaie, *tŏmbău.*
plaignant, *neăc dóm khdey.*
plaindre (se), *phdŏng* (en justice).
plaindre (se) étant malade, *thngôr.*
plaindre, avoir compassion, *asôr, anŏt.*
plaine, *véal.*
plaine (grande —, à perte de vue), *véal loheu.*
plainte, gémissement, *thngôr.*
plainte, doléance, *asôr, anŏt.*
plainte, grief, *phdŏng.*
plaire, qui plaît, qui convient, *trŏu chŏt.*
plaisant, bouffon, *menŭs cŏmplêng, thlŏc.*
plaisanter, *cŏmplêng.*
plaisanterie, *lobêng cŏmplêng, car lĭng.*
plaisir, *ămnâr.*
plaisir (avec), *méan chŏt âr.*
plan, dessin, *cŏmnur.*
plan, surface plane, *smó, réap.*
planche, *kdar, khdar.*
plancher, *kdar chăn.*
plancher en bambous, *reneap.*
planer (vol des oiseaux), *bă puôi.*
plante (botanique), *tŏmnăm.*

plante, rejeton, *dôm chhû.*
plante des pieds, *bat chúng.*
planter, *dăm.*
plat, uni, *réap.*
plat, vaisselle, *chan chéam.*
plat en métal et à pied, forme assiette montée, *péan, tŏc.*
plat en porcelaine, même forme que le précédent, *chan chúng.*
plat (mets), *mŭc chŏmney.*
plateau de balance, *thas ănching tŏng.*
plateau pour servir les mets, *thas.*
plateau (terrasse élevée au-dessus de l'inondation), *tuôl.*
plein, *pĕnh.*
plein (demi-), *cŏnlă.*
pleine lune, *khê pĕnh bor.*
pleine mer, *cŏndal sremŏt.*
pleine (une femelle), *phóm.*
plénipotentiaire, *tông tra.*
pleurer, *jŏm.*
pleurer (se dit aussi du cri plaintif des bêtes), *jŏm.*
pleuvoir, *phliéng.*
pli, *phnăt.*
plier, *băt.*
plier en roulant, en lavant, *chhvai.*
plomb, *sămnâ.*
plomber, *dăc sămnâ.*
plongeon (oiseau aquatique noir), *kéêc tŭc.*
plongeon (gris-clair), *smonh.*
plonger, *mŭch.*
plonger quelqu'un ou un objet dans l'eau, *chremŭch.*
plongeur, *neăc mŭch tŭc, menŭs pĕn mŭch.*
ployer, *băt.*
pluie, *phliéng.*
pluie fine, *rolŭm.*
pluie forte, *phliéng khlăng.*
pluie (fin de la), *reăng phliéng.*
plume (à écrire), *pacay.*
plume d'oiseau, *slap, memis săt hŏr.*
plumer, *boch memis, dâc memis.*
plus, plus que, *lús, chéang.*
plus, un peu plus, *lús bŏntĕch, bŏntĕch tiét.*
plus (en), *lús, săl.*
plus (de plus en), *căntê.*
plusieurs, *chrón.*
plusieurs fois, *chrón dâng.*
plus loin, *chhngai chéang, ênéay.*
plus tard, *jur tŏu.*
plus tôt, *chhăp chéang.*
plutôt, mieux, de préférence, *chéang.*
poche, *thăng.*
poêle (ustensile de cuisine), *khteă.*
poésie, *cŏmnap.*
poëte, *neăc thú cŏmnap.*
poids, pesanteur, *tŏmngŏn.*
poids (de balance, de romaine), *côn ănching.*
poignard, *crŏs.*
poignarder, *chăc nŭng crŏs.*
poignée (d'épée, de sabre), *dâng dau.*
poignée (une) (mesure), *mŏ khdăp.*
poignet, *câ day.*
poil, *memis, rŭm.*
poil de barbe, *pŭc chŏngca.*
poinçon, *dêc tŏmlŭ.*
poing, *kdăp day, khdăp day.*
point, un point (substantif), *pĕntăc, băntăc.*
point (adverbe de négation), *khméan.*
pointe, clou, *dêc cúl.*
pointe, bout éffilé, *chŏng.*
pointe, sommet, *chŏng, cŏmpul.*
pointer, donner un coup droit, *puôi, chăc.*
pointer un canon, *tŏmrăng cŏmphlúng.*
points (les quatre points cardinaux), *tŭs téang buôn.*
pointu, *sruôch.*

pointu (rendre), *sŏmruéch.*
poire, *phlê sali.*
pois, *săndêc.*
pois (petits), *săndêc pareăng.*
poison, *thnăm pŭl.*
poisson, *trey*, *mîchha* (cette dernière expression est peu usitée).
poisson salé, *trey pray.*
poisson sec, *trey ngniét.*
poisson de combat, *trey crĕm.*
poisson volant, *trey hór.*
poissonnerie, *phsa trey.*
poissonneux, *lŏmnŏu méan trey.*
poissonnière, *neăc lŏc trey.*
poitrail, *dămtrung.*
poitrine, *dămtrung.*
poitrine (maladie de la), *chŏc dŏm trung.*
poivre, *marĕch, môrĕch.*
poivrer, *dăc môrĕch, băng môrĕch.*
poivrier, *dóm môrĕch.*
poivrière, *chŏmcar môrĕch.*
polaire (étoile), *phcai êchúng.*
pôle, *tŭs.*
pôle nord, *tŭs uda.*
pôle sud, *tŭs teăcsŏn.*
poli, uni, *reling.*
poli, bien élevé, *săp suôn.*
police (agent de), *mata.*
polir, unir, fourbir, *khăt.*
polisson, *rapŭs.*
politesse, *cŏmnuôr.*
politique, *reachéa car.*
poltron, *cŏmlach, menŭs cŏmlach.*
poligone, *chéa chrŭng.*
pommade (pour les cheveux), *preng câc léap.*
pommade (onguent pour les plaies), *thnăm léap* (*tŏmbău*).
pomme cannelle, *tiép.*
pommier cannellier, *dóm tiép.*
pomme de terre, *dŏmlông pareăng.*
pompe, *snăp tŭc.*
pomper, *săp tŭc.*
pompier, *neăc săp tŭc.*
pondre, *pông.*
pondeuse (poule), *mî mŏn pông.*
pont, *spéan.*
pont d'un navire, *kdar spéan capăl.*
population, *réas.*
populeux, *lŏmnŏu méan réas chrón.*
porc, *chruc.*
porc-épic, *căm prâma.*
porcelaine, *chan.*
poreux, *lămhuôt, spôt.*
portail, *thvéa thŏm.*
portant (bien), *chéa, sŏc sabai.*
porte, *thvéa.*
porte-cigares, *clăc barey.*
porte-plume, *dâng pacay.*
porte-voix, *trê.*
porte ouverte, *thvéa chămhâ.*
porte de fourneau de chaudières à vapeur, *thvéa chŏngcran.*
portefaix, coolies, *menŭs chhnuôl rêc.*
portée d'une arme à feu, *chŏmngay crŏp comphlúng.*
porter, *yôc.*
porter un objet que l'on a à la main, *căn.*
porter un objet qu'on n'a pas pris encore, *yôc.*
porter une besace passée au bras jusqu'à l'épaule, *spéay.*
porter sur le bras, un enfant, un objet quelconque, *pô.*
porter sur l'épaule directement, *li.*
porter sur l'épaule avec un levier, *rêc.*
porter sous l'aisselle, *tebiét khliéc.*
porter sur la tête, *tul.*
porter sur le dos, *pŭn.*
porter à plusieurs, *sêng.*
portier, *neăc chăm thvéa.*
portion, part, *chămnêc, phéac.*
portrait, statue, photographie, *rup.*

posément, *muey muey, tĕch tĕch.*
poser, *dăc.*
poser sur..., *dăc lŭ.*
positif, certain, *prâcăt.*
position naturelle d'un objet, *phnga.*
posséder, *méan.*
possible, c'est possible, *prâhêl.*
poste, emploi, *ngéar.*
poste de soldats, *côi lobat.*
poste (maison de la poste, ou maison de repos pour les courriers), *phteă tram.*
poste, à poste fixe, *nŭng.*
postérieur, *croi, êcroi.*
postérieurement, *croi, êcroi.*
pot (de la plus grande dimension, jarre), *lu.*
pot (à goulot étroit par rapport au diamètre intérieur), *péang.*
pot (presque sphérique), *crâlâ, carlâ.*
pot de chambre, *cŏntho tŏcsăt.*
pot de fleurs, *phóng phca.*
potage, *pâbâr.*
poteau, *tâsâr.*
potence, *cûl phjuôr menŭs.*
potier, *neăc thú péang, crâlâ.*
potion médicinale, *thnăm phŏc.*
pou, *chay.*
pouce, *mî day.*
poudre (toute matière pulvérisée), *lăm âng, răm âng.*
poudre à feu, *meseu.*
poudrer (se), *khăt mesău.*
poudrière (magasin à poudre), *khléăng meseu.*
poudrière (boîte à poudre), *clăc meseu.*
poulailler, *trŭng mŏn.*
poulain, *côn sĕ.*
poule (sens général, volaille), *mŏn.*
poule, *mŏn nhi.*
poule (nom d'une année), *chhnăm rôca.*
poule sauvage, *mŏn préy.*
poule couveuse, *mŏn crap.*
poule à chair noire, *mŏn khmău cheŏng.*
poulet, *côn mŏn.*
poulie, *rât.*
pouls, *chăp chăr, chip chăr.*
pouls (tâter le), *chăp chăp chăr.*
poumon, *suôt.*
poupe de navire, *cŏnsay.*
pour, *nŭng oi.*
pour cela, *pi car nĭs.*
pourpier, *trâbĕt chhung.*
pourquoi, *debŏt óy, pi prŏ óy, bŏt óy.*
pourri, *sâŏy, roluôi, khôch.*
pourri (ne se dit que du bois), *pŭc.*
pourrir (se), *sâŏy, khôch.*
pourrir (se) (ne se dit que du bois), *pŭc.*
poursuivre, courir après, *tam.*
pourtant, *pŏnté.*
pourtour, *crâp, kĕndăp.*
pourvu que, *léng tê.*
pousse (végétation), *dŏ pĕch.*
pousser, *chran.*
pousser (les plantes), *dŏ.*
pousser du fond avec une gaffe, *dol, dol nŭng thnol.*
poussière, *thuli.*
poussière très-fine, *lăm âng thuli.*
poussin, *côn mŏn.*
poutre, *thnŭm.*
pouvoir (avoir la faculté de...), *ban.*
pouvoir (ne pas), *mŭn ban.*
pouvoir, autorité, puissance, *ămnach.*
pouvoir (être au —), *nyeay tam ămnach.*
pouvoir (usurper le —), *jôc ămnach kĭ.*
prairie, *véal smău.*
pratiquer, exercer, *hăt day.*

pratiquer la religion, *căn preă sassêna.*
précaution, *prejăt.*
précédent, *mŭn nĭ.*
précédemment, *mŭn.*
précéder, *mŭc, mŭn.*
précepte, *péac predău.*
prêcher, *tĭssna.*
précieux, *vicés, bŏngcŏl.*
précipice, *chŏnghŭc.*
précipitamment, *rohăs.*
précipiter, *chran tŏmleăc.*
précipiter (se), *tămléăc khluôn.*
précis, certain, *prâcăt.*
précis, concis (dans le discours), *nyeay cŏmbŏt.*
précis, exact (se dit surtout des choses pouvant se mesurer), *trĕm.*
précisément, *chămpŏ.*
précoce, *mŭn kĭ.*
prédécesseur, *neăc chhô mŭn.*
prédicateur, *neăc dêl téai.*
prédiction, *tŏmnéay.*
prédire, *téay.*
préférer, aimer mieux (se dit de la nourriture), *chămnôl.*
préférer (un objet à un autre), *trŏu chŏt chéang.*
préférer (une personne à une autre), *srâlănh neăc nĭs chéang neăc nŭ.*
préjudice, *bămphlanh.*
premier, *mŭn, mŭn băng âs.*
premier du mois, *ngay mŏ cót.*
premièrement, *dóm, mŭn.*
prendre (pour porter ailleurs), *jôc, jôc tŏu.*
prendre (pour transporter et lorsqu'il y a beaucoup d'objets), *ănchun.*
prendre l'intérêt (de l'argent), *si car prăc.*
prendre, saisir, arrêter, *chăp.*
prendre à poignée, *chrebam.*
prendre à la course, *tam tŏn.*
prénom (les Cambodgiens catholiques), *chhmŏ cŏmnót.*
préoccupé (être), *vôr chŏt.*
préparer, *riép.*
préparer (se), *riép khluôn.*
prépuce, *sbêc khdâ.*
près, *chĭt.*
près (tout), *chĭt băngcói.*
près (à peu), *prâhêl, prehêl.*
près (naviguer au plus —), *bóc khdong khao.*
présager, *atticăt, proman.*
prescrire, *băngcŏp.*
présent, cadeau, *chŭmnun.*
présent (à), *ey lŏu nĕ.*
présent fait au roi, *tăngvai, dăngvai.*
présent (être), *méan khluôn nŏu mŭc.*
présenter quelqu'un, *năm tŏu suôr.*
présenter (se), *chĕnh khluôn.*
préserver, *thĕr, oi ruôch, băngcar.*
présider, *thŏm sŏmrăch.*
présomptueux, *uôt khluôn.*
presque, à peu près (pour les longueurs et les grosseurs...), *prâhêl.*
presque (se dit dans les marches; exemple : il est presque arrivé), *tiép nŭng dăl.*
presque (pour les mesures de capacité), *sŭn.*
presse à imprimer, *predăp bă ăcsâr.*
pressé (être), *penhăp, prânhăp.*
presser, hâter, *túón, prenhăp.*
presser (se), *prenhăp.*
presser avec la main, *chrebăch.*
presser avec l'ongle, *chŏch.*
presser, comprimer, *săngcăt.*
presser, hâter une affaire, *túón dŏmnór.*
pressurer, *săng căt.*
prêt (être), avoir fini, *ruôch srăch.*
prêt (argent ou objets), *car khchey.*
prétentieux, *menŭs kâkhôr.*
prêter, *khchey.*

prêter usurairement, *si chŏmnĕnh, si car.*
prêter à intérêt, *si car prăc.*
prêter sans intérêt, *oi khchey.*
prêter l'oreille, *prong trechiéc.*
prétexte, raison, *hêt.*
prêtre, bonze, *lûc săng.*
prêtre catholique, *lûc săng créach pareăng.*
preuve, *hêt.*
prévarication, *si sŏmnôc réas.*
prévenir, *prap.*
prévenir (langage poli), *chămréap.*
prévoir, *jŏl mŭn, dŏng mŭn.*
prier Dieu, *phéavéanéa.*
prier, dire des prières, *sôt thór.*
prier, invoquer, *ăngvâr.*
prier, inviter quelqu'un à..., *ăngvâr.*
prière, *thór.*
prince, *mechas* (*sdăch*).
prince héréditaire (au Cambodge), *ăbbârach.*
princesse, *mechas khsat trey.*
principalement, *dóm, pŏndăch.*
pris, saisi, *chăp.*
pris au piége, *trŏu ănteăc.*
pris (un fort, une ville), *jôc, chăp jôp* (*phum, srŏc*).
prise, butin, *robăs ban khnŏng tŏp.*
priser (le tabac), *hĕt thnăm.*
prison, *cŭc.*
prisonnier (ordinaire), *menŭs trŏu chrevăc.*
prisonnier de guerre, *lebŏp, robŏp.*
privation, *ăt.*
privé, apprivoisé, *săng.*
prîver (se), s'abstenir, *ăt chŏmney, tâm chŏmney.*
privilége, *thú cŭn.*
prix, estimation, *dămlay.*
prix (fixer le), *phdăch thlay, dăch thlay, khĕt thlay.*
prix (même), *thlay dôch.*
prix (vil), *thoc năs.*
prix (faire le —, dire le —), *căt thlay.*
probable, *prâhêl.*
probe, *chéa.*
procès, *kedey kedăm, khdey.*
procession religieuse, *tŏnghê preă.*
prochain, *mŭc nĭ.*
prochaine (année), *chhnăm phnéc.*
prochainement, *chĭt, bŏntĕch tiét.*
proche, *chĭt.*
proclamation par affichage, *pŏngram, băngram.*
procurer, *rôc oi.*
prodige, *chŏmnăp, day êc.*
prodigue, *menŭs sathéa.*
prodiguer, *sathéa.*
produire (faire venir par la culture), *băngcót, pŏndŏ.*
profaner, *băngkhôch vŏt.*
professer, instruire, *predău.*
professeur, *cru băngrién sŏmbŏt.*
profession, *robâ.*
profil, *chŏmhiéng mŭc.*
profit, gain, *chŏmnĕnh.*
profiter (d'une occasion.....), *pró phnhór tam.*
profond, *chrŏu.*
profondeur, *chămrŏu.*
progrès, *lóng lóng, chĕ lóng.*
prohiber, *khŏt.*
projet, *méan chŏt.*
prolonger, *pŏnlai, thú oi véng.*
promenade (lieu de), *thléa.*
promenade au flambeau sur l'eau, *lôi prâtib.*
promener (se), *dór lîng.*
promeneur, *neăc dór lîng.*
promesse, *péac sânâmăt, samăt.*
promettre, *sânâmăt, mŏt.*
promettre de ne plus retomber dans la même faute, *viér, sânâmăt nŭng viér.*
prompt, *rohăs, chhăp.*

promptement (agir), *chhăp, rohăs day, thú chhăp.*
promulguer, *pram prap.*
prononcer distinctement, *sredey chbas.*
pronostic, *phnôl.*
pronostic (bon), *phnôl lăâ.*
propager, *tâ puch.*
prophète, *achar.*
prophétiser, *téai.*
prophétiser juste, *téai trŏu.*
propice, *sruôl.*
proposer, offrir de..., *sŏm oi.*
propre, *săat, chréa.*
propreté, *car sŏm at.*
propriétaire, *mechas robăs.*
propriété, *sămbăt.*
prospérer, *crŏn, méan sŏmnang.*
prospérité, *sŏmnang.*
prosterner (se), *crap.*
prostituée, *srey khôch, său chéy, srey chór.*
protéger, aider, défendre, *tŏmnŭc ămrŏng, chuéi.*
protester, affirmer, assurer, *chéăc prâcăt.*
protester, faire une protestation, *prâkêc.*
proue, *căbal tuc.*
prouver, *băng hanh cŏmhŏs.*
provenir, *cót cú ămpi.*
proverbe, *tŏmpiém.*
providence, *preă bâr mey.*
province, *khêt.*
provisions de bouche, *sbiéng.*
provisions de guerre, munitions, *crŏp meseu.*
provisoire, *pŏndă asăn.*
provoquer, *pŏn chhú chŏt.*
prudence, *prayăt khluôn, tămrĕ.*
prudent, *menŭs prâyăt khluôn, menŭs méan tămrĕ.*
prunelle de l'œil, *prâsrey khmău.*

puant, *sâŏy.*
puanteur, *chămap, sâŏy.*
puberté (pour la femme), *chôl molŏp.*
public (en), *ăckhareă.*
publier à la criée, *pau pram, pram.*
puce, *chay chhkê.*
pucelle, *prŏmma charey.*
pudeur, *khmas.*
puer, *sâŏy, thŭm sôŏy.*
puéril, *cŏmnŭt khmeng.*
puis, ensuite, *croi, ruôch.*
puiser, *dâng tŭc.*
puisque, *bŏt.*
puissance, *ămnach.*
puissant, *neăc méan ămnach.*
puits, *ăndông.*
pulvériser (sens général), *lăm ĕt.*
pulvériser en pilant, *bŏc măt, bŏc oi lăĕt.*
punaise, *săngcóch.*
punir, *dăc tûs, jôc tûs, bŏnchal.*
punition, *tûs dêl dăc.*
punition (légère donnée par un professeur, un prêtre, les parents...), *phdăntéa.*
pupille, orphelin, *cŏmpréa.*
pupille de l'œil, *prâsrey phnéc.*
pur (les métaux, les liquides), *sŏt.*
purée, *pabâr roluŏi.*
pureté, *sŏt săch.*
purgatif, *thnăm bănchŏ.*
purgatoire (les catholiques), *phlúng sămrăng bap.*
purge, *thnăm bănchŏ.*
purger, *bănchŏ léng khnŏng khluôn.*
purifier, *phsŏt, thú oi sŏt.*
pus, *khtŭ.*
pus coulant, *khtŭ hiér.*
pus sanguinolent, *khtŭ khuôr ăndêng.*
pusillanime, *menŭs cŏmlach.*
pustule, *câ khtŭs.*
putain, *său chey.*
putréfié, *sâŏy khôch hói.*

putréfier (se), *sâŏy khôch.*
pyramide (colonne de forme conique ou pyramidale), *prâsat.*

Q

quadrangulaire, *chrŭng buôn.*
quadrupède, *săt chúng buôn, ămrŏc.*
quai, *thléa mŏt tŏnlĭ.*
qualité, *jang.*
qualités (morales), *rŭc.*
quand, *ăngcăl na, căl na, rŏndăp.*
quand (depuis), *pi ăngcăl.*
quant à moi, *ê ănh, ê khnhŏm* (ce dernier poli).
quantième, *khnót renûch.*
quantité, *sŏmnuôn.*
quarante, *sê sŏp.*
quarantième, *sĕ sŏp phéac.*
quart, *muéy phéac khnŏng buôn.*
quartier (partie du corps d'un animal), *phlŏu* (*săch*).
quartier (partie d'une ville), *pêc* (*phum*).
quatorze, *buôn tŏndăp.*
quatorzième, *buôn tŏndăp.*
quatre, *buôn, mŏ tămbâr.*
quatre-vingts, *pêt sŏp.*
quatre-vingtième, *pêt sŏp.*
quatrième, *buôn.*
que (pron. int.), *óy.*
quel, quelle, *na.*
quel, quelque (désignant des personnes), *nôna.*
quelconque (parlant des personnes), *nôna.*
quelconque (parlant des choses), *muéy na, pir na, muéy pir.*
quelque chose, *eyvan, avey muéy.*
quelquefois, *doi chuôn.*
quelqu'un, *nôna.*
quelques-uns, *khlă.*
querelle, *prâchhlŏ, prâkêc.*
quereller (se), *prâchhlŏ khnéa, prâkêc khnéa.*
question, interrogation, *péac dŏndŏng, suôr.*
questionner, *dŏndŏng, suôr.*
queue, *cŏntuy.*
queue (remuer la), *băc cŏntuy.*
qui, que, *dêl, dâ.*
qui? qui est-ce qui? *nôna.*
qui? qui est-ce qui? (en mauvaise part), *ana.*
quiconque, *nôna cô doi.*
quille (navire), *méat.*
quinine, *thnăm crŭn.*
quinquet, *côm.*
quittance, *sŏmbŏt băngcăn day.*
quittance (donner), *oi sŏmbŏt băngcăn day sâng hói.*
quitter, *chol.*
quitter le deuil, *léng căn tŭc.*
quoi? qu'est-ce que? *săt óy, óy.*
quoique, *they bó.*
quotidien, *prâcâdey.*
quotient, *lăp.*

R

rabais, *thâi thlay.*
rabaisser (mettre plus bas), *pŏntéap.*
rabaisser (un prix), *pŏntéap thlay.*
rabaisser (se), *dăc khluôn.*
rabatteur, *lebóc* (*lúc săt*).
rabattre (gibier), *lúc, dĕnh săt.*
rabot, *dêc chhus.*
raboter, *chhus.*
raccommoder, *pă.*
raccourci, *khley hói*
raccourcir, *thú oi khley.*
race, *puch.*
rachat (de corvées), *thvai pŏn khluôn.*
rachat (d'un esclave), *lŏ khnhŏm.*

racheter, *lŏ*.
racheter un esclave, *lŏ khnhŏm*.
racine, *rús*.
racine (prendre), *chăc rús*.
racine des cheveux, *chúng săc*.
racler avec un couteau, un grattoir, *cos*.
raconter, *rŏp riép prap*.
rade, *chhung sremŏt*.
radeau, *kebôn*, *khbôn*.
radis, *múm spéy*.
radoter, *nyéay phdas*.
radouber, *bĕt lóng vĭnh*, *pôr lóng vĭnh*.
raffermir, *thú oi khchŏp*.
rafraîchir, *thú oi trecheăc*.
rafraîchir (se) (à l'air), *hal khjăl*.
rage (colère), *khŏng năs*.
rage (maladie des chiens), *chhcuôt*.
rageur, *menŭs hay khŏng*.
ragoût, *mŭc chŏmney*.
raide, *tŏng*.
raidir, *téanh oi tŏng*.
raie (ligne), *chhôt cus*.
raie (poisson), *pabĕl (trey)*.
railler, *chăm âc*.
rainette commune, *hinh*.
raisin du pays, *tŏm peăng chu*.
raison, prétexte, *hĕt*.
raisonnable (chose), *săm cuôr*.
raisonnable (homme), *menŭs cuôr săm*.
raisonner, discuter, *prâdĕnh péac*.
raisonner, murmurer, *tăônh ngŏu ngŏu*.
râler, *dănghóm khsoi*.
ralentir, *dór muéy muéy*.
ralingue (marine), *khsê crâp khdong*.
rallumer, *ŏch lóng vĭnh*.
ramasser, *rŭs*.
rame, aviron, *chĕu*.
rameau, *méc chhŭ*.
ramener, *năm môc vĭnh*.
ramer, *chĕu tuc*.
ramer le dos tourné vers l'avant, *pras creching*.
rameur, *neăc chĕu tuc*.
ramolli, *thú tŏn hói*.
ramollir, *băntŏn*.
rampe, garde-fou, *thnăc day*.
rampe (montée d'un chemin), *phlŏu chot*.
ramper, *lun*, *véar*.
rançon, *prăc dĕl lŏ*.
rancune, *cŭm*, *sâng sŏc*.
rancune, garder rancune, *tŭc cŭmnŭm*.
rang (se dit dans tous les sens : dignité, rang hiérarchique, place dans un groupe, ligne de soldats....., etc.), *chuôr*.
ranger (mettre en ordre), *riép oi trŏu chuôr*.
rapace, *lûp jôc*.
rapetisser, *thú oi tôch*.
rapide, *lúôn*, *rohăs*.
rapide d'un fleuve, *chrŏs tŭc*.
rapidement, *prenhăp*.
rapiécer, *pă*.
rappeler, *hău tiét*.
rappeler un souvenir à quelqu'un, *rŏmlŭc*.
rappeler (se), *chăm*, *nŭc chăm*.
rapport (écrit), *sŏmbŏt thú chŏmréap*.
rapporter, *jôc môc vĭnh*.
rapporter (redire à mauvais dessein), *bârha prap kĕ*.
rapprocher, *khĕt chĭt*.
rare, *mŭn sŏu méan*, *tĕch méan*.
rarement, *mŭn sŏu méan*, *tĕch năs*.
ras, *khley tŏl*.
rasé, *cŏmnor*, *cor hói*.
raser, *cor*.
rasoir, *cŏmbĕt cor*.
rassasié (être), *chăĕt hói*.
rassasier (se), *si chăĕt*.
rassemblement, *chŭm phdŏm*.

rassembler, réunir (des choses ou des personnes), *bâmôl.*
rassurer, *nyéay oi tŭc chŏt.*
rat, *cŏndor.*
rat (nom d'une année), *chhnăm chut.*
rat musqué, *cŏndor lemĕ.*
rat palmiste, *cŏmprŏc.*
rateau à main, *ronŏs day.*
rateau (grand) (à labourer avec des bestiaux), *ronŏs.*
ratelier (pour les chevaux), *snôc oi sĕ si.*
ratelier d'armes, *thnăc dăc comphlúng.*
rater (armes à feu), *mŭn chhĕ* (*cŏmphlúng*).
ration (de soldat), *dŏmnăc sbiéng.*
rattraper, *chăp vĭnh.*
rauque, *sâăc câ, sâăc.*
ravager, *bămphlanh.*
ravin, *chrâs tŭc hôĕ, tŭc hôr chrâs.*
ravir (prendre de force), *tŏndóm jôc.*
rayer, *vay pŏntăt.*
rayon de roue, *căm roteă.*
rayon de miel, *sâmnom khmŭm.*
rayon de soleil, *réăc smey thngay.*
rayonner, *réăc smey phlú.*
rebelle, *kelăt.*
reboucher, *chŏc chhnŏc vĭnh.*
rebours (à), *totŭng.*
rebrousser chemin, *trelăp tŏu vĭnh, hăc tŏu vĭnh.*
rebutant, dégoûtant, *reóm.*
récalcitrant, *menŭs rŭng rus.*
recéler, *leăc bămbăng.*
recensement, *rŏp réas.*
récent, *thmey, tŏmnúp.*
recevoir, *totuôl.*
recevoir des visiteurs, *totuôl phnhiéu.*
recharger (barque, charrette), *năm tiét.*
recharger (arme à feu), *chrâc tiét* (*cŏmphlúng*).
réchauffer, *dăm tiét.*
rechercher, *rôc vĭnh, rôc tiét.*
rechuter (dans la maladie), *chŏmngú prê khlăng, lăp chŏmngú.*
réciproque, *khnéa.*
réciter, *chĕ pi chŏt.*
réclamer, redemander, *téa.*
réclamer, se plaindre, *phdóng.*
recoller, *bĕt vĭnh, bĕt tiét.*
récolte, *chŏmrôt* (*chrôt*).
récolte (bonne), *chrôt ban lâă.*
récolte (mauvaise), *chrôt mŭn lâă.*
récolter, *chrôt.*
recommandation, prier de faire, *bŏndăm.*
recommandation (lettre de), *sŏmbŏt bŏndăm.*
recommander (se dit dans tous les sens), *phdăm phnhór.*
recommencer, *thú lóng vĭnh.*
récompense, *rangvŏn, rŏngvŏn.*
récompenser, *oi rŏngvŏn, tâp cŭn.*
recompter, *rŏp lóng vĭnh.*
réconcilier (se), *chéa vĭnh, chéa khnéa vĭnh.*
reconduire, *năm tŏu vĭnh.*
reconnaissance, *dŏng cŭn.*
reconnaître quelqu'un, *chăm mŭc, scŏl.*
reconstruire, *săng lóng tiét, săng lóng vĭnh.*
recopier, *chŏmlâng lóng vĭnh.*
recoudre, *der lóng vĭnh.*
recourber, *oi cŏng, pĕngcŏng.*
recours (avoir), *pŭng.*
recouvrer (la santé), *méan cŏmlăng vĭnh.*
recouvrer (de l'argent, des objets perdus), *méan ban lóng vĭnh.*
recouvrir, *tŏndăp lóng vĭnh.*
récréer (se), *ămnâr sabai.*
recrue (soldat levé), *téahéan thmey.*
recruter, *kên câng tŏp.*
rectifier, *riép oi lâă.*

reçu, *ban totuôl hói.*
reçu (pièce justifiant que...), *sŏmbŏt ban totuôl jôc, sŏmbŏt băng căn day.*
recueillir, *bâmôl.*
recuire, *dăm lóng vĭnh.*
reculer, *thâi.*
redemander, *sŏm vĭnh tiét.*
redemeurer, *nŏu tiét, tŏu nŏu tiét.*
redescendre, *chŏ môc vĭnh.*
rédiger, *riép sŏmbŏt.*
redire, *nyéay phtuŏn, nyéay tiét.*
redonner, *oi vĭnh.*
redorer, *bĕt méas lóng vĭnh.*
redouter, *phéy năs.*
redresser, *pŏt dămrăng.*
réel, *mén, prâcăt.*
refaire, *thú lóng vĭnh.*
refaire à neuf, *thú chéa thmey lóng vĭnh.*
refendre, *pŭ vĭnh tiét.*
refermer, *réăng vĭnh tiét.*
réfléchir, *nŭc, nŭc rôc.*
refleurir, *phca tiét, lĕch phca lóng vĭnh.*
reflux, *tŭc néach.*
refondre, *rŏmleai lóng vĭnh.*
réformer, changer, remplacer, *phlăs, riép lóng vĭnh.*
refouloir (pour le canon), *renŭc cŏmphlúng thŏm.*
refroidir, *oi trecheăc tŏu vĭnh.*
refuge, *ti puôn.*
réfugier (se), *puôn, leăc khluôn.*
refus (de recevoir), *mŭn totuôl.*
refus (de donner), *mŭn prôm oi.*
refuser (de recevoir), *mŭn totuôl.*
refuser (de donner), *mŭn prôm oi.*
réfuter, *prâkêc.*
regagner, *chhnéă vĭnh.*
regarder, *múl.*
regarder fixement, *sămlŏng.*
regarder de côté, *crelec múl.*
regarder en dessous, *chhngŭc múl.*
regarder (se) (dans une glace, dans l'eau), *chhlŏ múl khluôn.*
régime de fruit, *slông.*
région, *tŭs.*
registre, *cŏmnăt sŏmnău, saphŏu.*
règle, mesure, c'est la règle, c'est la mesure, *khnat.*
règle, principe, loi, *chbăp.*
règle à calcul chinoise, *kebăch.*
règle mesurant une double coudée, — graduée, *khnat chéang.*
règle à suivre, *dămlŏp oi tam.*
règle à rayer, à tracer, *pŏntăt.*
règles des femmes, *môc ngéar khê chhnăm.*
règlement (d'affaires), *sŏmrăch khnéa.*
régler (finir une affaire), *cŭt sŏmrăch.*
régler, tirer des lignes, *vay pŏntăt.*
réglisse, *chhú êm.*
règne, *réach.*
régner, *soi réach*
regret, *car sday.*
regret (à), *totŭng chŏt.*
regretter, *sday.*
régulièrement, *tam tŏmlŏp.*
rein, *chŏngkê.*
reine, *luong srey, ac khamo hêsey.*
reine-mère, *luông sŏmdăch preă vôreach chini.*
réitérer, *thú chéa thmey.*
rejaillir, *khtéat.*
rejeter, *chol tŏu vĭnh.*
rejeter une faute sur autrui, *pŏntŭs.*
rejeton, *côn chhú.*
rejouer, *lĭng tiét, lĭng lóng vĭnh.*
rejoindre (quelqu'un), *tŏn chuôp.*
réjouir (se), *âmnâr.*
relâcher, rendre libre, *léng.*
relâcher des liens, *pŏnthu khsê.*
relais de poste, *tram.*
relais (maison de), *phteă tram.*
relation, rapport, *car nŭng khnéa.*

relaver, *léang lóng vĩnh.*
relever, *lúc lóng vĩnh.*
relier, *thú crâp sŏmbŏt.*
religieuse, *dôn chi, neăc chi.*
religion, *sassêna, sas.*
religion catholique, *sas pareăng.*
religion boudhique, *sas preă pŭt.*
religion mahométane, *sas maha măt.*
relique (d'un saint), *théat arahăn.*
relouer, *chuôl vĩnh tiét.*
reluire, *phlú lóng vĩnh.*
remarier (se), *jôc prâpôn tiét, riép car tiét.*
remarquable, *ngéay sŏmcŏl, ngéay scŏl.*
remarquer, distinguer, *sŏmcŏl, múl scŏl chéăc.*
remblayer, *lúc dey.*
rembourser, *sâng.*
remède, *thnăm (phŏc).*
remercier, *âr năs, âr prâ dêc prâ cŭn.*
remettre, *dăc vĩnh.*
remettre en garde, *prâcŏl oi.*
remettre au même endroit, *dăc lŏmnŏu dâ dél vĩnh.*
remettre un objet à sa place, *tŭc vĩnh*
remise (pour charrette, voiture), *rûng dăc rŏt, rûng dăc roteă.*
remonter (un escalier, sur un arbre), *lóng vĩnh.*
remonter le courant, *chêu chras tŭc.*
remonter (les pièces d'un objet démonté), *phchŏp khchau lóng vĩnh.*
remords, *chhú chŏt debŏt tûs khluôn.*
remorquer, *sŏndong.*
remou de courant (courant inverse près de terre), *tŭc sâng.*
remou de l'eau, *tŭc cuéch, tŭc vĩl.*
rempart, *cŏmphéng.*
remplaçant, *chŏmnuôs, tŏmnang, pŏnlă.*
remplacer, *phlăs, chuôs.*
remplir, *bămpĕnh.*
remuer, *cŏmróc.*
renaître, *cót lóng vĩnh.*
renard, *chhkê préy.*
renchérir (mettre une enchère), *tăm-lóng thlay, prâdĕnh thlay.*
renchérir (devenir plus cher), *lóng thlay.*
rencontre, *chămnuôp.*
rencontrer, *chuôp, preteă.*
rendez-vous, *oi môc chuôp.*
rendre, *sâng.*
rendre (se) (à la guerre), *chŏ chôl.*
rendre le bien pour le bien, *sâng cŭn.*
rendre le mal pour le mal, *sâng sŏp.*
rendu, *sâng hói.*
renégat, *menŭs kbăt sas.*
rênes, *khsé pŏng hiér,*
renfermer, *bŏng khăng.*
renier, *prâkêc (tha té).*
renier la religion, *khbăt sas.*
renommée, *ker.*
renoncer, *chol, lêng.*
renouveler, *thúc héa thmey, riép chéa thmey.*
renseignement, *dŏmnŏng.*
renseignements (demander des), *suôr dŏmnŏng.*
renseigements (donner des), *prap dŏmnŏng.*
renseigner, *prap dŏmnŏng, oi dŏm-nŏng.*
rente, revenu, *acâr.*
rentier, *chôl tiét.*
rentrer, faire entrer (se dit surtout des animaux), *bŏnchôl.*
renversé, *duôl.*
renverser, *phduôl, chran oi duôl.*

renverser sens dessus dessous, *phcăp.*
renverser, agir contre le sens commun, *thú chrelas.*
renverser (solides ou liquides), *thú oi khchai.*
renvoyer (envoyer de nouveau), *pró tŏu tiét.*
renvoyer, congédier, *dĕnh.*
répandre, divulguer, *cŏmchai.*
répandre, dissiper, disperser, *cŏmchai.*
répandre (un liquide qui déborde par trop plein), *hiér.*
reparaître, *chĕnh khluôn tiét.*
réparer, *păs, riép.*
repartir, *tŏu vĭnh.*
repas, *pél si.*
repas du matin, *pél si prŭc.*
repas du soir, *pél si longéach.*
repas (préparer un), *riép chŏmney.*
repasser, *dór tŏu mŏ dâng tiét.*
repasser (le linge), *ŭt.*
repasser (fer à), *ŭt tao.*
repentir, *chhú chŏt sŏm tús.*
repère, marque, *dămrŏy.*
repérer, *bă dămrŏy.*
répéter, *tha lóng vĭnh, tha tiét.*
répéter sans cesse la même chose, *tŏntĕnh.*
repiquer, *kŏs dăm* (sens général).
repiquer le riz, *stung srŏu.*
replacer, *dăc vĭnh.*
replanter, *dăm lóng vĭnh, dăm tiét.*
répliquer, *chhlói.*
répondre, *chhlói.*
répondre par écrit, *chhlói sŏmbŏt.*
répondre de quelqu'un, *thôrnéa ki.*
réponse, *chŏmlói.*
repos, *sămnăc.*
reposer (se), *chhŏp jôc cŏmlăng, chhŏp sămnăc.*
repousser, *chran tŏu vĭnh.*
repousser, regermer, *dŏ lóng vĭnh.*
reprendre, *jôc vĭnh.*
représailles, *sâng sŏc.*
représentant, délégué, *neăc múl thêr car chuôs.*
représenter (présenter de nouveau), *băng hanh khluôn tiét.*
réprimande, *car predau, car bŏntûs.*
réprimander, *chî predau, bŏntûs.*
réprimer, *phchal.*
reproche, *dŏmniél.*
reprocher, *diél thmas.*
reptile, *săt lun.*
repu, *chăêt châăl.*
république, *républic* (*ăt sdăch*).
répudiée (femme), *srey dêl phdey léng.*
répudier, *léng căt căl.*
répugnant, *khpúm.*
répugner, *tŏs chŏt.*
réputation, *ker chhmŏ.*
réputation (mauvaise), *ker acrăc.*
requête, *sŏmbŏt pŏndŏng.*
requin, *chhlam* (*trey*).
réquisition, *chhléas.*
réserver, *réăcsa tŭc.*
réservoir d'eau, *sras.*
réservoir (parc à poissons fait dans l'eau), *pruôl bă prâs trey.*
résider, *nŏu.*
résidence, *lŏmnŏu.*
résidu, dépôt, *cac.*
résigner (se), se soumettre, *totuŏl tam.*
résigner (se) au malheur, *totuôl căm lŏmbac.*
résilier, *chol sanya.*
résine, *chór.*
résister à une attaque, *tŏl tŏp, tŏl.*
résister à un ordre, *totŭng nŭng băngcŏp.*
résolu (homme), *menŭs cŭt srelăs car.*

résolu (être — à), *cŭt chras srelăs hói.*
résonner, *sô.*
résoudre, décider, *cŭt sŏmrăch.*
respect, *chéa cot khlach.*
respectable (homme), *neăc cuôr cot khlach.*
respecter, *cot khlách.*
respectueux, *menŭs cot khlach.*
respiration, *dăng hóm.*
respirer, *dâc dănghóm.*
responsable, *thôrnéa.*
ressemblant, *dôch.*
ressembler, *dôch.*
ressemer, *pŏndŏ lóng tiét.*
resserré, *ruônh.*
resserrer, *pŏng ruénh.*
ressort, *chŏntéas.*
ressortir, *chĕnh tŏu vĭnh,*
ressouvenir (se), *chăp phlŭc.*
ressusciter, *rôs lóng vĭnh.*
restant, de reste, reste, *săl.*
reste, de reste, de trop (il y en a de reste), *nŏu-săl.*
restes (de la table), *chămney săl, săl, sămnâl.*
rester, *nŏu.*
rester (être présent, être là, dire à quelqu'un de rester devant soi), *nŏu mŭc.*
rester à côté de..., *nŏu khang.*
restituer, *sâng.*
résulter, s'ensuivre, *tong tam, tam.*
résumer (par le discours), *nyéay chrôt (cŏmbŏt),*
résurrection, *preă ăng tras rŏs lóng vĭnh.*
rétablir, *riép lóng vĭnh.*
rétablir (se), *chéa lóng vĭnh.*
retard, *jút jau.*
retarder, différer, *băng vêng, thú oi jur.*
retarder (se dit des montres), *dór jút (norica).*
reteindre, *chrelŏc lóng vĭnh.*
retenir, garder, *khăt tŭc.*
retenir, arrêter, *chăp, khăt.*
retenir, calmer, modérer, *khăt, cŏmsan.*
retenir (se dit de la mémoire), *chăm mŭn phlĕch.*
rétention d'urine, *tŏp nŭm.*
retentir (se dit du son), *lú sŏmleng thŏm, lú sô khlăng.*
retirer, enlever, *jôc chĕnh.*
retirer (se), s'en aller, *chĕnh, tŏu.*
retirer (se), se raccourcir, se racornir, se rétrécir, *ruônh.*
retourner, rebrousser chemin, *trelăp tŏu, trelăp tŏu vĭnh, hăc tŏu vĭnh.*
retourner sens dessus-dessous, *trelăp.*
retourner chez soi, *trelăp tŏu phteă vĭnh.*
retourner (se) étant couché, *prê khluôn.*
retraite (battre en), *thâi tŏp, chbăng thâi.*
retrancher, ôter, *bănthâi, phăt chĕnh.*
rétréci, *chăng iét.*
rétrécir, *thú oi chăng iét.*
rétribuer, *bóc biér vŏt.*
retrousser, replier, *lŏt.*
retrouver, *rôc khúnh vĭnh.*
réuni, réunis, *chŭm (khnéa).*
réunion, rassemblement, *chŭm phdŏm, chŏmnom.*
réunir, *phdŏm.*
réunir (se), *phdŏm khnéa.*
réussir, *ban tam chŏt, ban dôch chŏt, cót.*
rêvant (parler en), *momú.*
rêve, *săp.*
revenir à soi (après syncope), *méan smar dey vĭnh, dŏng smar dey vĭnh.*
réveiller quelqu'un, *dăs.*
réveiller (se), *phnheăc.*
revenant, *khmoch lông.*
revendre, *lŏc vĭnh.*
revenir, *môc vĭnh.*

revenir chez soi, *môc phteă khluôn vĭnh.*
revenu (être), *môc vĭnh hói.*
revenu, rente, *acâr, chŏmnĕnh.*
rêver, *jŏl săp, nirmĭt.*
révérer, *cot khlach prânibât.*
revers (infortune), *ĕt sŏmnang.*
revers (sens contraire), *khang khnŏng, khang néai.*
revêtir, se vêtir de..., *péăc sliéc tiét*
revoir quelqu'un, *suôr vĭnh.*
revoir (un pays, des objets...), *khúnh vĭnh.*
révolte, *bă.*
révolter (se), *bă.*
révolver (à six coups), *cŏmphlúng revolvêr, cŏmphlúng prăm muéy dâng.*
révoquer, destituer, *hôt ngéar.*
révoquer, annuler, *hôt chol (sŏmbŏt).*
revue de troupes, *múl câng tŏp.*
rhinocéros, *roméas.*
rhubarbe, *tăihong.*
rhumatisme, *cocriu.*
rhume de cerveau, *phdas sai.*
rhume de la poitrine, *căâc tŏng dŏm trung.*
riche, *neăc méan.*
riche (devenir), *méan lóng.*
richesse, *sês they.*
ricocher, ricochet, *khtéat.*
ride (du visage), *ruônh mŭc, mŭc chruônh.*
rideau, *băngnôn, veăngnôn.*
ridicule, *tŏs phnéc.*
rien, *khméan óy.*
rien, il n'y a rien, *khméan óy.*
rigole, *prâlai.*
rigoureux, *menŭs sŏm khăn.*
rincer (verre, vase), *creléng.*
rincer (se) la bouche, *khpuôr mŏt.*
ringard à croc des chauffeurs, *dêc cai dâch khjung.*
rire, *sóch.*
rire (éclater de), *sóch kakaăc.*
risquer, *paphŏt.*
rite, *bŏn.*
rivage (de la mer), *mŏt sremŏt.*
rival, *menŭs prâcuôt.*
rivaliser, *prâcuôt.*
rive d'un fleuve, *cŏmpŏng.*
rive escarpée, *cŏmpŏng chămrĕ.*
rivière, fleuve, *tŏnlĭ.*
riz en herbe, *srŏu.*
riz décortiqué, *ăngcâ.*
riz sauvage (vient dans l'eau), *srêngê.*
riz hâtif, *srŏu sral.*
riz dernier, *srŏu thngŏn.*
riz cuit, *bai.*
riz en semis (prêt à être repiqué), *sŏmnap.*
riz avec la paille, *srŏu.*
rizière, *srê.*
robe, *au phai.*
robinet, *cŏc.*
robuste (homme), *menŭs măm.*
roche, *thmâ.*
rocher, *thmâ thŏm.*
rocou, *chŏmpu (crŏp).*
rogne, *câm.*
rognon, *crelién.*
roi, *luông, sdăch.*
roi ayant abdiqué, *luông ăbbâjô réach.*
roi (deuxième), *luông ăbbarach.*
rôle, liste, *cŏmnăt chhmŏ menŭs.*
romaine (pour peser), *ănching, chŏnching.*
rompre, *pŏmbăc pŏmbêc.*
ronces, *cŏm pŏnla.*
rond, *mul.*
ronde de nuit, *múl truôt lebat jŏp.*
ronfler, *sremŏc.*
ronger (comme les rats), *kâker.*
ronger le frein, *kâker pŏnghiér.*
rose, *phca culap.*

roseau, *pebŏ.*
roseau de pêche, *dâng sŏntuch.*
rosée, *ănsóm, sĕnsóm.*
rosier, *dóm culap.*
rot, *phú.*
roter, *phú.*
rôti, *ăng cheŏn hói.*
rotin (de la grosseur d'un bâton), *phdău dŏmbâng.*
rotin (grosseur d'un petit jonc), *phdău crĕc.*
rotin (très-petit, sert de lien pour attacher...), *phdău tŭc.*
rotin (très-dur, petit, sert pour la flagellation), *phdău chhvăng.*
rotin (le même que le précédent, coupé de la longueur voulue pour flageller), *rŏmpŏt.*
rotin de la plus petite dimension (sert de lien pour attacher), *rŏmpeăc, rapeăc.*
rôtir, *ăng.*
roucouler, *dŏmugô préap.*
roue, *căng reteă.*
roue d'un gouvernail de navire, *căng day chŏngcôt.*
rouge, *crehâm.*
rouge vif, *crehâm cheău.*
rougir (de honte), *khmas mŭc crehâm.*
rouille, *snĕm dĕc.*
rouiller, *dŏ snĕm.*
rouleau, *romu.*
rouler, *pamiél.*
rouler en spirale, *păn.*
rouler, plier en roulant, *mu.*
roulis, *creléng.*
route, *phlŏu.*
route (grande), *phlŏu thléa.*
roux, *sămbor smăch.*
royal, *réach.*
royaume, *nocôr.*
ruban, *khsê sŏmpŏt.*
rubis, *thbông pitéai.*
ruche, *khmûm.*
rude au toucher, *cacréat.*
rue, *phlŏu.*
ruer, *bach (sê).*
rugir, *crehŭm.*
rugueux, *cocréat.*
ruiné, *endarai, hĕn.*
ruiner quelqu'un, se ruiner, *bămphlanh, bănghĕn.*
ruines (d'un monument), *prâsat nocôr.*
ruisseau, *stŭng.*
ruisseau (très-petit), *ô.*
rumeur, *lú rŏntú.*
rupture, fracture, *băc cheŏng.*
ruse, fraude, *leăc luôch.*
rusé, *bănchhot.*
ruser, *bănchhot, luôch leăc...*
rut, *doi chhmŭl* (pour la femelle); *căl khnéa* (pour le mâle).

S

sable, *khsăch.*
sablonneux, *ti méan khsăch.*
sabot de cheval, *crechâc chúng sĕ.*
sabre, *dau.*
sac (grand ou petit, de forme cylindrique), *carŏng.*
sac (dans lequel les bonzes mettent les aumônes), *jéam.*
sac ou blague de forme sphérique à très-petite ouverture, *sbong.*
sacré, *anisăng.*
sacrifice à Dieu, *buchéa preă.*
sacrifice aux ancêtres, *sên dônta.*
safran, *remiét.*
sagace, *chhleas prach nha*, *chhlas prach nha.*
sagacité, *jŏl chhăp, chhléas prach nha.*
sage, *chéa, slôt.*

sage-femme, *chhmâp.*
sagou, *sacu.*
saigner, perdre du sang, *chĕnh chhéam.*
saigner, tirer du sang, *chăc jôc chhéam.*
saigner du nez, *chremŏ chĕnh chhéam.*
Saïgon, *Bănh ngê.*
sain, salubre, *dey tŭc chéa lăâ.*
saint, *arahăn, neăc bŏn.*
saint-sacrement (les catholiques), *preă caja preă ăng.*
saïs, conducteur de voiture, *neăc bâr rŏt.*
saisie (objets saisis), *ôs.*
saisir (même sens que le précédent), *ôs.*
saisir, prendre, *chăp.*
saison, *redŏu.*
saison sèche, *prăng.*
saison des pluies, *prâsa.*
salade, *spéy nhŏm.*
salaire, *chhnuŏl.*
sale (se dit des personnes), *smŭc crŭc.*
sale (se dit des objets), *prâlăc.*
salé, *pray.*
saler, *prâlăc ămbĕl.*
saleté, *kăêl, cŏmêl.*
salière, *chan dăc ămbĕl.*
saline, *srê ămbĕl.*
salir, *thú prâlăc.*
salive, *tŭc mŏt.*
salle, *băntŏp thŏm, bàntŏp thuléai.*
salle à manger, *băntŏp si bai.*
salle d'un tribunal, *sala chŭmnŭm.*
salpêtre, *cram.*
saluer, *sămpeă.*
saluer humblement, *sămpeă prânibàt.*
salut, *sămpeă.*
samedi, *ngay său.*
sandale, *sbêc chúng.*
sandale à pointe recourbée, *sbêc chúng ngôr.*
sang, *chhéam.*
sang, race, espèce, *puch (chhéam).*
sang-froid, *chŏt thngŏn.*
sangle, *khsê rŭt ŏc.*
sangler, *rŭt khsê ŏc.*
sanglier, *chruc préy.*
sanglot, *ăndŏt ăndâc.*
sangloter, *ăndŏt ăndâc.*
sangsue, *chhlúng.*
sangsue (grosse espèce), *chhlúng crebey.*
sans, *ăt, ĕt.*
santé (bonne), *chéa, sŏc sabai.*
santé (mauvaise), *mŭn chéa.*
sapèque (monnaie du pays), *cas.*
sapin, *dóm srăl.*
sappan, *sbêng.*
sarbacane, *cŏmphlŏ.*
sarcelle, *prevŏc.*
sardine, *trey khâ prâăp.*
satin, *prê léat.*
sauce, *tŭc sŏmlâ.*
saucisse, *tăp chruc.*
sauf-conduit, laissez-passer, *sŏmbŏt bóc côi.*
saut, *lôt.*
sauter, *lôt.*
sauter de..., *lôt pi.*
sauter en dehors, *lôt tŏu crau.*
sauterelle, *cŏndôp.*
sautiller, *lôt ămplóc.*
sauvage (homme), *phnông.*
sauvage (bête), *săt préy.*
sauver, *srăng.*
sauver la vie, *srăng ajôs.*
sauver (se), fuir, *rŏt.*
savant, *neăc prach.*
savate, *sbêc chúng léat.*
saveur, *chéat (chŏmney).*
savoir (je sais, tu sais, il sait (se dit des choses intellectuelles), *dŏng.*
savoir (même cas que le précédent, lorsqu'un intérieur parle d'un su-

périeur qui sait ou a appris), *chréap.*
savoir, savoir faire (se dit des travaux), *chĕ.*
savoir par cœur, *chăm pi chŏt.*
savon, *sabu.*
savonner, *dŏ sabu.*
savoureux, *chhnguy, chhngănh.*
scandale, *khbuôn acrăc, lŏn vôr.*
scandaliser, *thú khbuôn acrăc, thú vôr trehŭng.*
scapulaire (les catholiques), *au sŏmdăch preă vór méada.*
sceau, *tra thŏm.*
sceau royal, *tra luông, preà volănh chéa câr.*
scélérat, *menŭs cach acrăc năs.*
sceller (mettre le cachet sur une pièce écrite), *bă tra.*
sceller (une caisse, un paquet), *bă tra chŏmnăm.*
scie, *anar.*
scie (poisson), *thcâ.*
scie (grande, des scieurs de long), *anar thŏm.*
scie (petite, à main), *anar day.*
science, *prach.*
scier, *ar.*
scieur de long, *chéang ar chhû.*
scintiller, *phlú phlec.*
sciure de bois, *ăch anar.*
scorbut, *reăc chúng thmĕnh.*
scorpion, *khtuéi.*
scorpion (dard du), *trânĭch khtuéi.*
scruter, *phinĭt múl.*
sculpter, graver, *chhlăc.*
sculpteur, *chéang chhlăc.*
sculpture, *chŏmlăc.*
se, soi, *khluôn.*
seau, *thăng, crŭ.*
sec, *snguôt.*
sec (très-), *criém.*
sec (à), *lû câc.*
sécher, *hal.*
sécher, faire sécher au soleil, *hal thngay.*
sécheresse, *criém crăn, snguôt kéăng, ăt phliéng.*
séchoir, *réan hal.*
second (nombre), *bŏntŏp.*
second, aide, adjoint, *chămtŏp, bŏntŏp.*
secouer, ébranler (un arbre, un corps solide), *ăng ruôn.*
secouer (liquides ou matières contenues dans un vase quelconque), *releăc.*
secouer (linge, vêtement, la poussière), *relŏs, chechŭ.*
secourir, *chuéy.*
secours, *chuéy, chŏmnuéy.*
secours (crier au), *srêc acros chuéy.*
secret, *ar cŏmbăng, sngăt, léăc sngiém.*
secret (garder le), *leăc sngiém.*
secrétaire, *smién.*
secrètement, *ar cŏmbăng, sngăt, cŏmbăng.*
sécurité, *réap, sŏc sabai.*
sédition, *bă bo.*
séditieux, *menŭs khmăng.*
séduire (une fille), *lûm băng khôch srey.*
seigneur (sens de monsieur, à un mandarin), *lûc.*
sein, mamelle, *dă.*
sel, *ămbĕl.*
selle (cambodgienne), *kêp sĕ.*
selle (annamite ou européenne), *an sĕ.*
selle (aller à), *tŏu chŭ.*
seller, *chéang kêp.*
sellier, *chéang der kêp sĕ.*
selon (préposition), *tam.* Exemple : selon vous, *tam neăc.*
semaille, *crŏp puch.*

semaine, *atŭt.*
semaine passée, *atŭt croi.*
semaine prochaine, *atŭt mŭc.*
semblable, *dôch, ămbăl, pŏn.*
semblablement, *dôch.*
semblant (faire), *thú chéa.*
sembler, *dôch chéa.*
semé, *pruôs crŏp hói.*
semelle, *sbêc bat, sbêc chúng.*
semence, graine, *crŏp puch.*
semer, *pruôs crŏp.*
sens, signification, *hêt chéa.*
sens (côté d'un corps), *tŭs.*
sens dessus dessous, *bat dăc chéa lú,*
sensible, impressionnable, *rŏm uôi.*
sensuel, *vŏc srey.*
sentence (jugement), *săch kdey căt.*
sentence capitale, *săch kdey căt tŭs slăp.*
sentence (rendre une), *chŏmreă kdey.*
sentier, *phlŏu tôch, phlŏu chrâc.*
sentiment, *chŏt.*
sentine, *lovéang tŭc.*
sentinelle, *neăc chăm jéam.*
sentir, *hŏt.*
sentir (une odeur venant de loin), *khlĕn.*
sentir bon, *thŭm crăôp.*
sentir mauvais, *thŭm săôy, thŭm acrăc.*
séparé (être), *prăt.*
séparément, *bêc pi khnéa.*
séparer, disjoindre, *băngrăt, khléa.*
séparer (des amis...), *băngrăt sŏmlănh.*
séparer (des combattants), *khăt, pŏmbêc khnéa.*
sept, *prăm pĭl.*
septième, *prăm pĭl.*
sépulcre, *phnô khmoch.*
sépulture, *bŏn khmoch, bŏn chŏ khmoch.*

serein (temps), *mĭc srelă.*
sérieusement, *muôn tuôn.*
sérieux (choses), *căr thŏm, car sămkhăn, car bŏngcŏl, udăm.*
sérieux (homme), *menŭs khêng rêng.*
seringue, *kĕn chrôch (thnăm).*
serment, *sămbăt.*
serment (prêter), *sbăt.*
serment (boire l'eau du), *phŏc tŭc sămbăt, phŏc tŭc vipphăt sacha.*
serment (tenir son), *sbăt trăng.*
serment (violer son), *sbăt viéch.*
sermon, *tĭs, créăng tĭs.*
serpent, *pŏs.*
serpent (nom d'une année), *chhnăm mŏsănh.*
serré (se dit des tissus, des objets tressés en fil, paille...), *nhŭc.*
serrer, *rŭt.*
serrer fortement, *bŏntŏng, rŭt tŏng.*
serrer entre les bras, *op rŭt.*
serrer, presser avec la main, *chrebăch.*
serrer les dents, *khăm thmĕnh.*
serrure, *so.*
serrurier, *chéang thú so.*
servante, *neăc bŏmró (srey).*
serviable, *chhú chăăl.*
service, fonction publique (civile ou militaire), *réach chéa car.*
service domestique, *car bŏmró.*
serviette, *cŏnsêng.*
servir, *bŏmró.*
servir (se), *pró, jôc pró.*
serviteur, *neăc bŏmró.*
serviteur du roi, *mahat lĕc, mahatlĕc.*
sésame, *lengô.*
seul (choses ou bêtes), *tê êng.*
seul (les personnes), *tê mŏ neăc êng.*
seul (un), *tê muéy.*
seulement (quantité), *tê pŏnnŏng.*
séve, *chór chhú.*
sévère, *neăc pĭt trăng.*

sévérité, *pĭt trăng, căn chbăp.*
sevrer, *phdăch dă.*
sexe, *ăngcuchéat.*
si, *bó.*
si, aussi, tant, *melĕ.*
si non, *bó té.*
si par hasard, *bó presŏn.*
Siam, *srŏc Siém, nocôr Siém.*
Siamois, *Siém.*
siècle, *roi chhnăm.*
siége (banc avec dossier), *cău ey véng.*
siége (banc sans dossier), *tăng.*
siége (à une personne, chaise, tabouret, pliant), *cău ey.*
siége d'une ville, *hŭm srŏc.*
sien, — ne, *phâng véa.*
sieur, *chi, chău.*
siffler (avec la bouche), *huéch.*
siffler (avec un instrument), *phlŏm cŏnchê.*
sifflet, *cŏnchê.*
signal, *sŏmcăl.*
signaler, *thú sŏmcăl.*
signature, *cŏmnăt chămnăm, ca.*
signe, *sŏmcăl.*
signe (faire), *thú sŏmcăl.*
signer, *ca.*
signifier (vouloir dire), *tha chéa.*
signifier (notifier), *pram prap oi dŏng.*
silence, *sngiém, mŏt sngăt.*
silencieux, *sămngăt.*
silex (pierre à feu), *thmâ dêc phlúng.*
sillon, *cŏnlông ăngcŏl.*
simple (non composé), *tê êng.*
simple, facile, *ngéay.*
simple, niais, *lengŏng.*
simuler, *pŭt.*
sincère, *trăng, prâcăt.*
Singapoore, *srŏc Slăt.*
singe, *sva.*
singe (gros, à barbe noire), *sva ŏu.*
singe de la plus grosse espèce, *sva khol.*
singe (nom d'une année), *chhnăm vôc.*
singer, *trap.*
sinistre (malheur), *căm cras, ăt phăp.*
sinon, *bó té, bó cŏm.*
sinueux, *khvăt khvêng, véang, viéch.*
sirop, *sra păêm.*
sitôt, *tê căl na.*
situation, position, état dans lequel on est, *sŏmnang, préng.*
situation, position géographique, *lŏmnŏu dey.*
six, *prăm muéy.*
sixième, *prăm muéy.*
sobre, *menŭs si phŏc tĕch.*
soc de charrue, *phal.*
société, compagnie, association, *chôl khnéa.*
sœur plus âgée, *bâng srey.*
sœur plus jeune, *păôn srey.*
sœur (belle-) (plus âgée que soi), *bâng thlay.*
sœur (belle-) (plus jeune que soi), *păôn thlay.*
soi, *khluôn.*
soi-même, *khluôn êng.*
soi-même (de), *pi chŏt êng, pi khluôn êng.*
soie filée, *sôt.*
soie (fil de soie non tordu), *sôt.*
soie (fil de soie cordé pour coudre), *ches.*
soie en étoffe, *prê.*
soie crépie, *prê ruônh.*
soif, *srec, srec tŭc.*
soigner, prendre soin, *reăcsa, mŭl, thê tăm.*
soigneusement, *oi lăâ laăch.*
soin (avoir), *reăcsa.*
soir (de midi à la nuit), *lŏngéach.*
soir (quand la nuit est faite et jusqu'à neuf ou dix heures, *jŏp.*
soir (après dix heures), *jŏp chrŏu.*

soir (hier au), *jŏp mĕnh.*
soit que, *codoi.*
soixante, *hŏc sŏp.*
soixantième, *hŏc sŏp.*
soixante-dix, *chĕt sŏp.*
soixante-dixième, *chĕt sŏp.*
sol, *preă thôrni, dey.*
sol argileux, *dey ĕt.*
sol sablonneux, *dey khsăch.*
soldat, *téahéan.*
solde, salaire, *chhnuôl.*
solde (pour les fonctionnaires), *biér văt.*
solder (des ouvriers, des manœuvres.....), *oi chhnuôl.*
solder (les employés de l'État), *bóc biér văt.*
soleil, *thngay, preă atŭt.*
soleil (à midi), *thngay trăng.*
soleil (lever du), *thngay răs.*
soleil (coucher du), *thngay lĭch.*
soleil (être, rester au), *hal thngay.*
solide, *chŏp.*
solide (pas) (se dit surtout des cordes, des étoffes.....), *phŏi.*
solidement, *chŏp.*
solitaire, *menŭs nŏu ti sngăt.*
solitude, *ti cŏmbăng sngăt.*
solive, soliveau, *renut.*
solliciter, *sŏm ăngvâr.*
sombre, *srâtŏm.*
sombre (temps), *mĭc srâtŏm.*
sombrer, *lŏng lĭch.*
sommairement, *chrŏt, cŏmbŏt.*
somme, *bôc.*
sommeil, *anguy dec, ngonguy dec.*
sommeil profond, *dec tremŏc.*
sommet, *cămpul.*
somnambule, *momŭ.*
somnifère, *thnăm sŏndăm.*
son, sa, ses, *phăng véa.*
son (enveloppe du paddy hachée), *cŏntŏc.*
son (bruit) (sens général), *sô, sŏnthŭc.*
son (provenant du choc du bois), *poc.*
son du tamtam en peau, *tŭng.*
son du tamtam en cuivre, *chhang.*
son du canon, *kdŭng.*
son de la cloche, *nŏng.*
son de la voix, *sŏmleng.*
sonde (ligne de), *pŏndôn stŏng tŭc, sămnâ stŏng tŭc.*
sonder, *stŏng tŭc.*
songe, rêve, *săp.*
songe (en), *khnŏng săp.*
songer, rêver, *jŏl săp.*
songer, penser, *nŭc.*
sonner, *vay, ăngruôn.*
sonner la cloche, *vay cŏndŏng.*
sonnette, *cŏn cŏndŏng, cŏndŏng tôch.*
sorcier, *ho.*
sort, hasard, *chhnot.*
sort (tirer au), (jeu), *chăp chhnot.*
sorte, espèce, *jang.*
sortilége, *ămpŭ (thú).*
sortir, *chĕnh, dór chĕnh.*
sortir de la terre, *lĕch pi dey.*
sot, *chhot.*
souci, *pruôi chŏt, cŭt chrón.*
soucoupe, *chantiép rông.*
soudain, *mŏ rŏmpĕch.*
souder à l'étain, *phsar eyvăn.*
souffle, respiration, *dănghóm.*
souffle d'air, de vent, *pong.*
souffler (avec la bouche), *phlŏm.*
souffler (avec un soufflet), *săp snăp.*
soufflet (instrument pour souffler), *snăp.*
soufflet (coup sur la joue), *teă cŏmphliéng.*
souffleter, *teă cŏmphliéng.*
souffrance, douleur, *chhú, chăp.*
souffrir, *chhú.*
soufre, *spŏn thór.*
soufrer, *dăc spŏn thór.*
souhaiter, *chŏmrón.*

soûl, *srâvǒng*.
soulagé (douleur calmée), *crenbó*, *ăn*, *sbói*.
soulagement, *sbói*.
soulager, soulever, *lúc*.
soûler (se), *phŏc sra srâvǒng*.
soulever, *lúc*.
soulier, *sbêc chúng*.
soumettre (se), *chŏ chôl*, *chŏ chôl kĩ*.
soumettre (des révoltés), *thú oi chŏ chôl*, *thú oi chŏ chôl khluôn*.
soumis, *chŏ chôl hói*, *chŏmnŏ hói*.
soupçonner, *mŏntĭl*, *anman*.
soupe, *pâbâr*.
souper (repas du soir), *si longéach*.
souper (repas de la nuit), *si jŏp*.
soupir (de douleur), *thngô*.
soupir (dernier), *dâc chŏngca mŏn*.
soupirer (en souffrant), *thngô*.
souple, *tŏn*.
source, *chrŏ*.
sourcil, *ănchóm*, *chĕnchóm*.
sourd, *menŭs thlăng*.
sourd-muet, *thlăng hói cô*.
sourire, *nhonhĭm*.
souris, *cŏndo lemĕ*.
sous, dessous, en dessous, *crom*.
sous-chef, *chŏmtŏp*.
souscription, *prâmôl*.
soustraire, retrancher, *bŏnthâi*, *phăt chĕnh*, *lŏp*.
soustraire, voler, *luéch*.
soute à charbon d'un navire, *chŏngrŭc khyung*.
soutenir, consolider, étayer, appuyer, *căn*.
soutenir, porter, supporter, *trô*.
soutenir quelqu'un, le défendre, *căn*.
soutenir, affirmer, *căn péac*.
souterrain, *rung*.
souvenir, cadeau, *ker*, *tŭc ker*.
souvenir, mémoire, *chăm*.
souvenir (se), *nŭc chăm*, *chăm*.
souvenir (faire) (rappeler un souvenir à quelqu'un), *rŏmlŭc*.
souvent, *rúói*.
souvent (pas), *mŭn sŏu*.
souverain, monarque, *sdăch*, *maha khsăt*.
souverain (pouvoir), *ămnach sdăch*.
soyeux, *lemuôt*.
spacieux, *thuléay*.
spectacle (théâtre), *ngiu*, *rŭng ngiu*.
sphère, sphérique, *mul*.
spirituel, *prach nha*.
splendeur, éclat de lumière, du soleil....., *reăc smey*.
splendide, *chŏmnăp*, *lăâ năs*.
spongieux, *lămhuôt*.
squelette, *cheŏng khmoch*.
stable, *nŭng*, *nŭng chŏp*.
stable, durable, *khchŏp khchuôn*.
statue, *rup*.
statue de Boudha, *rup preă pŭt*.
statuer, *cŭt*.
stérile (femme), *srey ar*.
stérile (sol), *dey ar*.
stimuler, *dăs túón*.
stratagème, *bay căl*.
stupide, *chhot*, *lengŏng*.
suaire, *sămpŏt rŭm khmoch*.
subir, *tam*, *totuôl tam*.
subit, *mŏrŏmpĕch*, *chhăp*, *phléam*, *tŏmhŏt*.
subitement, *chhăp*, *phléam*, *tŏmhŏt*.
sublime, *éc*, *chŏmnăp*.
submerger, *lĭch*.
substituer, *phlăs chŏmnuôs*.
subtil, *khbăch săat*.
suc, *chéat*.
succéder, remplacer, *chuôs*.
succéder au trône, *trŏng réach*.
succès, *cót car*.
successeur (ne se dit que pour le trône), *sdăch trŏng réach*.

succomber sous le poids, *thngǒn duôl.*
succomber, être vaincu, *bàc tǒp.*
sucer, *chǒc, chǒnchǒc.*
sucre, *scâr.*
sucre candi, *scâr cram, scâr tǒngsǐn.*
sucre en poudre, *scâr sâ.*
sucre blanc, *scâr sâ.*
sucre de palmier, *scâr thnot.*
sucre en petits pains du pays, *scâr phên.*
sucre raffiné, en gros pains, *scâr dǒm.*
sucrer, *dăc scâr.*
sucrier, *chan dăc scâr.*
sud, *êthbông, téăc sǒn.*
sud-est, *â khné.*
sud-ouest, *péa jăp.*
suer, *bêc nhús, srăc nhús.*
sueur, *nhús.*
suffisamment, *lemôm, thuôn.*
suffire, *lemôm, thuôn.*
suffisant, *lemôm, thuôn.*
suffit (ça), *lemôm hói, thuôn hói.*
suffoquer, *chhuôl.*
suicide, *bap sǒmlăp khluôn.*
suicider (se), *sǒmlăp khluôn êng.*
suie, *rǎm ang phsêng.*
suif, *khlănh cŭ.*
suite, escorte, *tam hê, hê tam.*
suite (à la), *croi tǒu.*
suite (de), *eylǒu êng, mǒ rǒmpěch.*
suiver, *léap khlành cŭ.*
suivre, *tam.*
suivre un enterrement, *hê khmoch.*
sujet (d'un État), *réas khnǒng nocôr.*
superbe, magnifique, *lăâ näs, chǒm-năp êc.*
superflu, *săl phăl.*
supérieur, au-dessus, *lŭ.*
supérieur, plus gradé, *thǒm lŭs.*
superposer, *dăc truôt, dăc lŭ.*
superstitieux, *menŭs chúa phdas.*
supplément, *thêm lú, thêm lŭs.*
supplice, *thú căm.*
supplier, *ăngvâr.*
support, *chǒntǒl.*
supporter, soutenir, *rộng, trô.*
supporter, endurer, *rông.*
supposer, *ăbbâma.*
supprimer, *lŭc, jôc chěnh.*
suppurer, *hiér khtŭ.*
suprême, *lŭ téang âs.*
sur, *lŭ.*
sur-le-champ, aussitôt, *phléam.*
sûr, *prâcăt, chéăc.*
surcharger, *huôs chǒmnǒs.*
surdité, *thlăng.*
sûrement, certainement, *cheăc.*
sûreté (être en), *nǒu khchǒp, nǒu méan păng êc.*
surimposer, *hôt jôc huôs khnat.*
surlendemain, *khan săêc.*
surnager, *ăndêt.*
surnom, *chhmǒ crau.*
surpasser, *huôs.*
surplus, *săl lŭs.*
surprenant, *phnhéăc khluôn.*
surprendre (sens d'étonner), *phnhéăc khluôn.*
surprendre quelqu'un..., *tǒn khúnh, chăp.*
surseoir, *khan.*
sursis, *khan.*
surtout, *dóm lói, mŭn téang âs.*
surveiller, *múl, reăcsa, thêr.*
survenir, *cót tǒn.*
survivre, *huôs pi slăp, rǒs jún.*
sus, en sus, en plus, *lŭs, lus crau.*
susceptible, ombrageux, *chǒt khdàu.*
suspect, *méan mǒntǐl.*
suspendre, pendu, *phjuôr.*
suspendre, surseoir, faire cesser, *băng ăc.*
svelte, *sdiéu.*
sycomore, *dóm lovéa.*
sympathie, *cuôr srâlănh.*
symptômes (de la fièvre), *sriéu.*

syncope, *sănlăp.*
synonyme, *péac sdiéng khnéa.*
syphilis, *apphtŏng.*
système, espèce, *jang.*

T

tabac, *thnăm.*
tabac à priser, *thnăm hĕt.*
tabac (champ de), *chŏmca thnăm.*
tabatière, *prâăp thnăm hĕt.*
table, *tŏc.*
table (mettre la), *riép tŏc, riép bai.*
tableau (pour écrire dessus), *khdar khién, khdar uloc.*
tableau (avec dessin), *cŏmnur.*
tache (saleté), *prâlăc.*
tâche, ouvrage, *chŏmnêc car.*
tache à la peau, *pa chruy.*
tacher, salir, *thú prâlăc.*
tâcher, s'efforcer de..... ; *khăm, svêng.*
tacheté, *prâlăc dŏm dŏm.*
taciturne, *menŭs thmŭng.*
taël (mesure indigène), *tămlŏng.*
taie de l'œil, *cŏntuy thlên phnéc.*
taie d'oreiller, *srom khnói.*
taillant (monnaie du pays), *tién (cas),*
taillant, tranchant, *mŭc (cŏmbĕt),*
taille, grandeur, *cŏmpŏ.*
taille (haute), *cŏmpŏ khpŏ.*
taille (petite), *khluôn téap.*
taille fine, *réang sdóng.*
tailler, couper, *căt.*
tailler les cheveux, *căt săc.*
tailler (un morceau de bois pour le façonner), *chăng.*
tailleur, *chhai hŏng, chéang der.*
taire (se), *cŏm mŏt, băt mŏt.*
talapoint (espèce d'éventail ou d'écran que portent les bonzes), *phlĕt lûc săng, chămmâ.*
talapoint, bonze, *lûc săng.*
talc, *thmâ kêo.*
talent, *pĕnpao, prach.*
talion (peine du), *snâng ajôs.*
talon (partie du corps), *kêng chúng.*
talon d'un soulier, *kêng sbêc chúng,*
tam-tam (en bronze), *khmŏ.*
tam-tam (bois et peau), *scôr.*
tamarin, *ămpĭl.*
tamarinier, *dóm ămpĭl.*
tambour, *scôr.*
tambour (baguette de), *ănlung scôr.*
tamis, *cŏn chrêng (rêng).*
tamiser, *rêng.*
tandis que, *êtrăng.*
tangage, *lût relôc, ămplóc.*
tanguer, *lût relôc.*
tanière, *ănlŭng, rung.*
tanner, *sŏmlăp sbêc.*
tanneur, *chéang sŏmlăp sbêc.*
tant, *pŏnnĕ.*
tant mieux, *âr năs hói (chuôi âr), sathŭc.*
tant pis, *ăndârai tŏu chŏ.*
tante (plus jeune que le père et la mère du neveu), *meday ming.*
tante (plus âgée que le père et la mère du neveu), *meday thŏm.*
tantôt, *bŏntĕch tiét.*
tapage, *vôr, trehŭng.*
tapageur, *menŭs thú vôr, trehŭng.*
taper, frapper avec le doigt, *cŏ.*
taper à la porte, *cŏ thvéa.*
taper fort (avec le poing, un marteau, un bâton...), *vay.*
tapis de table, *sămpŏt cral tŏc.*
tapis de selle, *trânăp kêp.*
tard (si c'est le jour, avant midi), *thngay hói.*
tard (après-midi), *longéach hói.*
tard (la nuit), *jŏp hói.*

tarder à venir, *jút môc.*
tarder, différer, *nŏu jur.*
taret (ver qui ronge le bois dans l'eau), *acŭng.*
tarière, *dêc cŏnda.*
tarif, *dăch thlay.*
tarir, *bach ring, bach tŏl ring.*
tas, *cŏmnô.*
tasse, *chan tê.*
tâter, toucher, *păl, stéap.*
tâter le pouls, *chăp chăp chăr, chăp chip chăr.*
tâter, goûter, *phlŏc.*
tâtonner, *stéap.*
tatouage, *khluôn săc.*
tatouer, *săc khluôn.*
taupe-grillon, *chŏngrĕt.*
taureau, *cŭ stéau.*
taux de l'argent, *car prăc.*
taxe (d'impôt), *pŏn dŏmniém.*
taxer, *hôt pŏn tam dŏmniém.*
te, *êng.*
teck (bois de), *chhŭ maysăc.*
teindre, *chrelŏc.*
teint, *sămbor dêl chrelŏc.*
teint du visage, *sămbor săch chhéam.*
teinturier, *chéang chrelŏc, neăc chrelŏc.*
tel, pareil, *dôch.*
tel (un), *neăc nĭ.*
télégraphe, *khsê luôs.*
télégraphier, *vay khsê luôs.*
télescope, *kêo chhlŏ.*
témérité, *téahéan.*
témoignage, *chŏmlŏi bŏntăl.*
témoigner, *thú bŏntăl.*
témoin, *neăc bŏntăl, smă.*
tempe, *cŏm phliéng.*
tempérament, *rŭc péal.*
température, *piléa cŏmhai.*
tempérer, modérer, *bŏnthâi.*
tempête, *khjăl săng keréa.*
temple, *preă vihear, vŏt.*
temporiser, *jút jao.*
temps (durée), *pél.*
temps (à), *tŏn.*
temps (en ce), *cal nŏ, ăndăp nŏ.*
temps (passer son), *chol piléa.*
temps (employer bien le), *chĕ pró khnŏng piléa.*
temps (profiter du), *jôc piléa.*
temps (depuis peu de), *mŭn sŏu jur.*
temps (dans peu de), *khnŏng bŏntĕch tiét.*
temps, de temps en temps, *mŏ dâng mŏ dâng.*
temps (de tout), *darap.*
temps, loisir (j'ai le), *dŏmné.*
temps (température, climat, état atmosphérique), *pél, piléa.*
temps (beau), *mĭc réăng.*
temps (mauvais), *mĭc acrăc.*
tenace, entêté, *chŏt nŭng, rŭng rus.*
tenaille, *tŏng căp, tŏng kiép.*
tendon d'Achille, *sesay kêng chúng.*
tendre (pas dur), *tŏn.*
tendre (des filets), *dăc mông.*
tendre, raidir, *sănthŭng, léa, cral.*
tendre la main, *léa day.*
tendre, bander (un arc...), *tŏmlóng thnu.*
tendu, raide, *tŏng, jút.*
ténèbres, *ngo ngĭt, romgĭt.*
ténèbres profondes, *ngo ngĭt sôn.*
ténia, *prun.*
tenir, *căn.*
tenir (se dit des marchandises que l'on vend), *căn, thê múl.*
tente, *tên.*
tentation, *vŏc, chăng.*
tenter, inciter au mal, *lebuông, pebuôl.*
tenter, essayer, hasarder, *lô múl, thú múl.*
tenter, donner envie, *oi chămnăng.*
terme, *pŏmphŏt, bămphŏt.*

terminé, fini, *ruôch ruôch hói.*
terminer, *băng hói, băng âs.*
terne, *sămbor stăp, ăp sămbor.*
ternir, *thú oi său sŏmbor.*
terrain, *dey.*
terrain dénudé, *trengĕl, dey roling.*
terrain ferrugineux, *dey méan dêc.*
terrain aurifère, *dey méan méas.*
terrain argentifère, *dey méan prăc.*
terrain houiller, *dey méan khyung.*
terrasse (sur maison), *réan hal.*
terrassement, *dey lúc.*
terrasser (faire un terrassement), *lúc dey.*
terrasser, jeter par terre, *phduôl menŭs.*
terre, *dey.*
terre, globe du monde, *thvip.*
terre-glaise, *dey ĕt.*
terre (à) (lorsqu'on parle ainsi étant à bord d'un navire), *lû cûc.*
terre (aller à), *tŏu lû cûc.*
terreur (grande peur), *phey, phĭt.*
terreux (mêlé de terre), *dey léai, méan dey léai.*
terrible, *sŏnthŭc, sŏnthăp.*
terrier (pour les lapins), *dămnec tĕnsai.*
terrifier, *phĭt, phéy.*
territoire, *dey dên, khêt dên.*
testament, *bŏndăm khmoch.*
testament (faire un), *khmoch phdăm.*
testicule, *pông khdâ.*
tête, *câbal.*
tête (sommet de la), *lû căbal.*
tête (aller en), *dór căbal tété*
tête (mal de), *chhú căbal.*
tête rasée, *căbal trângol.*
teter, *bău.*
tetin, *chŏng dă.*
teton, *dă.*
têtu, *căbal rŭng, rŭng rus.*
thé, *tê.*
thé (plante), *dóm tê.*
thé (faire du), *dăm tŭc tê.*
théâtre annamite, *hăt boi.*
théâtre cambodgien, *lakhon răm.*
théâtre chinois, *hi, ngiu, rûng ngiu.*
théière, *dâp tŭc tê.*
tibia, *smâng chúng.*
tic, *nhéăc.*
tical (monnaie siamoise), *prăc duông.*
tiède, *săng ăn.*
tien, tienne, *phâng êng.*
tiers, le tiers, *muéy khnŏng bey phéac.*
tige, pousse, bourgeon, *pĕch chhû,*
tige de piston (d'une machine à vapeur), *day snăp phlúng.*
tigre, *khla.*
tigre (nom d'une année), *chhnăm khal.*
tigre (de la plus grosse espèce), *khla péăc pŏngcăng.*
tigre (chat), *khla takhĕn, khla rokhĕn.*
tigre (petit chat), *khla trey.*
tigre (chat) (plus petit encore que le précédent, gros comme un chat), *scar.*
timide, *menŭs tĕch sŏmdey.*
timon d'une charrette, *chŏntûl roteă.*
timon, gouvernail, *chăngcôt.*
tinter, *sô.*
tire-bouchon, *cŏntuy cŏndor, khuông.*
tirer, amener vers soi, *téanh.*
tirer, haler sur une corde main sur main, *srau.*
tirer (à coups et en cadence), *cŏntreăc.*
tirer d'une arme quelconque, *bănh.*
tirer, lancer à la main, *chol.*
tirer (lancer avec la main un objet long en forme de flèche), *puôi.*
tirer au sort, à la courte-paille, *chăp chhnot.*
tirer la langue, *lién ăndat.*
tiroir d'une machine à vapeur, *day chăntŭc.*

tiroir d'une armoire, *thât tu.*
tison, *ăngcăt ŏs.*
tisane, *thnăm sngo.*
tisser, *thbanh.*
tisserand, *neăc thbanh.*
tissu, *sŏmpŏt thbanh hói.*
titre, *ngéar.*
toi (se dit à un inférieur ou à un égal), *êng.*
toi (à), *phâng êng.*
toi (à sa grand'mère ou à une femme très-âgée), *jéay.*
toi (à une femme, ou à un homme, en bonne part), *neăc.*
toi (à une femme, en mauvaise part), *hâng.*
toile, *sămpŏt.*
toile fine, *sămpŏt padĭp.*
toile à voiles, *sămpŏt lay sâng.*
toilette, *săm ang.*
toilette (faire), *săang khluôn.*
toit, *tŏmbôl.*
tôle, *dêc pŏnteă.*
tolérer, *bóc.*
tolet, support d'aviron, *chúng chêu.*
tomate, *ping pă, peng pă.*
tombe, *phnôr mŏng.*
tomber de son haut, *duôl.*
tomber (objet que l'on fait tomber en entier, un arbre, une colonne), *rŏmlúng.*
tomber de haut, *thléăc.*
tomber de....., *thléăc pi.*
tomber (laisser), *tăm léăc, thú thléăc.*
tomber (fruits, feuilles.....), *chrus, chrŭ.*
tomber (un objet qui tombe seul, un arbre, une colonne..... sans effort apparent), *rolúng.*
tomber dans le malheur, *thléăc trŏu căm.*
tomber malade, *duôl chhú.*
tome, *khsê (sŏmbŏt).*
ton, ta, tes, *êng, phâng êng.*
tondre, *căt mamis.*
Tonkin, *Tăngkéa.*
tonnage, *chămnŏ.*
tonneau, barrique, *tŏng.*
tonner, *phcôr lŏn.*
tonnerre, *phcôr.*
tonsurer, *cŏmnor.*
torche, *chŏnlŏ.*
torchis, *ănchéăng léap dey.*
torchon, *cŏnsêng chut.*
tordre, *muôl, trecuônh.*
tordre (se dit du petit filin, de la ficelle), *craniéu khsê.*
tordre du linge mouillé, *put.*
tordu, *muôl hói.*
tordu (objet tordu naturellement), *remuôl.*
torrent, *chŏnghôr tŭc chrŏs.*
tort, *khŏs.*
torticolis, *crâléng khnói.*
tortue de terre, *ăndóc.*
tortue de mer, *cras (săt).*
tortue d'eau, à carapace plate, *cŏnthéay.*
tortue d'eau, à carapace bombée, *tasay (săt).*
torturer (en serrant les pieds), *kéap.*
tortueux, *khvĕch khvién.*
tôt, *chhăp.*
total, *bôc.*
toucher, *pŏl.*
toucher (quelqu'un avec le doigt), *cŏs.*
touer (marine), *srau tŏu mŭc.*
touffu (cheveux), *săc cŏntrúng, săc chăc căndănh.*
touffu (bois, forêt, broussailles), *préy sdŏc.*
toujours, *darap.*
toupie, *vu.*
tour, rang, *vén.*

tour, à tour de rôle, *vén mŏ neăc mŏ dâng.*

tour en maçonnerie, monument tumulaire, *chai dey, chedey.*

tour (monument ornementé et en pierre), *preă sat.*

tour (machine à tourner), *crúóng crelŏng.*

tourbillon d'eau, de vent, *cuéch.*

tourillon d'un canon, *phlŏu cŏmphlúng thŏm.*

tourmenter, *thú oi kî lŏmbac.*

tourner (un objet de côté), *pré.*

tourner (se), *prê khluôn.*

tourner, arrondir à la main, ou sur le tour, *crelŏng.*

tourner (faire tourner un objet sur place par frottement), *pŏngvĕl.*

tourner (faire) comme une fronde, *crevi.*

tourner (objet qui tourne sans transmission directe), *vĭl.*

tourner (faire tourner une pièce de monnaie sur un point de sa circonférence), *trebănh cas.*

tourneur, *chéang crelŏng.*

tournevis, *dêc dă khchău.*

tournure, allure, *rŭc péal.*

tourterelle, *lalôc.*

tousser, *căâc.*

tout, toute, tous (au commencement d'une phrase, pour les hommes et les choses), *săp, rŏl, âs téang.*

tout, toute, tous (à la fin d'une phrase), *téang âs, téang lai.*

tout (c'est) (parlant des choses à dire), *tha tĕ pŏnnŏng, âs hói.*

tout (c'est) (parlant des choses), *tê pŏnnŏng, âs hói, tê pŏnnŏ.*

tout entier, *téang lai, téang mul.*

tout (du), *să, té să.*

toux, *căâc.*

tracas, *ămpŏl.*

trace (empreinte des pieds), *dan chúng.*

tracer (un plan, des lignes), *cus.*

tradition, *tam tŏmniém.*

traduction, *néy srai.*

traducteur, *neăc bâc, neăc prê.*

traduire, *prê, bâc.*

traduit, *bâc hói, prê hói.*

trafiquer, *chuônh prê.*

trahir, *kbăt, khbăt.*

train, bruit, *vôr.*

train (en — de faire...), *cŏmpŭng.*

traîner, *ôs.*

traire, *chrebăch tŭc dă, rŭt tŭc dă.*

trait, flèche, *pruônh.*

trait, marque, *cus, cŏmnus.*

traité, contrat, *sanhya.*

traitement (solde), *biér vŏt.*

traitement (médecine), *thnăm phŏc cŏmnăt.*

traiter, négocier, *thú sănhya.*

traître, *menŭs kbăt.*

tranchant, saillant, *mŭc (cŏmbêt).*

tranche (fraction d'une chose), *chŏmnĕt.*

tranchée (d'une fortification), *ô chic chŭm pŏntéay.*

trancher, *căt, chĕt.*

tranquille (pays, royaume), *réap (srŏc).*

tranquille (être), faire silence, *sngiém, khsan.*

tranquille (individu), *menŭs nŭng nuôn.*

tranquillement, *sngiém, khsan.*

tranquilliser, *cŏmsan chŏt.*

tranquillité, *mitrey, réap.*

transborder, *rŏmléc năm.*

transcrire, *chămlâng.*

transformation (des corps animés ou non), *khlai.*

transformer (sens général), *phlăs trŏng.*

transformer (se dit des objets longs que l'on veut courber ou redresser), *pŏt.*
transgresser (la loi, les usages), *thú khŏs chbăp.*
transmettre, remettre, *prâcŏl oi.*
transmission (d'un choc, d'une secousse), *khtór.*
transmission du son, *rŏmpông.*
transparent, *chhlŏ tŏu mŏ khang.*
transpercer, *rohôt.*
transpiration, *nhús.*
transpirer, *bĕc nhús.*
transplanter, *cŏs dăm ĕtiĕt.*
transporter (objets légers), *jôc.*
transporter (dans plusieurs voyages), *chŏnchun.*
transposer, *rú dăc ĕtiĕt.*
trappe, piége, *ăngcŏp.*
trapu, *crăanh.*
travail, *car.*
travail de tête, *chŏt núói, núói cŏmnŭt.*
travail répugnant, pénible, *car núói khluôn.*
travail attrayant, agréable, *car sruôl.*
travail non pressé, *car srâyal.*
travailler, *thú car.*
travailleur, *neăc thú car, neăc svêng.*
travers (en), *totŭng.*
travers (de), *tétŭng totŭng.*
traverse en bois pour fermeture de porte, *renŭc.*
traverser (aller d'un bord à l'autre), *chhlâng.*
traversé, percé, *thlŭ rohôt.*
traversin, *khnói.*
traversin cylindrique et long pour appuyer les bras, les jambes, *khnói op.*
traversin triangulaire pour appuyer les aisselles, *khnói puthău.*
traversin gros et court pour s'appuyer étant assis, *khnăl.*
traversin pour placer sous la tête, *khnói kói.*
traversin carré et plat, *khnói kĕp.*
trébucher, *chŏmpŏp.*
treize, *bey tŏndăp.*
treizième, *cămrŏp bey tŏndăp.*
tremblement de terre, *dey câcróc.*
trembler de peur, de froid, *nhŏr.*
trempé, mouillé, *chrelŏc tŭc.*
tremper (laisser à la trempe, *trăm.*
tremper (les métaux), *lŏt dĕc.*
trente, *samsŏp.*
trentième, *cămrŏp samsŏp.*
très, *năs.*
trésor, magasin à argent, *khléăng prăc.*
trésorier, *alăc.*
tressaillir, *nhéăc khluôn.*
tresse, *comrâng.*
tresser, *crâng.*
tresser les cheveux, *crâng săc.*
tresser les nattes, *thbanh cŏntél.*
treuil, *cŏngha kha.*
triangle, *rup bey chrŭng.*
tribord, *sdăm, véat.*
tribu, *srŏc.*
tribunal, *sala chŭmnŭm.*
tribune, chaire, *crê tĭs.*
tribut, *pŏn, pŏn da.*
tribut (dont le chiffre et l'échéance sont invariables), *suéy.*
tributaire (état), *srŏc năm sa.*
tricher (au jeu), *pŏmbăt.*
tricheur, *menŭs pŏmbăt.*
trident, *lămpĕng snêng crebey.*
trident pour harponner le poisson, *sang.*
trier, *rŭs, rŭs pŏnlê.*
trinité (les catholiques), *preă ăng teăng bey.*

triompher, *mé an chey, chlăng chhneă.*
tripe, boyau, *pŏ vién.*
trisaïeul, *chita léa.*
trisaïeule, *chidôn léa.*
triste (être), *méan tŭc, pruéy chŏt.*
tristesse, *tŭc.*
trois, *bey.*
troisième, *bey, bey phéac.*
trompe d'éléphant, *day tŏmrey.*
trompe (bout de la), *promoi tŏmrey.*
tromper. *bănchhot.*
tromper (se), *khŏs.*
tromper (se) (de personne; prendre un individu pour un autre), *sremay, phăn.*
trompette, *trê.*
trompette (jouer de la), *phlŏm trê.*
trompeur, *menŭs bănchhot kĭ.*
tronc d'arbre, *cŏl chhú.*
trône, *balăng réach.*
trop, *sŭn, năs, pĭc, năs pĭc.*
troquer, *dôr.*
trot, *lŭn.*
trotter, *oi lŭn.*
trou, *prâhong.*
trou creusé par un animal, *rŏn.*
trou (pour enterrer cadavres ou objets), *rŏndău.*
trou aux oreilles pour pendants, *tông cŏntray trechiec.*
trouble (adjectif), *lâăc.*
trouble (eau), *tŭc lâăc.*
troubler l'eau, *lăm ăc tŭc, thú oi lâăc tŭc.*
troué, *thlŭ.*
trouer, *chăs, tŏmlŭ, chă.*
troupe, armée, *tŏp.*
troupeau, *fông.*
trouvé, *rôc ban hói, rôc khúnh hói.*
trouver, *rôc ban, rôc khúnh.*
truelle, *slappréa, chŏmpŭ téa.*
truie, *chruc nhi.*
tu, *êng.*
tube, *bămpŏng, ămpŏng.*
tuer (sens général), *sămlăp.*
tuer à coups de bâtons ou à coups de poings, *vay sămlăp.*
tuer avec une arme à feu, ou une arbalète, *bănh sămlăp.*
tuer avec un instrument tranchant, *căp sămlăp.*
tuer avec une lance ou un fer pointu quelconque, *chăc sămlăp.*
tuile concave, *khbúóng.*
tuile plate, *sbŏu ămbêng.*
tumeur, *dŏm hóm.*
tumulte, *vôr, trehŭng.*
turban, *chhnuôt.*
turban (mettre le), *chuót chhnuôt.*
tuteur (pieu pour soutenir, consolider), *chŏntŏl.*
tuyau (tout cylindre creux), *bămpŏng, ămpŏng.*
tuyau de conduite de vapeur de la chaudière au cylindre), *bămpŏng khjăl môc.*
tuyau d'évacuation, *rŏmpŏng khjăl tŏu.*
tuyau de pipe, *dâng khsiér.*
tyrannie, *cŏmnach, cach.*

U

ulcère, plaie, *tŏmbău.*
un, une, *muéy* (et par contraction) : *mŏ.*
un à un (parlant des personnes), *mŏ neăc mŏ neăc.*
un à un (parlant des animaux, des objets), *muéy mŏ dâng.*
un après l'autre, *muéy ruôch muéy.*
unanime, *chŏt muéy.*
uni, poli, lisse, *roling.*
unième, *cŏmrŏp muéy.*

uniforme, régulier, *dôch*, *dôch khnéa.*
uniforme, costume, *somliéc dôch khnéa.*
union (entre individus), *chéa khnéa.*
union (entre nations), *mitrey khnéa*
unique, *tê muéy.*
unir, joindre, *phchŏp*, *tâ.*
unir, marier, *phchŏp nhéat khnéa.*
unir, aplanir, *rŏmling.*
unir (s') d'amitié, *phchŏp chŏt khnéa.*
univers, *thvip*, *lukey*, *piphŏp.*
universel, *téang thvip.*
urètre, *prâhong kdâ.*
urgent, pressé, *prânhăp.*
urine, *tŭc nûm*, *achŏm.*
urine (odeur de l'), *thŭm chăĕs.*
uriner, *nûm.*
usage, coutume, *chbăp.*
usage, emploi d'un objet..., *pró.*
usé, hors de service, *khôch*, *hĕl*, *rĭl hói.*
user, faire usage, *pró pŏngrĭl.*
ustensile (de ménage), *eyvăn.*
usure, par l'usage, *rĭl.*
usure (intérêt trop fort), *si car khlăng.*
usurier, *menŭs si car khlăng.*
usurpateur, *menŭs tŏndóm réach.*
utile, *tong can*, *trŏu car pró*, *prâjoch.*

V

va, *tŏu.*
vacance (congé pour les fonctionnaires), *chhŏp thú réach chéa car.*
vacance (congé pour les écoliers), *chhŏp rién.*
vacance (d'emploi), *ngéar dŏmné*, *ngéar mŭn tŏn méan.*
vacant, *dŏmné.*
vacarme, *trâhŭng.*
vaccin, *thnăm mŭn oi cót ŏt.*
vacciner, *dăc thnăm mŭn oi cót ŏt.*
vache, *cŭ nhi.*
vache jeune, ou génisse, *cŭ mî cremŏm.*
vacillant (la lumière), *phlú phlét*, *phlec.*
vaciller (en marchant), *dór trét trût.*
vagabond, *menŭs ăt nŏnô môsê.*
vagabonder, *dór ăt nŏnô môsê.*
vagin, *cŏnduôi.*
vague, indécis, peu sûr, *mŭn chéăc*, *mŭn prâcăt.*
vague, lame d'eau, *rolôc.*
vaillant, courageux, *méan cŏmlăng*, *méan chŏt.*
vaillant au travail, *menŭs asar.*
vain, *chol mŏ siét.*
vain (en), *ăt prâjoch.*
vaincre, *méan chéy*, *chbăng chhnéă.*
vaincu (être), *chbăng chănh.*
vainqueur (être), *neăc chbăng chhnéă.*
vaisseau de guerre, *capăl chŏmbăng.*
vaisseau à voiles, *capăl kdong.*
vaisseau à vapeur, *capăl phlúng.*
vaisselle, *crúóng tŏc.*
vallée, *chrâc phnŏm.*
valeur (prix), *tŏmlay.*
valoir (prix), *thlay.*
van, *chŏng-e.*
vanité, *chhmóng.*
vaniteux, *chhmóng*, *menŭs chhmóng.*
vanner, *rôi srŏu*, *rôi ăngcâ*, *ŏm srŏu*, *ŏm ăngcâ*, *stéy.*
vanter, *uôt.*
vanter (se), *uôt khluôn.*
vapeur, *cŏmhai phlúng*, *stĭm.*
varande, *rông dap.*
variable, *hay phlăs.*
variable (temps), *mîc prê.*
varié, *popléăc.*
varier, *thú oi popléăc.*
variole, *ŏt*, *phca chhŭ.*
varlope, *dêc chhus véng.*

vase (boue), *phŏc.*
vase (pot), *péang.*
vase (petit) (à orifice plus petit que le creux intérieur), *péang tôch.*
vase (grand) (à orifice plus petit que le creux intérieur), *péang thŏm.*
vase (à orifice égal, ou plus grand que le creux intérieur), *phóng.*
vase (fait avec la noix du coco), *trâloc.*
vase de fleurs, *phóng phcar.*
vaste, *thuléay, tuléay.*
vaurien, *chol mesiét.*
vautour, *thmat.*
vautrer (se), *trăm phŏc, vŏc vi phŏc.*
veau, *côn cŭ.*
végétal, *dóm téang lai.*
véhément, *chŏt rohăs.*
veille (de nuit), *chăm jéam.*
veille (la), (le jour d'avant), *mŏsŏl.*
veiller (faire attention), *cŏn múl, chăm prâjăt, thê.*
veiller (ne pas dormir), *phnhéăc.*
veine, *chăp chăr, sesay chhéam.*
velours, *căm manhey.*
velu, *menŭs memis rŭm dŏ chrón.*
vendre, *lŏc.*
vendre à crédit, *lŏc chúa.*
vendre à la criée, *popéay néai lŏc.*
vendredi, *thngay sŏc.*
vendu, *lŏc hói.*
vénérable, *neăc cuôr oi cot khlach.*
vénérer, *cot khlach.*
vénérien (mal), *ăpphtŏng.*
vengeance, *sâng sŏc.*
venger ou se venger, *sâng sŏc.*
venimeux, *pŭs.*
venimeux (serpent), *pŏspŭs.*
venin, *pŭs.*
venir, *môc.*
vent, *khjăl.*
vent fort, *khjăl khlăng.*
vent léger, agréable, *khjăl rehói.*
vent faible, *khjăl tĕch.*
vent d'est, *khjăl ĕcót.*
vent d'ouest, *khjăl ĕlĕch.*
vent du sud, *khjăl ĕ-thbông.*
vent du nord, *khjăl ĕ-chúng, khjăl cadŏc.*
vent favorable, *khjăl pŏndoi, khjăl chun.*
vent contraire, *khjăl pimŭc, khjăl chras.*
vent (coup de) (typhon), *phjŭ săng kheréa.*
vente, *lŏc.*
venter, *khjăl băc.*
ventilateur pour le riz, *thbăl băc.*
ventre, *pŏ.*
ventre (bas), *kănlă.*
ventre enflé, *pŏ hóm.*
ventru, *pŏ cŏmpong.*
Vénus (planète), *Phcai ănsa srŏc.*
ver, *dăngcŏu.*
ver de terre, *chŏnlĭn.*
ver-à-soie, *néang.*
ver-luisant, *ămpĭl ămpéc.*
véranda, *rông dap, băngsach.*
verge (partie du corps), *kdâ, khda.*
verge (bâton), *rŏmpŏt.*
vergue de navire, *pruôn (capăl).*
véridique, *pĭt trăng.*
vérifier, *phinĭt múl.*
vérité, *prâcăt, pĭt trăng.*
vérité (dire la), *nyéay tam pĭt trăng.*
vermeil (argent doré), *prăc crâlay méas.*
vermicelle (de Chine), *mi sua.*
vermicelle du pays, *nŭm pŏnchŏc.*
vermillon, *chór ăngcŭl.*
vermine, *tŏngcŏu.*
vermoulu, *khmôt si, pŭc.*
vernir, *khăt.*
vernis, *prengkhăt.*
vernis du pays, noir (s'applique comme la laque), *maréăc.*

vérole (maladie vénérienne), *ăpph-tŏng ăpphtéănh.*
vérole (petite), *ŏt, phca chhŭ.*
vérole (visage marqué par la petite), *mŭc ŏt.*
verrat, *chruc chhmŭl mŭn tŏn criéu.*
verre, *kĕo.*
verre (en planches, carreaux de vitre.....), *cŏnchăc, kĕo pŏnteă.*
verre à boire, *péng kĕo.*
verrou, *chŏntŏs.*
verrou (fermé au), *tŏs nŭng chŏntŏs.*
verrue, *pachrŭi.*
vers (préposition : de lieu et de temps), *bĕ.*
vers la droite, *bĕ sdăm.*
vers cette époque, *riĕng.*
verser, répandre, *chăc.*
verser à boire, *chăc oi phŏc.*
verser (voitures, charrettes), *roteă cralăp.*
verset, *prâcar, mŭt.*
vert, *baităng.*
vert-pâle, *baităng slĕt.*
vert (pas mûr), *khchey.*
vert-de-gris, *snĕm spŏn.*
vertical, *pŏnchhô trăng.*
vertige, *vĭl mŭc.*
vertu, *cusăl, cŏcsăl.*
vésicatoire, *thnăm bŏt oichŏc.*
vessie, *ploc.*
vestige, *hĕt dĕl méan.*
vêtement (habit complet), *sŏmliéc.*
vétérinaire, *cru mŭl (săt).*
vêtir (se), *sliéc, péăc.*
vêtu (bien), *sliéc péăc lăâ.*
veuf, *pŏ may.*
veuve, *mĭ may.*
vexation, *ăc ăn.*
vexer, *thŭ oi ăn chŏt.*
viande, *săch.*
viande grasse, *khlănh pŏnteă.*
viande maigre, *sŏt săch.*
viande crue, *săch chhău.*
viande cuite, *săch cheŏn.*
viande salée, *săch pray.*
viande fumée, *săch cheŏ.*
viande (saler de la), *pŏmpray săch.*
vice, défaut, *cŏmnŭt khôch, mejéăt khôch.*
vicié, *khôch hói.*
vicier, *khôch.*
vicieux (individu), *menŭs ăt mejéat.*
vicieux (un cheval), *sĕ cach.*
victime, *săt kĕ somlăp thvăi.*
victoire, *méan chéy, chŏmnéă.*
victorieux, *neăc dĕl chbăng chhnéă.*
vidange (trou de vidange d'une barque), *pŏnsăc.*
vide, *tĕtĕ.*
vidé, *bach hói.*
vidé (se dit des verres, des bouteilles.....), *chăc ăs hói.*
vider (une mare ou une barque), *bach.*
vider (verres, bouteilles.....), *chăc.*
vie, *chivĭt.*
vie (longue), *ajôs jún.*
vie (l'autre), *bârloc.*
vie (en), *nŏu rŏs.*
vie (toute la), *mŏ chéat, mŏ ajôs.*
vieil, vieux, *chas.*
vieillard, *ta chas.*
vieille, *jéay chas.*
vieillesse, *chŏmnas.*
vieillir, *chas bŏndŏr.*
vierge, pucelle, *prŏmma charéy.*
Vierge (sainte) (les chrétiens), *sŏmdăch preă vôr meadá.*
vif, vivant, *rŏs.*
vif, emporté, *chŏt khdău.*
vif, vivement, prompt, *rohăs.*
vigie (homme de veille), *neăc bămthĕ, neăc thĕ.*
vigilance, *phnéc rŏmpéy chăm.*
vigne, *dŏm tŏmpeăng chu.*

vigoureux, *măm*, *méan cŏmlăng.*
vil, *téap tŏch.*
vilain, *acrăc.*
vilain (de figure), *mŭc acrăc.*
vilebrequin à mèche pour percer, *svan.*
village, *phum.*
ville, *phum thŏm.*
ville (capitale), *capital*, *srŏc chŭm-nŭm.*
vin, *sra tŏmpeăng chu.*
vin (lie de), *cac sra*, *câcâr sra.*
vin de riz, *sra chen*, *sra bai.*
vin généreux, *sra khlăng.*
vinaigre, *tŭc khmĕ.*
vingt, *mŏ phéy.*
vingtième, *cŏmrŏp mŏ phéy.*
viol, *khŏs cach nŭng cremŏm.*
violent, fort (vent, courant), *khlăng.*
violent, emporté, *chŏt kdău.*
violer, *chăp jôc doi ămnach.*
violette (couleur), *sămbor svai.*
violon, *trô.*
violon (jouer du), *côt trô.*
vipère, *pŏs pŭs.*
virginité, *prŏm macharey.*
virgule, *kâbiés.*
viril (âge), *ajôs pĕnh péal.*
virole (d'un manche), *mién (dâng).*
vis, *khchău.*
vis-à-vis, *tŏntĭm.*
visage, *mŭc.*
visage gai, *mŭc srâs.*
viser, mirer, *dămrăng.*
visière de casquette, *rebăng muôc.*
visiter (des personnes), *tŏu suôr.*
visiter (un établissement, un navire, des canons.....), *tŏu múl.*
visiter (se), *tŏu suôr khnéa.*
visiteur, *neăc dêl tŏu suôr*, *phnhiéu.*
visser, *muôl khchău.*
vite, *chhăp.*
vite (faire), *thú chhăp*, *thú roleă.*
vitesse, *tŏmhŭng.*
vitre, *cănchăc (thvéa).*
vivier, *ăndông prâs trey*, *srâs prâs trey.*
vivre, *rŏs.*
vivres, *sbiéng.*
vocabulaire, *sŏmbŏt prê phéassa.*
vœu, *chămnăng.*
vœu (faire un), *prâthna*, *băn.*
voici, *nĕ nê*, *nĭ nê.*
voie, *phlŏu.*
voie d'eau, *tuc lĕch.*
voilà, *nŏ no.*
voile (marine), *kdong*, *khdong.*
voile (faire), *léa kdong.*
voile (étoffe qui dérobe.....), *sbay mŭc.*
voir, regarder, *múl.*
voir, regarder (se dit de Dieu et du roi), *tôt.*
voir (avoir vu), *khúnh.*
voisin (de maison), *phteă khang.*
voisin (objets, lieux rapprochés), *prâp.*
voiture, *rŏt (roteă).*
voix, *sămleng.*
voix (à haute), *sămleng khpŏ.*
voix rauque, *sămleng sâăc.*
voix (belle), *sămleng sriéc.*
voix, à voix basse, *sămleng téap.*
voix douce, *péac păêm.*
voix forte, *sămleng khlăng.*
vol (oiseaux), *hór.*
vol (détournement), *luéch.*
voler (faire) (un oiseau, un cerf-volant), *pŏnghór.*
voleur, *chor*, *lemuech.*
volière, *trŭng chap.*
volontairement, *âs pi chŏt*, *pi chŏt.*
volonté (à), *tam chŏt*, *tam tê smăc chŏt.*
volonté (contre la), *tŏs chŏt.*
volontiers, *chŏt.*

voltiger, *hór tŏu*, *hór môc*.
volume (livre), *khsé* (*sŏmbŏt*).
volume (grosseur, dimension), *tŏmhŏm*.
volumineux, *tŏmhŏm thŏm*.
volupté, *ămnâr sabai* (*săngsa*).
voluptueux, *menŭs chăng tê sabai khsang srey*.
vomir, *cu uôt*.
vomir (faire des efforts pour), *chŏng*, *o*.
vomitif, *thnăm câ uôt*.
vorace, *lemûb*.
votre, à vous, *phăng neăc*.
vouer, *băn srăn*, *băn*.
vouloir, *chăng*, *chăng ban*.
vous (à une personne respectable), *neăc*, *lûc*, *prâ dêc prâ cŭn*.
vous, vous autres (à plusieurs personnes respectables), *âs neăc*, *âs lûc*.
vous (à un inconnu et qu'on ne veut pas bien traiter), *cŏt*.
vous (à son grand-père, ou à un vieillard), *ta*.
vous (à sa grand'mère, ou à une femme âgée), *jéay*.
voûte, *tŏmbôl cong*.
voûté, courbé, *khnâng cong*.
voyage, *dŏmnór dór*.
voyager (par terre), *dór chúng cûc*.
voyager (par eau), *dór chúng tŭc*.
voyager (sur mer), *dór sremŏt*.
voyageur, *neăc dŏmnór*.
vrai, *prâcăt*, *mén*, *avisŏt*, *pĭt*.
vrai (midi), *thngay trăng chéăc*.
vraiment, *prâcăt chŏmpŏ*.
vrille, *dêc cŏnda*.
vu (avoir), *khúnh*.
vu (déjà), *khúnh hói*.
vue, *phnéc*.
vue (bonne), *phnéc phlú*.
vue (mauvaise), *phnéc ngò ngĭt*, *phnéc srevăng*.
vue (belle), *múl srelă*.
vulgaire, *réap sa*.
vulgairement, *réap sa*.
vulve, *cŏnduôi*.

Y

y, il y a, *méan*.
y, il n'y a pas, *khméan*.

Z

zèle, *chămnăng*, *chăng thú car*.
zélé, *menŭs thú âs pi chŏt*.
zéro, *jero*, *dăm*.
zinc, *păng casey*, *săngcasey*.
zizanie, *tos khnéa*.

FIN DU VOCABULAIRE.

PARIS. — IMP. VICTOR GOUPY, 71, RUE DE RENNES.

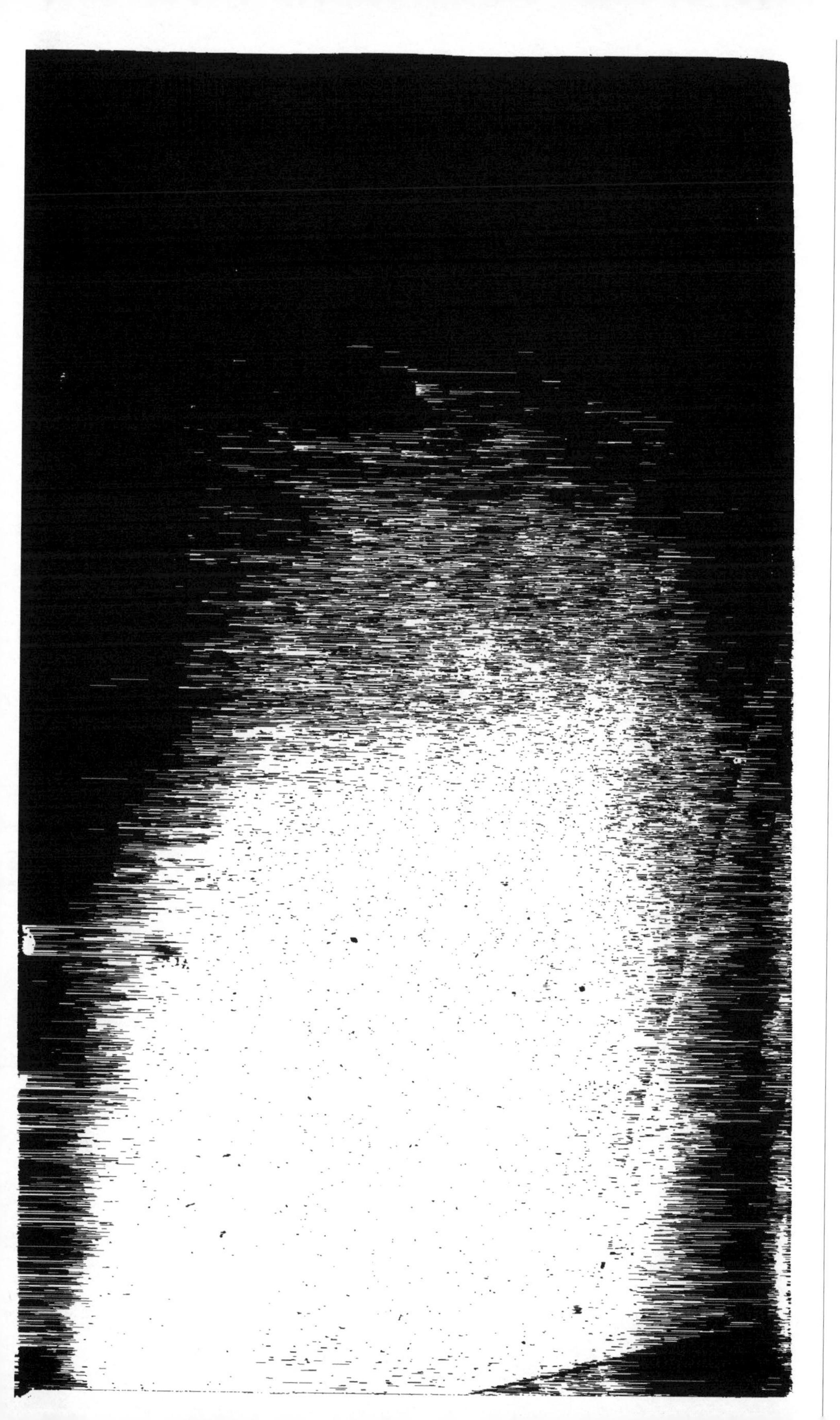

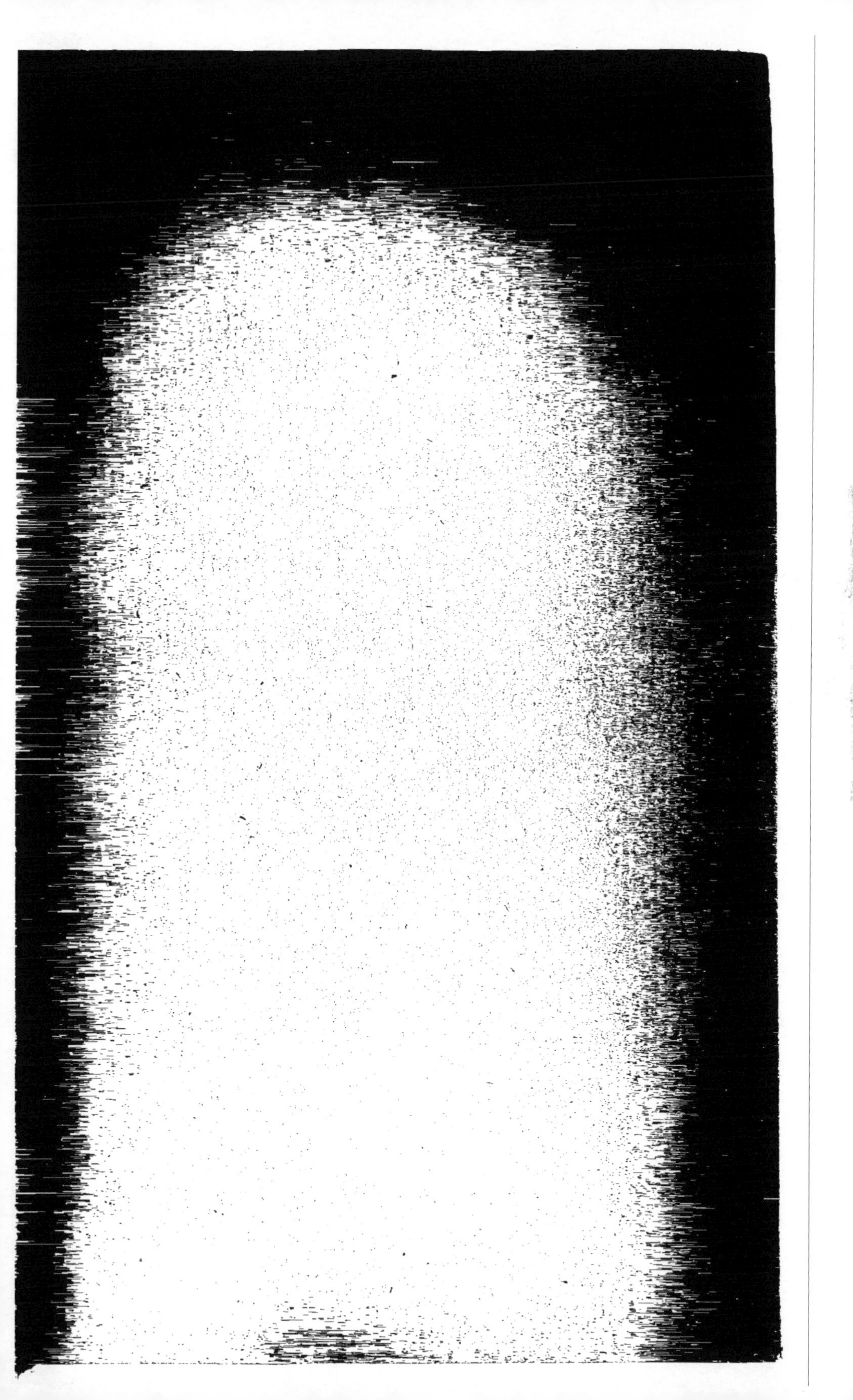

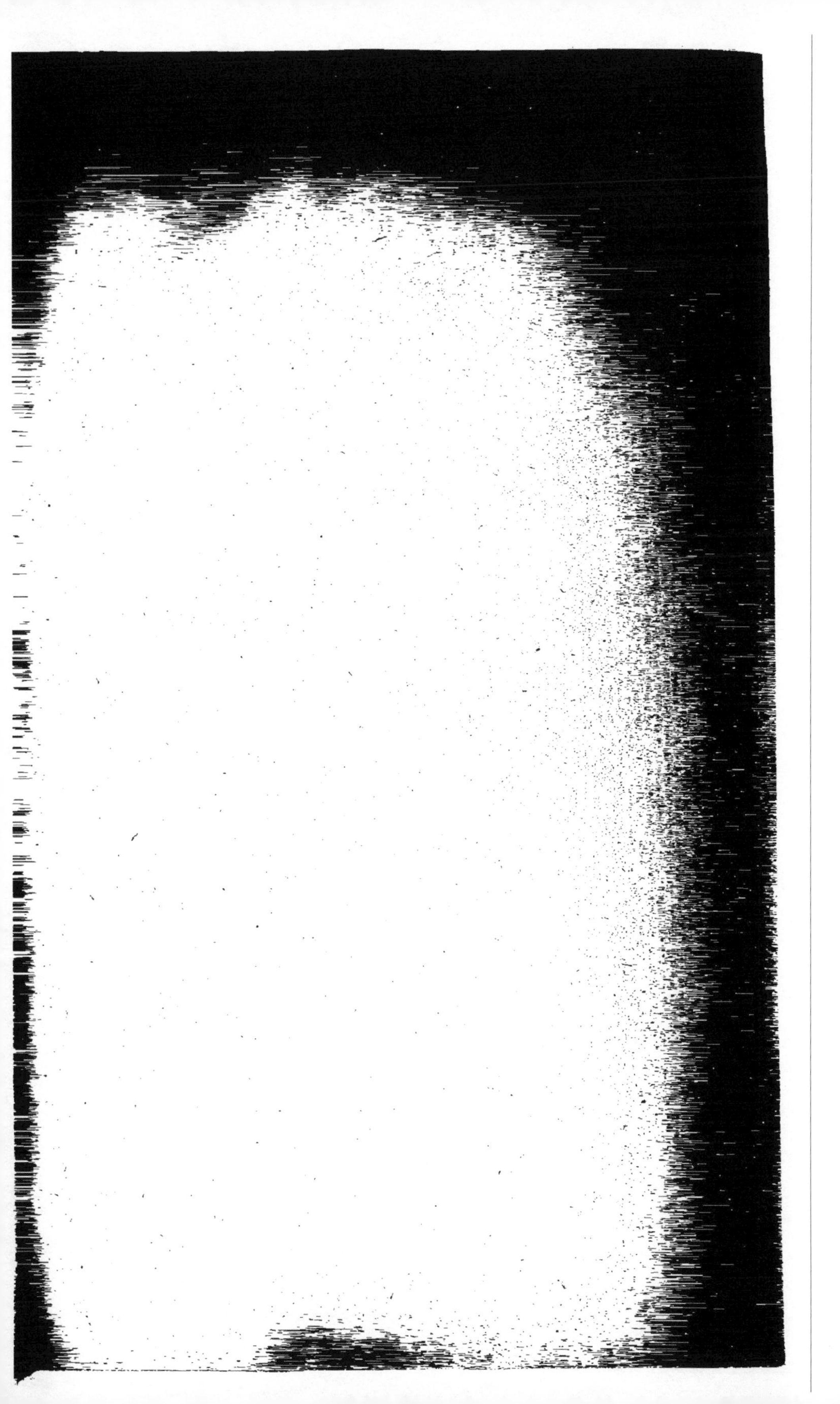

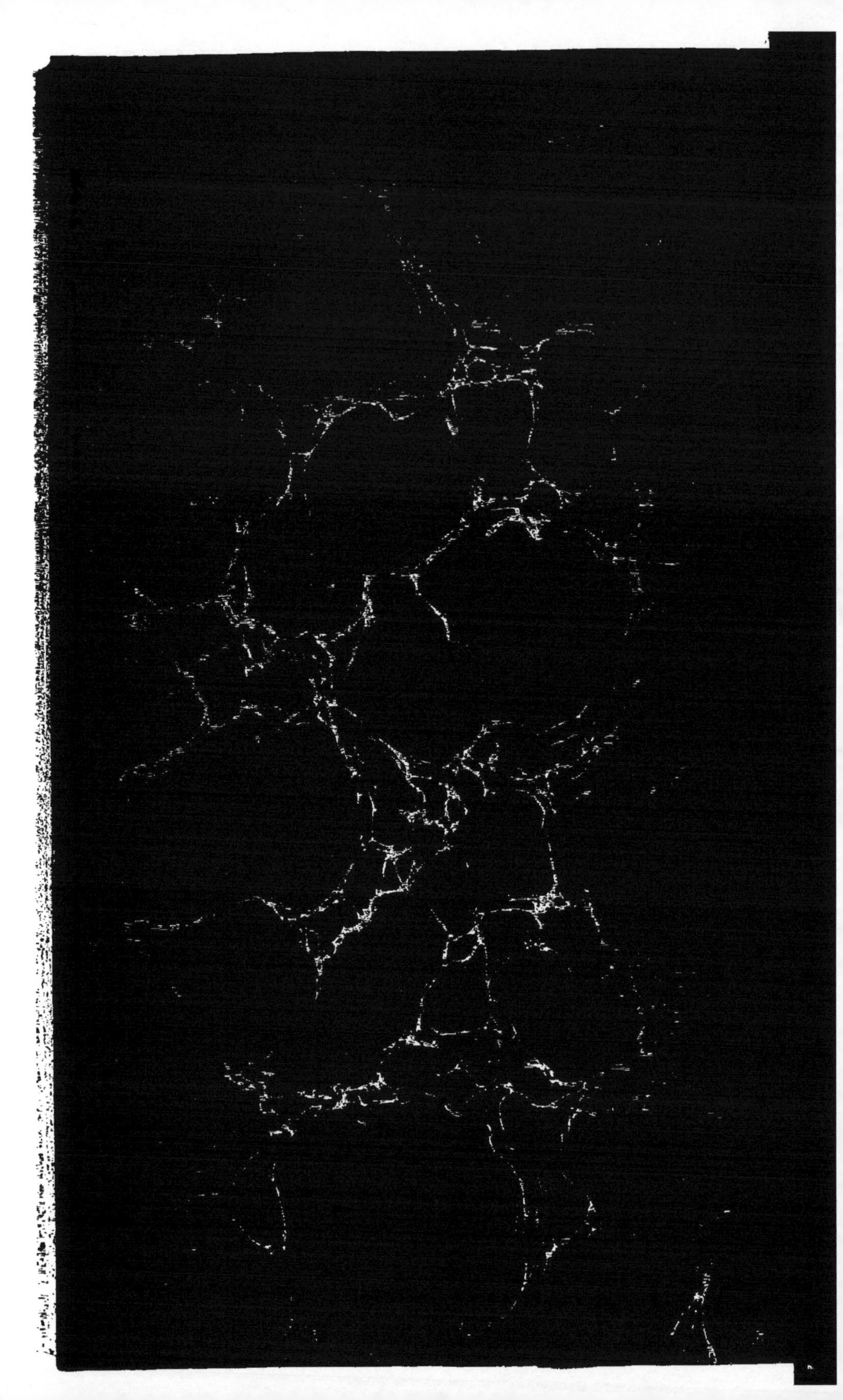

BIBLIOTHEQUE NATIONALE DE FRANCE
3 7502 01145581 5